ÉCRITS SUR L'ART

Dans la même collection

Baudelaire, *Au-delà du romantisme.*
Goethe, *Écrits sur l'art.*
Mallarmé, *Écrits sur l'art.*

Marcel PROUST

ÉCRITS SUR L'ART

Édition et choix des textes, présentation, notes, chronologie, bibliographie et index

par

Jérôme PICON

GF Flammarion

ISBN : 2-08-071053-2

ABRÉVIATIONS

Corr. : *Correspondance générale de Marcel Proust*, 21 volumes (I à XXI), établie par Philip Kolb, Plon, 1970-1991.

CSB : *Contre Sainte-Beuve*, précédé de *Pastiches et mélanges* et suivi de *Essais et articles*, édition établie par Pierre Clarac, Gallimard, Bibliothèque de la Pléiade, 1971.

JS : *Jean Santeuil*, précédé de *Les Plaisirs et les Jours*, édition établie par Pierre Clarac, Gallimard, Bibliothèque de la Pléiade, 1972.

RTP : *À la recherche du temps perdu*, 4 volumes (I à IV), édition publiée sous la direction de Jean-Yves Tadié, Gallimard, Bibliothèque de la Pléiade, 1987-1989.

PRÉSENTATION

« À LA FAÇON DES OCULISTES »

Image d'un amateur d'images

Il existe de Marcel Proust une photographie prise dans le jardin des Tuileries au printemps 1921, par un beau soleil, le jour d'une visite au Jeu de paume. Ce portrait souvent reproduit, qu'on a donné pour le dernier montrant Proust vivant, fut posé lors de l'une des rares sorties de la fin de son existence – peut-être son ultime grande sortie de jour – et concentre traditionnellement de funestes présages, l'annonce transparente de la fin du romancier – qui de fait paraît enjoué, bien droit et rieur, et débarrassé même de la célèbre, pittoresque et inquiétante « pelisse » que nombre des témoins des années d'après-guerre ont dit voir perpétuellement affubler leur ami égrotant. Émouvante, catégorique, Céleste Albaret, la femme de chambre et fidèle gouvernante de Proust, relate ainsi « qu'il avait commencé à décliner depuis une année et qu'il y a comme une marque dans ce déclin avec sa visite à l'exposition hollandaise du Jeu de paume, en 1921, et avec le malaise qu'il eut devant les tableaux de Vermeer [1] ». L'analogie n'a pu manquer de frapper

1. C. Albaret, *Monsieur Proust. Souvenirs recueillis par Georges Belmont*, Paris, Robert Laffont, 1973, p. 413. Céleste précise (p. 404) : « Durant l'année 1921, sa seule sortie mémorable fut pour aller visiter,

entre cet épisode fameux, quelque peu mystérieux et pourtant exemplaire, et la scène pathétique, non moins répandue, de la mort de Bergotte dans *La Prisonnière* : le vieil écrivain s'étant rendu à une exposition de peinture est « pris d'étourdissements », et succombe alors qu'il aperçoit la « précieuse matière du tout petit pan de mur jaune [2] » qu'il avait jusque-là ignoré dans certain tableau de Vermeer – cette même *Vue de Delft* admirée par Proust lors de son voyage de 1902 à La Haye, puis revue en ce jour fatidique.

Largement reconnu par l'entourage et la postérité, le malaise proustien avait aussi été annoncé, ce qui lui confère décidément – vrai ou faux – la force et l'évidence supérieure de la légende : avant de se rendre à l'exposition de peinture hollandaise, Proust imaginait déjà la fin brutale attribuée à Bergotte, et s'y projetait dans maints passages de sa correspondance – écrivant par exemple à Étienne de Beaumont : « Mon médecin m'interdira sans doute cette visite de jour et vous n'auriez je suppose aucun agrément à ce que je fusse, par attaque, mort subite etc., *le "fait divers" de votre exposition*, qui, réunissant tant de chefs-d'œuvre, se passera fort aisément du "chien écrasé" [3]. » Mourant, Bergotte songe à son tour : « Je ne voudrais pourtant pas être pour les journaux du soir *le fait divers de cette exposition* [4]. »

Mais un texte de la jeunesse de Proust présente une autre visite d'exposition au cours de laquelle un écri-

---

en compagnie de l'écrivain Jean-Louis Vaudoyer, qu'il aimait bien, l'exposition de peinture hollandaise qui se tint au Jeu de paume, ce printemps-là… et ce fut surtout pour y revoir les tableaux de son cher Vermeer, et notamment le petit pan de mur jaune. Jean-Louis Vaudoyer était venu le prendre sur le coup de onze heures du matin. Autant qu'il m'en souvienne, il rentra vers le début de la soirée, épuisé. Il avait eu des vertiges pendant la visite de l'exposition. » Voir aussi la préface au tome IV de la *Correspondance générale*, éd. établie par R. Proust, P. Brach et S. Mante-Proust, Plon, 1930-36, et, pour une voix discordante, Philip Kolb – *Corr.*, XX, p. XII.

2. *RTP*, III, 692.

3. *Corr.*, XX, 135 ; cf. aussi *Corr.*, XX, 157, à Jean-Louis Vaudoyer [mai 1921].

4. *RTP*, III, 692.

vain mourant vient honorer la peinture : dans quelques lignes de date incertaine, situées par Clarac et Sandre vers 1900 [5], un narrateur anonyme livre quelques observations sur Rembrandt, sa technique, ses motifs, ses « manières », puis raconte la scène suivante, jouée naguère lors d'une grande rétrospective qu'Amsterdam avait consacrée à l'artiste : « Je vis entrer avec une vieille gouvernante un vieillard aux longs cheveux bouclés. [...] Il me semblait reconnaître sa figure. Tout d'un coup, quelqu'un près de moi dit son nom qui, entré déjà dans l'immortalité, semblait sortir de la mort : Ruskin. Il était à ses derniers jours et pourtant était venu d'Angleterre voir ces Rembrandt qui déjà à vingt ans lui paraissaient une chose essentielle et qui n'étaient pas pour lui une moindre réalité, arrivé à ces derniers jours [6]. »

La rencontre entre Marcel Proust et Ruskin lors de l'exposition Rembrandt d'Amsterdam, où le premier en effet se rendit en octobre 1898 mais dont le second, mélancolique et reclus depuis de longues années, dut tout ignorer, demeure douteuse ; cette page forme ainsi un troisième exemple – le premier dans l'ordre chronologique – d'expérience esthétique et critique mêlée de fiction, avec son lieu commun, le retour du vieillard vers l'œuvre accomplie. Et sans doute n'est-ce pas tant au romancier, à l'amateur d'images qu'était Proust, que renvoie la scène de la mort de Bergotte, mais à cet autre écrivain, Ruskin, modèle proustien de l'amateur obsessionnel d'images, et à ses névroses. Dans la préface à sa traduction de *La Bible d'Amiens*, Proust dénonce cette « sorte d'idolâtrie [7] » qui consiste à esthétiser la vie réelle par adjonction de couches successives de références artistiques, pourfendue par Ruskin, et à laquelle, cependant, celui-ci succombe, comme y succombe un illustre contemporain de Proust, que Proust compare à Ruskin [8], ce poète qui consacra

5. *CSB*, 659-664 et note p. 967.
6. *CSB*, 663.
7. Cf. *infra*, p. 166.
8. Cf. *infra*, p. 166 et p. 233.

plus d'un livre à raconter l'intérieur orné de ses maisons, Robert de Montesquiou : c'est l'idolâtre, et non l'artiste, qui vient mourir devant les tableaux qu'il aime.

L'idolâtrie, Proust, séduit par elle, la fuyait. Des meubles hérités de ses parents, lourds et cossus, il ne sut faire chez lui qu'un assemblage hétéroclite, encombré, et d'une absence totale de grâce, tout à fait étrangère aux raffinements qu'un esthète du début du siècle aurait cultivés. Une amie de sa mère, la bonne madame Catusse, prodiguait sur sa demande quelques conseils de décoration, déplaçait les tapis, mais les collections de peinture ou d'objets n'existaient pour lui que dans des rêves, car posséder des œuvres d'art n'intéressait pas cet homme, ni revoir périodiquement celles qu'il avait aimées, ni même retrouver sur les originaux ce que de simples reproductions lui avaient laissé imaginer : son savoir artistique n'était pas d'un expert de l'art. Maintes allusions de la *Recherche* renvoient non à des peintures ou des architectures que l'auteur a réellement connues, mais à des interprétations de celles-ci, récits ou images empruntés à Ruskin, à Émile Mâle, à des guides touristiques, à des journaux ou des revues, *Gazette des Beaux-Arts*, *Burlington Magazine*, voire à l'austère et grise *Illustration*. On sait aussi qu'à certaines époques de sa vie, alité, Marcel Proust n'entendait plus de musiques, sinon celles rejouées par le lecteur *Aeolian* qu'il avait fait installer sur son piano, et qu'il nourrissait de bandes perforées, ou retransmises par le Théâtrophone [9], grâce auquel les sons de *Pelléas et Mélisande* ou des *Maîtres chanteurs de Nuremberg* purent résonner dans sa chambre. À l'extrême, cette culture de substitution éclipse l'autre. Ainsi lorsque telle gravure représentant Amiens, qui

9. Cette création contemporaine en France du développement commercial du téléphone disparut après la Première Guerre mondiale, faute d'abonnés. Ceux-ci disposaient chez eux d'un appareil récepteur relié à un central, lui-même relié à plusieurs grandes salles parisiennes de théâtre et de concert. Sur simple appel, ils étaient branchés sur la ligne de leur choix, à l'heure des spectacles.

« semble mentir pour la beauté », tire sa supériorité de ce qu'elle « aura associé dans votre souvenir les bords de la Somme et la cathédrale plus que votre *vision* n'eût sans doute pu le faire, en quelque *point de vue* de la ville que vous vous fussiez placé [10] ». Et ce qui, peut-être, avait été rendu inévitable par le défaut de santé et l'impossibilité de courir le monde, devient nécessaire et se cristallise dans le roman, nourrissant une réflexion sur le statut de l'œuvre d'art « à l'ère de sa reproductibilité technique » : plus que telle fresque de Giotto figurant une allégorie de la Charité, c'est une photographie de cette œuvre accrochée jadis dans son cabinet de travail qui hante le narrateur, lorsqu'il se souvient de combien « était lézardée dans la reproduction la figure de la Charité, si bien [qu'il s'était] toujours demandé ce que c'était que cette lézarde, si c'était un défaut de la photographie ou de l'original, jusqu'à ce que Swann [lui] ait appris que c'était une lézarde dans le mur de la fresque [11] ».

Aussi traque-t-on à tort un romancier idolâtre dans le roman proustien. Sa figure se disperse dans les fragments désordonnés des proses sur l'art de l'écrivain, qui pourront converger dans la *Recherche*, tout comme le travail sur Ruskin dans la mort de Bergotte.

Des écrits d'art

Marcel Proust, le mondain « petit Proust », a écrit, dans le désordre, sur tous les arts confondus, sur tous les modes confondus, notes de lecture, souvenirs de salons, portraits mondains, notices nécrologiques, impressions de matinées musicales, pamphlets politiques, introductions à des traductions, poèmes, pastiches, esquisses romanesques.

Maîtres anciens, artistes contemporains, célèbres ou méconnus, grands ou mineurs y comparaissent dans un désordre où l'érudition glisse volontiers à la surface des choses, où l'imprévu amical tend à la flagornerie.

10. Cf. *infra*, p. 121.
11. *RTP*, IV, esquisse XVIII, 725.

Que dire de telle comparaison entre *Le Contrat de mariage* de Balzac, et *Le Prince des cravates*, de Lucien Daudet [12] (non plus attendue que celle entre Napoléon et le maréchal de Montcornet, perfidement attribuée à l'auteur de *La Comédie humaine* [13]) ? Marcel Proust critique d'art n'anticipe aucune découverte ni aucun mouvement majeur du goût, et ignore la plupart des maîtres que notre temps retient comme les meilleurs du sien. Commençant à s'exprimer dans les dernières années du XIXe siècle, il néglige encore bien souvent les impressionnistes, choisit Anatole France contre Mallarmé et *La Revue blanche* ; brûle d'admiration pour Saint-Saëns et ne fait pas imprimer une fois le nom de Debussy : seule la crainte d'être dépassé semble lui inspirer sur la fin telle conversion spectaculaire à Picasso, auquel il sacrifie dans la hâte, en signe de bonne et moderne conduite, Carpaccio [14]. Billotte, Flaubert, Faguet, Watteau, Dinet, Saint-Saëns, madame Herbelin, Potter, Mozart, Fromentin, Gainsborough, Montesquiou, Mantegna, Rembrandt, Lepère, Madeleine Lemaire, Millet, Henri de Saussine, Blanche, Morand…, chacun prend son tour dans un jaillissement continuel, non comme objet d'étude et d'analyse approfondie mais comme référence ou comme repère – ces peintres, écrivains et musiciens n'étant d'ailleurs dans une large proportion cités qu'une seule ou deux fois, pour mémoire. Parmi les noms qui passent et trouvent abri dans ce généreux inventaire, on ne s'étonnera toutefois pas plus d'en ignorer de nombreux que de découvrir quelques figures ou sources d'inspiration majeures de la maturité proustienne, fort tôt distinguées. « Impressions des salons [15] », publié dans *Le Mensuel* en mai 1891 et jamais réédité jusqu'ici, révèle un intérêt pionnier pour Gallé, qui « nous [fait] vibrer tout entier », ou une forte attirance pour Whistler, déjà,

12. Cf. *infra*, p. 292.
13. Cf. *infra*, p. 261.
14. Cf. *infra*, p. 306.
15. Cf. *infra*, p. 54-58.

dont la « marine bien exquise » n'est autre qu'un exemple des fameuses *Harmonies* que le public parisien – et Proust encore – admirera tant lors de l'exposition rétrospective que l'École des Beaux-Arts consacrera à l'artiste quatorze ans plus tard.

Mais le plus remarquable demeure sans doute l'absence de degrés dans l'admiration comme dans la notoriété, qui permet ici aux noms et aux valeurs les plus divers de se succéder. Seul un subtil réseau de références et d'associations régente ce Parnasse aux bornes indécises : Proust cite Chardin à propos de Moreau, Véronèse à propos de Chardin, ou, à propos de Jacques-Émile Blanche, Chardin encore, mais aussi Manet, Hals, Bourget, Maurice Denis, Fantin-Latour, Mérimée, Vinci, Feydeau, Barrès, Stendhal, Nadar, Gide, Tintoret et bien d'autres. Si bien qu'à l'exception des pages tardives sur Flaubert et Baudelaire – au demeurant guère exemptes de digressions –, aucun texte ne s'attache à un seul artiste, et que nulle hiérarchie esthétique ne se dégage. Le seul ordre parmi ces noms peut être celui, rudimentaire, de la visite, dans les textes de jeunesse qui respectent la forme « impression de salon ». Le texte connu sous le titre « Chardin et Rembrandt », l'un des rares qui présentent des descriptions de tableaux explicatives et quelque peu dramatisées – « qu'avez-vous vu là qu'une bourgeoise aisée montrant à sa fille les fautes qu'elle a faites dans sa tapisserie [...] moins encore, des objets de table ou de cuisine, non pas seulement ceux qui sont jolis, comme des chocolatières en porcelaine de Saxe [...] mais ceux qui vous semblent les plus laids [16] » – est resté inédit du vivant de Proust.

Ce qui l'intéresse bien plutôt, c'est que le fragment d'un tableau renvoie à un autre fragment de tableau, à une page de livre, ou le contraire – un morceau de Gautier convoquant tel détail de Millet ou de Monet [17] : « On chercherait en vain chez Proust les platitudes sur

16. *CSB*, 373.
17. Cf. *infra*, p. 202-205.

l'œuvre d'art comme totalité organique [...]. Même le tableau de Ver Meer ne vaut pas comme Tout, mais par le petit pan de mur jaune, planté là comme fragment d'un autre monde encore [18]. » Les œuvres d'art majeures de la *Recherche*, les peintures d'Elstir et les compositions de Vinteuil, sont elles-mêmes composées de fragments de plusieurs autres, comme Proust l'a notamment révélé à propos de la sonate, exhumée ou pour mieux dire inventée à partir de plusieurs vrais morceaux de musique : « la petite phrase de cette sonate [...] est (pour commencer par la fin), dans la soirée Saint-Euverte, la phrase charmante mais enfin médiocre d'une sonate pour piano et violon de Saint-Saëns [...]. Dans la même soirée, un peu plus loin, je ne serais pas surpris qu'en parlant de la petite phrase, j'eusse pensé à *L'Enchantement du Vendredi saint*. Dans cette même soirée encore [...] quand le piano et le violon gémissent comme deux oiseaux qui se répondent, j'ai pensé à la sonate de Franck (surtout jouée par Enesco) dont le quatuor apparaît dans un des volumes suivants. Les trémolos qui couvrent la petite phrase chez les Verdurin m'ont été suggérés par un prélude de *Lohengrin*, mais elle-même à ce moment-là par une chose de Schubert. Elle est dans la même soirée Verdurin un ravissant morceau de piano de Fauré [19]. »

C'est l'invention stylistique de l'écrivain qui ordonne son discours sur les œuvres d'art. Qu'on note ainsi comment, dans telle description de tableau de Chardin est mis en scène le mot « verre » (« Chardin n'aura été qu'un homme qui se plaisait *dans sa salle à manger*, entre les fruits et les *verres* [...]. Transparents comme le jour et désirables comme des sources, des *verres* où quelques gorgées de vin doux se prélassent comme au fond d'un gosier, sont à côté de *verres* déjà presque vides, comme à côté des emblèmes de la soif ardente, les emblèmes de la soif apaisée [...] un *verre* est à demi

18. G. Deleuze, *Proust et les signes*, Paris, PUF [1964], collection « Quadrige », 1996, p. 138.
19. Cf. *Corr.*, XVII, 189.

renversé [20] »), à l'instar de telle évocation d'intérieur bourgeois dans « Sur la lecture » (« je me glissais *dans la salle à manger* [...] le couvert était entièrement mis sur la table, où manquait seulement ce qu'on n'apportait qu'à la fin du repas, l'appareil en *verre* où l'oncle horticulteur et cuisinier faisait lui-même le café à table [...] et où c'était si agréable de voir monter dans la cloche de *verre* l'ébullition soudaine », « à côté du lit, la trinité du *verre* à dessins bleus, du sucrier pareil et de la carafe [...], sortes d'instruments du culte, presque aussi saints que la précieuse liqueur de fleur d'oranger placée près d'eux dans une ampoule de *verre* », « cette cloche de *verre* sous laquelle, isolée des contacts vulgaires, la pendule bavardait dans l'intimité pour des coquillages venus de loin et pour une vieille fleur sentimentale »). Étape ultérieure dans l'utilisation du mot *verre*, le paysage de « Impressions de route en automobile » n'est pas perçu comme un morceau de nature, mais, d'emblée, regardé comme un tableau encadré : « À ma droite, à ma gauche, devant moi, le *vitrage* de l'automobile, que je gardais fermé, mettait pour ainsi dire *sous verre* la belle journée de septembre que, même à l'air libre, on ne voyait qu'à travers une sorte de transparence. » Dans *Le Mensuel*, Proust attirait déjà l'attention sur ces annexes du tableau que sont le cadre et le verre – « ne mettez pas, comme quelques autres, des *verres* sur votre peinture mate ; c'est un *miroitement* bien autrement désagréable que le luisant de l'huile et du vernis [21] ».

L'ensemble des écrits proustiens sur l'art se distribue en quatre grandes périodes, avec une longue pause au milieu d'elles : l'époque des revues de jeunesse et des premiers textes de circonstance, l'époque du travail sur Ruskin, qui suit l'ébauche romanesque, inédite du vivant de l'auteur, de *Jean Santeuil*, celle des différentes versions du projet intitulé, apocryphement, *Contre Sainte-Beuve*, également publié posthume, que marque

20. « Chardin et Rembrandt », *CSB*, 374-375.
21. « Galerie Georges Petit », cf. *infra*, p. 41.

la grande série des pastiches sur « l'affaire Lemoine », enfin, après les années 1910-1919 pendant lesquelles on ne recense quasiment pas d'articles critiques, toutes les énergies étant bandées à la rédaction de la *Recherche*, les années d'après-guerre au cours desquelles l'écrivain publie des articles de commande qui reprennent et confirment les formules mises au point dans le roman. À deux reprises, Proust compose en volume cette masse incohérente, d'ailleurs augmentée de pages journalistiques ou de fiction, sans rapport avec l'art. En 1896, *Les Plaisirs et les Jours* rassemblent dans une édition luxueuse, préfacée par Anatole France et illustrée par Madeleine Lemaire, une cinquantaine de textes de format, de nature, et d'ailleurs d'intérêt contrastés, où la réflexion sur la peinture et la littérature se concentre dans quelques poèmes. Si des articles de critique d'art déjà rédigés à l'époque n'y figurent pas, c'est bien sûrement du fait de l'auteur, qui les considère comme décevants ou inachevés, et néanmoins en conserve les brouillons. Deux décennies plus tard, en 1919, Gaston Gallimard, qui est devenu l'éditeur de la *Recherche*, fait paraître *Pastiches et mélanges*. Et là encore, Proust non seulement remanie ses anciens pastiches, réécrit entièrement l'un d'eux, mais écarte de la section « mélanges » de nombreux textes, dont l'édition posthume, insoucieuse des desseins de l'écrivain, nous a seule révélé le nombre [22].

Je m'attacherai ici à la présentation et à l'examen de textes retenus parmi les seuls publiés du vivant de Proust, et dans la première forme où ils parurent, avant même les éventuels retouches ou remaniements effectués lors d'une publication en volume – des textes parfois indisponibles jusqu'ici sous leur forme première [23]. Ils dessinent de manière diachronique l'évolution de la pratique artistique proustienne, depuis le jeune lecteur qui demande au poète « s'il parcourt la nuit, d'être

22. La plupart de ces textes sont réunis dans *CSB*.
23. À l'étude des variantes souvent nombreuses nous préférerons les indications d'intertextualité avec la *Recherche*.

comme l'Ange des Ténèbres, en y portant la lumière [24] », au traducteur qui présente sa version de Ruskin comme « à travers le verre grossier mais brusquement illuminé d'un aquarium [25] », au pasticheur, véritable voyeur de la littérature, à l'écrivain, pour qui le livre n'est « qu'une espèce d'instrument optique [26] », « une sorte de [...] verres grossissants [27] », et enfin au critique, dont l'art est de donner à voir la « vision [28] » de l'artiste ; la *Recherche* demeurant le cœur où se concentrent ces écrits qui font voir l'art, vaste réservoir d'images stylistiques et artistiques, aboutissement d'un apprentissage journalistique et critique.

Les plaisirs et les travaux

Proust écrit abondamment, généreusement, avec sollicitude, et divise d'emblée son être littéraire sous autant de noms d'emprunt qui signalent telle figure, telle humeur du moment : « De Brabant », la malheureuse comtesse Geneviève, héroïne des temps mérovingiens dont le narrateur de la *Recherche* guettera plus tard l'apparition dans le faisceau de la lanterne magique ; « Étoile filante », en bas d'articles sur la mode, telle spécialiste occulte qu'aurait pu patronner la « Miss Satin » mallarméenne de *La Dernière Mode* ; « Horatio » et « Dominique » les personnages de Shakespeare et Fromentin, transformés en chroniqueurs des salons de la haute société. Que le lecteur cependant ne soit pas dérouté par la légèreté des articles de circonstance, de complaisance, de futilité déclarée. Ainsi, le défilé de belles robes dans « Une fête littéraire à Versailles [29] » constitue un exercice mondain et une prouesse de style, dont l'auteur revendique cependant le caractère littéraire, lorsqu'il se plaint de coupes

24. « Contre l'obscurité », cf. *infra*, p. 97.
25. Cf. *infra*, p. 172.
26. *RTP*, IV, 489-490.
27. *RTP*, IV, 610.
28. Cf. chez Flaubert, les « singularités grammaticales traduisant en effet une vision nouvelle », *infra*, p. 320.
29. *Le Gaulois*, 31 mai 1894, (cf. *CSB*, 360-365).

malencontreuses [30], cependant que « Fête chez Montesquiou à Neuilly », d'un caractère nettement parodique, abonde en formules soudées à grands soins dans la manière de Saint-Simon.

Car Proust pratique le pastiche : non seulement dans les textes consacrés à l'affaire Lemoine et publiés en quatre livraisons dans le *Supplément littéraire* du *Figaro*, mais également par fragments plus ou moins avoués et reconnaissables : « La cour aux lilas et l'atelier des roses. Le salon de Mme Madeleine Lemaire » débute par une imitation explicite de Balzac, tandis que les tout premiers textes publiés de Proust, sur la mode, ajoutent au jeu frivole du travestissement par le pseudonyme l'expression la plus claire du désir d'être un autre, où l'auteur se prête au jeu d'écrire au féminin « je me suis mise... [31] ». Le pastiche remplit, sous le couvert de la fantaisie, deux fonctions, de dérision de la création, mais aussi de critique de la création. Dérision d'abord, car « il faut se purger du vice si naturel d'idolâtrie et d'imitation », écrit Marcel Proust à Ramon Fernandez en 1919. Critique aussi, car l'auteur avoue au même correspondant qu'il avait « d'abord voulu faire paraître ces pastiches avec quelques critiques parallèles sur les mêmes écrivains, les études énonçant d'une façon analytique ce que les pastiches figuraient instinctivement (et vice versa) [32] ». Aussi les pastiches de Flaubert ou de Balzac sont-ils de la « critique littéraire "en action" [33] » à mettre en ligne avec les textes que Proust consacre à l'œuvre de ces mêmes écrivains.

L'exigence stylistique qui fonde ces pages éparses fournit d'ailleurs l'indice de leur statut littéraire, au moins aux yeux de l'auteur, quelle que soit la première

30. « Quelle déception ce matin ! Pendant toute la journée j'avais noté des descriptions de robes, toutes revues et corrigées par les femmes les plus élégantes. Quelle main tardive, imprévue, mystérieuse et maladroite a corrigé cet article ? » (*Corr.*, I, 78).

31. Cf. *infra*, p. 48.

32. *Corr.*, XVIII, 380.

33. *Corr.*, VIII, 61.

apparence légère ou mineure qu'elles revêtent : le futur romancier explore ici et met à l'épreuve des tournures formelles propres. Les digressions déplorées par l'ineffable Jacques Madeleine en 1912, dans son rapport de lecture de la dactylographie définitive de *Du côté de chez Swann* soumise à l'éditeur Fasquelle – « Au bout des sept cent douze pages de ce manuscrit (sept cent douze au moins, car beaucoup de pages ont des numéros ornés d'un bis, ter, quater, quinque) – après d'infinies désolations d'être noyé dans d'insondables développements et de crispantes impatiences de ne pouvoir jamais remonter à la surface – on n'a aucune, aucune notion de ce dont il s'agit [34] » – figurent ainsi de manière systématique dans des textes comme « Sur la lecture [35] » ou « Journées de lecture [36] ». Et la structure en boucle de la *Recherche*, dont Marcel Proust signalera plus tard l'importance en déclarant que « la dernière page du *Temps retrouvé* (écrite avant le reste du livre) se refermera exactement sur la première de *Swann* [37] », est préfigurée dans « Le salon de la princesse Edmond de Polignac », qui commence et finit par la même image et les mêmes mots : « "Autrefois"... C'est qu'il serait impossible, c'est qu'il serait sacrilège d'en séparer tout à fait aujourd'hui. Je veux dire que la princesse de Polignac nous en voudrait de ne pas dire avant tout un mot du prince. "C'est un aimable prince que le prince Hamlet", dit Horatio, dans la tragédie de Shakespeare. "Bonne nuit, aimable prince, et que des essaims d'anges bercent en chantant ton sommeil !" [...] Ah ! certes, "un aimable prince", comme dit Horatio. Et, comme lui encore redisons au prince défunt qui tant aimait les chants angéliques et qui les entend sans doute en dormant le sommeil éternel : "Bonne nuit, aimable prince, et que des essaims d'anges bercent en chantant ton sommeil." ».

34. Cité par J. Bersani, *Les Critiques de notre temps et Proust*, Paris, Garnier frères, 1971, p. 13.
35. Cf. *infra*, p. 187.
36. Cf. *infra*, p. 241.
37. *Corr.*, XXI, 41.

Enfin, cette écriture par fragments prépare la composition, par juxtaposition de séquences puis de paperoles, du cycle romanesque. Aussi, dans « Impressions de route en automobile », texte de 1907, peut-on lire un passage qui dans l'épisode des clochers de Martinville figurera le morceau de bravoure rédigé par le jeune narrateur, à l'heure de ses premières ambitions littéraires : « Seuls, s'élevant du niveau uniforme de la plaine et comme perdus en rase campagne, montaient vers le ciel les deux clochers de Saint-Étienne. Bientôt nous en vîmes trois, le clocher de Saint-Pierre les avait rejoints [...] [38]. »

Les écrits d'art précédant la *Recherche* participent même de l'incubation du roman. Ces brouillons sont le bouillon de culture des images, bons mots, exemples, citations artistiques de la *Recherche*. Ainsi des références les plus explicites, comme la Charité de Giotto, constant support des hommages, pélerinages, commentaires et désenchantements ruskiniens, depuis l'allusion, dans un article de 1900, à « cette figure de la Charité que Giotto a peinte à Padoue, et dont Ruskin a souvent parlé dans ses livres, "foulant aux pieds des sacs d'or [39]" », jusqu'à la comparaison, formulée par Swann au début de *Du côté de chez Swann*, entre la fille de cuisine de la tante Léonie, à Combray, et « la Charité de Giotto » qui « foule aux pieds les trésors de la terre [40] ». Les intertextualités entre les écrits d'art et la *Recherche* touchent aussi la matière même de la fiction, « ce ciment nouveau [...] qui permet à Proust d'énon-

38. Cf. *RTP*, I, 177. En 1919, dans *Pastiches et mélanges*, Proust indique que dans la *Recherche* cette page « n'est citée que partiellement d'ailleurs, entre guillemets, comme un exemple de ce que *j*'écrivis dans *mon* enfance » (*CSB*, 64), mettant à mal l'axiome selon lequel le narrateur est « le personnage qui raconte, qui dit : "je" (et qui n'est pas moi) » (entretien avec Élie-Joseph Bois, *Le Temps*, 12 novembre 1913, cité par R. Dreyfus, *Souvenirs sur Marcel Proust*, Paris, Grasset, 1926, p. 290).

39. « Pèlerinages ruskiniens en France », *Le Figaro*, 13 fév. 1900 ; *CSB*, 444.

40. *RTP*, I, 80. voir aussi *RTP*, I, 81, 119, 120, 121 ; *RTP*, IV, 227.

cer son œuvre, [cet] élément proprement poétique [...] ce trait linguistique, [qui a] le pouvoir de constituer l'essence des objets romanesques [41] », les noms. Celui de « Méséglise », qui prend à l'évidence modèle sur « Méréglise », nom d'un village proche d'Illiers où Marcel Proust avait passé un peu de son enfance, figure ainsi dès 1905 dans la toute première version de la préface à la traduction de *Sésame et les lys*, parue sous le titre « Sur la lecture » dans *La Renaissance latine* [42], et revient dans la *Recherche* pour désigner un bourg proche du Combray du narrateur. Curieusement, Proust revient d'ailleurs à « Méréglise » lorsqu'il reprend le texte en question dans *Pastiches et mélanges*, cette fois intitulé « Journées de lecture » : l'invention onomastique d'une page de jeunesse ayant alimenté le grand roman de la maturité, l'écrivain écarte de celle-là un élément de fiction, et la rapproche *a posteriori* d'un essai plus exactement autobiographique. De même, « Sur la lecture » ne paraîtra dans *Pastiches et mélanges* qu'amputé de son ultime développement, si plein d'images et de formules de la fin du *Temps retrouvé* [43]. Ainsi Proust peut-il établir une ligne de partage entre roman et critique.

Intuition et sensation

Concerté, prophétique, fragmentaire et dispersé, l'œuvre critique proustien ne jette pas les bases d'un système esthétique. Proust se garde des discours conceptuels, et signale que « le romancier bourrant de philosophie un roman qui sera sans prix aux yeux du philosophe aussi bien que du littérateur ne commet pas une erreur plus dangereuse que celle qu['il] vien[t] de prêter aux jeunes poètes et qu'ils ont non seulement mise en pratique, mais érigée en théorie [44] » – principe acidement formulé dans la *Recherche* : « Une œuvre où il y a des théories est comme un objet sur lequel on

41. R. Barthes, « Proust et les noms », *Nouveaux Essais critiques*, Paris, Seuil, 1972, p. 124.
42. Cf. *infra*, p. 187-224.
43. Cf. *infra*, p. 224 et note 190.
44. Cf. *infra*, p. 95.

laisse la marque du prix[45]. » L'approche proustienne des œuvres d'art vient composer, non une théorie, mais une éducation, et une méthode de la vision.

Dès lors la figure de style la plus hautement prisée par l'écrivain est la métaphore, seule capable, déclare-t-il en 1920, de « donner une sorte d'éternité au style[46] ». Son statut, son emploi font l'objet d'analyses développées et argumentées, appliquées à un contemporain comme Paul Morand, qui pèche par excès d'inutiles images, ou encore un classique comme Flaubert. Proust critique l'auteur de *L'Éducation sentimentale*, dont il apprécie par ailleurs l'emploi des conjonctions de coordination et des temps verbaux, parce qu'« il n'y a peut-être pas dans tout Flaubert une seule belle métaphore », la belle métaphore étant pour Proust la métaphore exacte, unique, car « il n'y [a] qu'une seule manière de peindre une chose[47] », et que « tous les à peu près d'images ne comptent pas. [...] Alors mieux vaut pas d'images[48]. » La critique avait motivé, dans le pastiche de Flaubert publié en 1908, une série de doubles comparaisons : « Et ses périodes se succédaient sans interruption, *comme les eaux d'une cascade*, *comme un ruban qu'on déroule*. Par moments, la monotonie de son discours était telle, qu'il ne se distinguait plus du silence, *comme une cloche dont la vibration persiste*, *comme un écho qui s'affaiblit*[49]. »

La précieuse figure couvre aussi le rapprochement entre les arts. Car si Proust évoque simultanément différents artistes, il ne mêle pas seulement maîtres grands et mineurs, mais aussi, surtout, écrivains, musiciens et peintres tout ensemble, en confondant les registres lexicaux, en orchestrant de baudelairiennes correspondances, en établissant que chaque art est métaphorique des autres. La musique est peinture : on « *voit* » tel

45. *RTP*, IV, 461.
46. « À propos du "style" de Flaubert », *NRF*, janv. 1920, Cf. *infra*, p. 314.
47. Cf. *infra*, p. 364.
48. Cf. *infra*, p. 340.
49. Cf. *infra*, p. 270.

concerto de Mozart grâce au jeu pianistique de Camille Saint-Saëns, admirable interprète qui a le don de « *peindre* dans un accord, *dramatiser* avec la fugue [50] ». La littérature est musique : « Quand j'ai écrit jadis un pastiche, détestable d'ailleurs, de Flaubert, je ne m'étais pas demandé si le *chant* que j'entendais en moi tenait à la répétition des imparfaits ou des participes présents », elle est aussi peinture : « Certes ce n'est pas là une de ces lettres de madame de Sévigné comme je les aime. Malgré tout, dans sa composition, son coloris, sa variété, *quel tableau pour une "tribune française" du Louvre, ce grand écrivain a su peindre* [51] ». La peinture est littérature : les élèves de Delacroix usent de *« l'écriture* à la mode [52] ». Et ainsi de suite.

Le critique confond les arts pour parler ensemble de peinture et de musique, et de peinture par la musique. Le romancier contemplera les arts de manière égale : dans la *Recherche*, les figures emblématiques du peintre Elstir, de l'écrivain Bergotte (dont le nom avait été, dans quelques brouillons, celui de la figure du peintre) et du musicien Vinteuil bénéficieront d'un nombre d'occurrences sensiblement égal, environ trois cents chacun ; et la *Recherche* elle-même est « comme une cathédrale [53] », comme une tapisserie [54], empruntant quelques-unes de ses métaphores aux différents arts : « Pour en donner une idée, c'est aux arts les plus élevés qu'il faudrait emprunter des comparaisons [55]. » La métaphore, clef de voûte du style, vient désigner la spécificité de l'art d'Elstir : de ses marines, le narrateur peut discerner « que le charme de chacune consistait en une sorte de métamorphose des choses représentées,

50. Cf. *infra*, p. 89.
51. Cf. *infra*, p. 338.
52. *CSB*, 555.
53. *RTP*, IV, 610.
54. « On n'édite plus d'ouvrages en plusieurs volumes. Je suis comme quelqu'un qui a une tapisserie trop grande pour les appartements actuels et qui a été obligé de la couper », in « Entretien avec Élie-Joseph Bois », *Le Temps*, cité par R. Dreyfus, *op. cit.*, p. 287.
55. *RTP*, IV, 609.

analogue à celle qu'en poésie on nomme métaphore [56] ». La sensation artistique est donc rendue par le brouillage d'expressions artistiques, qui « traduisent bien le goût de Proust pour la vision indirecte, ou plutôt son incapacité à la vision directe [57] ».

Car la vision est indirecte, c'est-à-dire souvent diffractée, vision de la vision du spectateur de l'art, de celui qui reçoit les « sensations d'art » – formule employée dès les précoces « Impressions des salons » du *Mensuel*. « Ce livre, que vous m'avez vu tout à l'heure lire au coin du feu dans la salle à manger, dans ma chambre au fond du fauteuil revêtu d'un appuie-tête au crochet, et pendant les belles heures de l'après-midi, sous les noisetiers et les aubépines du parc [58] » : Proust rapporte volontiers la connaissance des œuvres aux circonstances de leur réception, et parle d'expositions et de concerts davantage que de tableaux ou de sonates. Pendant la première moitié d'« Un dimanche au Conservatoire », un narrateur anonyme assiste au spectacle du public que la *Cinquième Symphonie* de Beethoven transforme, avant de l'écouter enfin : « Le premier morceau commença, on ne me laissa pas rentrer [...]. Des "sujets" plongés dans un état proche de l'hypnose, des fumeurs de haschish qui se seraient enivrés de compagnie, tel est le spectacle que m'offrit la partie de la salle sur laquelle étaient tombés mes regards. [...] Tels les soldats d'une troupe en marche, les assistants exprimaient diversement le même découragement ou la même allégresse dans leur militante immobilité. [...] Le lieutenant S... n'était plus mesquin, et Mme*** n'était plus ridicule. J'éprouvais à les considérer aussi peu d'antipathie personnelle et autant de plaisir esthétique que si j'avais eu devant moi Lysandre, qui fut capitaine, et Praxô, qui fut courtisane. » Sympto-

56. *RTP*, II, 191.

57. G. Genette, « Proust palimpseste », *Figures I*, Paris, Seuil, 1966, p. 49.

58. Cf. *infra*, p. 202.

matiquement, l'article s'achève par une promesse de visite au musée : « Mais bientôt la vie nous reprit. Nous avions décidé d'aller au Louvre encore ouvert [59]. »

Moins attaché à l'objet qu'à la sensation produite par l'objet, Proust anticipe la critique spitzerienne, et sa quête du déclic stylistique. L'étude « À propos du style de Flaubert [60] » dispose un montage rigoureux d'exemples d'écarts par rapport à une norme, rendant évident « un emploi nouveau des temps des verbes, des prépositions, des adverbes », caractéristique stylistique dont le pastiche de la série Lemoine proposait une fois encore l'épisode critique « en action ». Des observations telles que « la conjonction "et" n'a nullement chez Flaubert l'objet que la grammaire lui assigne. Elle marque une pause dans une mesure rythmique et divise un tableau. En effet partout où on mettrait "et", Flaubert le supprime. [...] En revanche là où personne n'aurait l'idée d'en user, Flaubert l'emploie [61] », résument et formulent ce qu'avaient exprimé des lignes comme : « Il était vieux, avec un visage de pitre, une robe trop étroite pour sa corpulence, des prétentions à l'esprit ; *et* ses favoris égaux, qu'un reste de tabac salissait, donnaient à toute sa personne quelque chose de décoratif et de vulgaire [62]. » Spitzer n'a d'ailleurs pas méconnu la similitude entre ses propres travaux, inspirés de Curtius, et ceux de Marcel Proust : « Curtius emploie la méthode même que préconisait Proust (elle rejoint celle que je propose depuis des années) : le critique lit, déconcerté d'abord par l'étrangeté du style, s'arrête sur une "phrase en quelque sorte transparente" laissant deviner le caractère de l'artiste, trouve en poursuivant sa lecture une deuxième, puis une troisième phrase du même type, et finit par pressentir une "loi" dont l'application lui permettra de remonter aux "éléments psychiques du style

59. Cf. *infra*, p. 84.
60. Cf. *infra*, p. 314-329.
61. Cf. *infra*, p. 319.
62. Cf. *infra*, p. 269.

d'un auteur" [63] ». Le fait que Proust précise si souvent dans ses articles sur Flaubert et sur Baudelaire « je cite de mémoire », « au hasard d'une mémoire qui a très mal fait ses choix », « sans renseignements d'aucune sorte, on laisse seulement revenir d'eux-mêmes dans sa mémoire quelques vers bien choisis », ou enfin « on excusera donc l'inexactitude possible, et facile à rectifier, de certaines citations. Je ne prétendais que feuilleter ma mémoire », désigne au reste la première matière dont ces textes critiques se nourrissent : l'écume abandonnée en chacun, offerte à la seule intuition du souvenir, les impressions de lecture. Dans la *Recherche*, Proust pose même le principe de l'analyse statistique appliquée au langage : « Si on avait fait subir à la conversation de Mme de Galardon ces analyses qui en relevant la fréquence plus ou moins grande de chaque terme permettent de découvrir la clef d'un langage chiffré, on se fût rendu compte qu'aucune expression, même la plus usuelle, n'y revenait aussi souvent que "chez mes cousins de Guermantes", "chez ma tante de Guermantes", "la santé d'Elzéar de Guermantes", "la baignoire de ma cousine de Guermantes" [64]. »

C'est ainsi qu'une théorie de l'art le cède à une méthode pour regarder l'art, pour recevoir l'art, attachée au lecteur plus qu'au créateur, au regardeur plus qu'au tableau. Une méthode ou une « machine », selon le terme de Deleuze, en tout cas un instrument d'interprétation, de traduction, crypté dans une métaphore qui se développe depuis les textes critiques jusqu'au roman : celle de l'instrument d'optique. Marcel Proust affirme que « le peintre original, l'écrivain original procèdent à la façon des oculistes [65] ». Et dans la *Recherche*, la vue est des cinq sens celui qui reçoit le plus impressionnant renfort de la technologie, jusqu'aux instru-

63. L. Spitzer, « Le style de Marcel Proust », *Études de style*, Paris, Gallimard, 1970, p. 397-398. Le texte original a paru en Allemagne en 1961.

64. *RTP*, I, 324. Spitzer signale dans le principe du relevé statistique l'influence de Brunetière (*op. cit.*, p. 447).

65. Cf. *infra*, p. 340.

ments de capture des rayons électromagnétiques par l'image : tandis que « certaines particularités [...] apparaissent grâce au téléscope [66] » lorsque le narrateur contemple à Balbec la petite bande des jeunes filles, Françoise s'émeut des « rayons X [...] qui voient ce que vous avez dans le cœur [67] ». Sinon redoutable, la découverte rendue possible par l'appareillage reste essentiellement imprévisible, comme lorsqu'une œuvre d'art aimée apparaît d'un coup, par le jeu d'un simple monocle, celui de « M. de Palancy qui, avec sa grosse tête de carpe aux yeux ronds, se déplaçait lentement au milieu des fêtes, en desserrant d'instant en instant ses mandibules comme pour chercher son orientation, [et] avait l'air de transporter seulement avec lui un fragment accidentel, et peut-être purement symbolique, du vitrage de son aquarium, partie destinée à figurer le tout, qui rappela à Swann, grand admirateur des *Vices* et des *Vertus* de Giotto à Padoue, cet Injuste à côté duquel un rameau feuillu évoque les forêts où se cache son repaire [68] ». Et les instruments d'optique, ces soutiens, ces vecteurs du regard, figurent en bonne place parmi les grandes métaphores métalittéraires de la *Recherche*, comme chez l'opticien de Combray, qui au début de la *Recherche* place à sa devanture un pittoresque « capucin [69] », « petit personnage barométrique [70] » qui indique le temps qu'il fait, et qui dans *Le Temps retrouvé* fournit enfin des lunettes, et avec elles une des images du livre, qui est alors « une sorte de ces verres grossissants comme ceux que tendait à un acheteur l'opticien de Combray [71] » – le livre qui permet

66. *RTP*, II, 152.
67. *RTP*, I, 53.
68. *RTP*, I, 322. Cf. aussi la chambrière de la baronne Putbus, empreinte de la « majesté d'une de ces femmes de Giotto », qui tient « un instrument [...] un face-à-main extrêmement grand et prétentieux mais qui de loin [a] l'air d'un de ces attributs qu'on ne sait pas bien démêler d'abord et qui [pourrait] être l'emblème de l'impudeur, les balances de la justice, ou le miroir de la vérité » (*RTP*, IV, esquisse XVIII, 724).
69. *RTP*, I, 148.
70. *RTP*, III, 522.
71. *RTP*, IV, 610.

aux lecteurs « de lire en eux-mêmes », le livre qui risque d'« être trop savant, trop obscur pour le lecteur naïf, et ne lui présenter ainsi qu'un verre trouble avec lequel il ne pourra pas lire [72] » – dans ce cas, l'auteur doit laisser « la plus grande liberté au lecteur en lui disant : "Regardez vous-même si vous voyez mieux avec ce verre-ci, avec celui-là, avec cet autre" [73] » ; car enfin « l'ouvrage de l'écrivain n'est qu'une espèce d'instrument d'optique qu'il offre au lecteur afin de lui permettre de discerner ce que sans ce livre il n'eût peut-être pas vu en soi-même [74] ».

Les monocles qui, lors de la soirée Sainte-Euverte, individualisent chaque convive, ces monocles que, dans sa lettre-dédicace de *Du côté de chez Swann* à Jacques de Lacretelle [75], Marcel Proust s'amuse à redistribuer à des personnes réelles, indiquant en même temps le ridicule des « clefs » et la valeur symbolique de cette scène, deviennent téléscopes et longues-vues dans les pages critiques. La figure de l'instrument d'optique y est amplifiée, et l'intelligence de l'artiste comparée à la fois au téléscope qui permet de voir les étoiles [76], et à la lumière de ces mêmes étoiles, que ce soit à propos de Robert de Montesquiou – « Les vrais talents sont comme les étoiles. Leur lumière met si longtemps à venir jusqu'à nous que quand nous pouvons enfin la distinguer, l'astre est déjà depuis longtemps éteint. Grâce à ses merveilleux télescopes spirituels, M. de Montesquiou distingua toujours, à leur naissance, les talents-étoiles. Et la lointaine portée de sa vue n'en diminue pas la précision : il ne salua jamais étoiles les planètes qui les avoisinent et tirent des étoiles et non d'elles-mêmes leur lumière [77] » – ou à propos de Ruskin – encore une fois, les deux idolâtres s'éclairent

72. *RTP*, IV, 490.
73. *RTP*, IV, 490.
74. *RTP*, IV, 489-490.
75. Cf. *Corr.*, XVII, 189.
76. Cf. *RTP*, IV, 618 : « je m'étais [...] servi d'un télescope pour apercevoir des choses, très petites en effet ».
77. Cf. *infra*, p. 231-232.

mutuellement : « Mort, il [Ruskin] continue à nous éclairer, comme ces étoiles éteintes dont la lumière nous arrive encore [78]. » Oculiste, astronome, l'écrivain se fait enfin verrier, à l'image de Gallé que Proust a si justement aimé : « Et j'ai tenté sans succès ce que réussit si souvent *le maître verrier* quand il transportait et fixait ses songes, à la distance même où ils lui étaient apparus, entre deux eaux troublées de reflets sombres et roses, dans une matière translucide où parfois un rayon changeant, venu du cœur, pouvait leur faire croire qu'ils continuaient à se jouer au sein d'une pensée vivante [79]. »

Roman et critique

La *Recherche* est un roman d'apprentissage, et les affirmations, dénégations, explications présentes dans le roman sont des éléments romanesques et non des faits critiques : « La découverte d'une esthétique [y] est [...] un événement romanesque au même titre que celle d'un cadavre », a noté Jean-Yves Tadié [80]. Une œuvre citée dans le roman, tel roman de Georges Sand que la mère du narrateur lit au petit garçon au début du roman, et dont le narrateur lui-même caresse la couverture à la fin du cycle, n'est pas une œuvre sur laquelle l'auteur émet un jugement, mais une étape de la réflexion du personnage, un moment psychologique : « Ne croyez pas que j'aime Georges Sand. Ce n'est pas un morceau de critique. C'est comme cela à cette *date-là*. Le reste du livre corrigera [81] », recommande Marcel Proust à un lecteur de ses amis.

Le roman n'étant pas le lieu de la critique, les personnages de la *Recherche* incarnent différentes instances critiques, différentes étapes du système critique prous-

78. Cf. *infra*, p. 130.

79. « Journées de lecture », cf. *infra*, p. 247. Dans *Le Mensuel*, c'est le verrier qui était comparé à l'écrivain : « Le *verrier* Gallé est peut-être notre *poète* le plus génial. »

80. *Proust et le roman*, p. 423.

81. *Corr.*, IX, 225.

tien, qui s'analyse comme une succession de déceptions et de reniements. La synthèse opportuniste des courants de pensée au tournant du siècle revient ainsi à Bloch, le premier ami du narrateur évoqué dans la *Recherche*, qui dans sa jeunesse prône l'art pour l'art, un art dans lequel le « mérite suprême » d'un vers est « de ne signifier absolument rien [82] », et qui reparaît à la fin du roman, doté cette fois d'un « redoutable monocle [83] » pour propager l'idée lansonienne d'une fin sociale de l'art, et briser d'une sentence sans appel l'œuvre des écrivains étrangers aux « grands mouvements ouvriers », indifférents aux « nobles intellectuels » comme aux « héros » : « J'avoue que la peinture de ces inutiles m'indiffère assez [84]. »

L'idée ruskinienne de la fusion de l'art avec la vie, l'« idolâtrie » que le jeune Proust désigne et critique en 1904 [85], est figurée par Charles Swann, l'amateur de Vermeer qui n'écrira jamais son livre sur le peintre hollandais, qui place « sur sa table de travail, comme une photographie d'Odette, une reproduction de la fille de Jéthro [dont] maintenant il connaissait l'original charnel [86] », et qui considère la sonate de Vinteuil « moins en elle-même – en ce qu'elle pouvait exprimer pour un musicien qui ignorait l'existence et de lui et d'Odette […] – que comme un gage, un souvenir de son amour, qui, même […] pour le petit pianiste, faisait penser à Odette en même temps qu'à lui, les unissait ».

Mais surtout, le système de Sainte-Beuve consistant à mesurer la valeur des œuvres d'art à l'aune de la réputation sociale de leurs auteurs – entre tous par Proust exécré – reçoit le ferme appui d'un des couples illégitimes du roman, que forment l'ambassadeur Norpois,

82. *RTP*, I, 89.
83. *RTP*, IV, 531.
84. *RTP*, IV, 460.
85. « [je] pécherais précisément par idolâtrie, si je continuais à m'abriter derrière cette formule essentiellement ruskinienne de respect », indique le traducteur dans son post-scriptum à *La Bible d'Amiens*. Cf. *infra*, p. 172.
86. *RTP*, I, 221.

de l'Académie des sciences morales et politiques, et Madame de Villeparisis. On le note d'abord à de certaines impressions, un ton et des tournures qui font, de quelques répliques, jusqu'à de petits pastiches. Les quelques mots prêtés à Norpois en commentaire d'une déposition de Picquart au procès Dreyfus – « *Quand on l'a vu*, bien pris dans le joli uniforme des chasseurs, venir sur *un ton parfaitement simple et franc* raconter ce qu'il a vu [...] il n'y a pas à nier que l'impression a été profonde [87] » – rendent un son bien proche de telle lettre de Sainte-Beuve, citée dans « À propos de Baudelaire » : « *Quand on a lu* votre dernière phrase de remerciement, conçue en *termes si modestes et si polis*, on a dit tout haut : très bien [88] ». Mme de Villeparisis, elle, n'est pas tenue à la réserve professionnelle de son ami diplomate, et porte plus franchement la parole du critique français au cœur de la *Recherche*, affirmant à propos des écrivains : « Je crois que je peux en parler, car ils venaient chez mon père, et, comme disait monsieur Sainte-Beuve qui avait bien de l'esprit, il faut croire sur eux ceux qui les ont vus de près et ont pu juger plus exactement de ce qu'ils valaient [89]. » Et, de fait, la marquise tire quelque fierté de pouvoir rectifier la réputation des artistes célèbres qu'elle a jadis rencontrés : « Musset, simple bourgeois de Paris, [...] disait emphatiquement : "L'épervier d'or dont mon casque est armé." Jamais un vrai grand seigneur ne dit de ces choses-là [90]. »

Dans les évocations de salons littéraires du jeune Proust, la princesse Mathilde ou la comtesse Potocka ne jugent pas autrement de la création : « On a dîné de bonne heure. Pas aussi tôt peut-être qu'à l'époque où Alfred de Musset vint, pour la seule fois de sa vie, dîner chez la princesse. On l'attendit une heure. Quand il arriva, on était à la moitié du dîner. Il était ivre mort. Il

87. *RTP*, II, 537.
88. Cf. *infra*, p. 335.
89. *RTP*, II, 70.
90. *RTP*, II, 82.

ne desserra pas les dents et partit en sortant de table. C'est le seul souvenir que la princesse ait gardé de lui [91]. » Dans les textes critiques s'élaborent non seulement les formulations de la *Recherche*, mais aussi les conditions de possibilité d'un tel roman, écrit par un autre « simple bourgeois de Paris ».

Marcel Proust, dans une lettre de mai 1908, dresse la longue liste des textes qu'il compte désormais mener de front : « J'ai en train : une étude sur la noblesse / un roman parisien / un essai sur Sainte-Beuve et Flaubert / un essai sur les Femmes / un essai sur la Pédérastie / (pas facile à publier) / une étude sur les vitraux / une étude sur les pierres tombales / une étude sur le roman [92]. » Aucun des projets ne devait jamais aboutir, mais tous allaient composer la matière polymorphe de la *Recherche* : on sait que le roman a notamment absorbé partie des brouillons du « souvenir d'une matinée », titre provisoire de l'étude sur Sainte-Beuve. Or, après la guerre, le romancier revint sur son projet du *Contre Sainte-Beuve*, pour le résumer et définitivement l'abandonner, dans trois grands articles de critique littéraire et artistique autour de Flaubert, Baudelaire et à propos de Morand, et une préface [93] aux *Propos de peintre* de Jacques-Émile Blanche, portant le sous-titre parfois négligé : « Cet article est un double adieu à Auteuil (l'autre face de Combray) et au *Contre Sainte-Beuve* non publié ». Dans cette dernière étude, ultime et définitive condamnation de la critique qui confond l'homme et l'œuvre, Blanche et Sainte-Beuve partagent l'indignité de l'expression – « Blanche dit bien *gentiment* de Manet [...] qu'il était modeste, humain, sensible à la critique », peut-on lire, où l'adverbe renvoie à une adjectivation que Proust emprunte à Sainte-Beuve : « Ce qui est certain c'est que M. Baudelaire gagne à être vu. Là où on s'attendait à voir entrer un

91. Cf. *infra*, p. 132.
92. *Corr.*, VIII, 112-113.
93. Cf. *infra*, p. 295-313.

homme étrange, excentrique, on se trouve en présence d'un candidat poli, respectueux, d'un *gentil* garçon, fin de langage et tout à fait classique dans les formes. » ; ou encore : « Gérard de Nerval qui est assurément un des trois ou quatre plus grands écrivains du XIXe siècle, est dédaigneusement traité de *gentil Nerval*, à propos d'une traduction de Goethe » – et l'indignité du concept : « Le défaut de Jacques Blanche critique, comme de Sainte-Beuve, c'est de refaire l'inverse du trajet qu'accomplit l'artiste pour se réaliser, c'est d'expliquer le Fantin ou le Manet véritables, celui que l'on ne trouve que dans leur œuvre, à l'aide de l'homme périssable, pareil à ces contemporains, pétri de défauts, auquel une âme originale était enchaînée, et contre lequel elle protestait, dont elle essayait de se séparer, de se délivrer par le travail. »

Marcel Proust tenait fort, dit-on, au portrait que Jacques-Émile Blanche avait jadis peint de lui, qu'il garda dans ses déménagements successifs et qu'il cita, coquettement, dans sa préface : « La seule énumération des portraits que Jacques Blanche fit vers cette époque (en exceptant le mien) suffit à montrer qu'en littérature aussi, c'était l'avenir qu'il découvrait. » Cette peinture d'abord en pied, coupée ensuite par le peintre telle qu'on la connaît aujourd'hui, qu'un dessin un peu moins solennel précéda, montre un être précisément *fin*, *gentil* et *classique*, non pas un jeune homme plein d'*avenir*. On ne peut lui trouver le macabre d'une vanité, et cependant il rappelle ce qu'est le temps en train d'être perdu.

Jérôme PICON

PREMIÈRE PARTIE

GALERIE GEORGES PETIT

EXPOSITION INTERNATIONALE DE PEINTURE [1]

Petite salle, petits tableaux, et j'allais dire, injustement, petit art.

Non, il y a dans ce groupe restreint quelques artistes de grand talent tels que MM. Edelfelt, Dinet, Zorn ; et si on est troublé au premier coup d'œil, on est enchanté ensuite de la variété des manifestations actuelles de l'art.

Je me demande quelle peut bien être la situation d'esprit d'un jeune homme, se destinant à la peinture, qui le matin va au Louvre et le soir rue de Sèze ?

« À quoi bon, dira-t-il, l'enseignement classique, la science de la composition, les longues années d'études d'après les maîtres ? Un peu d'instinct, du goût (et qui n'en a aujourd'hui ?), quelques albums japonais, beaucoup de photographies instantanées, n'est-ce pas tout ce qu'il faut pour ces ébauches étincelantes qui attirent le public et font les réputations ?

« Pourquoi écouter toutes ces choses solennelles que nous disent les anciens, pour avoir ensuite à se débarrasser de ces formules d'école, de cet enseignement rétrograde et retrouver en face de la réalité une vue originale et personnelle des choses ? »

Les révoltes d'une jeunesse troublée par les tendances actuelles sont très naturelles ; elles existent en littérature, en poésie, au théâtre. Elles sont latentes dans l'air qu'on respire, dans l'éducation qu'on reçoit. Et il faut une grande force de caractère pour résister au courant. Pourtant en littérature on reconnaîtra immédiatement celui dont les études classiques sont restreintes, qui dans sa jeunesse aura négligé ce que nos pères appelaient les « humanités » ; de même en peinture on reconnaît ceux qui, n'ayant pas suffisamment étudié, n'ont pour toute ressource dans l'art que leur improvisation. Tel maître de l'école moderne a beau vouloir l'oublier, sa main, son dessin d'une sûreté merveilleuse, son œil infaillible, se souviennent qu'il a été prix de Rome.

De même chez Dinet, un jeune, un chercheur consciencieux, qui expose aux n°s 49, 50, 51, on retrouve une éducation première achevée.

Il nous montre trois aspects très différents de son talent : *La Jeune Danseuse de Laghouat*, *Le Campement*, *Après le bain*.

Dans la *Danseuse*, lumière crue, plein soleil (celui du Sahara), – les chairs en semblent transpercées, – à peine quelques ombres bleues et légères. C'est un éblouissement.

Le Campement est une étude de mat, une étude de nuit obscure et pourtant transparente.

Après le bain nous montre une jeune fille demi-nue, le matin, dans un coin fleuri de notre France ; ce n'est pas Chloé ; c'est une petite villageoise déshabillée. Une poésie intime nous retient devant ce tableau.

Zorn. – Très beau portrait de Mme T. – L'artiste, par une très rare exception, a su vaincre les difficultés de cet âge triste et transitoire chez la femme qui n'est plus jeune et qui n'a pas encore le charme des cheveux blancs, les rides acceptées.

M. Zorn réexpose sa jolie étude du salon du Champ de Mars, délicieuse de lumière.

Pourquoi faut-il que l'attitude de la femme, un peu courtaude, les jambes écartées, soit d'une ligne désagréable ?

Les Petites Cueilleuses de fraises d'Edelfelt sont exquises ; elles descendent la montagne derrière laquelle on aperçoit le fiord ; il faut voir le caractère étrange et attirant de leurs petits visages d'enfant entourés de cheveux d'or pâle sous leurs capuchons rouges. Beau portrait d'homme du même auteur, – les mains très bien traitées.

Blanche nous montre cinq fois la même petite fille en bleu ; elle est charmante, mais, multipliée par la psyché qui la reflète, cela fait trop de petites filles bleues. Celles des n°s 18 et 22, très bien peintes, eussent bien suffi [2].

Les jolies études de M. Desboutin sont des pastels. Je le sais pour l'avoir lu dans le catalogue, car il est très difficile à présent de distinguer les pastels de la peinture. La devise de l'école moderne de la peinture est : « Mate et sincère. » – Pour éviter le luisant, on enduit les toiles et on peint avec de la cire. Voyez les toiles de M. Dinet, qui use de ce nouveau procédé. Mais alors, ne mettez pas, comme quelques autres, des verres sur votre peinture mate ; c'est un miroitement bien autrement désagréable que le luisant de l'huile et du vernis.

Passons aux paysages [3].

Ceux de M. Montenard sont étincelants.

M. Dauphin aime aussi le Midi, qui le lui rend bien. Ses marines, où il est passé maître, sont très supérieures à ses paysages. *Lagarde*, soir, crépuscule, petites toiles grises pleines de la poésie à laquelle nous a initiés Cazin, mais avec quelque chose de plus.

M. Billotte nous montre que les plus humbles choses ont leur intérêt, car il prend des coins bien ingrats de notre ville, les quartiers des carrières et des fortifications, les terrains vagues.

De même M. Barrau, – la Grande-Jatte, et Courbevoie au soleil [4].

J'ai gardé pour la fin Forain, paysagiste. Oui, un vrai paysage avec des arbres, un ciel, de la verdure ; mais vous pensez bien que Forain ne pouvait nous montrer une prairie qu'émaillée de cocottes, et sa *Course en province*, malgré son titre et sa dimension, ne sort guère de son genre ordinaire.

DE BRABANT. [5]

LA MODE [6]

La mode, dans toute sa tyrannie, a fait son apparition ; si vous le voulez bien, nous allons lui consacrer quelques instants de nos loisirs, tâcher de l'expliquer de notre mieux. Au premier abord, on se laisserait aisément persuader que les modifications qu'elle apporte cette année sont de minime importance ; que la robe de l'année dernière pourrait à la rigueur tenir tête à celle fraîchement éclose de la saison. Ah ! s'il n'y avait pas les nuances ! mais il y en a tant ! Vous devez les voir, en être touchée ; renier le passé ; ouvrir votre esprit, et plus encore votre bourse, à qui nos créatrices font appel avec tant de malice.

La robe en drap, ou vigogne, pour le jour ; le vert foncé, le violet, le bleu marin, sont bien portés. Le sombre et la façon simple de cette toilette en justifieraient le nom, *la trotteuse,* si la longueur de la jupe n'y mettait pas quelque entrave. Je la désignerais plus volontiers *la balayeuse.*

La jupe plate se maintient, mais elle a encore augmenté son ampleur, tout en biaisant de plus en plus vers la taille. L'ampleur, ainsi refoulée dans ses derniers retranchements, devient un problème que seules nos grandes faiseuses savent résoudre.

Le corsage est en pleine révolution. Il ne veut plus se laisser limiter aux hanches ; il s'est souvenu d'un sort meilleur sous les glorieux règnes de Louis XIII et Louis XIV. La grande basque n'est plus une *vision fugitive,* mais bien une adaptation très heureuse de nos corsages, un refuge pour les hanches criticables. La dissimulation ainsi autorisée est un grand progrès.

Le corsage même est sujet à toutes les variantes possibles ; mais il est avant tout appelé à épouser la forme du buste, au besoin à en augmenter la grâce et en diminuer le volume.

La mousseline de soie – non la sainte mousseline de nos mères – est toujours à l'ordre du jour, ainsi que la dentelle haute et précieuse autour du décolletage, plus carré que pointu.

Ne vous refusez pas les ornements en pierreries fines : émeraudes, rubis, opales, turquoises ; et n'allez pas vous égarer dans de fausses conclusions morales ; votre sincérité ne se trouvera pas atteinte, vos parures ne risqueront rien à côtoyer leurs fausses sœurs.

Le chapeau se plaît dans les excès : grand feutre, aux grands panaches, obstruant l'horizon, désobligeant le voisin au spectacle ! capote microscopique ; encore un peu, et elle ne sera plus qu'une figurante sur la facture ; mais votre tête n'en portera pas trace. N'importe ! pour l'instant, l'oiseau fabuleux, couleur émeraude, or ou bleu d'azur, déploie avec délice ses longues ailes au milieu d'un fouillis de tulle perlé.

La capote en chenille noire, toute parsemée de pierres sombres, retroussée derrière par une agrafe en diamants noirs, laisse échapper les frisons de la coiffure, rivales triomphantes de la touffe de petites plumes, tant portée déjà. Un simple petit chou, de couleur tendre, bleu de ciel de préférence, jeté dans cet ensemble sévère comme une pensée plus alerte, plus égayante, au milieu d'une dissertation grave : voilà pour le chapeau.

Question importante avant tout, le vêtement ! Grand émoi : la jaquette courte abandonnée. Où voulez-vous que les grandes basques se réfugient, sinon sous un vêtement long, forme rotonde ou grande jaquette genre Louis XV ? Vous soupirez, Madame ; vous avez de l'an passé une jaquette en loutre ; elle vous a coûté les yeux de la tête ! et voilà que cette vilaine mode vous forcerait à y renoncer ! La jaquette courte bannie, Roméo banni ! Non, ma chère Juliette, rassurez-vous. La situation n'est pas aussi grave que vous le pensez ; « il est avec le Ciel des accommodements » ; on est convenu de laisser aux aristocrates de la matière, à la loutre, à l'astrakan, leur coupe habituelle et leur longueur relative. La grande pelisse en drap fait fureur ; elle est garnie de passementeries d'or, de jais ; collerette Médicis, ornée de plumes, ainsi que le bord du vêtement, qui est doublé de soie chatoyante, rappelant ainsi ces insectes fabuleux aux couleurs ternes qui, déployant leurs ailes, vous frappent tout à coup de reflets étincelants. Ce vêtement est donc à la fois sobre et grave ; mais la manière de le porter en change le caractère, l'effet ; et si j'osais donner un conseil au pêcheur imprudent qui aborde cette *Loreley*, je lui dirais…

Rien aujourd'hui ; la prochaine fois nous y reviendrons, et nous aborderons ensuite la robe de bal : c'est-à-dire l'infini !

ÉTOILE FILANTE.

PENDANT LE CARÊME

À PROPOS DE L'INGÉNUITÉ FIN DE SIÈCLE ET MLLE YVETTE GUILBERT, CINQ CONFÉRENCES AU THÉÂTRE D'APPLICATION, PAR M. HUGUES LE ROUX.

À Horace Finaly

Ingénuité ? On nous parle bien de celle de la chanteuse, et, en nous en parlant, on nous amuse, sans nous persuader : nous respectons trop les ingénues pour vouloir leur donner Mlle Yvette Guilbert pour compagne, et nous avons trop souvent goûté, au Concert Parisien et au Nouveau Cirque, les piquantes délices de cette personne pour appeler cela de l'ingénuité. Ingénuité ? Faudrait-il donc parler de celle du critique qui fait cinq conférences sur Yvette Guilbert, cinq de plus que M. Ganderax sur Molière ? Mais ce n'est pas non plus précisément de l'ingénuité. C'est quelque chose – si j'ose employer un mot que M. Prudhomme nous envierait et dont il décorerait certes ses propos aujourd'hui – de très « fin de siècle », et, ce qui n'est pas difficile, de bien plus fin de siècle que Mlle Yvette Guilbert.

Il serait, en effet, digne de remarquer que, en vertu d'une évolution trop complexe pour être analysée ici, la critique française entre 1889 et 1891 soit redevenue dogmatique, non pas dans un autre sens, mais sur un autre terrain qu'auparavant. Prenons, si vous voulez, M. Jules Lemaître. S'agit-il d'un des chefs-d'œuvre de la littérature qui semblent le moins contestables, d'un de ceux même pour lesquels il se sent le plus de tendresse, il professe le plus de vénération : il n'ose rien affirmer, a peur de juger, ou ne donne son jugement que comme une préférence toute personnelle, en lui retirant d'avance toute valeur universelle. S'agit-il d'une soirée passée au Concert Parisien : il essaye de faire la théorie de la « scie » et de constituer scientifiquement la chansonnette de café-concert. Conduisez à la Scala nos dilettanti les plus raffinés, nos pyrrhoniens les plus élégants, et les voilà devenus de farouches dogmatiques. Nous ne saurions attribuer une si merveilleuse métamorphose aux mystérieuses suggestions qui flottent dans ces cafés-concerts, l'hiver sur les fumées bleues du cigare, l'été sur les clartés bleues de la lune. Ne serait-ce pas plutôt que ce qui peut être réduit en formules parce que cela est soumis à des lois, ce qui est objet de science, en un mot, ce sont précisément les manifestations les plus physiques, les plus matérielles, de notre activité, tandis que l'art, en ses créations les plus hautes, échappe absolument, par son essence quasi divine, aux investigations scientifiques ? Le Cœur et la Pensée esthétique ont des raisons que la Raison ne connaît guère. Mais le rire, ce rire qui nous secoue au café-concert, – traduction de la joie malsaine que nous éprouvons à sentir notre passagère déraison, – notre raison en connaît les raisons. Et ainsi les productions du café-concert, tout en continuant à n'être qu'exceptionnellement de la littérature, sont devenues matière à littérature, et la critique de café-concert est née. Dès lors, c'est devenu un exercice très agréable pour les meilleurs virtuoses du style. On a chanté les grâces et mérites de M. Paulus [8] ou de Mlle Valti, tel sur le mode lyrique, tel dans le goût évangélique. La disproportion entre la dignité des épithètes qui magnifient ces personnes plutôt séculières, et ces personnes mêmes, divertit fort le lecteur. Et si du mélange savant du style lyrique et du style évangélique naît le style apocalyptique, le critique prend alors une posture de saint Jean au Nouveau Cirque qui n'est pas sans piquant. La collection des feuilletons de

M. Jules Lemaître serait, en même temps que beaucoup d'autres choses, un répertoire très instructif de ce nouveau genre de littérature.

Mais si la conférence de M. Le Roux est par là bien « fin de siècle », Mlle Guilbert ne l'est pas du tout. On ne devient pas raffiné parce qu'on cesse d'être ingénu. Pas plus que son presque homonyme le matelot ivrogne et bon de M. Loti, ma sœur Yvette n'est « fin de siècle ». Quel rapport y a-t-il entre cette femme si drôle, si saine, si bien portante, d'une diction où à un peu de pittoresque, de naturalisme (la littérature d'il y a quinze ans, la littérature avant-fin de siècle), se mêlent tant de bonnes intentions, tant de bonne volonté, tant de la grâce et de la bonne grâce de Mme Judic, quel rapport y a-t-il entre elle et les « fleurs de vice », les fleurs capiteuses et maladives qui décorent bizarrement de leur grêle élégance les fantaisies de Chéret et de Willette ? Vêtue d'une simple robe blanche qui fait ressortir encore ses longs gants noirs, elle ressemble plutôt, avec sa figure blêmie de poudre, au milieu de laquelle la bouche trop rouge saigne comme une coupure, aux créatures d'un dessin brutal et d'une vie intense dont l'œuvre d'un Raffaelli est semée. Telle, en sa corporelle apparence, – ainsi qu'en sa diction, – elle fait penser au naturalisme déjà démodé, si différent en tout cas de l'art d'aujourd'hui.

Non, ce n'est pas encore la petite femme descendue d'une affiche de Chéret pour conduire un nouvel « embarquement pour Cythère ». Nous admirons plus que personne le talent de Mlle Yvette Guilbert. Mais, malgré toute notre bonne volonté, nous ne la trouvons pas perverse du tout. C'est peut-être de l'ingénuité.

M.P.

LA MODE [9]

En vous promettant l'autre jour de parler de la robe de bal, je me suis mise, je crois, dans un mauvais cas. L'article « Mode » doit, avant tout, viser à l'à-propos ; il lui faut un peu devancer son époque. Or la robe de bal est, à l'heure qu'il est, en pleine fonction, et tout ce que j'en dirais serait sans effet. N'est-il pas plus sage d'avouer que je suis en retard ? L'aveu franc de ma parole mal donnée me fera sans doute pardonner ma parole mal tenue ; mais si je ne vous parle pas dûment de la robe de bal et des neiges d'antan, me serait-il permis pourtant, en passant, d'en exprimer un regret ? C'est à propos de la robe de bal des jeunes filles. La jeune fille avait un privilège dont elle n'aurait pas dû se départir : elle pouvait être simple. Elle portait au bal du tulle, des fleurs. Le tulle, dans sa fragile apparence, l'enveloppait gracieusement et formait pour ainsi dire une barrière au contact par trop immédiat de son entourage ; on l'approchait avec moins d'assurance, moins de hardiesse, de peur de friper cette délicate enveloppe. Aujourd'hui l'obstacle est tombé : la jeune fille est presque devenue jeune femme [10], et je le déplore. Ce sont, paraît-il, les Américains qui nous valent ce changement ; n'aurions-nous pas pu, à nous tout seuls, trouver mieux sans leur faire cet emprunt ? Mais me voici loin de mon sujet, et j'oublie presque que le « Prince Charmant », le printemps, avec toutes ses grâces, nous est arrivé. Il s'est bien, depuis quelque temps, retiré sous sa tente, laissant libre cours au vent et aux giboulées ; mais il n'en est pas moins là, et a bien voulu me laisser fouiller dans ses trésors. Il y en a tant, que c'est à ne pas savoir par où commencer, et à en perdre la tête. Commençons donc avec elle, – par le chapeau.

De plus en plus petit, le chapeau se hisse sur les frisures comme un accent circonflexe. C'est tantôt un papillon, une aigrette en jais, tantôt des ailes d'or se perdant dans du tulle ou dans un bouquet de fleurs.

Le chapeau rond attend encore les rayons plus ardents du soleil pour s'épanouir ; mais déjà on devine que les bords en seront larges, la calotte basse et la fantaisie sans fin dans la pose des plumes et des fleurs.

– Au-dessous le vêtement.

La grande jaquette est toujours la préférée des tailles élégantes ; on peut la porter longue, genre Louis XV avec revers, en drap simple ou richement brodée de jais mélangé de broderie mate.

La pèlerine demi-longue continue à faire fureur ; mais, les magasins de nouveautés s'étant emparés de cette création, la mission de nos grandes faiseuses est devenue de plus en plus délicate : triompher de la banalité, tout est là ! elles y sont parvenues. – La pèlerine en drap léger ou en sicilienne avec sa forme méphistophélesque ou, si vous préférez, Henri II, ses appliques de jais mélangé d'or, ses franges de jais ou de larges dentelles, son col Médicis moins haut pour laisser plus de liberté au mouvement du cou, doublée d'une étoffe souple claire ou foncée, tel est « le dernier cri ». Surtout évitez le vêtement brodé de cabochons de jais, le clou de la saison ! il est tombé dans la vulgarité ; c'est le clou de la pièce d'hier, comme dirait Sarcey.

La robe printanière n'est pas encore dans tout son éclat ; mais les quelques spécimens que j'ai vus chez nos grandes faiseuses m'autorisent à vous en parler avec conviction. Avant tout, félicitons-nous de la liberté qui y règne. On porte de tout ; on accepte tout sous l'escorte de la grâce et du goût, aussi bien la grande basque à pattes avec gilet brodé dessin de style, que le corsage à ceinture brodé ou simple laissant à l'étoffe même faire ses fredaines sous forme de plissages et de jabots.

J'ai vu une toilette grise d'un goût parfait. Où ? comment ? Je vous le donne en quatre, je vous le donne en dix, je vous le donne en cent ! Je me borne simplement à vous en faire une description détaillée.

La toilette en question est d'un ton gris clair ; le tissu de laine légère rappelle par son velouté le côtelé de velours si recherché cet hiver, et est en même temps aussi léger au porter que le foulard. La jupe, petite traîne, est doublée de taffetas ; cette dernière innovation évite le fond de jupe et simplifie le programme de celles qui ne se sont pas donné celui de soulager la municipalité et de balayer les rues.

Une dentelle en imitation vieux Venise garnit le bas de cette jupe, dont l'étoffe est entièrement prise en biais, ce qui ajoute beaucoup à sa grâce. La garniture de ruban qui retient cette dentelle rappelle celle du corsage tout semé de broderies en perles d'acier et dont le devant se termine en plis sur un gilet de dentelle Venise, gilet qui se continue autour de la taille en forme de basque.

Une toilette noire a su me charmer également. Mais ne vaut-il pas mieux rester sur la note grise ? « Peut-être. » C'est sur ce mot que se termine une comédie d'Alexandre Dumas (*Le Supplice d'une femme*). Pourquoi n'en pas dire autant et vous délivrer de

ÉTOILE FILANTE ?

VARIÉTÉS

CONFITEOR, PAR M. GABRIEL TRARIEUX. AU *COMPTOIR D'ÉDITION*, 14, RUE HALÉVY [11]

Le Mensuel a bien peu de place pour rendre compte du volume de vers que vient de publier M. Trarieux. À peine pouvons-nous recommander d'une manière spéciale celles qui nous ont plu davantage parmi les pièces qui le composent, et qui sont celles intitulées : *Un jour*, *Souvenir*, *Rondel*, *Humilité*, *À une jeune fille*, *Séparation*, *Communion*… Nous en citerons plusieurs autres.

Nous désirons avant toutes choses être sincères avec M. Trarieux. Aussi lui dirons-nous très franchement que nous avons été surtout satisfait dans son livre par de nombreux vers isolés [12], d'un sentiment très fin, et auxquels il a su donner une forme complète et musicale. Nous ne serions pas embarrassé d'en trouver beaucoup qui soient aussi jolis que celui-ci :

Je songe aux cœurs brisés par l'angoisse d'amour…

ou celui-ci :

L'inconsolable chant de mes douleurs secrètes…

au milieu de pièces qui cependant ne sont pas toutes celles que nous avons le mieux aimées. La langue de M. Trarieux paraît souvent sonore et souple, et il formule excellemment les harmonies sentimentales qui lui ont été révélées. Pourquoi faut-il que ce don très personnel et très intime nous soit gâté par l'influence artificielle de certains poètes compliqués ? Le hiératisme baudelairien dont leur exotisme s'aggrave produit une note vraiment fâcheuse en 1891. Nous voudrions que M. Trarieux, dont certains vers nous paraissent présenter de l'analogie avec ceux des poètes des *Vaines tendresses*, de ces délicates *Intimités* et même des *Romances sans paroles*, se débarrassât de ce souci qu'il semble avoir d'une poésie savante et quelque peu factice à notre gré. Nous imaginons que sa plume exprimerait plus aisément cette analyse discrète et cependant émue des passions tendres dont sa *Ritournelle des amoureux* nous a donné quelques exemples. Sa langue a le charme suffisant ; sa pensée, ce qu'il faut de mélancolie ; et il a sûrement réfléchi sur les souffrances qui viennent du cœur. Nous l'avouerons, nous aimons moins certaines pièces peut-être plus soutenues, mais dont la philosophie troublante et généralement panthéiste ne fut pas toujours sans nous causer de l'effroi ; et surtout nous avons regretté la forme nécessairement un peu naïve que revêtaient, nous semblait-il, des pastiches de poètes défunts, curieux de faciles voluptés, et où la Muse si chaste de M. Trarieux s'est parfois sataniquement complu.

À part *Le Rêve de Judas*, explication déterministe assez plausible et miséricordieuse des suggestions où s'abandonna l'âme de celui qui livra le Christ, nous avons aussi moins aimé les poèmes d'inspiration religieuse. Ce *Rêve de Judas*, qui, sans être très orthodoxe, serait volontiers slavisant, contient une jolie appellation de la Pitié, définie « cette suave fleur des siècles », et à laquelle nous aurions à peine à reprocher un soupçon de dilettantisme. Si nous avons nettement saisi la pensée de M. Trarieux, et s'il a vraiment entendu nous présenter Judas comme l'instrument irresponsable de l'accomplissement des vues divines, cette astucieuse négation de notre libre arbitre à l'aide de ce cas inattendu d'hypnose, qui serait celui de toutes les créatures, n'est peut-être pas bien sérieuse ; elle était à coup sûr tentante. Nous n'avons qu'à féliciter M. Trarieux de l'eurythmie de ses conceptions mystiques. Nous voudrions pourtant qu'il les abandonnât pour nous traduire tout simplement le murmure des voix intérieures ; et nous le souhaitons d'autant plus que l'ingénuité apparente de sa parole est intelligente et peu banale. Voici quatre vers pris au hasard, et où il a retrouvé le balbutiement raffiné, le rythme calme et tourmenté, presque tout le génie de Verlaine :

Je cherche une âme aux langueurs un peu mièvres,
Qui soit pareille à ces femmes voilées
Dont le regard aux lueurs étoilées
Tombe aussi doux qu'un baiser fuit des lèvres…

À leur tendresse de forme se joint un grand sérieux de sentiment. Nous croyons que ce genre de pièces si douces, si courtes, sont surtout celles que M. Trarieux doit écrire. Des poètes qui semblent s'être partagé les admirations de sa jeunesse, nous écarterons volontiers l'influence, parfois encore sensible en lui, de Leconte de Lisle et d'Hugo, même de Baudelaire et de Lamartine ; et il nous serait alors permis de retrouver dans ses poésies beaucoup de la psychologie (pardon de ce mot désagréable) et beaucoup du tempérament de Verlaine, et – ceci est plus douteux – de Jules Laforgue, qui descendent eux-mêmes directement de Racine et d'A. de Musset. Que l'on y joigne, si l'on y tient, Amiel et aussi Sully-Prudhomme. Peut-être est-ce parce que nous aimons beaucoup ces poètes que nous voudrions mettre auprès d'eux M. Trarieux.

Y.

IMPRESSIONS DES SALONS [13]

Nous avons, cette année encore, deux clans de peintres qui se font la guerre : ceux des Champs-Élysées [14], ceux du Champ de Mars [15]. Les uns tiennent pour la tradition, ils sont l'École ; les autres se proclament la jeunesse et la liberté. Ces étiquettes peut-être ne signifient pas grand-chose, puisqu'au fond le but à atteindre est toujours le même et qu'il s'agit des deux parts – nul ne le conteste – de se rattacher directement à la nature et de rendre aussi heureusement que possible les impressions qu'elle a fait éprouver à l'artiste. Pourtant, il me semble que le Champ de Mars a mieux réussi dans ses recherches ; tout y est plus amusant, et surtout le nombre des tableaux médiocres est moins énorme. Je sais bien qu'on dit la tradition de la « grande peinture » demeurée aux Champs-Élysées. Eh, mon Dieu ! qu'est-ce que cette « grande peinture » ? Est-elle dans la dimension gigantesque de la toile ? Alors ce pauvre Rochegrosse [16] est le plus grand de nos peintres, et plusieurs de ses collègues du palais de l'Industrie ne lui sont guère inférieurs ; mais si le grand art est simplement celui qui nous élève, qui nous fait penser à beaucoup d'excellentes choses, qui fait vibrer l'âme en caressant les yeux, vraiment je le trouve bien plus de l'autre côté. Au reste, ce sont des impressions que je note, impressions toutes personnelles et que je reconnais sujettes à caution et à répartie.

On s'élève au-dessus de la terre avec Puvis de Chavannes [17], ou plutôt on voudrait s'élever avec lui dans ce monde de rêve, de paix profonde, dans cette atmosphère voilée, mais nullement pesante, où vivent des personnages d'une vie éthérée, mais non irréelle ; ce beau paysage, on croit le connaître ; on a ressenti dans quelque jour heureux la joie d'une belle journée d'été, mais non pas, certes, avec cette force, cette intensité. Le charme des deux panneaux pour le musée de Rouen ne pénètre que peu à peu, mais il finit par vous isoler de toutes les peintures qui les entourent. Que sera-ce quand on les verra en place, sans cette tenture rouge qui, au premier abord, en détruit la suave harmonie ?

Puvis personnifie le rêve, la vie contemplative ; Besnard, le mouvement, les couleurs éclatantes, la vie dans tout son épanouissement, la nature grandie, je dirais idéalisée, si le mot n'était pris trop souvent dans un sens banal. Je ne connais pas de portrait plus séduisant que celui de ces deux sœurs se donnant le bras, fines, malicieuses, à la peau nacrée, simplement mises de tulle vert retenu à la taille d'un ruban blanc, l'une se renversant légèrement en arrière d'un mouvement fier, mais pas hautain, l'autre se penchant pour cueillir une fleur, cela sans effort, sans mièvrerie [18]. Elles se détachent sur le fond intense d'une serre aux sombres feuillages, d'un bleu vigoureux, profond, onctueux. Cela a l'éclat des beaux Rubens, leur hardiesse, avec la grâce, la délicatesse en plus. C'est l'image de la jeunesse joyeuse, du printemps. Besnard expose un autre portrait d'une égale importance, mais évoquant un sentiment tout différent : la note est plus intime, plus enveloppée ; il est aussi plus sobre de tons ; puis trois petites toiles : une Annonciation conçue comme un primitif avec un ange gozzolien qui s'envole dans un paysage délicieux ; un effet curieux de soleil couchant et un intérieur, un couvert mis (quelle nature morte !) près d'une fenêtre ouvrant sur un fond de falaise [19]. N'oublions pas ses cartons (projets de vitraux), d'une si belle couleur, d'un si large dessin, rappelant, sans les imiter le moins du monde, les compositions japonaises, parce que, comme les Japonais, Besnard sait regarder et a l'amour profond du maître des maîtres, la nature.

Edelfelt, lui aussi, aime le soleil, les couleurs joyeuses, claires. Il a, en dehors de ses incomparables aquarelles, deux œuvres charmantes : deux petites Finlandaises se promenant dans une allée ensoleillée [20], un intérieur de cabaret italien [21], et enfin une grande toile d'un mysticisme sincère et robuste, le Christ et la Madeleine selon une légende scandinave [22].

Je cite au hasard les peintres qui m'ont touché particulièrement ; d'abord Kuehl, qui développe également le thème de la lumière dans *Clartés du soleil* [23], où l'on sent un peu le souvenir de Peter de Hoogh ; il est plus personnel dans *Tristes nouvelles* [24]. – Dessar, un jeune Américain, a mis beaucoup de poésie dans son *Départ pour la pêche* [25]. Kowalsky sera intéressant à suivre. Ce sont des chercheurs sincères et singulièrement heureux que Jeanniot dans son *Effet de neige* [26], que Billotte avec ses vues de Paris, si vraies, si poétiques [27], que Lepère avec sa hardiesse de palette, que Barrau, que Lebourg, que Stetten dans ses études. C'est un chercheur aussi, mais peut-être trop confiant en lui-même, que Dagnan. Son *Départ des conscrits* [28] est d'une conception élevée, noble, comme tout ce qui nous vient de ce grand artiste. Mais si chaque conscrit, pris à part, est merveilleusement traité, leur groupe ne vit pas véritablement d'une vie commune ; tous s'isolent dans leur pensée intérieure, et on ne sent pas le grand souffle qui fait mouvoir les foules ; il m'a paru même qu'il manquait un peu d'air dans cette rue où chantent ces jeunes gens. Au contraire Dagnan expose à côté un authentique chef-d'œuvre, une jeune fille enveloppée d'une draperie bleue, dans une atmosphère de profonde poésie [29]. Cette poésie, on la retrouve chez Lerolle, quoiqu'elle soit, cette année, un peu brumeuse chez lui ; on la retrouve chez Cazin, dont les beaux paysages sont pourtant plus métalliques que de coutume ; dans la *Jeanne d'Arc* [30] de Lagarde ; puis, très intense et se dégageant de son brouillard (trop voulu peut-être), dans les œuvres si curieuses de Carrière, dans ses compositions intimes, ses portraits si personnels [31].

Que de beaux portraits aux deux Expositions ! On aurait peine à les citer tous ; on regrette de ne pas s'étendre sur chacun et de s'en tenir à une simple énumération, pleine, hélas ! de lacunes.

Le plus marquant (c'est l'impression unanime) est celui de la belle Mme Gautereau [32] par Courtois ; voilà aussi celui du peintre Stetten [33] par le même artiste, le portrait d'enfant [34] de Sargent, ferme, plein de vie et de naturel ; c'est une œuvre de grand maître que le portrait du cardinal de Sens [35] par Delaunay ; celui de Bonnat [36], les portraits de Carolus-Duran [37], de Chaplin (un bon Chaplin) [38], de Chartran [39], de Dubois [40], un beau portrait de femme de Humbert [41], un prêtre [42] de Mlle Virginie Porgès, les portraits de Mme Roth [43], sont à noter ; ceux de Boldini [44], de Blanche [45], très curieux, d'un mouvement un peu outré parfois, mais bien observé ; on voudrait une palette plus légère, des tons plus souples, moins sales surtout dans les ombres, les petits portraits délicats de Jarraud [46], quelques études-portraits de Stevens (surtout celui d'une dame en jaune [47]), un portrait plus ancien mais très particulier de Whistler [48] : tout cela est très intéressant aussi.

Ce même Whistler a une marine bien exquise [49]. D'autres toiles me resteraient à citer ; Renan a une vue charmante d'Algérie [50] ; Dumoulin, des études italiennes franches et hardies [51] ; Pointelin a toujours sa note mélancolique. Je n'ai pas mentionné davantage les œuvres vigoureuses de Ribot, les natures mortes « chardinesques » [52] de Zakarian ; celle de Bergeret [53], plus importante, plus personnelle, celle enfin du grand maître Vollon [54].

J'ose encore moins m'attaquer à la sculpture, malgré les grands noms de Falguière [55], de Dubois [56], de Rodin [57] ; mais puisque ce sont des impressions personnelles que je marque ici, je ne puis conclure sans dire un mot de celles que m'ont fait éprouver quelques grands artistes qui travaillent dans les admirables « genres inférieurs ». Le verrier Gallé est peut-être notre poète le plus génial : une aile de hibou, des oiseaux dans la neige, des libellules aux couleurs sombres ou éclatantes, lui servent de thème et l'amènent à nous faire vibrer tout entier [58]. Le graveur Roty nous donne la même profonde sensation avec ses merveilleuses médailles, surtout celle de sir John Pope Hennesi, celle du Club Alpin, et sa plaque commémorative d'une fête de famille, trois œuvres d'art accomplies [59]. Enfin Delaherche [60] et Chaplet [61] suivent ces voies élevées dans leurs belles poteries.

Que de talent ! que de nobles efforts ! Il faudrait, pour rendre ma vive admiration, une plume moins trébuchante. Si j'ai pu réveiller pourtant chez mes lecteurs quelques sensations d'art déjà éprouvées, mon but sera atteint ; si au contraire quelqu'un d'entre eux s'est agacé à me lire, comme

À raconter ses maux souvent on les soulage,

le *Mensuel* aura plaisir à accueillir sa réponse. La réplique sera aisée d'ailleurs ; on efface sans peine le

FUSAIN.

ENDROITS PUBLICS

HORLOGE, ALCAZAR, AMBASSADEURS, FOLIES-BERGÈRE, NOUVEAU-CIRQUE, HIPPODROME, CIRQUE D'ÉTÉ, ETC., ETC.

Pour Mesdemoiselles Rosa-Josepha.[62]

À mesure qu'en cette saison se clôturent les chroniques théâtrales, à mesure aussi s'accumulent les produits de ce qu'ici même notre collaborateur M. P. caractérisa si bien sous le nom de critique de café-concert, – à peine franchissions-nous le mois de février. – Zeus nous préserve, et M. Sarcey ! de prendre à notre tour la posture des habituels « Saint-Jean au Nouveau-Cirque » que recèle, par exemple, le *Journal des débats*. La Déesse des Ambassadeurs, – nous voulons dire Mlle Vanoni, – regrette, paraît-il, la bouddhique opiniâtreté des comparaisons où nos dorlotants spectacles d'été incitent d'ordinaire, vers l'époque de l'année où nous sommes, les habiles feuilletonistes de ce quotidien, moins austère que notre *Mensuel* ; et elle constate avec désespoir qu'il arrive à M. Leconte de Lisle, ingénieux modificateur de vocables, de prononcer son nom : *Valmiki*.

Le temps est peut-être venu de ne plus considérer nos plus surprenants chanteurs de café-concert comme de presque surnaturels fantoches. Notre collaborateur M. P. l'indiqua en termes que l'on n'a pas oubliés ; et il plaisanta, avec la toute gracieuse bienveillance qui convenait, le fétichisme apocalyptique dont ce nouveau culte s'accommode. Irait-il cependant jusqu'à nier la divinité de ce M. Clovis, dont les spectateurs de l'Alcazar peuvent tous les soirs constater l'existence, ce que ces mêmes personnes ne sauraient faire de tous les dieux ? Nous avions eu déjà le plaisir d'entendre M. Clovis, cet hiver, au Concert-Parisien, où Mlle Yvette Guilbert attirait les curiosités d'aujourd'hui. Nous nous rappelons la jovialité qu'il montrait alors en cocher d'omnibus funéraire, et l'extrême abondance de gaieté où se noyait pour lui le souvenir de ses contemporains enterrés. Les consommateurs accoudés devant les cerises alcoolisées de l'Alcazar peuvent, à présent, lui voir accomplir les acrobaties les plus palpitantes et les plus mûrement compliquées. Il faut précisément lui entendre monologuer cette conférence d'acteur définitivement forain, qui, appelé à représenter, dans je ne sais quel lointain théâtre, une nouvelle œuvre dramatique de M. Pierre Loti, lieutenant de vaisseau, l'attribue, après son trouble du dernier acte, à M. Pierre Loto, lieutenant de Veissie ! Un frisson de rire parcourut le jardin, où M. Sarcey n'était pas.

Charmes de Sulbac, qui saurait vous peindre ? Charmes de Sulbac, qui vous éprouve ne saurait vous décrire.

J'suppos'que ça vous est égal,
Halle aux Vins, place Pigalle,

susurre le délicat versificateur,

De savoir ce qu'ell'devint,
Place Pigalle, Halle aux Vins.

Et cela dure des quarts d'heure comme ça... Aussi faut-il voir le sourire d'indulgent mépris qui voltige, non pas sur les lèvres des spectateurs, mais sur celles de M. Sulbac, tandis que l'excellent public s'esclaffe et que M. Francisque Sarcey recherche la fraîcheur estivale parmi les caves numérotées du théâtre des Bouffes-du-Nord, révélé par lui aux populations, et où des intelligences criminelles placèrent, comme on sait, les engins les plus combustibles, avec l'intention inavouée, mais par cela même plus évidente, d'en élever la température et d'ennuyer le prince de la critique. – « Oh ! grande ombre de Victor Hugo !... Cela est joliment spirituel, tout de même... Poésie ! voilà bien de tes coups... » s'exclame de temps en temps M. Sulbac, lorsqu'il juge par trop dépourvus de qualités universitaires les couplets qu'il apprécie de la sorte avec la liberté et l'accent d'un disciple de José Dupuis. Et ce n'est pas le moins piquant plaisir qu'il nous donne que cette originale façon d'atteindre, à travers l'insuffisance des choses qu'il débite, le snobisme des nombreuses personnes acclamant son visage épanoui de glorieux et très sarcastique chérubin.

Plantureuses Beautés des cafés-concerts, végétaux à qui l'on désirerait moins de vêtements laissés au vestiaire, vous ne méritez pas autant que les hommes que l'on analyse vos attraits. Cependant que la notable Mlle Valti zézaye des chansons qu'elle a une vague apparence d'emprunter aux chères disparues, les almées de la rue du Caire, et que Mme Duparc s'exerce aux papelardes égrillardises, Mlle Yvette Guilbert, cette véritable et unique artiste, si savante et si spontanée, plane trop haut pour que nous ressentions la plus brève tentation de la mêler aux multiples et diminutives Yvettes et divettes d'alentour ; elle nous laisse ainsi toute la place de remarquer aux Ambassadeurs la très jolie Mlle Viguier, dont la seule bouche, peut-être un peu forte, promet de se modeler tout de même agréablement aux nécessités harmoniques. Fleur brune dont la peau créole est si mate, elle nous a paru la plus jeune et en tout cas la plus rapprochée des étoiles de café-concert : sa lumière ne mit pas, à nous venir, deux années. On nous pardonnera d'avoir oublié, à côte de cette élégante personne, le nom de toutes celles que l'on siffle ou que l'on tolère avec un détachement plus sceptique ou plus résigné qu'autrefois. Voici que les temps sont passés où l'on faisait du bruit aux Ambassadeurs. L'universalité de l'indifférence les a envahis à leur tour. Oh ! cette fin de siècle...

Ce n'est pas la faute de M. Kam-Hill, du déplorable M. Kam-Hill : ce toujours rutilant homme du monde grimace des chansons écossaises où il a la témérité de réclamer, nous semble-t-il, des pommes.

Mais voici que les lignes, les lignes s'amoncellent. Comment allons-nous pouvoir narrer notre inénarrable et d'ailleurs si classique Paulus (on l'imite au Conservatoire : voyez le masque tragique de M. de Max), les longs bras et les œillades de M. Brunin, les amusantes poses dégingandées d'une grande femme qui chante quelque part des saletés, enfin la gaieté dansante d'Eugénio et l'unique cavité abdominale de Mlles Rosa-Josepha, ces contemplatrices peu bavardes à l'adresse desquelles, ne l'oublions pas, nous avons écrit cet article, et qui doivent se plaire aux spectacles d'été ? « Rosa est assez ordinaire ; mais Joséphа est bien intelligente (ou le contraire), nous dirait à propos de ces jeunes filles, à mes amis Émile Philippi, Robert Dreyfus et à moi, un personnage sans doute important, car il était excessivement décoré, du théâtre qui les exhibe. Elles ont chacune leur individualité morale, ajoutait notre complaisant interlocuteur ; et surtout elles n'ont qu'un bassin. C'est même ce qu'il y a de plus curieux en elles. » Nous l'approuvâmes et nous l'approuvons. Mais aussi la place nous manque-t-elle pour flétrir comme je le voudrais les taureaux aux cornes capitonnées et l'humanitaire inintelligence des lions de l'Hippodrome, qui ne se décideront donc jamais, jamais, à manger un petit peu leurs dompteurs !

BOB.

CHOSES NORMANDES

« Trouville, chef-lieu de canton, 6 808 habitants, peut loger l'été plus de 15 000 étrangers. »
(Guide Joanne [63])

À Paul Grünebaum [64]

Depuis quelques jours on peut contempler le calme de la mer dans le ciel redevenu pur, comme on contemple une âme dans un regard. Mais il n'y a plus personne pour se plaire aux folies et aux apaisements de la mer de septembre, puisqu'il est élégant de quitter les plages à la fin d'août pour aller à la campagne. Mais j'envie, et, si je les connais, je visite souvent ceux dont la campagne est voisine de la mer, est située au-dessus de Trouville, par exemple. J'envie celui qui peut passer l'automne en Normandie, pour peu qu'il sache penser et sentir. Ses terres, jamais bien froides, même en hiver, sont les plus vertes qu'il y ait, naturellement gazonnées sans la plus mince lacune, et, même au revers des coteaux, en l'aimable disposition appelée fonts boisés. Souvent d'une terrasse, où sur la table servie fume le thé blond, on peut apercevoir « le soleil rayonnant sur la mer » et des voiles qui viennent, « tous ces mouvements de ceux qui partent, de ceux qui ont encore la force de désirer et de vouloir ». Du milieu si paisible et doux de toutes ces choses végétales on peut regarder la paix des mers, ou la mer orageuse, et les vagues couronnées d'écume et de mouettes, qui s'élancent comme des lions, faisant onduler sous le vent leur crinière blanche. Mais la lune, invisible à tous pendant le jour, mais qui continue à les troubler de son magnétique regard, les dompte, arrête soudain leur assaut et les excite de nouveau avant de les faire reculer encore, sans doute pour charmer les mélancoliques loisirs de l'assemblée des astres, princes mystérieux des ciels maritimes. Celui qui vit en Normandie voit tout cela ; et s'il descend dans la journée au bord de la mer, il l'entend qui semble rythmer ses sanglots aux élans de l'âme humaine, la mer, qui dans le monde créé correspond à la musique, puisque, ne nous montrant rien de matériel, et n'étant point à sa manière descriptive, elle semble le chant monotone d'une volonté ambitieuse et défaillante. Le soir il remonte dans la campagne, et de ses jardins il ne distingue plus le ciel et la mer qui se confondent. Il lui semble pourtant que cette ligne brillante les sépare : au-dessus c'est bien le ciel. C'est bien le ciel, cette légère ceinture d'azur pâle, et la mer mouille seulement ses franges d'or. Mais voici qu'un vaisseau l'écussonne, qui semble naviguer en plein ciel. Le soir, si la lune brille, elle blanchit les vapeurs très épaisses qui montent des herbages, et par un gracieux enchantement le champ semble être un lac ou un pré couvert de neige. Ainsi cette campagne, la plus riche de France, qui, avec son abondance intarissable de fermes, de vaches, de crème, de pommiers à cidre, de gazons épais, n'invite qu'à manger et à dormir, se pare, la nuit venue, de quelque mystère et rivalise de mélancolie avec la grande plaine de la mer. Enfin il y a quelques habitations tout à fait désirables, les unes assaillies par la mer et protégées contre elles, d'autres perchées sur la falaise, au milieu des bois, ou s'étendant largement sur des plateaux herbeux. Je ne parle point des maisons « orientales » ou « persanes » qui plairaient mieux à Téhéran [65], mais surtout des maisons normandes, en réalité moitié normandes moitié anglaises, où l'abondance des épis de faîtage multiplie les points de vue et complique la silhouette, où les fenêtres tout en largeur ont tant de douceur et d'intimité, où, des jardinières faites dans le mur, sous chaque fenêtre, des fleurs pleuvent inépuisablement sur les escaliers extérieurs et sur les halls vitrés. C'est là que je rentre, car la nuit tombe, et je vais relire pour la centième fois le *Confiteor* du poète Gabriel Trarieux...

MARCEL PROUST.

MONDANITÉ DE BOUVARD ET PÉCUCHET * [66]

À MES TROIS CHERS PETITS ROBERT, ROBERT PROUST,
ROBERT DE FLERS ET ROBERT DE BILLY,
POUR NOUS AMUSER

Maintenant que nous avons une situation, dit Bouvard, pourquoi ne mènerions-nous pas la vie du monde ?

C'était assez l'avis de Pécuchet mais il fallait pouvoir briller et pour cela étudier les sujets qu'on y traite.

La littérature contemporaine est de première importance.

Ils s'abonnèrent aux diverses revues qui la répandent, les lisaient à haute voix, s'efforçaient à écrire des critiques, recherchant surtout l'aisance et la légèreté du style, en considération du but qu'ils se proposaient.

Bouvard objecta que le style de la critique, écrite même en badinant, ne convient pas dans le monde. Et ils instituèrent des conversations sur ce qu'ils avaient lu, dans la manière des gens du monde.

Bouvard s'accoudait à la cheminée, taquinait avec précaution, pour ne pas les salir des gants clairs sortis tout exprès, appelant Pécuchet « Madame » ou « général », pour compléter l'illusion.

Mais ils n'échangeaient aucun propos ; ou l'un d'eux partant, s'emballant sur un auteur, l'autre

* Bien entendu malgré l'emploi du présent les opinions ici exprimées sont celles de Bouvard et de Pécuchet, non du signataire de ces lignes.

essayait en vain de l'arrêter. Au reste, ils dénigraient tout. Leconte de Lisle était trop impassible, Verlaine trop sensitif. Ils rêvaient, sans le rencontrer, d'un juste milieu.

Pourquoi Loti rend-il toujours le même son ?

Ses romans sont tous écrits sur la même note.

Sa lyre n'a qu'une corde, concluait Bouvard.

Mais André Laurie n'est pas plus satisfaisant car il nous promène chaque année ailleurs et confond la littérature avec la géographie. Son style seul vaut quelque chose. Quant à Henri de Régnier, c'est un fumiste ou un fou, nulle autre alternative. Tire-toi de là, mon bonhomme, disait Bouvard, et tu fais sortir la littérature contemporaine d'une rude impasse.

Pourquoi les forcer ? disait Pécuchet en roi débonnaire ; ils ont peut-être du sang, ces poulains-là. Laissons-leur la bride sur le cou : la seule crainte, c'est qu'ainsi emballés, ils ne dépassent le but ; mais l'extravagance même est la preuve d'une nature riche.

Pendant ce temps les barrières seront brisées, criait Pécuchet, et remplissant de ses dénégations la chambre solitaire, il s'échauffait :

« Du reste, dites tant que vous voudrez que ces lignes inégales sont des vers, je me refuse à y voir autre chose que de la prose, et sans signification, encore ! »

Mallarmé n'a pas plus de talent, mais c'est un brillant causeur. Quel malheur qu'un homme aussi doué devienne fou chaque fois qu'il prend la plume. Singulière maladie et qui leur paraissait inexplicable. Maeterlinck effraye, mais par des moyens matériels et indignes du théâtre ; l'art émeut à la façon d'un crime, c'est horrible ! D'ailleurs, sa syntaxe est misérable.

Ils en firent spirituellement la critique, en parodiant dans la forme d'une conjugaison son dialogue : « J'ai dit que la femme était entrée. – Tu as dit que la femme était entrée. – Vous avez dit que la femme était entrée. Pourquoi a-t-on dit que la femme était entrée ? » [67]

Pécuchet voulait envoyer ce petit morceau à la *Revue des Deux Mondes*, mais il était plus avisé, selon Bouvard, de le réserver pour le débiter dans un salon à la mode. Ils seraient classés du premier coup selon leur mérite. Ils pourraient très bien le donner plus tard à une revue. Et les premiers confidents de ce trait d'esprit, le lisant ensuite seraient flattés rétrospectivement d'en avoir eu la primeur.

Lemaître, malgré tout son esprit, leur semblait inconséquent, irrévérencieux, tantôt pédant et tantôt bourgeois ; il exécutait trop souvent la palinodie.

Son style surtout était lâché, mais la difficulté d'improviser à dates fixes et si rapprochées doit l'absoudre. Quant à France, il écrit bien mais pense mal, au contraire de Bourget qui est profond, mais possède une forme affligeante. La rareté d'un talent complet les désolait. Cela ne doit pourtant pas être bien difficile, songeait Bouvard, d'exprimer ses idées clairement. Mais la clarté ne suffit pas, il faut la grâce (unie à la force), la vivacité, l'élévation, la logique. Bouvard ajoutait l'ironie. Selon Pécuchet, elle n'est pas indispensable, fatigue souvent et déroute sans profit pour le lecteur. Bref, tout le monde écrit mal. Il fallait selon Bouvard en accuser la recherche excessive de l'originalité, selon Pécuchet la décadence des mœurs.

Ayons le courage de cacher nos conclusions dans le monde, dit Bouvard ; nous passerions pour des détracteurs, et, effrayant chacun, nous déplairions à tout le monde. Rassurons au lieu d'inquiéter. Notre originalité nous nuira déjà assez. Même tâchons de la dissimuler. On peut ne pas y parler littérature.

Mais d'autres choses y sont importantes.

Comment faut-il saluer ? avec tout le corps ou de la tête seulement, lentement ou vite, comme on est placé ou en réunissant les talons, en s'approchant ou de sa place, en rentrant le bas du dos ou en le transformant en pivot ? Les mains doivent-elles tomber le long du corps, garder le chapeau, être gantées ? La figure doit-elle rester sérieuse, ou sourire pendant la durée du salut ? Mais comment reprendre immédiatement sa gravité, le salut fini. Présenter aussi est difficile.

Par le nom de qui faut-il commencer ? Faut-il désigner de la main la personne qu'on nomme, ou d'un signe de tête ou garder l'immobilité et un air indifférent. Faut-il saluer de la même manière un vieillard et un jeune homme, un serrurier et un prince, un acteur et un académicien ? L'affirmative satisfaisait aux idées égalitaires de Pécuchet, mais choquait le bon sens de Bouvard.

Comment donner son titre à chacun ?

On dit Monsieur à un baron, à un vicomte, à un comte, mais bonjour Monsieur le Marquis leur semblait plat et bonjour Marquis, trop cavalier étant donné leur âge. Ils se résigneraient à dire Prince et monsieur le duc bien que ce dernier usage leur parût révoltant. Quand ils arrivaient aux Altesses ils se troublaient, Bouvard flatté de ses relations futures imaginait mille phrases où cette appellation apparaissait sous toutes ses formes, il l'accompagnait d'un petit sourire rougissant, en inclinant un peu la tête, et en sautillant sur ses jambes. Mais Pécuchet déclarait qu'il s'y perdrait, s'embrouillerait toujours, ou éclaterait de rire au nez du prince. Bref, pour moins de gêne, ils n'iraient pas dans le faubourg Saint-Germain. Mais il entre partout, de loin seulement semble un tout compact et isolé !... D'ailleurs, on respecte encore plus les titres dans la haute Banque et quant à ceux des rastaquouères ils sont innombrables. Mais selon Pécuchet on devait être intransigeant avec les faux nobles et affecter de ne point leur donner de particules même sur les enveloppes des lettres ou en parlant à leurs domestiques. Bouvard, plus sceptique, n'y voyait qu'une manie plus récente, mais aussi respectable que celle des anciens seigneurs. D'ailleurs la noblesse d'après eux n'existait plus depuis qu'elle avait perdu ses privilèges. Elle est cléricale, arriérée, ne lit pas, ne fait rien, s'amuse autant que la bourgeoisie, ils trouvaient absurde de la respecter. Sa fréquentation seule était possible parce qu'elle n'excluait pas le mépris. Bouvard déclara que pour savoir où ils fréquenteraient, vers quelles banlieues ils se hasarderaient une fois l'an, où seraient leurs habitudes, leurs vices, il fallait d'abord dresser un plan exact de la société parisienne. Elle comprenait suivant lui le faubourg Saint-Germain, la finance, les rastaquouères, la société protestante, le monde des arts et des théâtres, le monde officiel et savant. Le faubourg à l'avis de Pécuchet cachait sous des dehors rigides le libertinage de l'Ancien Régime. Tout noble a des maîtresses, une sœur religieuse, ne se montre pas au théâtre. Ils sont braves, s'endettent, ruinent et flagellent les usuriers, sont inévitablement les champions de l'honneur. Ils règnent par l'élégance, inventent des modes extravagantes, sont des fils exemplaires, affectueux avec le peuple et durs aux banquiers. Toujours l'épée à la main ou une femme en croupe ils rêvent au retour de la monarchie, sont terriblement oisifs, mais, pas fiers avec les bonnes gens, faisant fuir les traîtres et insultant les poltrons, méritent par un certain air chevaleresque notre inébranlable sympathie.

Au contraire la finance considérable et renfrognée inspire le respect mais l'aversion. Le financier est soucieux dans le bal le plus fou. Un de ses innombrables commis vient toujours lui donner les dernières nouvelles de la Bourse, même à quatre heures du matin ; il cache à sa femme ses coups les plus heureux, ses pires désastres. On ne sait jamais si c'est un potentat ou un escroc, il est tour à tour l'un et l'autre sans prévenir et malgré son immense fortune déloge impitoyablement le petit locataire en retard sans lui faire avance d'un terme, à moins qu'il ne veuille en faire un espion ou coucher avec sa fille. D'ailleurs il est toujours en voiture, s'habille sans grâce, porte habituellement un lorgnon. Ils ne se sentaient pas un plus vif amour de la société protestante ; elle est froide, guindée, ne donne qu'à ses pauvres, se compose exclusivement de pasteurs. Le temple ressemble trop à la maison, et la maison est triste comme un temple. On y a toujours un pasteur à déjeuner, les domestiques font des remontrances aux maîtres en citant des versets de la bible ; ils redoutent trop la gaieté pour ne rien avoir à cacher et font sentir dans la conversation avec les catholiques une rancune perpétuelle de la Révocation de l'édit de Nantes et de la St-Barthélemy. Le monde des arts aussi homogène est bien différent ; tout artiste est farceur, brouillé avec sa famille, ne porte jamais de chapeau haute forme et parle une langue spéciale. Leur vie se passe à jouer des tours aux huissiers qui viennent pour les saisir et à trouver des déguisements grotesques pour des bals masqués. Néanmoins ils produisent constamment des chefs-d'œuvre et chez la plupart l'abus du vin et des femmes est la condition même de l'inspiration sinon du génie ; ils dorment le jour, se promènent la nuit, travaillent on ne sait quand et la tête toujours en arrière, laissant flotter au vent une cravate molle, roulent perpétuellement des cigarettes.

Le monde des théâtres est à peine distinct de ce dernier ; on n'y pratique à aucun degré la vie de famille, on y est fantasque et inépuisablement généreux. Les artistes quoique vaniteux et jaloux rendent sans cesse service à leurs camarades, applaudissent à leurs succès, adoptent les enfants des actrices poitrinaires ou malheureuses, sont précieux dans le monde, bien que, n'ayant pas reçu d'instruction, ils soient souvent dévots et toujours superstitieux. Ceux des théâtres subventionnés sont à part, entièrement dignes de notre admiration, mériteraient d'être placés à table avant un général ou un prince, ont dans l'âme les sentiments exprimés dans les chefs-d'œuvre qu'ils représentent sur nos grandes scènes. Leur mémoire est prodigieuse et leur tenue parfaite. Quant aux juifs, Bouvard et Pécuchet sans les proscrire (car il faut être libéral) avouaient détester se trouver avec eux ; ils avaient tous vendu des lorgnettes en Allemagne dans leur jeune âge, gardaient exactement à Paris – et avec une piété à laquelle en gens impartiaux ils rendaient d'ailleurs justice – des pratiques spéciales, un vocabulaire inintelligible des bouchers de leur race. Tous ont le nez crochu, l'intelligence exceptionnelle, l'âme vile et seulement tournée vers l'intérêt ; leurs femmes au contraire sont belles, un peu molles mais capables des plus grands sentiments. Combien de catholiques devraient les imiter ! Mais pourquoi leur fortune était-elle toujours incalculable et cachée ? D'ailleurs ils formaient une sorte de vaste société secrète comme les jésuites et la franc-maçonnerie. Ils avaient, on ne savait où, des trésors inépuisables au service d'ennemis vagues dans un but épouvantable et mystérieux.

UNE FÊTE LITTÉRAIRE À VERSAILLES [68]

La grille aux fers dorés est ouverte sur la large avenue de Paris qui mène droit au théâtre de Versailles. Appuyé sur l'une des extrémités de la grille, un coquet pavillon se dresse ; un large tapis rouge est étendu sur le sable, devant la porte ; des fleurs, des roses jonchent le chemin. Sur le seuil, aimable, souriant, très bon, le seigneur de la calme demeure reçoit les amis qu'il convia. Un orchestre, dissimulé dans un bosquet, murmure une douce musique.

Une pente douce, semée d'une pelouse verte, abritée par des bouquets d'arbres, mène au théâtre, qui fut aménagé dans la partie plate du frais jardin. Une merveille, ce théâtre improvisé, « éphémère » [69], comme il est écrit sur la frise. – Tout ce qui est beau et tout ce qui est bon n'est-il pas éphémère ? – Un artiste l'éleva. C'est un long rectangle en forme de temple, que précède un atrium aux lourdes draperies, et que termine une petite scène surélevée. Le décor figure une colonnade circulaire ; entre les colonnes on aperçoit des bosquets et des charmilles, derrière lesquelles, peut-être, Mme de La Vallière ou Mme de Montespan vont nous apparaître.

La salle est remplie. Et quelle salle ! Quel « Tout-Paris » !

Mme la comtesse Greffulhe, délicieusement habillée : la robe est de soie lilas rosé, semée d'orchidées, et recouverte de mousseline de soie de même nuance, le chapeau fleuri d'orchidées et tout entouré de gaze lilas [70] ; Mlle Geneviève de Caraman Chimay, la comtesse de Fitz-James, popeline noire et blanche, ombrelle bleue, incrustée de turquoises, jabot Louis XV ; la comtesse de Pourtalès, taffetas gris perle, parsemé de fleurs foncées, les parements clairs, le chapeau surmonté d'une aigrette jaune ; le duc de Luynes, la comtesse Aimery de La Rochefoucauld, crêpe de Chine héliotrope avec ruche noire, chapeau héliotrope ; la marquise d'Hervey de Saint-Denis, crêpe blanc, chapeau de paille de riz blanc avec plumes blanches, pèlerine en alpaga blanc avec broderie grise ; la comtesse Pierre de Brissac en robe rayée de blanc et jaune, chapeau noir avec des roses ; la duchesse de Gramont, la comtesse Adhéaume de Chevigné, Mme Arthur Baignères et M. Baignères, Mme Henri Baignères, la princesse de Chimay, robe de drap brodé de violettes et de mimosas, chapeau noir avec des nœuds héliotropes ; Mlles de Heredia, robe de mousseline rose ; la comtesse Louis de Montesquiou, en noir ; la vicomtesse de Kergariou, crêpe de Chine gris avec des nœuds hortensia bleu, chapeau noir avec nœuds d'hortensia ; la marquise de Lubersac, pèlerine d'hermine sur une robe noire et blanche ; comtesse Potocka, Mme de Brantes, la princesse de Wagram, la comtesse de Brigode, la marquise de Biencourt, la princesse de Brancovan, en robe rayée ; Mme Austin Lee, la princesse de Broglie, la comtesse Jean de Montebello, la comtesse de Périgord, gris argenté, chapeau iris ; Mme Arcos, la marquise de Massa, la duchesse d'Albuféra, le baron et la baronne Denys Cochin, M. Paul Deschanel, le comte et la comtesse de Lambertye, le comte et la comtesse de Ganay, le comte de Ravignan, la baronne de Poilly, le comte et la comtesse de Janzé, la princesse de Poix, le prince de Sagan, venu en voiture à vapeur avec le comte de Dion ; le comte et la comtesse d'Aramon, le comte de Saint-Phalle, le comte de Gabriac, le comte et la comtesse Bertrand de Montesquiou, le marquis du Lau, Mme Madeleine Lemaire, bengaline prune, blouse pompadour, chapeau mauve ; Mlle Lemaire, mousseline blanche et satin jaune, chapeau noir semé de roses ; le prince de Lucinge, la vicomtesse de Trédern, le comte et la comtesse de Guerne, la comtesse de Chaponay, la princesse Bibesco, la comtesse de Kersaint, la comtesse de Chevigné, la comtesse de Berkheim, le comte et la comtesse de Chandieu, la marquise de Lur-Saluces, le marquis et la marquise d'Adelsward, le marquis et la marquise de Ganay, M. Joubert, la marquise de Balleroy, le baron de Saint-Amand, le comte de Castellane, M. Charles Ephrussi, M. et Mme Jules Claretie, M. et Mme Francis Magnard, M. et Mme Ganderax, M. et Mme Gervex, M. Rodenbach, M. et Mme Maurice Barrès, Mme Alphonse Daudet ; M. et Mme Léon Daudet, M. et Mme Duez, M. et Mme Helleu, Mme Jeanniot, M. et Mme Roger-Jourdain, M. et Mme Jacques Saint-Cère, M. Émile Blavet, M. et Mme Aldolphe Aderer, M. Jean Béraud, Mlle Louise Abbéma, M. et Mme Pozzi, M. Henry Simond, MM. Boldini, Tissot, Haraucourt, Henri de Régnier, Mme Judith Gautier, M. et Mme de La Gandara, M. et Mme Dubule, M. Aurélien Scholl, M. et Mme Detelbach, M. Dieulafoy, M. de Heredia, le comte de Saussine.

Une sonnette discrète réclame le silence. M. Léon Delafosse se met au piano et exécute avec le talent qu'on lui sait une gavotte de Bach, une fantaisie de Chopin, une barcarolle de Rubinstein. M. Yann Nibor lui succède ; il dit *Les Anciens, L'Ouragan, Les Quatre Frères et l'Ella,* et cette poésie simple, franche, vigoureuse, émeut profondément tous les délicats qui l'écoutent.

Mais voici Mlle Reichenberg, toute gracieuse, habillée de rose pâle et coiffée d'un large chapeau blanc que couvrent de grandes plumes roses. On lui fait fête, car elle lit à ravir le *Menuet* de François Coppée, la *Mandoline* de Verlaine, le madrigal de M. Robert de Montesquiou et la *Dormeuse* de Mme Desbordes-Valmore [71].

Si l'enfant sommeille
Il verra l'abeille,
Quand elle aura fait son miel,
Danser entre terre et ciel.

Si l'enfant repose,
Un ange tout rose,
Que la nuit seule on peut voir,
Viendra lui dire : « Bonsoir ».

S'il brame, s'il crie,
Par l'aube en furie,
Ce cher agneau révolté
Sera peut-être emporté.

Oui, mais s'il est sage,
Sur son doux visage,
La Vierge se penchera
Et longtemps lui parlera.

Nouvel enchantement. Mme Sarah Bernhardt, vêtue d'une longue robe de soie argentée, garnie d'une magnifique guipure de Venise ; Mlle Bartet, ayant une jupe de dentelle blanche et un corsage de mousseline de soie bleuet, et Mlle Reichenberg apparaissent toutes trois réunies. De longs applaudissements les accueillent.

Elles disent, avec un art exquis, en se partageant les strophes, cette fameuse *Ode à Versailles,* qu'André Chénier composa après le 10 AOÛT 1792, lorsque, retiré de la lutte, il s'en allait rêver à Versailles. Il était alors épris de Fanny, c'est-à-dire de Mme Le Coulteux, qui habitait Louveciennes :

Ô Versailles, ô bois, ô portiques,
Marbres vivants, berceaux antiques,
Par les dieux et les rois Élysée embelli,
À ton aspect, dans ma pensée,
Comme sur l'herbe aride une fraîche rosée,
Coule un peu de calme et d'oubli.

Un court entracte, pendant lequel les amis de M. de Montesquiou admirent les petites merveilles du jardin, la serre japonaise, avec ses fleurs rares et ses fins oiseaux, ou se réunissent autour du buffet, préparé sous une tente… Et l'on n'entend que ces mots : « Que c'est charmant !… Quelle jolie fête !… Et quel beau temps ! » Car le soleil s'est mis de la partie et il fait resplendir les fraîches toilettes roses, mauves, jaunes, lilas, violettes, douce caresse pour les yeux.

La Muse reprend ses droits. De nouveau M. Delafosse est au piano. Cette fois, il accompagne des mélodies que lui-même composa sur des poésies de M. de Montesquiou et que chante avec beaucoup de sentiment M. Bagès.

Mlle Bartet nous revient aussi, exquise, extraordinaire. Elle récite le *Parfum impérissable,* de M. Leconte de Lisle ; le *Récif de corail,* de M. José-Maria de Heredia, une chose délicieuse de Mlle de Heredia, l'*Étang bleu ;* le *Figuier* et *Aria,* de M. Robert de Montesquiou :

Tout ce qui fut diaphane
Et délicat – et se fane :
Ombrages de tendelets
Squelettes de roitelets…
Opacité des feuillages,
Fumée aux toits des villages.
Moins d'épanouissements
Que d'évanouissements…
Mais surtout, du haut des ormes,
Les reflets, échos des formes.
Mais encore, au fond des bois,
Les échos, reflets des Rois.

Rien n'égale le triomphe de Mlle Bartet… si ce n'est celui de Mme Sarah Bernhardt, qui nous dit, elle aussi, des vers du maître de la maison : *Salomé, Une romance* et le *Coucher de la morte,* une page qui restera :

Un jour qu'elle sentit que son cœur était las,
Voyant qu'il lui faudrait mourir à cette peine,
Elle fit travailler une bière d'ébène
Et disposer au fond de riches matelas.

Pour qu'ils fussent mœlleux, elle les fit emplir
De tous les billets doux dont on l'avait lassée :
Dans la chambre on les fait apporter par brassée
Et bientôt le tapis s'en voit ensevelir…

Mais quand elle se fut de ce geste acquittée,
La belle fut plus calme en songeant que ce jour

Elle aurait, pour dormir sa dernière nuitée,
Un lit harmonieux de murmures d'amour…

Il faut que l'auteur lui-même vienne, avec ses incomparables interprètes, recevoir les applaudissements enthousiastes de l'assistance. M. Yann Nibor réapparaît pour dire trois autres de ses œuvres, non moins saisissantes que les premières. M. Delafosse exécute la rhapsodie de Liszt.

C'est fini. Le rêve est terminé. Il faut revenir à Paris, où l'on parle de déclaration ministérielle, d'interpellations et autres choses semblables. Avec quel délicat souvenir et avec quel regret nous quittons Versailles, la ville royale, où, pendant quelques heures, nous crûmes que nous vivions au siècle de Louis le Grand !

TOUT-PARIS.

UN DIMANCHE AU CONSERVATOIRE [72]

Je venais d'arriver au Conservatoire, ce « Sénat » des concerts, qui, comme le *Journal des débats* ou la *Revue des Deux Mondes,* s'en tient à cette forme indirecte, centre-gauche et limitée de l'influence, à cette sorte d'influence honoraire qui s'appelle l'autorité, vieille maison où, comme dans certaines parties du faubourg Saint-Germain, l'inconfort, à force d'avoir été une habitude, a reçu de l'avancement et pris le rang d'un principe, d'un privilège, flatteur ici pour les invités, là pour les abonnés, qui se considèrent et s'enorgueillissent un peu, d'ailleurs, comme s'ils étaient des invités. L'exécution y est plus parfaite que partout ailleurs. Hier encore, la voix intarissable d'une jeune femme et d'une jeune fille y jaillissait, ruisselait sur les vieilles pierres comme une source, et l'antique demeure ressemblait à la cité construite par Aristophane quand y chantent l'alouette et le rossignol.

Ce jour-là, on donnait la *Cinquième Symphonie* de Beethoven. J'étais avec mon frère [73] et le lieutenant S… Le concert n'était pas encore commencé et nous échangions quelques paroles sans cordialité, chacun de nous étant absorbé par des soucis personnels. Les loges se remplissaient peu à peu. Mme*** venait d'entrer avec deux musiciens et deux hommes du monde, ses invités de ce jour-là, et elle goûtait visiblement la saveur de cette salade, qu'elle jugeait unique. La composition de plusieurs autres loges, pourtant, était presque pareille, mais n'obtenait que ses sarcasmes ou sa sincère indifférence. C'est ainsi qu'elle concevait, dans la chaleur de l'imagination, le bonheur des élus qu'elle admettait à dîner chez elle, et que chaque soir, dans l'ennui glacé de l'expérience, elle se préparait avec une résignation difficile à assister chez les autres à des dîners pourtant identiques.

Je sortis pour parler à un ami. Le premier morceau commença, on ne me laissa pas rentrer[74] ; je me perdis dans les couloirs et j'arrivai à un endroit d'où, sans rien entendre qu'un murmure confus, j'aperçus quelques rangs de fauteuils. Des « sujets » plongés dans un état proche de l'hypnose, des fumeurs de haschish qui se seraient enivrés de compagnie, tel est le spectacle que m'offrit la partie de la salle sur laquelle étaient tombés mes regards. Malgré que toutes ces personnes, probablement tranquilles dans l'ordinaire de la vie, fussent confortablement assises dans des fauteuils et habillées comme on l'est quand on va goûter et qu'on veut aviver un plaisir paisible, décent et social, leurs figures respiraient tour à tour une volupté alanguie et une vivacité presque guerrière. Par moments, la tristesse assombrissait leurs yeux, mais, peu à peu, elles se laissaient aller aux promesses d'une consolation qui les aurait bientôt rassérénées. Puis tous semblèrent écouter avec attention un raisonnement d'une logique inflexible et tout à la fois d'un imprévu charmant. Maintenant les bouches ne pouvaient s'empêcher de sourire, les têtes oscillaient sur les épaules et retenaient à peine des saluts gracieux comme au cours d'une promenade élégante ou pendant qu'on danse un menuet. Tous semblaient suivre avec exaltation et comme du haut d'un rempart les péripéties passionnantes des événements qui se déroulaient et qui devaient être à la fois une bataille incertaine, un bal de Cour, des serments d'amour qui gagnaient le cœur de chacun, des funérailles et un lever de soleil. Un lien incompréhensible mais fort réunissait maintenant toutes ces personnes, tout à l'heure si étrangères les unes aux autres. Près de la porte, je voyais mon frère et le lieutenant S… échanger des regards où brillait la sympathie, ardente et qui assemble chacun autour d'elle, comme un feu d'hiver. Tels les soldats d'une troupe en marche, les assistants exprimaient diversement le même découragement ou la même allégresse dans leur militante immobilité. Seul, debout contre une colonne, comme un ibis ou un ascète, un vieux monsieur semblait recueilli et descendu au fond de lui-même pour y goûter des joies qui ne finiraient plus. Tous ils étaient plus beaux ainsi que tout à l'heure, dépouillés pour ainsi dire des circonstances particulières, et assez hors d'eux-mêmes pour sembler loin dans le passé. Le lieutenant S… n'était plus mesquin, et Mme*** n'était plus ridicule. J'éprouvais à les considérer aussi peu d'antipathie personnelle et autant de plaisir esthétique que si j'avais eu devant moi Lysandre, qui fut capitaine, et Praxô, qui fut courtisane.

Le premier morceau était fini, je rentrai dans la salle et m'assis auprès de mon frère [75]. Mais il parut ne pas s'apercevoir de mon retour et répondit à une question que je lui fis par un sourire distrait, indulgent et ravi. Pour suggérer ainsi à ceux qui l'écoutaient tant d'émotions diverses, avec une force aussi irrésistible, la musique avait dû d'abord endormir leur attention à tout le reste. Et quand le concert eut recommencé, bientôt magnétisé moi-même par le rythme, je n'étais plus qu'un « sujet » docile aux insinuations et aux commandements de la symphonie.

Devant moi ondulait l'orchestre que je n'apercevais pas tout à l'heure. Le chef d'orchestre, tel qu'un général dirigeant la manœuvre de son armée, mais qui livrerait une bataille hors de la souffrance de l'espace et du temps, était comme enivré. Chaque geste de sa tête, chaque dodelinement de sa main, imprimait à tous les musiciens, aux événements dont la musique développait la marche, à nos cœurs et jusqu'à nos gestes, la même ardeur ou la même solennité qui le possédait. Cette toute-puissance, à vrai dire il n'était pas libre de l'exercer dans un sens ou dans un autre ; aussi n'y avait-il nulle hésitation dans ses commandements, nulle incohérence, nulle fièvre, et pourtant lui-même n'était pas commandé. Mais chaque signe qu'il faisait avec son bâton et avec sa tête d'où jaillissaient aussitôt ces conséquences innombrables et délicieuses, si notre raison eût été impuissante à le définir d'avance, le plus ardent élan de nos cœurs venait de le réclamer. Anxieux et heureux d'être à chaque seconde mieux compris que de nous-mêmes et plus puissamment réalisés, nous étions à la fois au paroxyme de notre étonnement et au comble de nos vœux. Pour moi, suivant sur les crêtes des lames de l'harmonie un courant qui m'entraînait à travers les mille bruits de la tempête, je sentais mon souffle devenir court. La musique, battant comme un cœur momentané à la place de mon cœur, ralentissait ou précipitait à son gré les battements de mon sang dans mes veines – au point que, parfois, je me sentais défaillir et comme stagner en moi-même, et qu'à d'autres moments, jouer de la hache et grimper comme un mousse en haut des cordages eût été un faible emploi à mon activité centuplée.

Cependant la musique, comme elle faisait à tous moments l'unité en chacun de nous, y versant tour à tour jusqu'à en chasser tout le reste et à l'emplir tout entier, l'anxiété, l'héroïque ardeur ou la crainte, la réalisait entre nos cœurs. Comme pour pousser un esquif en mer les mille bouches du vent se collent à tous les empiècements de la toile, pourrai-je jamais oublier que j'ai senti tant de cœurs, pendant l'*Andante* de la *Symphonie en ut mineur,* gonflés et tendus comme une seule voile, par une immense espérance ! Comme les Satyres et les Thyades, célébrant la fête de Bacchus, semblent seulement secouer des thyrses ou suspendre leurs lèvres à des grappes ; mais le délire sacré du dieu les gagne, et elles connaissent sans souffrir les peines et, plus douloureuses que les peines, les joies, – ainsi ces deux cents musiciens semblaient tenir de petits violons, brandir des baguettes comme des thyrses et suspendre leurs lèvres à des flûtes comme à des grappes d'où découle la mélodie. Mais une abondante ivresse émanait de ces rites qui, pour être traditionnels, n'en resteront pas moins à jamais incompréhensibles et mystérieux. Maintenant les espérances blessées étaient retombées à terre ; c'était une retraite rapide, en bon ordre, la nuit, par des chemins mal éclairés. Et je déplorais, sans en comprendre, sans en chercher la cause, les adieux que l'orchestre laissait tomber sans ralentir sa marche, avec une gravité virile, après un malheur inconnu, mais certain.

À ce moment, j'entendis tout près de moi une dame qui disait à une autre : « Voulez-vous des bonbons ? » La souffrance que j'éprouvai était pleine de pitié, de mauvaise humeur, d'étonnement surtout que, dans ces circonstances héroïques où tous les intérêts d'un esprit magnanime sont engagés, on se sentît encore un estomac gourmand, un corps oisif. Je remarquai seulement alors que beaucoup des assistants étaient restés réfractaires au bercement, puis aux suggestions voluptueuses ou terribles tentées par la musique. Nous tous qui les avions subies, quand, après le concert, nous nous trouvâmes dehors, nous reprenions à peine haleine et nos cœurs étaient pour un instant désobstrués de tout ce qui les empêchait de voir la vérité et la beauté. Des nuages ombrageaient comme des palmiers les jardins ardents du ciel, puis s'y couchèrent mollement comme des jeunes filles dont le vent dénoua les ceintures, diminuèrent et s'incrustèrent comme des coquillages roses que la mer a laissés sur une grève immense, puis, par un changement aussi rapide et aussi harmonieux qu'un changement de ton dans une symphonie, flottèrent comme des écharpes, se flétrirent comme des couronnes et un moment encore persistèrent en souriant comme des regrets. Bientôt seule, sur les vitraux de l'Occident, une vapeur enflait encore ses joues roses comme un chérubin. Et par-delà les collines et les vallées brumeuses du ciel, une nuée grise et fine cernait l'Orient avec une lassitude plus passionnée qu'un œil plein d'amour. Déjà nos yeux retrouvant au ciel, aussi riches mais apaisées, les émotions de la musique, s'emplissaient de larmes. En ce moment, nous nous serions facilement élevés jusqu'à une tragédie de Sophocle, à un dialogue de Platon, à la vie de Spinoza, à la mort de Philopœmen. Mais bientôt la vie nous reprit. Nous avions décidé d'aller au Louvre encore ouvert ; le lieutenant S… se rappela, au bout de quelques minutes, qu'il avait des visites à faire, mon frère gagna le thé de la rue Royale où il espérait rencontrer Mme*** et les autres allèrent renier leur âme, quelques-uns où ils en avaient envie, le plus grand nombre où il en avait l'habitude.

PORTRAITS DE PEINTRES [76]

ALBERT CUYP

Cuyp, soleil déclinant dissous dans l'air limpide
Qu'un vol de ramiers gris trouble comme de l'eau [77],
Moiteur d'or, nimbe au front d'un bœuf ou d'un bouleau,
Encens bleu des beaux jours fumant sur le coteau,
Ou marais de clarté stagnant dans le ciel vide.
Des cavaliers sont prêts, plume rose au chapeau [78],
Paume au côté ; l'air vif qui fait rose leur peau,
Enfle légèrement leurs fines boucles blondes,
Et, tentés par les champs ardents, les fraîches ondes,
Sans troubler par leur trot les bœufs dont le troupeau
Rêve dans un brouillard d'or pâle et de repos,
Ils partent respirer ces minutes profondes.

PAULUS POTTER

Sombre chagrin des ciels uniformément gris,
Plus tristes d'être bleus aux rares éclaircies,
Et qui laissent alors sur les plaines transies
Filtrer les tièdes pleurs d'un soleil incompris ;
Potter, mélancolique humeur des plaines sombres
Qui s'étendent sans fin, sans joie et sans couleur,
Les arbres, le hameau ne répandent pas d'ombres,
Les maigres jardinets ne portent pas de fleur.
Un laboureur tirant des seaux rentre, et, chétive,
Sa jument résignée, inquiète et rêvant,

Anxieuse, dressant sa cervelle pensive,
Hume d'un souffle court le souffle fort du vent. [79]

ANTOINE WATTEAU

Crépuscule grimant les arbres et les faces,
Avec son manteau bleu, sous son masque incertain ;
Poussière de baisers autour des bouches lasses…
Le vague devient tendre, et le tout près, lointain.
La mascarade, autre lointain mélancolique,
Fait le geste d'aimer plus faux, triste et charmant.
Caprice de poète – ou prudence d'amant,
L'amour ayant besoin d'être orné savamment –
Voici barques, goûters, silences et musique [80].

ANTOINE VAN DYCK [81]

Douce fierté des cœurs, grâce noble des choses
Qui brillent dans les yeux, les velours et les bois,
Beau langage élevé du maintien et des poses
– Héréditaire orgueil des femmes et des rois ! –,
Tu triomphes, Van Dyck, prince des gestes calmes,
Dans tous les êtres beaux qui vont bientôt mourir,
Dans toute belle main qui sait encor s'ouvrir ;
Sans s'en douter – qu'importe ? – elle te tend les palmes !
Halte de cavaliers, sous les pins, près des flots
Calmes comme eux – comme eux bien proches des sanglots
Enfants royaux déjà magnifiques et graves,
Vêtements résignés, chapeaux à plumes braves,
Et bijoux en qui pleure – onde à travers les flammes –
L'amertume des pleurs dont sont pleines les âmes
Trop hautaines pour les laisser monter aux yeux ;
Et toi par-dessus tous, promeneur précieux,
En chemise bleu pâle, une main à la hanche,
Dans l'autre un fruit feuillu détaché de la branche,
Je rêve sans comprendre à ton geste et tes yeux.

Debout, mais reposé, dans cet obscur asile,
Duc de Richmond, ô jeune sage ! – ou charmant fou ? –
Je te reviens toujours : un saphir, à ton cou,
A des feux aussi doux que ton regard tranquille.

FIGURES PARISIENNES

CAMILLE SAINT-SAËNS [82]

« C'est un génie, dit une vieille légende, mais c'est un malin génie. Roi des esprits de la musique et du chant, il possède tous les secrets, et même celui, dès qu'on veut l'approcher, de s'enfuir au plus loin, toujours insaisissable. » Au moment d'*Ascanio*, pendant qu'on le cherche en France, il parcourt les Canaries. Ce soir, caché sous le nom d'un charmant musicien défunt qu'il va ressusciter [83], il se dérobera encore à nos hommages. Va-t-il maintenant échapper aux prises de ma pensée qui cherche à le saisir, et ne me laissera-t-il, entre les mains, comme un lutin disparu, que « du vent » ?

Génie inspiré de la musique, doué d'une sensibilité profonde – vous n'avez, sans parler de la lyre et la harpe, qu'à parcourir *Ascanio*, cette lyre, ou *Samson et Dalila*, cette harpe, – il se plaît, comme un Gustave Flaubert, comme un Anatole France à la cacher sous sa richesse, sous sa science de grand écrivain musical. Car nul ne semble avoir mieux retenu cette pensée célèbre : « Toutes les beautés intellectuelles qui se trouvent dans un beau style, tous les rapports dont il est composé sont autant de vérités… plus précieuses peut-être que celles qui peuvent faire le fond du discours. »

Il sait rajeunir une formule en l'employant dans sa vieille acception, et prendre, pour ainsi dire, chaque phrase musicale, dans son sens étymologique. Il emprunte leurs grâces à Beethoven et à Bach, ou plutôt, comme dans une de ses plus belles transcriptions, prête à Bach des grâces qui n'étaient pas à lui.

Peindre dans un accord, dramatiser avec la fugue, éterniser par le style, faire tenir autant d'invention et de génie créateur dans l'emploi de la gamme qu'un autre dans le contour d'une mélodie, la faire courir autour d'une idée, comme le lierre antique qui préserve de la ruine le monument ; faire octroyer ainsi par l'archaïsme ses lettres de noblesse à la modernité ; donner peu à peu à un lieu commun la valeur d'une imagination originale par la propriété savante, singulière, sublime, de l'expression, faire d'un archaïsme un trait d'esprit, une idée générale, le résumé d'une civilisation, l'essence d'une race, un trait de génie jailli de l'outil ou tombé du ciel ; donner l'accent anglais à un prélude, prélude d'*Henri VIII*, le caractère matrimonial à une scène, duo d'Anne de Boleyn et d'Henri VIII, la lumière napolitaine à un chœur, *Quand vous chantez Scozzone,* plaisanter un art dans une marche, *Suite algérienne,* fixer le style de l'orfèvrerie de la Renaissance dans un opéra, *Ascanio* ; enfin, pour faire comprendre une religion, détester un tyran, plaindre une femme, voir Éros, entendre l'Éternel, s'en tenir aux ressources non pas même de la musique, mais du langage musical, s'amuser comme un dieu et comme le diable à faire tenir le monde dans la musique, la musique dans l'harmonie, toute l'étendue de l'orgue dans l'exiguïté du piano, voilà les jeux habiles, déconcertants, diaboliques et divins de cet humaniste musical qui fait éclater à chaque instant l'invention et le génie dans ce qui semblait le domaine borné de la tradition, de l'imitation et du savoir.

PORTRAITS DE MUSICIENS [84]

CHOPIN

À Édouard Risler

Chopin, mer de soupirs, de larmes, de sanglots [85]
Qu'un vol de papillons sans se poser traverse
Jouant sur la tristesse ou dansant sur les flots.
Rêve, aime, souffre, crie, apaise, charme ou berce,
Toujours tu fais courir entre chaque douleur
L'oubli vertigineux et doux de ton caprice
Comme les papillons volent de fleur en fleur ;
De ton chagrin alors ta joie est la complice :
L'ardeur du tourbillon accroît la soif des pleurs.
De la lune et des eaux pâle et doux camarade,
Prince du désespoir ou grand seigneur trahi,
Tu t'exaltes encore, plus beau d'être pâli,
Du soleil inondant ta chambre de malade
Qui pleure à lui sourire et souffre de le voir…
Sourire du regret et larmes de l'Espoir !

GLUCK

Temple à l'amour, à l'amitié, temple au courage
Qu'une marquise a fait élever dans son parc
Anglais, où maint amour Watteau bandant son arc
Prend des cœurs glorieux pour cibles de sa rage.
Mais l'artiste allemand – qu'elle eût rêvé de Cnide ! –
Plus grave et plus profond sculpta sans mignardise

Les amants et les dieux que tu vois sur la frise :
Hercule a son bûcher dans les jardins d'Armide !
Les talons en dansant ne frappent plus l'allée
Où la cendre des yeux et du sourire éteints
Assourdit nos pas lents et bleuit les lointains ;
La voix des clavecins s'est tue ou s'est fêlée.
Mais votre cri muet, Admète, Iphigénie,
Nous terrifie encore, proféré par un geste
Et fléchi par Orphée ou bravé par Alceste
Le Styx, – sans mâts ni ciel – où mouilla ton génie.
Gluck aussi comme Alceste a vaincu par l'Amour
La mort inévitable aux caprices d'un âge ;
Il est debout, auguste temple du courage,
Sur les ruines du petit temple à l'Amour.

SCHUMANN

Du vieux jardin dont l'amitié t'a bien reçu,
Entends garçons et nids qui sifflent dans les haies,
Amoureux las de tant d'étapes et de plaies,
Schumann, soldat songeur que la guerre a déçu.
La brise heureuse imprègne, où passent des colombes,
De l'odeur du jasmin l'ombre du grand noyer,
L'enfant lit l'avenir aux flammes du foyer,
Le nuage ou le vent parle à ton cœur des tombes.
Jadis tes pleurs coulaient aux cris du carnaval
Ou mêlaient leur douceur à l'amère victoire
Dont l'élan fou frémit encor dans ta mémoire ;
Tu peux pleurer sans fin : Elle est à ton rival.
Vers Cologne le Rhin roule ses eaux sacrées.
Ah ! que gaiement les jours de fête sur ses bords
Vous chantiez ! – Mais brisé de chagrin, tu t'endors…
Il pleut des pleurs dans des ténèbres éclairées.
Rêve où la morte vit, où l'ingrate a ta foi,
Tes espoirs sont en fleurs et son crime est en poudre…
Puis éclair déchirant du réveil, où la foudre
Te frappe de nouveau pour la première fois.
Coule, embaume, défile aux tambours ou sois belle !
Schumann, ô confident des âmes et des fleurs,

Entre tes quais joyeux fleuve saint des douleurs,
Jardin pensif, affectueux, frais et fidèle,
Où se baisent les lys, la lune et l'hirondelle,
Armée en marche, enfant qui rêve, femme en pleurs !

MOZART

Italienne aux bras d'un prince de Bavière
Dont l'œil triste et glacé s'enchante à sa langueur !
Dans ses jardins frileux il tient contre son cœur
Ses seins mûris à l'ombre, où téter la lumière.
Sa tendre âme allemande, – un si profond soupir ! –
Goûte enfin la paresse ardente d'être aimée,
Il livre aux mains trop faibles pour le retenir
Le rayonnant espoir de sa tête charmée.
Chérubin, Don Juan ! loin de l'oubli qui fane
Debout dans les parfums tant il foula de fleurs
Que le vent dispersa sans en sécher les pleurs
Des jardins andalous aux tombes de Toscane !
Dans le parc allemand où brument les ennuis,
L'Italienne encore est reine de la nuit.
Son haleine y fait l'air doux et spirituel
Et sa Flûte enchantée égoutte avec amour
Dans l'ombre chaude encor des adieux d'un beau jour
La fraîcheur des sorbets, des baisers et du ciel.

CONTRE L'OBSCURITÉ [86]

« Êtes-vous de la jeune école ? » demande à tout étudiant de vingt ans qui fait de la littérature tout monsieur de cinquante qui n'en fait pas. « Moi, j'avoue que je ne comprends pas, il faut être initié… D'ailleurs, il n'y a jamais eu plus de talent ; aujourd'hui presque tout le monde a du talent. »

En essayant de dégager de la littérature contemporaine quelques vérités esthétiques que je suis d'autant plus certain d'apercevoir qu'elle les signale elle-même, en les niant, je vais m'exposer à l'accusation d'avoir voulu jouer avant l'âge le rôle du monsieur de cinquante ans : je ne tiendrai pourtant pas son langage. Je crois en effet que, comme tous les mystères, la Poésie n'a jamais pu être entièrement pénétrée sans initiation et même sans élection. Quant au talent qui n'a jamais été très commun, il semble qu'il y en eut rarement moins qu'aujourd'hui. Certes si le talent consiste dans une certaine rhétorique ambiante qui apprend à faire des « vers libres » comme une autre apprenait à faire des « vers latins », dont les « princesses », les « mélancolies », « accoudées » ou « souriantes », les « béryls » sont à tout le monde, on peut dire qu'aujourd'hui tout le monde a du talent. Mais ce ne sont là que vains coquillages, sonores et vides, morceaux de bois pourris ou ferrailles rouillées que le flux a jetés sur le rivage et que le premier venu peut prendre, s'il lui plaît, tant qu'en se retirant la génération ne les a pas remportés. Mais que faire avec du bois pourri, souvent débris d'une belle flotte ancienne – image méconnaissable de Chateaubriand ou d'Hugo…

Mais il est temps d'en venir à l'erreur d'esthétique que j'ai voulu signaler ici et qui me semble dénuer de talent tant de jeunes gens originaux, si le talent est en effet plus que l'originalité du tempérament, je veux dire le pouvoir de réduire un tempérament original aux lois générales de l'art, au génie permanent de la langue. Ce pouvoir fait certainement défaut à beaucoup, mais d'autres, assez doués pour l'acquérir, semblent systématiquement n'y pas prétendre. La double obscurité qui en résulte dans leurs œuvres, obscurité des idées et des images, d'une part, obscurité grammaticale, de l'autre, est-elle justifiable en littérature ? Je vais essayer de l'examiner ici.

*

Les jeunes poètes (en vers ou en prose) auraient un argument préliminaire à faire valoir, pour éluder ma question.

« Notre obscurité, pourraient-ils nous dire, est cette même obscurité qu'on reprochait à Hugo, qu'on reprochait à Racine. Dans la langue tout ce qui est nouveau est obscur. Et comment la langue ne serait-elle pas nouvelle, quand la pensée, quand le sentiment ne sont plus les mêmes ? La langue pour rester vivante doit changer avec la pensée, se prêter à ses besoins nouveaux, comme les pattes qui se palment chez les oiseaux qui auront à aller sur l'eau. Grand scandale pour ceux qui n'avaient jamais vu les oiseaux que marcher ou voler ; mais, l'évolution accomplie, on sourit qu'elle ait choqué. Un jour, l'étonnement que nous vous causons étonnera, comme étonnent aujourd'hui les injures dont le classicisme finissant salua les débuts du romantisme. »

Voilà ce que nous diraient les jeunes poètes. Mais nous, les ayant félicités d'abord pour ces paroles ingénieuses, nous leur dirions : ne voulant pas sans doute faire allusion aux écoles précieuses, vous avez joué sur le mot « obscurité » en faisant remonter si haut la noblesse de la vôtre. Elle est au contraire bien récente dans l'histoire des lettres. C'est autre chose que l'étonnement et, si vous voulez, le malaise que purent causer les premières tragédies de Racine et les premières odes de Victor Hugo. Or le sentiment de la même nécessité, de la même constance des lois de l'univers et de la pensée, qui m'interdit d'imaginer, à la façon des enfants, que le monde va changer au gré de mes désirs, m'empêche de croire que les conditions de l'art, étant subitement modifiées, les chefs-d'œuvre seront maintenant ce qu'ils n'ont jamais été, au cours des siècles : à peu près inintelligibles.

*

Mais les jeunes poètes pourraient répondre :

« Vous vous étonnez que le maître soit obligé d'expliquer ses idées à ses disciples ; mais n'est-ce pas ce qui est toujours arrivé dans l'histoire de la philosophie où les systèmes clairs n'ont laissé aucune trace, et où les Kant, les Spinoza, les Hegel, aussi obscurs qu'ils sont profonds, ne se laissent pas pénétrer sans des difficultés bien grandes. Vous vous serez mépris sur le caractère de nos poèmes : ce ne sont pas des fantaisies, ce sont des systèmes. »

Le romancier bourrant de philosophie un roman qui sera sans prix aux yeux du philosophe aussi bien que du littérateur ne commet pas une erreur plus dangereuse que celle que je viens de prêter aux jeunes poètes et qu'ils ont non seulement mise en pratique, mais érigée en théorie [87].

Ils oublient, comme ce romancier, que si le littérateur et le poète peuvent aller en effet aussi profond dans la réalité des choses que le métaphysicien même, c'est par un autre chemin, et que l'aide du raisonnement, loin de le fortifier, paralyse l'élan du sentiment qui seul peut les porter au cœur du monde. Ce n'est pas par une méthode philosophique, c'est par une sorte de puissance instinctive que *Macbeth* est, à sa manière, une philosophie. Le fond d'une telle œuvre, comme le fond même de la vie, dont elle est l'image, même pour l'esprit qui l'éclaircit de plus en plus, reste sans doute obscur.

Mais c'est une obscurité d'un tout autre genre, féconde à approfondir et dont il est méprisable de rendre l'accès impossible par l'obscurité de la langue et du style.

Ne s'adressant pas à nos facultés logiques, le poète ne peut bénéficier du droit qu'a tout philosophe profond de paraître d'abord obscur. S'y adresse-t-il au contraire ? Sans arriver à faire de la métaphysique qui veut une langue autrement rigoureuse et définie, il cesse de faire de la poésie.

Puisqu'on nous dit qu'on ne peut séparer la langue de l'idée, nous en profiterons pour faire remarquer ici que si la philosophie où les termes ont une valeur à peu près scientifique doit parler une langue spéciale, la poésie ne le peut pas. Les mots ne sont pas de purs signes pour le poète. Les symbolistes seront sans doute les premiers à nous accorder que ce que chaque mot garde, dans sa figure ou dans son harmonie, du charme de son origine ou de la grandeur de son passé, a sur notre imagination et sur notre sensibilité une puissance d'évocation au moins aussi grande que sa puissance de stricte signification [88]. Ce sont ces affinités anciennes et mystérieuses entre notre langue maternelle et notre sensibilité qui, au lieu d'un langage conventionnel comme sont les langues étrangères, en font une sorte de musique latente que le poète peut faire résonner en nous avec une douceur incomparable. Il rajeunit un mot en le prenant dans une vieille acception, il réveille entre deux images disjointes des harmonies oubliées, à tout moment il nous fait respirer avec délices le parfum de la terre natale. Là est pour nous le charme natal du parler de France – ce qui semble signifier aujourd'hui le parler de M. Anatole France, puisqu'il est un des seuls qui veuille ou qui sache s'en servir encore. Le poète renonce à ce pouvoir irrésistible de réveiller tant de Belles au bois dormant en nous, s'il parle une langue que nous ne connaissons pas, où des adjectifs, sinon incompréhensibles, au moins trop récents pour ne pas être muets pour nous, succèdent dans des propositions qui semblent traduites, à des adverbes intraduisibles. À l'aide de vos gloses, j'arriverai peut-être à comprendre votre poème comme un théorème ou comme un rébus. Mais la poésie demande un peu plus de mystère et l'impression poétique, qui est tout instinctive et spontanée, ne sera pas produite.

*

Je passerai presque sous silence la troisième raison que pourraient alléguer les poètes, je veux dire l'intérêt des idées ou des sensations obscures, plus difficiles à exprimer, mais aussi plus rares, que les sensations claires et plus courantes.

Quoi qu'il en soit de cette théorie, il est trop évident que si les sensations obscures sont plus intéressantes pour le poète, c'est à condition de les rendre claires. S'il parcourt la nuit, que ce soit comme l'Ange des ténèbres, en y portant la lumière.

Enfin j'arrive à l'argument le plus souvent invoqué par les poètes obscurs en faveur de leur obscurité, à savoir le désir de protéger leur œuvre contre les atteintes du vulgaire. Ici le vulgaire ne me semble pas être où l'on pense. Celui qui se fait d'un poème une conception assez naïvement matérielle pour croire qu'il peut être atteint autrement que par la pensée et le sentiment (et si le vulgaire pouvait l'atteindre ainsi il ne serait pas le vulgaire), celui-là a de la poésie l'idée enfantine et grossière qu'on peut précisément reprocher au vulgaire. Cette précaution contre les atteintes du vulgaire est donc inutile aux œuvres. Tout regard en arrière vers le vulgaire, que ce soit pour le flatter par une expression facile, que ce soit pour le déconcerter par une expression obscure, ont fait à jamais manquer le but à l'archer divin. Son œuvre gardera impitoyablement la trace de son désir de plaire ou de déplaire à la foule, désirs également médiocres, qui raviront, hélas, des lecteurs de second ordre…

Qu'il me soit permis de dire encore du symbolisme, dont en somme il s'agit surtout ici, qu'en prétendant négliger les « accidents de temps et d'espace » pour ne nous montrer que des vérités éternelles, il méconnaît une autre loi de la vie qui est de réaliser l'universel ou éternel, mais seulement dans des individus. Dans les œuvres comme dans la vie, les hommes pour plus généraux qu'ils soient doivent être fortement individuels (cf. *La Guerre et la Paix*, *Le Moulin sur la Floss*) et on peut dire d'eux, comme de chacun de nous, que c'est quand ils sont le plus eux-mêmes qu'ils réalisent le plus largement l'âme universelle.

Les œuvres purement symboliques risquent donc de manquer de vie et par là de profondeur. Si, de plus, au lieu de toucher l'esprit, leurs « princesses » et leurs « chevaliers » proposent un sens imprécis et difficile à sa perspicacité, les poèmes, qui devraient être de vivants symboles, ne sont plus que de froides allégories.

Que les poètes s'inspirent plus de la nature, où, si le fond de tout est un et obscur, la forme de tout est individuelle et claire. Avec le secret de la vie, elle leur apprendra le dédain de l'obscurité. Est-ce que la nature nous cache le soleil, ou les milliers d'étoiles qui brillent sans voiles, éclatantes et indéchiffrables aux yeux de presque tous ? Est-ce que la nature ne nous fait pas toucher, rudement et à nu, la puissance de la mer ou du vent d'ouest ? À chaque homme elle donne d'exprimer clairement, pendant son passage sur la terre, les mystères les plus profonds de la vie et de la mort. Sont-ils pour cela pénétrés du vulgaire, malgré le vigoureux et expressif langage des désirs et des muscles, de la souffrance, de la chair pourrissante ou fleurie ? Et je devrais citer surtout, puisqu'il est la véritable *heure d'art* de la nature, le clair de lune où pour les seuls initiés, malgré qu'il luise si doucement sur tous, la nature, sans un néologisme depuis tant de siècles fait de la lumière avec de l'obscurité et joue de la flûte avec le silence.

Telles sont les remarques que j'ai cru utile d'exposer, à propos de la poésie et de la prose contemporaines. Leur sévérité pour la jeunesse qu'on voudrait, plus on l'aime, voir mieux faire, les aurait rendues plus seyantes dans la bouche d'un vieillard. Qu'on excuse leur franchise, plus méritoire peut-être dans la bouche d'un jeune homme.

MARCEL PROUST.

SILHOUETTE D'ARTISTE * [89]

C'est un genre. Et, bien que la nécessité d'aller souvent au théâtre et l'illusion de s'y sentir regardé ait donné au monsieur qui le cultive des habitudes d'élégance, – pour être drôlatique, il signe ses articles : « Le monsieur du contrôle » ou « un Pompier de service », faisant celui qui allume les quinquets ou celui qui vend les programmes. Souvent c'est un jeune homme. Alors, de préférence il fait des silhouettes d'actrices. Il flatte celles qui sont jolies, essaye de lancer celles qui n'ont pas de talent pour s'en faire bien venir, vendant son indépendance pour acheter leurs faveurs. Avec les débutantes il sait trouver un ton paternel. Pour les artistes qu'il admire il énumère, compare, exalte leurs différents rôles. « Tour à tour cruel dans Néron, mélancolique dans Fantasio, impétueux dans Ruy-Blas, etc. », empruntant d'ailleurs aux autres arts les termes de ses comparaisons [90]. Quelquefois à la musique : « M. Worms ne pouvait être bon dans ce rôle. Il n'est pas écrit dans sa voix. » Plus souvent à la sculpture. Elle fournit les « bas-reliefs antiques », les « bronzes florentins », les « exquises Tanagras ». On se fait peintre pour louer les « nuances

* Ai-je besoin de dire que cette silhouette ne prétend ressembler à personne, et que tous les traits en sont inventés selon la fantaisie toute pure ? Si par hasard il se trouvait dans la presse un « Monsieur du Contrôle » ou un « Pompier de service », qu'il m'excuse d'avoir à mon insu pris son nom, comme je lui pardonne de m'avoir soufflé mon « mot » ; il n'a rien à envier au « marchand de lorgnettes ». C'est ainsi que je devais d'abord signer cet article. Et j'ai des raisons bien meilleures que l'intention de m'y adonner quelquefois moi-même, pour ne pas médire sérieusement d'un genre récemment illustré par M. Henry Gauthier-Villars.

fondues » de la diction de Sarah Bernhardt, pour reconnaître en Mounet-Sully « un Titien descendu de son cadre » et « marchant parmi nous ».

Les grands artistes ne sont jamais deux jours de suite les mêmes. Tant mieux, car l'irrégularité est une des marques du génie. Sarah Bernhardt un jour « cherchait visiblement à se surpasser ». Le lendemain elle « était au-dessous d'elle-même » et « n'a pas donné tout ce qu'elle aurait pu ». Quelques-uns sont « en progrès ». D'autres « dans une mauvaise voie ». Les conseils à ceux-là ne leur sont point épargnés. Parfois un article est intitulé *Un peu de conscience, messieurs de la comédie*.

S'il échappe au critique une locution telle que « tandis que M. Worms s'esbigne » il ajoute plaisamment « comme dirait feu Royer-Collard » ou « si j'ose m'exprimer ainsi ».

Et si le nom de M. Maubant « vient sous sa plume » il mettra entre parenthèses : « Vous êtes tous empoisonnés messeigneurs. » [91]

Avec lui nous entrons dans l'intimité des artistes. Nous apprenons qu'en Mlle Z., l'artiste est doublée d'une « fine mouche » ou d'une « rusée commère », que M. Truffier est un délicat poète « à ses heures » et M. Duflos « un de nos plus intrépides pédaliers ».

Et sa vie à lui aussi nous la connaissons, car dans son besoin de se révéler, sa pensée lui semble trop impersonnelle, il nous livre ses habitudes. Nous apprenons que dînant en ville le soir d'une première, il est parti avant le café pour arriver à l'heure et que le rideau ne s'est levé que longtemps après. Il prend le parti du public,

De celui qui paie, le vrai.

(parodie d'un vers connu) incrimine l'administration du Vaudeville, met en cause le directeur des Beaux-Arts. Dans dix ans il réunira ses « silhouettes », « ses pointes sèches » et ses « sanguines ». À la première page une lettre de M. Duquesnel signifiera qu'il en accepte la dédicace. Pour le moment il cherche à entrer à la *Revue d'Art dramatique*.

MARCEL PROUST.

DEUXIÈME PARTIE

JOHN RUSKIN

(PREMIER ARTICLE) [92]

Comme les Muses quittant Apollon leur père pour aller éclairer le monde * [93], une à une les idées de Ruskin avaient quitté la tête divine qui les avait portées et, incarnées en livres vivants, étaient allées enseigner les peuples. Ruskin s'était retiré dans la solitude où vont souvent finir les existences prophétiques jusqu'à ce qu'il plaise à Dieu de rappeler à lui le cénobite, le brahmane ou l'ascète dont la tâche surhumaine est finie. Et l'on ne put que deviner, à travers le voile tendu par des mains pieuses, le mystère qui s'accomplissait, la lente destruction d'un cerveau périssable qui avait abrité une postérité immortelle.

Aujourd'hui la mort a fait entrer l'humanité en possession de l'héritage immense que Ruskin lui avait légué. Car l'homme de génie ne peut donner naissance à des œuvres qui ne mourront pas qu'en les créant à l'image non de l'être mortel qu'il est, mais de l'exemplaire d'humanité qu'il porte en lui. Ses pensées lui sont, en quelque sorte, prêtées pendant sa vie, dont elles sont les compagnes. À sa mort, elles font retour à l'humanité et l'enseignent. Telle cette demeure auguste et familière de la rue de La Rochefoucauld qui s'appela la maison de Gustave Moreau tant qu'il vécut et qui s'appelle, depuis qu'il est mort, le musée Gustave Moreau.

* Titre d'un tableau de Gustave Moreau qui se trouve au musée Moreau.

Il y a depuis longtemps un musée John Ruskin * [94]. Son catalogue semble un abrégé de tous les arts et de toutes les sciences. Des photographies de tableaux de maîtres y voisinent avec des collections de minéraux, comme dans la maison de Gœthe.

Comme le musée Ruskin, l'œuvre de Ruskin est universelle. Il chercha la vérité, il trouva la beauté jusque dans les tableaux chronologiques et dans les lois sociales. Mais les logiciens ayant donné des « Beaux-Arts » une définition qui exclut aussi bien la minéralogie que l'économie politique, c'est seulement de la partie de l'œuvre de Ruskin qui concerne les « Beaux-Arts » tels qu'on les entend généralement, de Ruskin esthéticien et critique d'art que j'aurai à parler ici **.

On a dit qu'il était réaliste. Et, en effet, il a souvent répété que l'artiste devait s'attacher à la pure imitation de la nature, « sans rien rejeter, sans rien mépriser, sans rien choisir ».

On a dit qu'il était intellectualiste parce qu'il a écrit que le meilleur tableau était celui qui renfermait les pensées les plus hautes. Parlant du groupe d'enfants qui, au premier plan de la *Construction de Carthage* [95] de Turner, s'amusent à faire voguer des petits bateaux, il concluait : « Le choix exquis de cet épisode, comme moyen d'indiquer le génie maritime d'où devait sortir

* À Sheffield.

** Dans toutes les premières pages de cette étude, comme je ne fais que discuter des opinions déjà émises sur l'esthétique de Ruskin, j'adopte pour les citations de ses livres les traductions qu'en ont données Milsand dans *L'Esthétique anglaise*, et M. Robert de la Sizeranne dans *La Peinture anglaise* et dans *La Religion de la Beauté*. Mais ensuite, quand je donne sinon une idée, au moins l'impression de ce que je pense de Ruskin, je suis obligé de traduire moi-même les passages auxquels je me réfère et qui n'avaient point été traduits jusqu'ici. Pour ce qui est de M. de la Sizeranne, Ruskin a été considéré jusqu'à ce jour et à juste titre comme son domaine, et si j'essaie parfois de m'aventurer sur ses terres, ce ne sera certes pas pour méconnaître ou pour usurper son droit, qui n'est pas que celui du premier occupant. Au moment d'entrer dans ce sujet, que le monument magnifique qu'il a élevé à Ruskin domine de toute part, je lui devais ainsi rendre hommage et payer tribut.

la grandeur future de la nouvelle cité, est une pensée qui n'eût rien perdu à être écrite, qui n'a rien à faire avec les technicismes de l'art. Quelques mots l'auraient transmise à l'esprit aussi complètement que la représentation la plus achevée du pinceau. Une pareille pensée est quelque chose de bien supérieur à tout art ; c'est de la poésie de l'ordre le plus élevé. » « De même, ajoute M. Milsand qui cite ce passage, en analysant une *Sainte Famille* de Tintoret, le trait auquel Ruskin reconnaît le grand maître c'est un mur en ruines et un commencement de bâtisse, au moyen desquels l'artiste fait symboliquement comprendre que la nativité du Christ était la fin de l'économie juive et l'avènement de la nouvelle alliance. Dans une composition du même Vénitien, une *Crucifixion,* Ruskin voit un chef-d'œuvre de peinture parce que l'auteur a su, par un incident en apparence insignifiant, par l'introduction d'un âne broutant des palmes à l'arrière-plan du Calvaire, affirmer l'idée profonde que c'était le matérialisme juif, avec son attente d'un Messie tout temporel et avec la déception de ses espérances lors de l'entrée à Jérusalem, qui avait été la cause de la haine déchaînée contre le Sauveur et, par là, de sa mort. »

On a dit qu'il supprimait la part de l'imagination dans l'art en y faisant à la science une part trop grande. Ne disait-il pas que « chaque classe de rochers, chaque variété de sol, chaque espèce de nuage doit être étudiée et rendue avec une exactitude géologique et météorologique ?... Toute formation géologique a ses traits essentiels qui n'appartiennent qu'à elle, ses lignes déterminées de fracture qui donnent naissance à des formes constantes dans les terrains et les rochers, ses végétaux particuliers, parmi lesquels se dessinent encore des différences plus particulières par suite des variétés d'élévation et de température. Le peintre observe dans la plante tous ses caractères de forme et de couleur... saisit ses lignes de rigidité ou de repos... remarque ses habitudes locales, son amour ou sa répugnance pour telle ou telle exposition, les conditions qui la font vivre ou qui la font périr. Il l'associe... à tous les traits des lieux qu'elle habite... Il doit retracer la fine fissure et la courbe descendante et l'ombre ondulée du sol qui s'éboule, et cela le rendre d'un doigt aussi léger que les touches de la pluie... Un tableau est admirable en raison du nombre et de l'importance des renseignements qu'il nous fournit sur les réalités. »

On a dit qu'il détruisait la science en y faisant une place trop grande à l'imagination. Et, de fait, on ne peut s'empêcher de penser au finalisme naïf de Bernardin de Saint-Pierre disant que Dieu a divisé les melons par tranches pour que l'homme les mange plus facilement, quand on lit des pages comme celle-ci : « Dieu a employé la couleur dans sa création comme l'accompagnement de tout ce qui est pur et précieux, tandis qu'il a réservé aux choses d'une utilité seulement matérielle ou aux choses nuisibles les teintes communes. Regardez le cou d'une colombe et comparez-le au dos gris d'une vipère. Le crocodile est gris, l'innocent lézard est d'un vert splendide. »

Si l'on a dit qu'il réduisait l'art à n'être que le vassal de la science, comme il a poussé la théorie de l'œuvre d'art considérée comme renseignement sur la nature des choses jusqu'à déclarer qu'« un Turner en découvre plus sur la nature des roches qu'aucune académie n'en saura jamais », et qu'« un Tintoret n'a qu'à laisser aller sa main pour révéler sur le jeu des muscles une multitude de vérités qui déjoueront tous les anatomistes de la terre », on a dit aussi qu'il humiliait la science devant l'art.

On a dit que c'était un pur esthéticien et que sa seule religion était celle de la Beauté, parce qu'en effet il l'aima toute sa vie.

Mais, par contre, on a dit que ce n'était même pas un artiste, parce qu'il faisait intervenir dans son appréciation de la beauté des considérations peut-être supérieures, mais en tout cas étrangères à l'esthétique. Le premier chapitre des *Sept Lampes de l'architecture* prescrit à l'architecte de se servir des matériaux les plus précieux et les plus durables, et fait dériver ce devoir du sacrifice de Jésus, du 14e psaume et des conditions permanentes du sacrifice agréable à Dieu, conditions qu'on n'a pas lieu de considérer comme modifiées, Dieu ne nous ayant pas fait connaître expressément qu'elles l'eussent été. Et dans les *Peintres modernes,* pour trancher la question de savoir qui a raison des partisans de la couleur et des adeptes du clair-obscur, voici un de ses arguments : « Regardez l'ensemble de la nature et comparez généralement les arcs-en-ciel, les levers de soleil, les roses, les violettes, les papillons, les oiseaux, les poissons rouges, les rubis, les opales, les coraux avec les alligators, les hippopotames, les requins, les limaces, les ossements, les moisissures, le brouillard et la masse des choses qui corrompent, qui piquent, qui détruisent, et vous sentirez alors comme la question se pose entre les coloristes et les clair-obscuristes, lesquels ont la nature et la vie de leur côté, lesquels ont le péché et la mort. »

Et comme on a dit de Ruskin tant de choses contraires, on en a conclu qu'il était contradictoire.

De tant d'aspects de la physionomie de Ruskin, celui qui nous est le plus familier, parce que c'est celui dont nous possédons, si l'on peut ainsi parler, le plus beau portrait, le plus étudié et le mieux venu, le plus frappant et le plus célèbre *, et pour mieux dire, jusqu'à ce jour, le seul, c'est le Ruskin qui n'a connu toute sa vie qu'une religion : celle de la Beauté.

Que l'adoration de la Beauté ait été, en effet, l'acte perpétuel de la vie de Ruskin, cela peut être vrai à la lettre ; mais j'estime que le but de cette vie, son intention profonde, secrète et constante était autre, et si je le dis, ce n'est pas pour m'écarter des vues de M. de la Sizeranne, mais pour empêcher qu'elles ne soient rabaissées dans l'esprit des lecteurs par une interprétation fausse, mais naturelle et comme inévitable.

Non seulement la principale religion de Ruskin fut la Religion tout court (et je reviendrai sur ce point tout à l'heure, car il domine et caractérise son esthétique),

* Le Ruskin de M. de la Sizeranne.

mais, pour nous en tenir en ce moment à la « Religion de la Beauté », il faudrait avertir notre temps qu'il ne peut prononcer ces mots, s'il veut faire une allusion juste à Ruskin, qu'en redressant le sens que son dilettantisme esthétique est trop porté à leur donner. Pour notre âge, en effet, de dilettantes et d'esthètes, un adorateur de la Beauté, c'est un homme qui, ne pratiquant pas d'autre culte et ne reconnaissant pas d'autre dieu, passerait sa vie dans la jouissance que donne la contemplation voluptueuse des œuvres d'art.

Or, pour des raisons dont la recherche toute métaphysique dépasserait une simple étude d'art, la Beauté ne peut être aimée d'une manière féconde si on l'aime seulement pour les plaisirs qu'elle donne. Et, de même que la recherche du bonheur pour lui-même n'atteint que l'ennui, et qu'il faut pour le trouver chercher autre chose que lui, de même le plaisir esthétique nous est donné par surcroît si nous aimons la Beauté pour elle-même, comme quelque chose de réel existant en dehors de nous et infiniment plus important que la joie qu'elle nous donne. Et, très loin d'avoir été un dilettante ou un esthète, Ruskin fut précisément le contraire, un de ces hommes à la Carlyle, averti par leur génie de la vanité de tout plaisir et, en même temps, de la présence auprès d'eux d'une réalité éternelle, intuitivement perçue par l'inspiration. Le talent leur est donné comme un pouvoir de fixer cette réalité à la toute-puissance et à l'éternité de laquelle ils consacrent, pour lui donner quelque valeur, avec enthousiasme et comme obéissant à un commandement de la conscience, leur vie éphémère. De tels hommes, attentifs et anxieux devant l'univers à déchiffrer, sont avertis des parties de la réalité sur lesquelles leurs dons spéciaux leur départissent une lumière particulière, par une sorte de démon qui les guide, de voix qu'ils entendent, l'éternelle inspiration des êtres géniaux. Le don spécial, pour Ruskin, c'était le sentiment de la beauté, dans la nature comme dans l'art. Ce fut dans la Beauté que son tempérament le conduisit à chercher la réalité, et sa vie toute religieuse en reçut un emploi tout esthétique. Mais cette Beauté à laquelle il se trouva ainsi consacrer sa vie ne fut pas conçue par lui comme un objet de jouissance fait pour la charmer, mais comme une réalité infiniment plus importante que la vie, pour laquelle il aurait donné la sienne. De là vous allez voir découler toute l'esthétique de Ruskin. D'abord vous comprendrez que les années où il fait connaissance avec une nouvelle école d'architecture et de peinture aient pu être les dates principales de sa vie morale. Il pourra parler des années où le gothique lui apparut avec la même gravité, le même retour ému, la même sérénité qu'un chrétien parle du jour où la vérité lui fut révélée. Les événements de sa vie sont intellectuels et les dates importantes sont celles où il pénètre une nouvelle forme d'art, l'année où il comprend Abbeville, l'année où il comprend Rouen, le jour où la peinture de Titien et les ombres dans la peinture de Titien lui apparaissent comme plus nobles que la peinture de Rubens, que les ombres dans la peinture de Rubens.

Vous comprendrez ensuite que le poète étant pour Ruskin, comme pour Carlyle, une sorte de scribe écrivant sous la dictée de la nature une partie plus ou moins importante de son secret, le premier devoir de l'artiste est de ne rien ajouter de son propre cru à ce message divin. De cette hauteur vous verrez s'évanouir, comme des nuées qui se traînent à terre, les reproches de réalisme aussi bien que d'intellectualisme adressés à Ruskin.

Si ces objections ne portent pas, c'est qu'elles ne visent pas assez haut. Il y a dans ces critiques erreur d'altitude. La réalité que l'artiste doit enregistrer est à la fois matérielle et intellectuelle. La matière est réelle parce qu'elle est une expression de l'esprit. Quant à la simple apparence, nul n'a plus raillé que Ruskin ceux qui voient dans son imitation le but de l'art. « Que l'artiste, dit-il, ait peint le héros ou son cheval, notre jouissance, en tant qu'elle est causée par la perfection du faux-semblant est exactement la même. Nous ne la goûtons qu'en oubliant le héros et sa monture pour considérer exclusivement l'adresse de l'artiste. Vous pouvez envisager des larmes comme l'effet d'un artifice ou d'une douleur, l'un ou l'autre à votre gré ; mais l'un et l'autre en même temps, jamais ; si elles vous émerveillent comme un chef-d'œuvre de mimique, elles ne sauraient vous toucher comme un signe de souffrance. » S'il attache tant d'importance à l'aspect des choses, c'est que seul il révèle leur nature profonde. M. de la Sizeranne a admirablement traduit une page où Ruskin montre que les lignes maîtresses d'un arbre nous font voir quels arbres néfastes l'ont jeté de côté, quels vents l'ont tourmenté, etc. La configuration d'une chose n'est pas seulement l'image de sa nature, c'est le mot de sa destinée et le tracé de son histoire.

Une autre conséquence de cette conception de l'art est celle-ci : si la réalité est une et si l'homme de génie est celui qui la voit, qu'importe la matière dans laquelle il la figure, que ce soit dans des tableaux, dans des statues, dans des symphonies, dans des lois, dans des actes ? Dans ses « Héros » [96], Carlyle ne distingue pas entre Shakespeare et Cromwell, entre Mahomet et Burns. Emerson compte parmi ses « hommes représentatifs de l'humanité » aussi bien Swedenborg que Montaigne. L'excès du système, c'est, à cause de l'unité de la réalité traduite, de ne pas différencier assez profondément les divers modes de traduction. Carlyle dit qu'il était inévitable que Boccace fût un bon diplomate, puisqu'il était un bon poète. Ruskin commet la même erreur quand il dit qu'« une peinture est belle dans la mesure où les idées qu'elle traduit en images sont indépendantes de la langue des images ». Il me semble que, si le système de Ruskin pèche par quelque côté, c'est par celui-là. Car la peinture ne peut atteindre la réalité une des choses, et rivaliser par là avec la littérature, qu'à condition de ne pas être littéraire.

Si Ruskin a promulgué le devoir pour l'artiste d'obéir scrupuleusement à ces « voix » du génie qui lui disent ce qui est réel et doit être transcrit, c'est que lui-même a éprouvé ce qu'il y a de véritable dans l'inspiration, d'infaillible dans l'enthousiasme, de fécond dans le respect. Seulement, quoique ce qui excite l'enthousiasme, ce qui inspire le respect, ce qui provoque l'inspiration soit différent pour chacun, chacun finit par lui attribuer un caractère plus particulièrement sacré. On peut dire que pour Ruskin cette révélation, ce guide, ce fut la Bible : « J'en lisais chaque passage, comme s'il avait été écrit par la main même de Dieu. Et cet état d'esprit, fortifié avec les années, a rendu profondément graves pour moi bien des passages des auteurs profanes, frivoles pour un lecteur irréligieux. C'est d'elle que j'ai appris les symboles d'Homère et la foi d'Horace. »

Arrêtons-nous ici comme à un point fixe, au centre de gravité de l'esthétique ruskinienne. C'est ainsi que son sentiment religieux a dirigé son sentiment esthétique. Et d'abord, à ceux qui pourraient croire qu'il l'altéra, qu'à l'appréciation artistique des monuments, des statues, des tableaux il mêla des considérations religieuses qui n'y ont que faire, répondons que ce fut tout le contraire. Ce quelque chose de divin que Ruskin sentait au fond du sentiment que lui inspiraient les œuvres d'art, c'était précisément ce que ce sentiment avait de profond, d'original et qui s'imposait à son goût sans être susceptible d'être modifié. Et le respect religieux qu'il apportait à l'expression de ce sentiment, pour qu'il ne lui fît pas subir la moindre déformation, l'empêcha, au contraire de ce qu'on a souvent pensé, de mêler jamais à ses impressions devant les œuvres d'art aucun artifice de raisonnement qui leur fût étranger. De sorte que ceux qui voient en lui un moraliste et un apôtre aimant dans l'art ce qui n'est pas l'art se trompent à l'égal de ceux qui, négligeant l'essence profonde de son sentiment esthétique, le confondent avec un dilettantisme voluptueux. De sorte enfin que sa ferveur religieuse, qui avait été le signe de sa sincérité esthétique, la renforça encore et la protégea de toute atteinte étrangère. Que telle ou telle des conceptions de son surnaturel esthétique soit fausse, c'est ce qui, à notre avis, n'a aucune importance. Tous ceux qui ont quelque notion des lois de développement du génie savent que sa force se mesure plus à la force de ses croyances qu'à ce que leur objet peut avoir de satisfaisant pour le sens commun. Mais, puisque le christianisme de Ruskin tenait à l'essence même de sa nature intellectuelle, ses préférences artistiques, aussi profondes, devaient avoir avec lui quelque parenté. Aussi, de même que l'amour des paysages de Turner correspondait chez Ruskin à cet amour de la nature qui lui donna ses plus grandes joies, de même à la nature foncièrement chrétienne de sa pensée correspondit sa prédilection permanente, qui domine toute sa vie, toute son œuvre, pour ce qu'on peut appeler l'art chrétien : l'architecture et la sculpture du Moyen Âge français, l'architecture, la sculpture et la peinture du Moyen Âge italien. Avec quelle passion désintéressée il en aima les œuvres, vous n'avez pas besoin d'en chercher les traces dans sa vie, vous en trouvez la preuve dans ses livres. Son expérience en était si infinie, que bien souvent les connaissances les plus approfondies dont il fait preuve dans un ouvrage ne sont utilisées ni mentionnées, même par une simple allusion, dans ceux des autres livres où elles seraient à leur place. Il est si riche qu'il ne nous prête pas ses paroles ; il nous les donne et ne les reprend plus. Vous savez, par exemple, qu'il écrivit un livre sur la cathédrale d'Amiens. Vous en pourriez conclure que c'est la cathédrale qu'il aimait le plus ou qu'il connaissait le mieux. Pourtant, dans les *Sept Lampes de l'architecture,* où la cathédrale de Rouen est citée quarante fois comme exemple, celle de Bayeux neuf fois, Amiens n'est pas cité une fois. Dans *Val d'Arno,* il nous avoue que l'église qui lui a donné la plus profonde ivresse du gothique est Saint-Urbain de Troyes. Or, ni dans les *Sept Lampes,* ni dans la *Bible d'Amiens,* il n'est question une seule fois de Saint-Urbain *. Pour ce qui est de

* Pour être plus exact, il est question une fois de Saint-Urbain dans les *Sept Lampes,* et d'Amiens une fois aussi (mais seulement dans la préface de la 2e édition), alors qu'il y est question d'Abbeville, d'Avranches, de Bayeux, de Beauvais, de Bourges, de Caen, de Caudebec, de Chartres, de Coutances, de Falaise, de Lisieux, de Paris, de Reims, de Rouen, de Saint-Lô, pour ne parler que de la France.

l'absence de références à Amiens dans les *Sept Lampes,* vous pensez peut-être qu'il n'a connu Amiens qu'à la fin de sa vie ? Il n'en est rien. En 1859, dans une conférence faite à Kensington, il compare longuement la *Vierge dorée* d'Amiens avec les statues d'un art moins habile, mais d'un sentiment plus profond, qui soutiennent le porche occidental de Chartres. Or, dans la *Bible d'Amiens* où nous pourrions croire qu'il a réuni tout ce qu'il avait jamais pensé sur Amiens, pas une seule fois, dans tant de pages où il parle de la *Vierge dorée,* il ne fait allusion aux statues de Chartres. Telle est la richesse infinie de son amour, de son savoir. Habituellement, chez un écrivain, le retour à de certains exemples préférés, sinon même la répétition de certains développements, vous rappelle que vous avez affaire à un homme qui eut une certaine vie, telles connaissances qui lui tiennent lieu de telles autres, une expérience limitée dont il tire tout le profit qu'il peut. Rien qu'en consultant les index des différents ouvrages de Ruskin, la perpétuelle nouveauté des œuvres citées, plus encore le dédain d'une connaissance dont il s'est servi une fois et, bien souvent, son abandon à tout jamais, donnent l'idée de quelque chose de plus qu'humain, ou plutôt l'impression que chaque livre est d'un homme nouveau, qui a un savoir différent, pas la même expérience, une autre vie.

MARCEL PROUST.

(*La suite prochainement.*)

JOHN RUSKIN

(DEUXIÈME ET DERNIER ARTICLE [97])

C'était le jeu charmant de sa richesse inépuisable de tirer des écrins merveilleux de sa mémoire des trésors toujours nouveaux : un jour la rose précieuse d'Amiens, un jour la dentelle dorée du porche d'Abbeville, pour les marier aux bijoux éblouissants de l'Italie.

Il pouvait, en effet, passer ainsi d'un pays à l'autre, car la même âme qu'il avait adorée dans les pierres de Pise était celle aussi qui avait donné aux pierres de Chartres leur forme immortelle. L'unité de l'art chrétien au Moyen Âge, des bords de la Somme aux rives de l'Arno, nul ne l'a sentie comme lui, et il a réalisé dans nos cœurs le rêve des grands papes du Moyen Âge : l'« Europe chrétienne ». Si, comme on l'a dit, son nom doit rester attaché au préraphaélisme, on devrait entendre par là non celui d'après Turner, mais celui d'avant Raphaël. Nous pouvons oublier aujourd'hui les services qu'il a rendus à Hunt, à Rossetti, à Millais ; mais ce qu'il a fait pour Giotto, pour Carpaccio, pour Bellini, nous ne le pouvons pas. Son œuvre divine ne fut pas de susciter des vivants, mais de ressusciter des morts.

Cette unité de l'art chrétien du Moyen Âge n'apparaît-elle pas à tout moment dans la perspective de ces pages où son imagination éclaire çà et là les pierres de France d'un reflet magique d'Italie ? Voyez-le, dans *Pleasures of England*, vous dire : « Tandis qu'à Padoue la Charité de Giotto foule aux pieds des sacs d'or, tous les trésors de la terre, donne du blé et des fleurs et tend à Dieu dans sa main son cœur enflammé, au portail d'Amiens la Charité se contente de jeter sur un mendiant un solide manteau de laine, de la manufacture de la ville. » Voyez-le, dans *Nature of Gothic*, comparer la manière dont les flammes sont traitées dans le gothique italien et dans le gothique français, dont le porche de Saint-Maclou de Rouen est pris comme exemple. Et, dans les *Sept Lampes de l'architecture*, à propos de ce même porche, voyez encore se jouer sur ses pierres grises comme un peu des couleurs de l'Italie :

« Les bas-reliefs du tympan du portail de Saint-Maclou, à Rouen, représentent le Jugement dernier, et la partie de l'Enfer est traitée avec une puissance à la fois terrible et grotesque, que je ne pourrais mieux définir que comme un mélange des esprits d'Orcagna et de Hogarth. Les démons sont peut-être même plus effrayants que ceux d'Orcagna ; et dans certaines expressions de l'humanité dégradée, dans son suprême désespoir, le peintre anglais est au moins égalé. Non moins capricieuse est l'imagination qui exprime la fureur et la crainte, même dans la manière de placer les figures. Un mauvais ange, se balançant sur son aile, conduit les troupes des damnés hors du siège du Jugement ; ils sont pressés par lui si furieusement, qu'ils sont emmenés non pas simplement à l'extrême limite de cette scène que le sculpteur a enfermée ailleurs, à l'intérieur du tympan, mais hors du tympan et *dans les niches* de la voûte ; pendant que les flammes qui les suivent, activées, comme il semble, par le mouvement des ailes des anges, font irruption aussi dans les niches et jaillissent au travers de leur ornementation, les trois niches les plus basses étant représentées comme tout en feu, tandis que, au lieu de leur dais voûté et côtelé habituel, il y a un démon sur le toit de chacune, avec ses ailes pliées, grimaçant hors de l'ombre noire. »

Ce parallélisme des différentes sortes d'arts et des différents pays n'était pas le plus profond auquel il dût s'arrêter. Dans les symboles païens et dans les symboles chrétiens, l'identité de certaines idées religieuses devait le frapper *. M. Ary Renan ** a remarqué, avec profondeur, ce qu'il y a déjà du Christ dans le Prométhée [98] de Gustave Moreau. Ruskin, que sa dévotion à l'art chrétien ne rendit jamais contempteur du paganisme ***, a comparé, dans un sentiment esthétique et religieux, le lion de saint Jérôme au lion de Némée ****, Virgile à Dante, les prédictions de saint Jérôme aux prédictions de la Sibylle de Cumes, Samson à Hercule, Thésée au Prince Noir et jusqu'aux couronnes dont les païens et les chrétiens ceignaient le front de leurs rois. Il n'y a certes pas lieu de comparer ici Ruskin à Gustave Moreau, mais on peut dire qu'une tendance naturelle, développée par la fréquentation des Primitifs, les avait conduits tous deux à proscrire en art l'expression des sentiments violents, et, en tant qu'elle s'était appliquée à l'étude des symboles, à quelque fétichisme dans l'adoration des symboles eux-mêmes, fétichisme peu dangereux d'ailleurs pour des esprits si attachés au fond au sentiment symbolisé qu'ils pouvaient passer d'un symbole à l'autre, sans être arrêtés par les diversités de pure surface. Pour ce qui est de la prohibition systématique de l'expression des émotions violentes en art, le principe que M. Ary Renan a appelé le principe de la Belle

* Dans *Le Repos de saint Marc* il va jusqu'à dire qu'il n'y a qu'un art grec, depuis la bataille de Marathon jusqu'au doge Selvo (cf. les pages de *La Bible d'Amiens* où il fait descendre de Dédale, « le premier sculpteur qui ait donné une représentation pathétique de la vie humaine », les écoles d'architectes qui creusèrent l'ancien labyrinthe d'Amiens) ; et aux mosaïques du baptistère de Saint-Marc il reconnaît dans un séraphin une harpie, dans Hérodiade une canéphore, dans une coupole d'or un vase grec, etc.

** Dans une étude admirable, parue ici-même. Depuis Fromentin, aucun peintre, croyons-nous, n'a montré une plus grande maîtrise d'écrivain.

*** « Si peu, dit-il, que je ne crois pas qu'aucune interprétation de la religion grecque ait jamais été aussi affectueuse, aucune de la religion romaine aussi révérente que celle qui est à la base de mon enseignement. »

**** Comparé ailleurs au dragon de saint Georges.

Inertie, où le trouver mieux défini que dans les pages des « Rapports de Michel-Ange et du Tintoret »* ? Quant à l'adoration un peu exclusive des symboles, l'étude de l'art du Moyen Âge italien et français n'y devait-il pas fatalement conduire ? Et comme, sous l'œuvre d'art, c'était l'âme d'un temps qu'il cherchait, la ressemblance de ces symboles du portail de Chartres aux fresques de Pise ne pouvait pas ne pas le toucher comme une preuve de l'originalité typique de l'esprit qui animait alors les artistes, et leurs différences comme un témoignage de sa variété. Chez tout autre les sensations esthétiques eussent risqué d'être refroidies par le raisonnement. Mais tout chez lui était amour et l'iconographie, telle qu'il l'entendait, se serait mieux appelée l'iconolâtrie. À ce point, d'ailleurs, la critique d'art fait place à quelque chose de plus grand peut-être ; elle a presque les procédés de la science, elle contribue à l'histoire. L'apparition d'un nouvel attribut aux porches des cathédrales ne nous avertit pas de changements moins profonds dans l'histoire, non seulement de l'art, mais de la civilisation, que ceux qu'annonce aux géologues l'apparition d'une nouvelle espèce sur la terre. La pierre sculptée par la nature n'est pas plus instructive que la pierre sculptée par l'artiste, et nous ne tirons pas un profit plus grand de celle qui nous conserve un ancien monstre que de celle qui nous montre un nouveau dieu.

Les dessins qui accompagnent les écrits de Ruskin sont à ce point de vue très significatifs. Dans une même planche, vous pourrez voir un même motif d'architecture, tel qu'il est traité à Lisieux, à Bayeux, à Vérone et à Padoue, comme s'il s'agissait des variétés d'une même espèce de papillons sous différents cieux. Mais jamais cependant ces pierres qu'il a tant aimées

* Cf. Chateaubriand, préface de la 1ère édition d'*Atala* : « Les Muses sont des femmes célestes qui ne défigurent point leurs traits par des grimaces ; quand elles pleurent, c'est avec un secret dessein de s'embellir. »

ne deviennent pour lui des exemples abstraits. Sur chaque pierre vous voyez la nuance de l'heure unie à la couleur des siècles. « Courir à Saint-Wulfram d'Abbeville, nous dit-il, *avant que le soleil ait quitté les tours,* fut toujours pour moi une de ces joies pour lesquelles il faut chérir le passé jusqu'à la fin. » Il alla même plus loin ; il ne sépara pas les cathédrales de ce fond de rivières et de vallées où elles apparaissent comme dans les tableaux des Primitifs. Un de ses dessins les plus instructifs à cet égard est celui que reproduit la deuxième gravure de *Our Father Told Us,* et qui est intitulée : *Amiens, le jour des Trépassés.* Dans ces villes d'Amiens, d'Abbeville, de Beauvais, de Rouen, qu'un séjour de Ruskin a consacrées, il passait son temps à dessiner, tantôt dans les églises (« sans être inquiété par le sacristain », dit-il dans *Præterita*), tantôt en plein air. Et ce durent être dans ces villes de bien charmantes colonies passagères, que cette troupe de dessinateurs, de graveurs, qu'il emmenait avec lui, comme Platon nous montre les sophistes suivant Protagoras de ville en ville, semblables aussi à ces hirondelles, à l'imitation desquelles ils s'arrêtaient de préférence aux vieux toits, aux tours anciennes des cathédrales. Peut-être pourrait-on retrouver encore quelques-uns de ces disciples de Ruskin qui l'accompagnaient aux bords de cette Somme évangélisée de nouveau, comme si étaient revenus les temps de saint Firmin et de saint Salve, et qui, tandis que le nouvel apôtre parlait, expliquait Amiens comme une Bible, prenaient, au lieu de notes, des dessins, notes gracieuses dont le dossier doit être dans quelque salle de musée anglais, et où j'imagine que la réalité est légèrement arrangée dans le goût de Viollet-le-Duc. La gravure *Amiens, le jour des Trépassés,* semble mentir un peu, pour la beauté. Est-ce la perspective seule, qui approche ainsi, des bords d'une Somme élargie, la cathédrale et l'église Saint-Leu ? Il est vrai que Ruskin pourrait nous répondre en reprenant à son compte les paroles de Turner qu'il a citées dans *Eagles Nest* et qu'a traduites M. de la Sizeranne : « Turner, dans la première période de sa vie, était quelquefois de bonne humeur et montrait aux gens ce qu'il faisait. Il était un jour à dessiner le port de Plymouth et quelques vaisseaux, à un mille ou deux de distance, vus à contre-jour. Ayant montré ce dessin à un officier de marine, celui-ci observa avec surprise et objecta avec une très compréhensible indignation que les vaisseaux de ligne n'avaient pas de sabords. "Non, dit Turner, certainement non. Si vous montez sur le mont Edgecumbe et si vous regardez les vaisseaux à contre-jour, sur le soleil couchant, vous verrez que vous ne pouvez apercevoir les sabords. – Bien, dit l'officier, toujours indigné, mais vous savez qu'il y a là des sabords ? – Oui, dit Turner, je le sais de reste, mais mon affaire est de dessiner ce que je vois, non ce que je sais *" [99]. »

Si, étant à Amiens, vous allez dans la direction de l'abattoir, vous aurez une vue qui n'est pas très différente de celle de la gravure. Vous verrez l'éloignement disposer, à la façon mensongère et heureuse d'un artiste, des monuments, qui reprendront, si ensuite vous vous rapprochez, leur position primitive, toute différente ; vous le verrez, par exemple, inscrire dans la façade de la cathédrale la figure d'une des machines à eau de la ville et faire de la géométrie plane avec de la géométrie dans l'espace. Que si néanmoins vous trouvez ce paysage, composé avec goût par la perspective, un peu différent de celui que relate le dessin de Ruskin, vous pourrez en accuser surtout les changements qu'ont apportés dans l'aspect de la ville les presque vingt années écoulées depuis que Ruskin y vivait, y rêvait, y priait et, comme il l'a dit pour un autre site qu'il aimait, « tous les *embellissements* survenus, depuis que j'ai composé et médité là ** ». Mais du moins cette gravure de la *Bible d'Amiens* aura associé dans votre souvenir les bords de la Somme et la cathédrale plus que votre vision n'eût sans doute pu le faire, en quelque point de vue de la ville que vous vous

* Ruskin, *Eagles Nest,* 125.
** *Præterita*, I, ch. II.

fussiez placé. Elle vous prouvera, mieux que tout ce que j'aurais pu dire, que Ruskin ne séparait pas la beauté des cathédrales du charme de ces pays d'où elles surgirent, et que chacun de ceux qui les visita goûte encore dans la poésie particulière du pays et le souvenir brumeux ou doré de l'après-midi qu'il y a passé. Non seulement le premier chapitre de la *Bible d'Amiens* s'appelle : « Au bord des rivières d'eau vive », mais le livre que Ruskin projetait d'écrire sur la cathédrale de Chartres devait être intitulé : *Les Sources de l'Eure*. Ce n'était donc point seulement dans ses dessins qu'il mettait les églises au bord des rivières et qu'il associait la grandeur des cathédrales gothiques à la grâce des sites français *. Et ce charme individuel, qu'est le charme d'un pays, nous le sentirions plus vivement si nous n'avions pas à notre disposition ces bottes de sept lieues que sont les grands express, et si, comme autrefois, pour arriver dans un coin de terre, nous étions obligés de traverser des campagnes de plus en plus semblables à celle où nous tendons, comme des zones d'harmonie graduée qui, en la rendant moins pénétrable à ce qui est différent d'elle, en la protégeant avec douceur et avec mystère de ressemblances fraternelles, ne l'enveloppent pas seulement dans la nature, mais la préparent encore dans notre esprit.

Ces études infinies de Ruskin sur l'art chrétien furent pour lui comme la vérification et la contre-épreuve de ses idées sur le christianisme et d'autres idées que nous n'avons pu indiquer ici et dont nous laisserons tout à l'heure Ruskin définir lui-même la plus célèbre : son horreur du machinisme et de l'art industriel. « Toutes les belles choses furent faites, disait-il à la fin de sa vie, quand les hommes du Moyen Âge *croyaient* la pure, joyeuse et belle leçon du

* Quelle intéressante collection on ferait avec les paysages de France vus par des yeux anglais : les rivières de France de Turner ; le *Versailles,* de Bonington ; l'*Auxerre* ou le *Valenciennes* de Walter-Pater ; le *Paris* de Stevenson et tant d'autres !

christianisme. » Et il voyait ensuite l'art décliner avec la foi, l'adresse prendre alors la place du sentiment. En voyant le pouvoir de réaliser la beauté qui fut le privilège des âges de foi, sa croyance en la bonté de la foi devait se trouver renforcée. Chaque volume de son dernier ouvrage : *Our Father Told Us* (le premier seul est écrit) devait comprendre quatre chapitres, dont le dernier était consacré au chef-d'œuvre qui était l'épanouissement de la foi profonde dont l'étude faisait l'objet des trois premiers chapitres. Ainsi le christianisme, qui avait bercé le sentiment esthétique de Ruskin, en recevait une consécration suprême. Et après avoir raillé, au moment de la conduire devant la statue de la Madone, sa lectrice protestante « qui devrait comprendre que le culte d'aucune dame * n'a jamais été pernicieux à l'humanité », ou devant la statue de saint Honoré, après avoir déploré qu'on parlât si peu de ce saint « dans le faubourg de Paris qui porte son nom », il aurait pu dire, comme à la fin de *Val d'Arno* :

« Si vous voulez fixer vos esprits sur les conditions de la vie humaine qu'exige celui qui l'a donnée : "Il t'a montré, homme, ce qui est bien, et qu'est-ce que le Seigneur demande de toi, si ce n'est d'agir avec justice et d'aimer la pitié, de marcher humblement avec ton Dieu ?" vous trouverez qu'une telle obéissance est toujours récompensée par une bénédiction. Si vous ramenez vos pensées vers l'état des multitudes oubliées qui ont travaillé en silence et adoré humblement, comme les neiges de la chrétienté ramenaient le souvenir de la naissance du Christ ou le soleil de son printemps le souvenir de sa résurrection, vous pourrez savoir que la promesse des anges de Bethléem a été littéralement accomplie, et vous prierez pour que vos champs anglais, joyeusement, comme les bords de

* J'ai à m'excuser d'avoir récemment écrit « femme », ce qui ne rendait pas le « *lady* » du texte ; je dois cette rectification à l'admirable lettré et érudit qu'est M. Charles Newton Scott, à qui je suis heureux de pouvoir adresser publiquement mes remerciements pour ses précieux conseils.

l'Arno, puissent encore dédier leurs purs lis à Sainte-Marie-des-Fleurs. »

Et pour que vous voyiez comment les études médiévales de Ruskin confirmèrent, avec sa croyance en la bonté de la foi, sa croyance en la nécessité du travail libre, joyeux et personnel, sans intervention de machinisme, je préfère laisser la parole à Ruskin. Il parle d'une petite figure de quelques centimètres, perdue au milieu de centaines de petites figures minuscules, au portail des Libraires, à la cathédrale de Rouen.

« Le compagnon est ennuyé et embarrassé dans sa malice, et sa main est appuyée fortement sur l'os de sa joue et la chair de la joue est ridée sous l'œil par la pression. Le tout peut paraître terriblement rudimentaire, vu sur un plan où il se trouve en comparaison avec des gravures d'aspect délicat ; mais, en le considérant comme devant remplir simplement un interstice de l'extérieur d'une porte de cathédrale et comme l'une quelconque de trois cents figures analogues ou plus, il témoigne de la plus noble vitalité dans l'art de l'époque.

Nous avons un certain travail à faire pour gagner notre pain, et il doit être fait avec ardeur ; d'autre travail à faire pour notre jouissance, et celui-là doit être fait avec cœur ; ni l'un ni l'autre ne doivent être faits à moitié ou au moyen d'expédients, mais avec volonté ; et ce qui n'est pas digne de cet effort ne doit pas être fait du tout ; peut-être que tout ce que nous avons à faire ici-bas n'a pas d'autre objet que d'exercer le cœur et la volonté, et est en soi-même inutile ; mais en tout cas, si peu que ce soit, nous pouvons nous en dispenser si ce n'est pas digne que nous y mettions nos mains et notre cœur. Il n'appartient pas à notre immortalité de recourir à des moyens qui contrastent avec son autorité, ni de souffrir qu'aucun instrument dont elle n'a pas besoin s'interpose entre elle et les choses qu'elle gouverne. Il y a assez de songe-creux, assez de grossièreté et de sensualité dans l'existence humaine, sans en changer en mécanisme les quelques moments brillants ; et, puisque notre vie – en supposant le mieux – ne doit être qu'une vapeur qui apparaît un temps puis s'évanouit, laissons-la du moins paraître comme un nuage dans la hauteur du ciel et non comme l'épaisse obscurité qui voile les flammes de la fournaise et de la roue. »

J'avoue qu'en lisant cette page, je fus pris du désir de voir le petit homme dont parle Ruskin. Et j'allai à Rouen dans une pensée testamentaire, comme si Ruskin en mourant avait en quelque sorte confié à ses lecteurs la pauvre créature à qui il avait donné la vie et qui venait, sans le savoir, de perdre à tout jamais celui qui avait fait autant pour elle que son premier sculpteur. Mais quand j'arrivai près de l'immense cathédrale et devant la porte où se chauffaient les saints, des galeries où rayonnaient les rois jusqu'à ces hautes solitudes de pierre que je croyais inhabitées et où, ici, un ermite vivait isolé, laissant les oiseaux demeurer sur son front, tandis que, là, un cénacle d'apôtres écoutait le message d'un ange qui se posait près d'eux, repliant ses ailes, sous un vol de pigeons qui ouvraient les leurs et non loin d'un personnage qui, recevant un enfant sur le dos, tournait la tête d'un geste brusque et séculaire ; quand je vis, rangés devant ses porches ou penchés aux balcons de ses tours, tous les hôtes de pierre de la cité mystique respirer le soleil ou l'ombre matinale, je compris qu'il serait impossible de trouver parmi ce peuple surhumain une figure de quelques centimètres. J'allai pourtant au portail des Libraires. Mais comment reconnaître la petite figure entre des centaines d'autres ? Tout à coup, un jeune sculpteur de talent et d'avenir, Mme L. Yeatman [100], me dit : « En voici une qui lui ressemble. » Nous regardons un peu plus bas, et… la voici. Elle ne mesure pas dix centimètres. Elle est effritée, et pourtant c'est son regard encore, la pierre garde le trou qui relève la pupille et lui donne cette expression qui me l'a fait reconnaître. L'artiste mort depuis des siècles a laissé là, entre des milliers d'autres, cette petite personne qui meurt un peu chaque jour, et qui était morte depuis bien longtemps, perdue au milieu de la foule des autres, à jamais. Mais il l'avait mise là. Un jour, un homme pour qui il n'y a pas de mort, pour qui il n'y a pas d'infini matériel, pas d'oubli, un homme qui, jetant loin de lui ce néant qui nous opprime pour aller à des buts qui dominent sa vie et qu'il ne pourra pas tous atteindre alors que nous paraissions en manquer, cet homme est venu, et, dans ces vagues de pierre où chaque écume dentelée paraissait se ressembler, voyant là toutes les lois de la vie, toutes les pensées de l'âme, débordant de flamme, il dit : « Voyez, c'est ceci, c'est cela. » Tel qu'au jour du Jugement, qui non loin de là est figuré, il fait entendre en ses paroles comme la trompette de l'archange et il dit : « Ceux qui ont vécu vivront, la matière n'est rien. » Et, en effet, telle que les morts que non loin le tympan figure réveillés à la trompette de l'archange, soulevés, ayant repris leur forme, reconnaissables, vivants, voici que la petite figure a revécu et retrouvé son regard, et le juge a dit : « Tu as vécu, tu vivras. » Pour lui, il n'est pas un juge immortel, son corps mourra ; mais qu'importe ! comme s'il ne devait pas mourir il accomplit sa tâche immortelle, ne s'occupant pas de la grandeur de la chose qui occupe son temps et, n'ayant qu'une vie humaine à vivre, passant plusieurs jours devant la millionième des figures d'une église. Il l'a dessinée. Elle correspondait pour lui à ces idées qui agitaient sa cervelle, insoucieuse de la vieillesse prochaine. Il l'a dessinée [101], il en a parlé. Et la petite figure inoffensive et monstrueuse aura ressuscité, contre toute espérance, de cette mort qui semble plus totale que les autres, qui est la disparition au sein de l'infini du nombre et sous le nivellement des ressemblances, mais d'où le génie a tôt fait de nous tirer aussi. En la retrouvant là, on ne peut s'empêcher d'être touché. Elle semble vivre et regarder, ou plutôt avoir été prise par la mort dans son regard même, comme les Pompéiens dont le geste demeure interrompu. Et c'est une pensée du sculpteur, en effet, qui a été saisie ici dans son geste même par l'immobilité de la pierre. J'ai été touché en la retrouvant là, et, en effet, rien ne meurt de ce qui a vécu, pas plus la pensée du sculpteur que la pensée de Ruskin. En la rencontrant là, nécessaire à Ruskin qui, parmi si peu de gravures pour l'illustration de son livre, crut devoir la faire reproduire, parce qu'elle était pour lui partie actuelle et durable de sa pensée, et agréable à nous parce que sa pensée nous est nécessaire, guide de la nôtre, qui l'a rencontrée sur son chemin, nous nous sentions dans un état d'esprit plus rapproché de celui des artistes qui sculptèrent aux tympans le Jugement dernier et qui pensaient que l'individu, ce qu'il y a de plus particulier dans une personne, dans une intention, ne meurt pas, reste dans la mémoire de Dieu et sera ressuscité. Qui a raison du fossoyeur ou d'Hamlet quand l'un ne voit qu'un crâne là où le second se rappelle une fantaisie [102] ? La science peut dire : le fossoyeur ; mais elle a compté sans Shakespeare, qui fera durer le souvenir de cette fantaisie au-delà de la poussière du crâne. À l'appel de l'ange, chaque mort se trouve être resté là, à sa place, quand nous le croyions depuis longtemps en poussière. À l'appel de Ruskin, nous voyons la plus petite figure qui encadre un minuscule quatre-feuilles ressuscitée dans sa forme, nous regardant avec le même regard qui semble ne tenir qu'en un millimètre de pierre. Sans doute, pauvre petit monstre, je n'aurais pas été assez fort, entre les milliards de pierres des villes, pour te trouver, pour dégager ta figure, pour retrouver ta personnalité, pour t'appeler, pour te faire revivre. Mais ce n'est pas que l'infini, que le nombre, que le néant qui nous oppriment soient très forts ; c'est que ma pensée n'est pas bien forte. Certes, tu n'avais en toi rien de vraiment beau. Ta pauvre figure, que je n'eusse jamais remarquée, n'a pas une expression bien intéressante, quoique évidemment elle ait, comme toute personne, une expression qu'aucune autre n'eut jamais. Mais, puisque tu vivais assez pour continuer à regarder de ce même regard oblique, pour que Ruskin te remarquât et, après qu'il eut dit ton nom, pour que son lecteur pût te reconnaître, vis-tu assez maintenant, es-tu assez aimé ? Et l'on ne peut s'empêcher de penser à toi avec attendrissement, quoique tu n'aies pas l'air bon, mais parce que tu es une créature vivante, parce que, pendant de si longs siècles, tu es mort sans espoir de résurrection, et parce que tu es ressuscité. Et un de ces jours peut-être quelque autre ira te trouver à ton portail, regardant avec tendresse ta méchante et oblique figure ressuscitée, parce que ce qui est sorti d'une pensée peut seul fixer un jour une autre pensée, qui à son tour a fasciné la nôtre. Tu as eu raison de rester là, inregardé, t'effritant. Tu ne pouvais rien attendre de la matière où tu n'étais que du néant. Mais les petits n'ont rien à craindre, ni les morts. Car, quelquefois l'Esprit visite la terre ; sur son passage les morts se lèvent, et les petites figures oubliées retrouvent le regard et fixent celui des vivants qui, pour elles, délaissent les vivants qui ne vivent pas et vont chercher de la vie seulement où l'Esprit leur en a montré, dans des pierres qui sont déjà de la poussière et qui sont encore de la pensée.

Celui qui enveloppa les vieilles cathédrales de plus d'amour et de plus de joie que ne leur en dispense même le soleil quand il ajoute son sourire fugitif à leur beauté séculaire ne peut pas, à le bien entendre, s'être trompé. Il en est du monde des esprits comme de l'univers physique, où la hauteur d'un jet d'eau ne saurait dépasser la hauteur du lieu d'où les eaux sont d'abord descendues. Les grandes beautés littéraires correspondent à quelque chose, et c'est l'enthousiasme, en art, qui est le critérium de la vérité. À supposer que Ruskin se soit quelquefois trompé, comme critique, dans l'exacte appréciation de la valeur d'une œuvre, la beauté de son jugement erroné est souvent plus intéressante que celle de l'œuvre jugée et correspond à quelque chose qui, pour être autre chose qu'elle, n'est pas moins précieux. Que Ruskin ait tort quand il dit que le *Beau Dieu* d'Amiens « dépassait en tendresse sculptée ce qui avait été atteint jusqu'alors, bien que toute représentation du Christ doive éternellement décevoir l'espoir que toute âme aimante a mise en lui, » et que ce soit M. Huysmans qui ait raison quand il appelle ce même *Dieu* d'Amiens un « bellâtre à figure ovine » [103], c'est ce que nous ne croyons pas, mais c'est ce qu'il importe peu de savoir. « Je l'appelle une légende, dit Ruskin, parlant de l'histoire de saint Jérôme. Qu'Héraklès ait jamais tué, saint Jérôme jamais chéri la créature sauvage ou blessée est sans importance pour nous. » Nous en dirons autant de ceux des jugements artistiques de Ruskin dont on contesterait la justesse. Que le *Beau Dieu* d'Amiens soit ou non ce qu'a cru Ruskin est sans importance pour nous. Comme Buffon a dit que « toutes les beautés intellectuelles qui s'y trouvent [dans un beau style] tous les rapports dont il est composé sont autant de vérités aussi utiles et peut-être plus précieuses pour l'esprit public que celles qui peuvent faire le fond du sujet » [104], les vérités dont se compose la beauté des pages de la *Bible* sur le *Beau Dieu* d'Amiens ont une valeur indépendante de la beauté de cette statue, et Ruskin ne les aurait pas trouvées s'il en avait parlé avec dédain, car l'enthousiasme seul pouvait lui donner la puissance de les découvrir.

Jusqu'où cette âme merveilleuse a fidèlement reflété l'univers, et sous quelles formes touchantes et tentatrices le mensonge a pu se glisser malgré tout au sein de sa sincérité intellectuelle, c'est ce qu'il ne nous sera peut-être jamais donné de savoir, et ce qu'en tout cas nous ne pouvons chercher ici. « Jusqu'où, a-t-il dit lui-même, mon esprit a été paralysé par les chagrins et par les fautes de ma vie, jusqu'où aurait pu aller ma connaissance si j'avais marché plus fidèlement dans la lumière qui m'était départie, dépasse ma conjecture ou ma confession. » Quoi qu'il en soit, il aura été un de ces « génies » dont même ceux d'entre nous qui ont reçu à leur naissance les dons des fées ont besoin pour être initiés à la connaissance et à l'amour d'une nouvelle partie de la Beauté. Bien des paroles qui servent à nos contemporains pour l'échange des pensées portent son empreinte, comme on voit, sur les pièces de monnaie, l'effigie du souverain du jour. Mort, il continue à nous éclairer, comme ces étoiles éteintes dont la lumière nous arrive encore, et on peut dire de lui ce qu'il disait à la mort de Turner : « C'est par ces yeux, fermés à jamais au fond du tombeau, que des générations qui ne sont pas encore nées verront la nature. »

MARCEL PROUST.

UN SALON HISTORIQUE

LE SALON DE S.A.I. LA PRINCESSE MATHILDE [105]

Un jour que le prince Louis-Napoléon, aujourd'hui général dans l'armée russe, exprimait pour la centième fois devant quelques intimes, dans le salon de la rue de Berri [106], son désir d'entrer dans l'armée, sa tante, la princesse Mathilde, chagrinée par cette vocation qui devait lui enlever le plus tendrement aimé de ses neveux, s'écria en s'adressant aux personnes présentes :

– Croyez-vous, quelle obstination ! – Mais, malheureux, ce n'est pas une raison parce que tu as eu un militaire dans ta famille !...

« Avoir eu un militaire dans sa famille ! » On avouera qu'il est difficile de rappeler avec moins d'emphase sa parenté avec Napoléon Ier.

Le trait le plus frappant de la physionomie morale de la princesse Mathilde est peut-être, en effet, la simplicité avec laquelle elle parle de tout ce qui touche à la naissance et au rang.

« La Révolution française ! lui ai-je entendu dire à une dame du faubourg Saint-Germain, mais sans elle je vendrais des oranges dans les rues d'Ajaccio ! »

Cette fière humilité et la franchise, la verdeur presque populaire par laquelle elle se traduit, donnent aux propos de la princesse une saveur originale et un peu crue qui est délicieuse. Je n'oublierai jamais de quel ton spirituel et brutal elle répondit à une femme qui lui posait la question suivante :

– Que Votre Altesse daigne me dire si les princesses ont les mêmes sensations que nous autres, simples bourgeoises ?

– Je ne sais pas, madame, répondit la princesse, ce n'est pas à moi qu'il faut demander cela. Je ne suis pas de droit divin, moi !

Cette rudesse un peu mâle se tempère d'ailleurs chez la princesse d'une extrême douceur qui tombe de ses yeux, de son sourire, de tout son accueil. Mais pourquoi analyser le charme de cet accueil ? J'aime mieux essayer de vous le faire sentir en vous montrant la princesse en train de recevoir.

Suivez-moi rue de Berri, et ne nous attardons pas trop, car la soirée n'y commence pas tard.

On a dîné de bonne heure. Pas aussi tôt peut-être qu'à l'époque où Alfred de Musset vint, pour la seule fois de sa vie, dîner chez la princesse. On l'attendit une heure. Quand il arriva, on était à la moitié du dîner. Il était ivre-mort. Il ne desserra pas les dents et partit en sortant de table. C'est le seul souvenir que la princesse ait gardé de lui [107]. Mais aujourd'hui encore c'est une des seules maisons de Paris où l'on soit invité à venir dîner à sept heures et demie.

Après le dîner, la princesse vient s'asseoir au petit salon, dans un grand fauteuil qu'on aperçoit à droite en venant du dehors, mais au fond de la pièce. En venant du grand hall, ce fauteuil serait au contraire à gauche, et fait face à la porte de la petite pièce où, tout à l'heure, seront servis les rafraîchissements.

En ce moment, les invités du soir ne sont pas encore arrivés. Seules, les personnes qui ont dîné sont là. À coté de la princesse, une ou deux des habituées de ses dîners de la rue de Berri : la comtesse Benedetti, si spirituellement jolie et si joliment spirituelle ; Mlle Rasponi ; Mme Espinasse, dame d'honneur de la princesse ; Mme Ganderax, femme universellement aimée et appréciée de l'éminent directeur de la *Revue de Paris*.

Est-ce la *Revue de Paris* que feuillette en ce moment même M. Ganderax, à la table placée à la gauche de la princesse ? Un binocle sévère voile la fine expression de ses bons yeux, et sa longue barbe noire est fort majestueuse.

Est-ce sa Revue à lui, la *Revue britannique,* que vient d'ouvrir M. Pichot, dont le monocle a pris une position inébranlable qui témoigne chez celui qui le porte, de la ferme volonté de prendre connaissance d'un article avant que commence la soirée.

À cette même table, on vit souvent, à l'heure de détente qui suit le dîner et précède la réception, un petit vieillard très vieux qui avait l'air très jeune, avec ses joues d'une fraîcheur enfantine, ses courts cheveux d'argent, sa mise excessivement soignée, la courtoisie alerte de son accueil attentif. C'était le comte Benedetti, père du comte actuel et ancien ambassadeur de France à Berlin (celui-là même qui y était en 1870). C'était un homme d'une véritable intelligence, d'une parfaite bonne grâce, et dont la mort, survenue il y a deux ans, causa un profond chagrin à la princesse auprès de laquelle il venait passer plusieurs mois tous les ans, soit à Paris, soit à Saint-Gratien.

Il y avait aussi, à cette époque, parmi les intimes de la princesse, une personne qui ne vient plus qu'assez rarement chez elle et qui égayait tout le monde à ses dépens tant elle était simple d'esprit – ce qui ne l'empêchait pas d'être, au demeurant, le meilleur être du monde. Poussée à un tel degré, la naïveté devient comique, et celle de cet ami de la princesse valait aux personnes avisées qui recherchaient sa conversation des propos, à leur manière, délicieux.

– Mon cher, disait à un de ses amis la princesse, après le dîner, un soir de neige, puisque vous voulez absolument partir, prenez au moins un parapluie. Il ne neige plus en ce moment, mais il peut reneiger.

– C'est inutile, il ne neigera plus, princesse, interrompit la personne en question, car elle intervenait volontiers. Il ne neigera plus.

– Qu'en savez-vous ? demanda la princesse.

– Je le sais, princesse, il ne neigera plus... Il ne peut plus neiger... On a mis du sel !

Chacun se mit à sourire et l'ami dit :

– Au revoir, princesse, je téléphonerai demain à Votre Altesse pour lui demander de ses nouvelles.

– Ah ! le téléphone, quelle belle invention ! s'écrie le brillant interrupteur. C'est la plus belle découverte qu'on ait jamais faite... (se reprenant de peur d'avoir manqué à la vérité) depuis les tables tournantes, bien entendu !

Je ne sais si cet aimable comique, cet involontaire homme d'esprit, un peu retiré du monde en ce moment, est ce soir chez la princesse.

Mais au temps où il y brillait, de quelle douce gaieté remplissait-il tous les convives par l'imprévu de ses interruptions et les trouvailles de ses réflexions ! Il fallait l'entendre soutenir que Flaubert avait pour lui tant d'estime qu'il lui avait fait un jour la lecture de *Bouvard et Pécuchet*.

La princesse, agacée de tant d'invraisemblance, proteste un peu vivement. Le confident de Gustave Flaubert insiste, redouble d'assurance.

– Vous confondez !

– Non, je suis sûr ; et voyant qu'on a l'air de sourire, il fait cette concession : Ah ! c'est vrai, princesse, je me trompe un peu. Je confondais. Il m'a lu « Bouvard », cela, j'en suis sûr. Mais vous avez raison, il ne m'a pas lu « Pécuchet ».

Mais c'est assez nous attarder à ces souvenirs. Déjà la porte du salon de la princesse s'entrouvre, elle reste entrebâillée, pendant que la dame qui va entrer – personne ne sait encore qui c'est – ajuste une dernière fois sa toilette ; les messieurs ont quitté la table où ils feuilletaient les revues. La porte s'ouvre : c'est la princesse Jeanne Bonaparte suivie de son mari, le marquis de Villeneuve. Tout le monde se lève.

Quand la princesse Jeanne est à mi-chemin de la princesse, celle-ci se lève et accueille à la fois la princesse Jeanne et la duchesse de Trévise qui vient d'entrer avec la duchesse d'Albufera.

Chaque dame qui entre fait la révérence, baise la main de la princesse, qui la relève et l'embrasse, ou lui rend sa révérence, si elle la connaît moins.

Voici M. Straus, l'avocat bien connu, et Mme Straus, née Halévy, à qui son esprit et sa beauté donnent une puissance de séduction unique ; M. Louis Ganderax, le comte de Turenne, M. Pichot s'empressent autour d'elle, tandis que M. Straus regarde autour de lui d'un air malicieux.

La porte s'ouvre encore, c'est le duc et la duchesse de Gramont, puis la famille bonapartiste par excellence, la famille de tous les beaux titres d'empire, la famille Rivoli, c'est-à-dire : le prince et la princesse d'Essling, avec leurs enfants ; le prince et la princesse Eugène et Joachim Murat, le duc et la duchesse d'Elchingen, le prince et la princesse de la Moskowa.

Voici M. Gustave Schlumberger, M. Bapst, M. et Mme du Bos, le comte et la comtesse Paul de Pourtalès, le prince Giovanni Borghèse, un érudit, un philosophe qui est aussi un brillant causeur ; M. Bourdeau, le marquis de La Borde, M. et Mme Georges de Porto-Riche.

Le petit salon est déjà si plein de monde que les plus anciens habitués montrent le chemin du hall où les moins intimes vont admirer avec une certaine timidité, comme écoliers sous l'œil du maître, les trésors d'art qui y sont rassemblés.

On s'arrête devant le portrait du prince impérial par Madeleine Lemaire, le portrait de la princesse par Doucet, le portrait de la princesse par Hébert, où elle a de si beaux yeux, de si douces perles.

Bonnat le regarde de cet œil bon qui brille devant la belle peinture et échange des réflexions de technicien avec Charles Ephrussi, le directeur de la *Gazette des Beaux-Arts,* l'auteur du beau livre sur Albert Dürer, mais à voix si basse qu'on les entend mal.

La princesse ne s'assied plus. Elle va de l'un à l'autre, accueillant les nouveaux arrivés, se mêlant à chaque groupe, ayant pour chacun le mot particulier, personnel, qui tout à l'heure, quand il sera rentré chez lui, lui fera croire qu'il était le centre de la soirée.

Quand on pense que ce salon (nous prenons ici le mot de « salon » dans son sens abstrait, car matériellement le salon de la princesse était rue de Courcelles avant d'être rue de Berri) a été un des foyers littéraires de la seconde moitié du XIXe siècle ; que Mérimée, Flaubert, Goncourt, Sainte-Beuve sont venus là chaque jour dans une intimité vraie, une familiarité si entière que la princesse arrivait à l'improviste, leur demander à déjeuner ; qu'eux n'avaient pas de secrets littéraires pour elle et elle pas de réserve princière avec eux ; qu'elle leur a rendu service jusqu'à la fin – non seulement les petits services de chaque jour (Sainte-Beuve disait : « Sa maison est une sorte de ministère des grâces »), mais les grands et éclatants services qui arrêtent certaines persécutions, dissipent certaines préventions, facilitent le travail, secondent le succès, adoucissent la vie, changent une destinée – on ne peut s'empêcher de croire que certains pouvoirs mondains peuvent avoir, malgré tout, sur l'histoire littéraire une influence féconde et que de tels pouvoirs peu de femmes firent un aussi noble usage que la princesse.

– La princesse a le goût classique, disait Sainte-Beuve. Tous les princes l'ont.

On peut se demander si Sainte-Beuve ne se trompait pas et si c'était le fait d'une classique d'élire Flaubert, de distinguer Goncourt au moment où elle le fit – en quoi elle se trouvait très en avance sur le goût de ses contemporains et sur celui de Sainte-Beuve lui-même.

Mais il se peut qu'il faille voir, dans sa conduite avec eux, plutôt la fidélité d'une amie délicate à deux hommes de cœur qu'une prédilection véritable pour le génie de l'un et pour le talent de l'autre.

Combien de grands écrivains méconnus de leur vivant n'ont dû ainsi qu'à leurs qualités de cœur, à leur charme social, des amitiés précieuses que, rétrospectivement, nous croyons que leur valait leur génie ! [108]

En tout cas, le nom de la princesse reste gravé sur les Tables d'or de la littérature française. Un volume entier de Mérimée, *Lettres à la princesse ;* de nombreuses lettres de Flaubert, un « Lundi » de Sainte-Beuve [109], tant de pages mieux intentionnées qu'adroites du *Journal des Goncourt,* donnent de la princesse l'idée la plus favorable et la plus haute.

Taine, Renan, combien d'autres furent aussi ses amis ! Elle se brouille avec Taine, sur la fin de sa vie, à la suite de la publication de son *Napoléon Bonaparte.* Il lui avait dit :

– Vous le lirez, vous me direz ce que vous en pensez.

Il le lui envoya. Elle lut ces pages indépendantes et terribles où Napoléon apparaît comme une sorte de condottiere. Le lendemain, elle envoyait sa carte à Taine, ou plutôt mettait sa carte chez Mme Taine, à qui elle devait une visite, avec ces simples mots : « P.P.C. » C'était sa réponse et la signification de ne plus avoir à revenir chez elle.

À quelque temps de là, elle s'emporta contre l'écrivain qui avait si mal parlé de son oncle illustre. José-Maria de Heredia, qui était présent, prit la défense de Taine avec une chaleur qui déplut à la princesse et elle le lui témoigna avec une certaine vivacité.

– Votre Altesse a bien tort, dit Heredia. Elle devrait, au contraire, en me voyant prendre, même contre elle, le parti d'un ami absent, comprendre qu'on peut, que surtout Elle peut, compter sur ma fidélité.

La princesse sourit et lui serra affectueusement la main.

Du reste, un ton de grande liberté règne entre la princesse et ses amis, bien marqué dans le vocabulaire par ce nom de « princesse » dont ils l'appellent, quand le protocole voudrait « madame ». Ils ne se font pas faute de la contredire et de lui résister. Aussi est-on un peu étonné de lire dans Sainte-Beuve des phrases comme celles-ci : « Elle et son frère – le prince Napoléon – sont en cela semblables, si l'on se permettait d'être observateur en les écoutant. »

Et pourquoi ne se le permettrait-on pas ?

La princesse n'a qu'à gagner à être finement observée, et n'eût-elle pas à y gagner, qu'importe ? *Amicus Plato sed magis amica veritas* [110] !

Un artiste ne doit servir que la vérité et n'avoir aucun respect pour le rang. Il doit simplement en tenir compte dans ses peintures, en tant qu'il est un principe de différenciation, comme par exemple la nationalité, la race, le milieu. Toute condition sociale a son intérêt et il peut être aussi curieux pour l'artiste de montrer les façons d'une reine, que les habitudes d'une couturière.

La princesse se brouilla avec Taine, avec Sainte-Beuve. Il est un autre académicien qui, à la fin de sa vie, se réconcilia avec elle.

Je veux parler du duc d'Aumale.

Admirablement traitée par la famille royale en 1841, quand elle revint en France, elle n'avait jamais oublié ce qu'elle lui devait, et ne permit jamais, en aucun temps, qu'on dît devant elle quoi que ce fût qui pût être blessant pour les Orléans.

Mais le gouvernement de l'Empire n'agit pas de même : les biens des princes furent confisqués, malgré une démarche de la princesse Mathilde et de la duchesse d'Hamilton. Plus tard, à la suite d'un discours prononcé par le prince Napoléon, on se souvient de la lettre effroyable, admirable, que lui écrivit le duc d'Aumale.

Il semblait, après cela, que la princesse ne dût jamais revoir le duc d'Aumale. Ils vécurent, en effet, loin l'un de l'autre pendant de longues années. Puis, le temps effaça le ressentiment sans diminuer la reconnaissance et aussi comme une certaine admiration réciproque qu'éprouvaient l'une pour l'autre ces deux natures si semblables, les deux princes hors cadres, qui n'étaient pas les premiers que par la naissance, qui n'étaient ni lui très orléaniste, ni elle très bonapartiste, et avaient les mêmes amis, les grands « intellectuels » d'alors.

Pendant quelques années, ceux-ci répétèrent de l'un à l'autre les propos obligeants que le prince tenait sur la princesse, et elle sur lui. Puis enfin, un jour, ménagée par Alexandre Dumas fils, l'entrevue eut lieu dans l'atelier de Bonnat.

Il y avait plus de quarante ans qu'ils ne s'étaient vus. Ils étaient alors beaux et jeunes. Ils étaient maintenant beaux encore, mais ils n'étaient plus jeunes.

Pris d'une sorte de coquetterie émue, ils restèrent d'abord loin l'un de l'autre, dans l'ombre, aucun n'osant montrer à l'autre combien il avait changé. Ces nuances furent marquées de part et d'autre avec une justesse de ton, un sentiment de la mesure exquis. Une véritable intimité s'ensuivit, qui dura jusqu'à la mort du prince.

La princesse Mathilde, qui aurait pu, si elle l'avait voulu, épouser son cousin, l'empereur Napoléon, ou son cousin, le fils de l'empereur de Russie, fut mariée à vingt ans au prince Demidoff.

Quand elle arriva en Russie comme princesse Demidoff, l'empereur Nicolas, son oncle, qui l'avait voulue comme belle-fille, lui dit :

– Jamais je ne vous le pardonnerai.

Il haïssait Demidoff, défendit qu'on prononçât son nom devant lui, et quand, de temps en temps, il venait à l'improviste dîner chez sa nièce, il ne regardait même pas son mari.

Quand il la sentit malheureuse, il lui dit :

– Quand vous aurez besoin de moi, vous me trouverez toujours ; adressez-vous directement à moi.

Il tint parole ; la princesse ne l'oublia jamais.

Quand elle rentra en France, comme cousine de l'Empereur, elle n'eut pas de plus pressant devoir que d'écrire à l'empereur Nicolas.

Il lui répondit (10 JANVIER 1853) :

« J'ai eu un grand plaisir, ma chère nièce, à recevoir votre bonne et aimable lettre. Elle témoigne de sentiments aussi honorables pour vous qu'ils sont agréables pour moi ; puisque, suivant votre expression, la nouvelle fortune de la France est venue vous chercher, jouissez des faveurs qu'elle vous donne ; elles ne sauraient être mieux placées que dans des mains aussi reconnaissantes que les vôtres. Je suis charmé d'avoir pu vous prêter mon appui en d'autres temps... »

Mais voici qu'éclate la guerre de Crimée.

Partagée entre son patriotisme de princesse française et sa gratitude envers son oncle et son bienfaiteur, la princesse écrivit à l'empereur Nicolas une lettre touchante où le chauvinisme le plus pointilleux n'aurait rien trouvé à reprendre. L'Empereur y répondit ainsi (9 FÉVRIER 1854) :

« Je vous remercie bien sincèrement, ma chère nièce, des nobles sentiments que m'exprime votre lettre. Un cœur tel que le vôtre ne saurait changer selon les phases mobiles de la politique. J'en avais la certitude ; mais, dans la situation actuelle, je devais éprouver une satisfaction particulière à recevoir de bonnes et amicales paroles qui me parviennent d'un pays où dans ces derniers temps la Russie et son souverain n'ont cessé d'être en butte aux plus haineuses accusations. Comme vous, je déplore la suspension des bons rapports entre la Russie et la France qui vient de s'accomplir malgré tous les efforts que j'ai faits pour ouvrir les voies à une entente amicale. En voyant l'avènement de l'Empire en France, je me plaisais à espérer que le retour de ce régime pourrait ne point entraîner, comme une conséquence inévitable, celle d'une lutte de rivalités avec la Russie, et d'un conflit à main armée entre les deux pays. Plaise au ciel que l'orage prêt à éclater puisse se dissiper encore ! Après un intervalle de plus de quarante ans, l'Europe serait-elle donc destinée à servir, de nouveau, de théâtre à la reprise des mêmes drames sanglants ? Quel en serait, cette fois-ci, le dénouement ? Il n'est point donné à la prévoyance humaine de le pénétrer. Mais ce que je puis vous assurer, ma chère nièce, c'est que dans toutes les conjonctures possibles, je ne cesserai d'avoir pour vous les sentiments affectueux que je vous ai voués. »

Ces deux lettres ne sont pas inédites. Mais ce qui est entièrement inédit, et même complètement inconnu (comme du reste tout ce qui a fait jusqu'ici la matière de cet article), ce sont les quelques détails par lesquels nous terminerons.

L'affection que l'empereur Nicolas avait vouée à la princesse Mathilde resta de tradition dans la famille impériale, et Nicolas II n'a cessé de la lui témoigner, mais avec la nuance de déférence et de respect que ne lui commandait pas, mais que lui conseillait son jeune âge.

On sait qu'au cours des fêtes qui marquèrent la première visite du jeune Empereur à Paris, il y eut une cérémonie aux Invalides.

La princesse reçut du gouvernement une invitation à s'y rendre dans une très honorable tribune ; mais elle – si simple et faisant si bon marché des privilèges du rang, nous l'avons vu – retrouve intacte sa fierté napoléonienne dès que la prérogative même des Napoléon est en jeu.

Elle fit répondre qu'elle n'avait nul besoin d'invitation pour aller aux Invalides, attendu qu'elle avait « ses *clefs* » et y allait de cette manière, la seule qui convînt à la nièce de Napoléon, quand bon lui semblait. Que si l'on voulait qu'elle y allât ainsi, elle irait, et sinon, non.

Mais, dire qu'elle irait « avec ses clefs » impliquait la prétention de se rendre au tombeau même de son oncle, que l'empereur Nicolas devait aller visiter !...

On n'osa pas aller jusque-là ; mais, le matin même du jour où l'empereur devait aller prier devant le tombeau de Napoléon Ier, un ami de la princesse, l'amiral Duperré, croyons-nous, accourut de très bonne heure chez elle, lui annoncer que les dernières difficultés étaient levées, qu'elle était autorisée à aller aux Invalides « avec ses clefs », comme bon lui semblerait.

La visite devait avoir lieu quelques instants après. La princesse n'eut que le temps de se préparer, d'emmener avec elle une amie qui fît ce jour-là fonction de dame d'honneur (nous ne nous souvenons plus si c'était Mlle Rasponi ou la vicomtesse Benedetti) et, reçue avec tous les honneurs dus à son rang, de pénétrer dans le caveau où personne ne put entrer qu'elle et sa dame d'honneur.

Peu d'instants après, le Tsar l'y rejoignit, lui donnant toutes les marques de la plus respectueuse affection.

Il était accompagné de M. Félix Faure, président de la République, qui se fit présenter à la princesse, lui baisa la main, et ne cessa, ce jour-là comme tous les autres, de faire preuve de ce tact parfait qu'il savait si bien allier à la plus haute fermeté républicaine et au patriotisme le plus éprouvé.

DOMINIQUE [111].

JOHN RUSKIN, SEIN LEBEN UND SEIN WERKEN

VON MARIE VON BUNSEN [112]. – LEIPZIG, HERMANN SEEMANN, 1903. IN-8°, 123 P. [113]

La littérature ruskinienne vient de s'enrichir, non d'une pièce sans prix, inestimable, « insurpassable » (Ruskin), comme le *Ruskin* de M. de la Sizeranne [114], pas même d'un « trésor » (dans le sens religieux du mot) de bien moindre importance, mais précieux cependant, comme le *Ruskin et la Bible* de M. Brunhes [115], ni d'un morceau capital, de dimension exceptionnelle et de forme magnifique, comme le *John Ruskin* [116] de M. Bardoux [117]. *Le John Ruskin, sa vie et son œuvre,* de Mlle Marie de Bunsen, n'en est pas moins pourtant un très élégant et utile album que consulteront avec beaucoup de fruit ceux qui ne connaissent pas Ruskin, et que feuilletteront avec beaucoup de plaisir ceux qui n'ont plus rien à apprendre sur lui – que de lui-même. Mme de Bunsen n'analyse pas l'un après l'autre les différents ouvrages du maître de Coniston. Son livre suit un plan plus intéressant et vraiment rationnel. Et, comme si elle avait tous les livres (n'exagérons pas, beaucoup des livres) de Ruskin présents à sa mémoire ou ouverts sur sa table, quand elle a à parler de l'opinion de Ruskin sur un peintre, par exemple, elle cite à la fois des passages de plusieurs ouvrages qui concordent, ou, s'ils diffèrent, se complètent et marquent une évolution dans la pensée de Ruskin. Je ne dirai pas que telle soit exactement la méthode de travail de Mlle M. de Bunsen ; mais telle est la méthode idéale qu'elle semble appliquer la plupart du temps, d'une manière, il faut le dire, assez incomplète, et même, quand c'était une nécessité d'être incomplet, un peu arbitraire. Bien souvent elle passe à côté de la citation saisissante que ceux qui ont lu Ruskin attendaient, et ne la donne pas. À un tout autre point de vue, Mlle M. de Bunsen mériterait les critiques adressées par Ruskin, et qui n'enlèveraient rien à la valeur de son livre, à « la lectrice protestante qui croit porter sur ce qu'elle lit un jugement indépendant et qu'elle s'est formé elle-même ». Peut-être même pourrait-elle être rangée parmi « les pires enfants de désobéissance, ceux qui prennent de la parole ce qu'ils aiment et en rejettent ce qu'ils haïssent ». Mais elle y aurait pour compagnon M. Bardoux, qui n'en a pas moins écrit sur Ruskin un livre infiniment important et fort beau. Nous n'en dirons pas tout à fait autant du travail de Mlle M. de Bunsen, qui n'a d'ailleurs aucune prétention (elle avoue avec beaucoup de bonne grâce qu'elle a lu attentivement 27 volumes de Ruskin, et il en a écrit plus de 80). Plutôt nourri que complet, il est fort instructif en restant très agréable, toujours écrit sur le ton de la plus sincère et de la plus irrévérencieuse admiration. Les citations de Ruskin y sont fort abondantes, et ainsi à chaque page un rayon du génie vient illuminer le texte du critique. Seulement, ce rayon ne nous vient pas directement, et c'est une sensation bizarre, pour un lecteur français, de trouver dans un livre allemand les jugements d'un philosophe anglais sur les peintres italiens. Cela fait une série de réfractions, une suite de reflets et comme un jeu de glaces un peu fatigant à la longue. Mais ce serait, naturellement, un reproche puéril à faire à Mlle M. de Bunsen, puisque toute personne qui écrit sur Ruskin dans une langue qui n'est pas l'anglais est obligée de traduire les passages qu'elle cite. Un Allemand pourrait aussi bien objecter cela à M. de la Sizeranne. Et si, un jour, quelque jeune Français présomptueux et bien loin d'avoir l'admirable talent de l'auteur de la *Religion de la Beauté* [118] s'aventurait à traduire en français un ouvrage de Ruskin, Mlle de Bunsen aurait beau jeu à lui retourner une aussi vaine et dérisoire critique [119].

MARCEL PROUST.

LA COUR AUX LILAS ET L'ATELIER DES ROSES

LE SALON DE MME MADELEINE LEMAIRE [120]

Balzac, s'il vivait de nos jours, aurait pu commencer une nouvelle en ces termes :

« Les personnes qui, pour se rendre de l'avenue de Messine à la rue de Courcelles ou au boulevard Haussmann, prennent la rue appelée Monceau, du nom d'un de ces grands seigneurs de l'ancien régime dont les parcs privés sont devenus nos jardins publics, et que les temps modernes feraient certes bien de lui envier si l'habitude de dénigrer le passé sans avoir essayé de le comprendre n'était pas une incurable manie des soi-disant esprits forts d'aujourd'hui, les personnes, dis-je, qui prennent la rue Monceau au point où elle coupe l'avenue de Messine, pour se diriger vers l'avenue Friedland, ne manquent pas d'être frappées d'une de ces particularités archaïques, d'une de ces survivances, pour parler le langage des physiologistes, qui font la joie des artistes et le désespoir des ingénieurs. Vers le moment, en effet, où la rue Monceau s'approche de la rue de Courcelles, l'œil est agréablement chatouillé, et la circulation rendue assez difficile par une sorte de petit hôtel, de dimensions peu élevées, qui, au mépris de toutes les règles de la voirie, s'avance d'un pied et demi sur le trottoir de la rue qu'il rend à peine assez large pour se garer des voitures fort nombreuses à cet endroit, et avec une sorte de coquette insolence, dépasse l'alignement, cet idéal des ronds de cuir et des bourgeois, si justement exécré au contraire des connaisseurs et des peintres. Malgré les petites dimensions de l'hôtel qui comprend un bâtiment à deux étages donnant immédiatement sur la rue, et un grand hall vitré, sis au milieu de lilas arborescents qui embaument dès le mois d'avril à faire arrêter les passants, on sent tout de suite que son propriétaire doit être une de ces personnes étrangement puissantes devant le caprice ou les habitudes de qui tous les pouvoirs doivent fléchir, pour qui les ordonnances de la préfecture de police et les décisions des conseils municipaux restent lettre morte, etc. »

Mais cette manière de raconter, outre qu'elle ne nous appartient pas en propre, aurait le grand inconvénient, si nous l'adoptions pour le cours entier de cet article, de lui donner la longueur d'un volume, ce qui lui interdirait à jamais l'accès du *Figaro*. Disons donc brièvement que cet hôtel sur la rue est la demeure, et ce hall situé dans un jardin, l'atelier, d'une personne étrangement puissante en effet, aussi célèbre au-delà des mers qu'à Paris même, dont le nom signé au bas d'une aquarelle, comme imprimé sur une carte d'invitation, rend l'aquarelle plus recherchée que celle d'aucun autre peintre et l'invitation plus précieuse que celle d'aucune autre maîtresse de maison : j'ai nommé Madeleine Lemaire. Je n'ai pas à parler ici de la grande artiste, dont je ne sais plus quel écrivain a dit que c'était elle « qui avait créé le plus de roses après Dieu » [121]. Elle n'a pas moins créé de paysages, d'églises, de personnages, car son extraordinaire talent s'étend à tous les genres. Je voudrais très rapidement retracer l'histoire, rendre l'aspect, évoquer le charme de ce salon en son genre unique.

Et d'abord ce n'est pas un salon. C'est dans son atelier que Mme Madeleine Lemaire commença par réunir quelques-uns de ses confrères et de ses amis : Jean Béraud, Puvis de Chavannes, Édouard Detaille, Léon Bonnat, Georges Clairin. Eux seuls eurent d'abord la permission de pénétrer dans l'atelier, de venir voir une rose prendre sur une toile, peu à peu –

et si vite – les nuances pâles ou pourprées de la vie. Et quand la princesse de Galles, l'impératrice d'Allemagne, le roi de Suède, la reine des Belges venaient à Paris, ils demandaient à venir faire une visite à l'atelier, et Mme Lemaire n'osait leur en refuser l'entrée. La princesse Mathilde son amie et la princesse d'Arenberg son élève y venaient aussi de temps en temps. Mais peu à peu, on apprit que dans l'atelier avaient lieu quelquefois de petites réunions où, sans aucun préparatif, sans aucune prétention à la « soirée », chacun des invités « travaillant de son métier » et donnant de son talent, la petite fête intime avait compté des attractions que les « galas » les plus brillants ne peuvent réunir. Car Réjane, se trouvant là par hasard en même temps que Coquelin et Bartet, avait eu envie de jouer avec eux une saynète, Massenet et Saint-Saëns s'étaient mis au piano, et Mauri même avait dansé.

Tout Paris voulut pénétrer dans l'atelier et ne réussit pas du premier coup à en forcer l'entrée. Mais dès qu'une soirée était sur le point d'avoir lieu, chaque ami de la maîtresse de maison venant en ambassade afin d'obtenir une invitation pour un de ses amis, Mme Lemaire en est arrivée à ce que tous les mardis de mai, la circulation des voitures est à peu près impossible dans les rues Monceau, Rembrandt, Courcelles, et qu'un certain nombre de ses invités restent inévitablement dans le jardin, sous les lilas fleurissants, dans l'impossibilité où ils sont de tenir tous dans l'atelier si vaste pourtant, où la soirée vient de commencer. La soirée vient de commencer au milieu du travail interrompu de l'aquarelliste, travail qui sera repris demain matin de bonne heure et dont la mise en scène délicieuse et simple, reste là, visible, les grandes roses vivantes « posant » encore dans les vases pleins d'eau, en face des roses peintes, et vivantes aussi, leurs copies, et déjà leurs rivales. À côté d'elles, un portrait commencé, déjà magnifique de jolie ressemblance, d'après Mme Kinen, et un autre qu'à la prière de Mme d'Haussonville Mme Lemaire peint d'après le fils de Mme de La Chevrelière née Séguier, attirent tous les regards. La soirée commence à peine et déjà Mme Lemaire jette à sa fille un regard inquiet en voyant qu'il ne reste plus une chaise ! Et pourtant ce serait le moment chez une autre d'avancer les fauteuils : voici qu'entrent successivement M. Paul Deschanel, ancien président, et M. Léon Bourgeois, président actuel de la Chambre des députés, les ambassadeurs d'Italie, d'Allemagne et de Russie, la comtesse Greffulhe, M. Gaston Calmette, la grande-duchesse Vladimir avec la comtesse Adhéaume de Chevigné, le duc et la duchesse de Luynes, le comte et la comtesse de Lasteyrie, la duchesse d'Uzès douairière, le duc et la duchesse d'Uzès, le duc et la duchesse de Brissac, M. Anatole France, M. Jules Lemaitre, le comte et la comtesse d'Haussonville, la comtesse Edmond de Pourtalès, M. Forain, M. Lavedan, MM. Robert de Flers et Gaston de Caillavet, les brillants auteurs du triomphal *Vergy*[122], et leurs femmes exquises ; M. Vandal, M. Henri Rochefort, M. Frédéric de Madrazo, la comtesse Jean de Castellane, la comtesse de Briey, la baronne de Saint-Joseph, la marquise de Casa-Fuerte, la duchesse Grazioli, le comte et la comtesse Boni de Castellane. Cela n'arrête pas une minute, et déjà les nouveaux arrivants désespérant de trouver de la place font le tour par le jardin et prennent position sur les marches de la salle à manger ou se perchent carrément debout sur des chaises dans l'antichambre. La baronne Gustave de Rothschild, habituée à être mieux assise au spectacle, se penche désespérément d'un tabouret sur lequel elle a grimpé pour apercevoir Reynaldo Hahn qui s'assied au piano. Le comte de Castellane, autre millionnaire habitué à plus d'aises, est debout sur un canapé bien inconfortable. Il semblerait que Mme Lemaire ait pris pour devise – comme dans l'Évangile : « Ici les premiers sont les derniers », ou plutôt les derniers sont les derniers arrivés, fussent-ils académiciens ou duchesses. Mais Mme Lemaire par une mimique que ses beaux yeux et son beau sourire rendent tout à fait expressive fait comprendre de loin à M. de Castellane son regret de le voir si mal placé. Car elle a comme tout le monde un faible pour lui. « Jeune, charmant, traînant tous les cœurs après soi [123] », brave, bon, fastueux sans morgue et raffiné sans prétention, il ravit ses partisans et désarme ses adversaires (nous entendons ses adversaires politiques, car sa personnalité n'a que des amis). Plein d'égards pour sa jeune femme, il s'inquiète du courant d'air froid que pourrait lui envoyer la porte du jardin, laissée entr'ouverte par Mme Lemaire afin que les arrivants entrent sans faire de bruit. M. Grosclaude, qui cause avec lui, s'étonne de la façon – très honorable pour un homme qui pourrait ne s'occuper que de plaisirs – dont il s'est mis si sérieusement à l'étude des questions pratiques qui intéressent son arrondissement. Mme Lemaire paraît bien ennuyée aussi de voir le général Brugère debout, parce qu'elle a toujours eu un penchant pour l'armée. Mais cela devient plus qu'une petite contrariété quand elle voit Jean Béraud ne pas même pouvoir pénétrer dans le hall ; cette fois-ci elle n'y peut tenir, fait lever les personnes qui encombrent l'entrée, et au jeune et glorieux maître, à l'artiste que le nouveau monde comme l'ancien acclament, à l'être charmant que tous les mondes recherchent sans pouvoir l'obtenir, elle fait une entrée sensationnelle. Mais comme Jean Béraud est aussi le plus spirituel des hommes, chacun l'arrête au passage, pour causer un instant avec lui et Mme Lemaire, voyant qu'elle ne pourra l'arracher à tous ces admirateurs qui l'empêchent de gagner la place qu'on lui avait réservée, renonce avec un geste de désespoir comique et retourne auprès du piano où Reynaldo Hahn attend que le tumulte s'apaise pour commencer à chanter. Près du piano, un homme de lettres encore jeune et fort snob, cause familièrement avec le duc de Luynes. S'il était enchanté de causer avec le duc de Luynes, qui est un homme fin et charmant, rien ne serait plus naturel. Mais il paraît surtout ravi qu'on le voie causer avec un duc. De sorte que je ne puis m'empêcher de dire à mon voisin : « Des deux, c'est lui qui a l'air d'être "honoré". » Calembour dont la saveur échapperait évidemment aux lecteurs qui ne sauraient pas que le duc de Luynes « répond », comme disent les concierges, au prénom d'Honoré. Mais avec les progrès de l'instruction et la diffusion des lumières, on est en droit de penser que ces lecteurs, si tant est qu'ils existent encore, ne sont plus qu'une infime et d'ailleurs peu intéressante minorité.

M. Paul Deschanel interroge le secrétaire de la légation de Roumanie, prince Antoine Bibesco, sur la question macédonienne. Tous ceux qui disent « prince » à ce jeune diplomate d'un si grand avenir se font à eux-mêmes l'effet de personnages de Racine, tant avec son aspect mythologique il fait penser à Achille ou à Thésée. M. Mézières, qui cause en ce moment avec lui, a l'air d'un grand prêtre qui serait en train de consulter Apollon. Mais si, comme le prétend ce puriste de Plutarque, les oracles du dieu de Delphes étaient rédigés en fort mauvais langage, on ne peut en dire autant des réponses du prince. Ses paroles, comme les abeilles de l'Hymette natal, ont des ailes rapides, distillent un miel délicieux et ne manquent pas, malgré cela, d'un certain aiguillon.

Tous les ans reprises à la même époque (celle où les Salons de peinture s'ouvrent, la maîtresse de la maison a moins à travailler), semblant suivre ou ramener avec elles l'universel renouveau, l'efflorescence enivrée des lilas qui vous tendent gentiment leur odeur à respirer jusqu'à la fenêtre de l'atelier et comme sur le pas de sa porte, ces soirées de Mme Lemaire prennent aux saisons dont elles imitent le retour, tous les ans identiques, le charme des choses qui passent, qui passent et qui reviennent sans pouvoir nous rendre avec elles tout ce que nous avions de leurs sœurs disparues, aimé, le charme et avec le charme aussi la tristesse. Pour nous qui depuis bien des années déjà en avons vu tant passer de ces fêtes de Mme Lemaire, de ces fêtes des mardis de mai – de mois de mai tièdes et parfumés alors à jamais glacés aujourd'hui – nous pensons à ces soirées de l'atelier un peu comme à nos printemps odorants, maintenant enfuis. Comme la vie mêlait ses charmes, souvent nous nous sommes hâtés vers les soirées de l'atelier, pas seulement peut-être pour les tableaux que nous allions y voir et les musiques que nous allions y écouter. Nous nous hâtions dans le calme étouffant des soirées sereines, et parfois sous ces averses légères et tièdes de l'été qui font pleuvoir mêlés aux gouttes d'eau les pétales des fleurs. C'est dans cet atelier plein de souvenirs que nous ravit d'abord tel charme dont le temps a peu à peu dissipé, en la découvrant, la mensongère illusion et l'irréalité. C'est là, au cours de telle de ces fêtes, que se formèrent peut-être les premiers liens d'une affection qui ne devait nous apporter dans la suite que trahisons répétées, pour une inimitié finale. En nous souvenant maintenant, nous pouvons d'une saison à l'autre compter nos blessures et enterrer nos morts. Aussi chaque fois que, afin de l'évoquer, je regarde au fond tremblant et terni de ma mémoire une de ces fêtes, aujourd'hui mélancolique d'avoir été délicieuse de possibilités depuis irréalisées, il me semble l'entendre qui me dit avec le poète : « Prends mon visage, essaye si tu le peux de le regarder en face ; je m'appelle ce qui aurait pu être, ce qui *aurait pu* être et qui n'a pas été. »

La grande-duchesse Vladimir s'est assise au premier rang, entre la comtesse Greffulhe et la comtesse de Chevigné. Elle n'est séparée que par un mince intervalle de la petite scène élevée au fond de l'atelier, et tous les hommes, soit qu'ils viennent successivement la saluer, soit que pour rejoindre leur place, ils aient à passer devant elle, le comte Alexandre de Gabriac, le duc d'Uzès, le marquis Vitelleschi et le prince Borghèse, montrent à la fois leur savoir-vivre et leur agilité en longeant les banquettes face à Son Altesse, et reculent vers la scène pour la saluer plus profondément, sans jeter le plus petit coup d'œil derrière eux pour calculer l'espace dont ils disposent. Malgré cela, aucun d'eux ne fait un faux pas, ne glisse, ne tombe par terre, ne marche sur les pieds de la grande-duchesse, toutes maladresses qui feraient, d'ailleurs, il faut l'avouer, le plus fâcheux effet. Mlle Lemaire, si exquise maîtresse de maison, vers qui tous les regards sont tournés, dans l'admiration de sa grâce, s'oublie à écouter en riant le charmant Grosclaude. Mais au moment où j'allais esquisser un portrait du célèbre humoriste et explorateur, Reynaldo Hahn fait entendre les premières notes du *Cimetière* [124] et force m'est de remettre à un de mes prochains « salons » la silhouette de l'auteur des « *Gaietés de la semaine* » [125] qui depuis, avec tant de succès, évangélisa Madagascar.

Dès les premières notes du *Cimetière*, le public le plus frivole, l'auditoire le plus rebelle est dompté. Jamais, depuis Schumann, la musique pour peindre la douleur, la tendresse, l'apaisement devant la nature, n'eut des traits d'une vérité aussi humaine, d'une beauté aussi absolue. Chaque note est une parole – ou un cri ! La tête légèrement renversée en arrière, la bouche mélancolique, un peu dédaigneuse, laissant s'échapper le flot rythmé de la voix la plus belle, la plus triste et la plus chaude qui fut jamais, cet « instrument de musique de génie » qui s'appelle Reynaldo Hahn étreint tous les cœurs, mouille tous les yeux, dans le frisson d'admiration qu'il propage au loin et qui nous fait trembler, nous courbe tous l'un après l'autre, dans une silencieuse et solennelle ondulation des blés sous le vent. Puis M. Harold Bauer joue avec brio des danses de Brahms. Puis Mounet-Sully récite des vers, puis chante M. de Soria. Mais plus d'un est encore à penser aux « roses dans l'herbe » du cimetière d'Ambérieu, inoubliablement évoqué. Mme Madeleine Lemaire fait taire Francis de Croisset qui bavarde un peu haut avec une dame, laquelle a l'air de ne pas goûter la défense qui vient d'être ainsi édictée à son interlocuteur. La marquise de Saint-Paul promet à Mme Gabrielle Krauss un éventail peint par elle-même et lui arrache en échange la promesse qu'elle chantera : « J'ai pardonné » [126] à l'un des jeudis de la rue Nitot. Peu à peu les moins intimes s'en vont. Ceux qui sont plus liés avec Mme Lemaire prolongent encore la soirée, plus délicieuse d'être moins étendue, et dans le hall à demi vidé, plus près du piano, on peut, plus attentif, plus concentré, écouter Reynaldo Hahn qui redit une mélodie pour Georges de Porto-Riche arrivé tard. « Il y a dans votre musique, quelque chose de délicat (geste de la main qui semble détacher l'adjectif) et de douloureux (nouveau geste de la main qui semble détacher encore l'adjectif) qui me plaît infiniment », lui dit l'auteur du *Passé* en isolant chaque épithète, comme s'il en percevait la grâce au passage.

Il parle ainsi d'une voix qui semble heureuse de dire les mots, accompagnant leur beauté d'un sourire, les jetant avec une nonchalance voluptueuse du coin des lèvres, comme la fumée ardente et légère d'une cigarette adorée, tandis que la main droite, aux doigts rapprochés, semble être en train d'en tenir une. « Puis, tout s'éteint, flambeaux et musique de fête » [127], et Mme Lemaire dit à ses amis : « Venez de bonne heure mardi prochain, j'ai Tamagno et Reszké. » Elle peut être tranquille. On viendra de bonne heure.

DOMINIQUE.

LE SALON DE LA PRINCESSE EDMOND DE POLIGNAC

MUSIQUES D'AUJOURD'HUI ÉCHOS D'AUTREFOIS [128]

– « Autrefois »... C'est qu'il serait impossible, c'est qu'il serait sacrilège d'en séparer tout à fait aujourd'hui. Je veux dire que la princesse de Polignac nous en voudrait de ne pas dire avant tout un mot du prince. « C'est un aimable prince que le prince Hamlet », dit Horatio, dans la tragédie de Shakespeare. « Bonne nuit, aimable prince, et que des essaims d'anges bercent en chantant ton sommeil ! » [129] Hélas ! depuis tantôt deux ans le prince de Polignac est entré dans l'éternel sommeil, et sans doute les anges le bercent de ces chants, ineffables et liturgiques, qu'il affectionnait entre tous.

C'était un aimable prince, un grand esprit et un puissant musicien. Sa musique religieuse et ses mélodies sont aujourd'hui consacrées de l'admiration des plus raffinés. On connaissait peu sa musique, mais c'est qu'il était si difficile pour les exécutions... Les salles de concert lui faisaient horreur. Le plein air lui eût mieux convenu. La musique dans les bois lui semblait belle.

... Une flûte invisible
Soupire dans les vergers.
La chanson la plus paisible
Est la chanson des bergers, [130]

a dit Victor Hugo. De même, le prince de Polignac disait : « Ma devise en musique est “Pleins champs” », mais il ne l’écrivait pas « plain chant ». Les amis de la comtesse Greffulhe se souviennent d’une soirée qu’elle avait voulu donner dans les bois de Varangeville pour faire entendre les musiques du prince

Sous les arbres bleuis par la lune sereine, [131]

où

La mélodie encor quelques instants se traîne. [132]

Pour ceux qui se rappellent combien les idées du prince de Polignac – non seulement en littérature et en art, mais même en politique – étaient avancées [133], en avance sur celles-mêmes des plus avancés jeunes gens, c’est presque un miracle de penser qu’il était le fils du ministre réactionnaire de Charles X, qui signa les fameuses ordonnances, et fut emprisonné à Ham en 1830. C’est pendant qu’il était à Ham que naquit le prince Edmond. La nature, qui continue les races et ne prévoit pas les individus, lui avait donné un corps élancé, un visage énergique et fin d’homme de guerre et d’homme de cour. Peu à peu le feu spirituel qui habitait le prince Edmond de Polignac sculpta sa figure à la ressemblance de sa pensée. Mais son masque était resté celui de son lignage, antérieur à son âme individuelle. Son corps et sa face ressemblaient à un donjon désaffecté qu’on aurait aménagé en bibliothèque. Je me souviens qu’au jour désolé de son enterrement dans l’église où les grands draps noirs portaient haut en écarlate la couronne fermée, la seule lettre était un P. Son individualité s’était effacée, il était rentré dans sa famille.

Il n’était plus qu’un Polignac [134].

Ses descendants trouveront qu’il ressemblait à ses ancêtres et à ses frères, et pourtant quelqu’un d’eux, d’une âme plus apparentée à la sienne, s’arrêtera plus longtemps devant son portrait que devant celui des autres, comme devant celui d’un frère qui lui aurait par anticipation ressemblé, autrefois. Au reste il ne méprisait pas la noblesse, mais tenait celle de l'esprit pour la plus haute de toutes. Et un soir où Swinburne (chez lady Brooke, si je me rappelle bien) lui disait : « Je crois bien que ma famille est un peu parente de la vôtre et j'en suis flatté », ce fut bien sincèrement du fond du cœur que le prince lui répondit : « Croyez que des deux, le plus honoré de ce cousinage, c'est moi ! »

Cet homme dont la vie était perpétuellement tendue vers les buts les plus hauts et l'on peut dire les plus religieux, avait ses heures de détente pour ainsi dire enfantine et folle, et les délicats, « qui sont malheureux », trouveraient bien grossiers les divertissements où condescendait ce grand délicat. Il était pourtant bien drôle quand il improvisait, paroles et musiques à la fois, la charge d'une soirée. Sous ses doigts, les valses ne s'arrêtaient pas et, pendant ce temps-là, c'était l'huissier annonçant chaque arrivant.

– Votre nom ? monsieur.

– Monsieur Cucheval.[135]

– Mais non, monsieur, je vous demande votre nom ?

– Insolent ! monsieur Cucheval.

Et l'huissier d'en référer au maître de la maison :

– Monsieur le baron, ce monsieur dit qu'il s'appelle M. Cucheval, faut-il l'annoncer tout de même ?

– Ah ! diable, voyons, que faire ? Attendez un instant, je vais demander à Mme la baronne.

Puis un grand émoi : on venait d'annoncer le docteur Ricord.

– Ah ! c'est vous, docteur, permettez, rien qu'un instant…

– Non, mon ami, ici, c'est impossible, vous voyez bien…

– Nous pourrions aller un instant dans le petit salon.

– Non, non, pas de liqueurs, pas de tabac, pas de…

Et les valses continuaient de plus belle, laissant à peine entendre le dialogue d'un couple qui se faisait des reproches : « Misérable, je t'ai attendu hier une heure au Jardin des Plantes, devant les singes. » Nous ne rirons plus de ces folies qui doivent paraître bien froides rapportées ainsi, mortes… comme lui.

Il passait ses étés, tantôt à Amphion chez la princesse de Brancovan, tantôt à Bonnétable chez le duc de Doudeauville, quelquefois à Chaumont chez la princesse Amédée de Broglie. Il avait une jolie propriété à Fontainebleau dont les paysages de forêt lui avaient inspiré plusieurs mélodies. Et quand on les exécutait chez lui, passait derrière l'orchestre une sorte d'immense agrandissement lumineux de photographies prises dans la forêt. Car toutes les innovations d'aujourd'hui, union de la musique et des projections, accompagnement par la musique des récitations parlées, il en fut l'un des promoteurs. Et quels qu'aient pu être les progrès ou les imitations survenus depuis, la décoration, pas toujours très harmonieuse du reste, de l'hôtel de la rue Cortambert est restée entièrement « nouvelle ». Les dernières années, il se plaisait surtout à Amsterdam et à Venise, deux villes entre qui son œil de coloriste et son oreille de musicien avaient reconnu la double parenté de la lumière et du silence. Il avait dernièrement acheté un beau palais à Venise, la seule ville, disait-il, où l'on peut causer la fenêtre ouverte sans élever la voix.

Il y a une dizaine d'années, le prince épousa Mlle Singer dont les salons annuels de peinture avaient accoutumé de recevoir et de récompenser les remarquables envois. Il était musicien, elle était musicienne, et tous deux sensibles à toutes les formes de l'intelligence. Seulement elle avait toujours trop chaud, et lui était extrêmement frileux. Aussi ne savait-il que devenir parmi les courants d'air incessants et voulus de l'atelier de la rue Cortambert. Il se garantissait du mieux qu'il pouvait, toujours couvert de plaids et de couvertures de voyage.

– Que voulez-vous ? disait-il à ceux qui le plaisantaient sur cet accoutrement. Anaxagore l'a dit, la vie est un voyage !

Par son mariage, Mlle Singer, dont la sœur avait épousé le duc Decazes, et qui vivait déjà dans un milieu très artiste et élégant, s'apparenta étroitement aux familles la Rochefoucauld, Croy, Luynes, et Gontaut-Biron. La sœur du prince de Polignac avait été la première femme du duc de Doudeauville. La princesse de Polignac devenait donc la tante de la duchesse de Luynes, née La Rochefoucauld, la grand-tante de la duchesse de Luynes, née Uzès, et de la duchesse de Noailles. Par les Mailly-Nesle, le prince de Polignac était plus étroitement parent encore avec la comtesse Aymery de La Rochefoucauld et la comtesse de Kersaint. C'est dire que les séances de musique du hall de la rue Cortambert, toujours admirables au point de vue musical, où l'on entendait tantôt des exécutions parfaites de musique ancienne, telles que des représentations de *Dardanus* [136], tantôt des interprétations originales et ferventes de toutes les dernières mélodies de Fauré, de la sonate de Fauré, des danses de Brahms, étaient aussi, comme on dit dans le langage des chroniqueurs mondains, « d'une suprême élégance ». Souvent données dans la journée, ces fêtes étincelaient des mille lueurs que les rayons du soleil, à travers le prisme des vitrages, allumaient dans l'atelier, et c'était une chose charmante que de voir le prince conduire à sa place, qui était celle du bon juge et du soutien fervent, celle de la beauté-reine, la comtesse Greffulhe, splendide et rieuse. Au bras du prince alerte et courtois elle traversait l'atelier, dans le sillage murmurant et charmé que son apparition éveillait derrière elle et, dès que la musique commençait, écoutait attentive, l'air à la fois impérieux et docile, ses beaux yeux fixés sur la mélodie entendue, pareille à

un grand oiseau d'or qui guette au loin sa proie. [137]

D'une politesse exacte et charmante avec tous ses invités, on voyait la figure du prince (la plus fine que nous ayons connue) s'animer d'une joie et d'une tendresse paternelles quand entraient les deux incomparables jeunes femmes que nous ne voulons que nommer aujourd'hui, nous réservant d'en parler plus tard, devant le magnifique et naissant génie desquelles il s'émerveillait déjà : la comtesse Mathieu de Noailles et la princesse Alexandre de Caraman-Chimay. Ces deux noms, qui ont la première place dans l'admiration de tout ce qui pense aujourd'hui, riches du double prestige de la gloire littéraire et de la beauté. Quelles heures charmantes ! Le soleil éclairait en plein le plus beau tableau de Claude Monet que je sache : *Un champ de tulipes près de Harlem* [138]. Le prince, avant son mariage, dans une vente, l'avait convoité. « Mais, disait-il, quelle rage ! ce tableau me fut enlevé par une Américaine dont je vouai le nom à l'exécration. Quelques années plus tard, j'épousais l'Américaine et j'entrais en possession du tableau ! » Ces belles heures, ces fêtes de l'élégance et de l'art reviendront. Et dans l'assistance, rien ne sera changé. Les familles La Rochefoucauld, Luynes, Ligne, Croy, Polignac, Mailly-Nesle, Noailles, Olliamson, entourent la princesse de Polignac d'une affection à laquelle la mort du prince n'a rien changé, qui s'est accrue, si l'on peut dire, d'une reconnaissance profonde pour les années de bonheur qu'elle a données au prince, lui qu'elle a si bien compris, dont elle a si affectueusement de son vivant, si pieusement depuis sa mort, réalisé les rêves artistiques. Peut-être même les sauteries gaies d'autrefois feront-elles retentir de nouveau le grand hall de musiques qui ne ressemblent en rien aux sonates de Bach ou aux quatuors de Beethoven qu'il a coutume d'écouter. Et la princesse, pour faire danser ses petits-neveux, chargera quelques-uns des amis du comte Édouard de La Rochefoucauld de s'occuper du cotillon, car le hall de la rue Cortambert a connu même des danseurs, depuis M. Verdé-Delisle jusqu'au comte Bertrand d'Aramon et au marquis d'Albufera (que l'on ne pourra plus bientôt appeler un danseur, car il prépare, avec un volume de Souvenirs sur son voyage en Tunisie, un résumé palpitant des *Mémoires* inédits d'un célèbre maréchal du premier Empire, mémoires dont seul M. Thiers avait eu connaissance et qu'il ne s'est pas fait faute d'utiliser en écrivant *Le Consulat et l'Empire*). Mais si charmantes qu'elles renaissent, consacrées à l'art ou au plaisir, graves ou futiles, ces heures inoubliées ! quelque chose d'irremplaçable aura changé. Nous ne reverrons plus la figure du penseur, la figure de l'artiste, la figure de l'homme exquisement spirituel, aimant et bon qu'était le prince Edmond de Polignac. Ah ! certes, « un aimable prince », comme dit Horatio. Et, comme lui encore redisons au prince défunt qui tant aimait les chants angéliques et qui les entend sans doute en dormant le sommeil éternel : « Bonne nuit, aimable prince, et que des essaims d'anges bercent en chantant ton sommeil. »

HORATIO.

FÊTE CHEZ MONTESQUIOU À NEUILLY

(EXTRAITS DES *MÉMOIRES* DU DUC DE SAINT-SIMON) [139]

Peu de jours après, Montesquiou me pria à sa maison de Neuilly, proche de celle de M. le duc d'Orléans, qu'il me voulait faire voir. J'y fus avec les ducs de Luynes, de Noailles, de Lorges, de Gramont, les duchesses de La Rochefoucauld et de Rohan. Il était fils de T. de Montesquiou qui était fort dans la connaissance de mon père et dont j'ai parlé en son lieu, et l'homme le plus d'esprit que j'aie connu, avec un air de prince comme à pas un, la figure la plus noble, tantôt fort souriante et tantôt fort grave, à quarante ans la tournure d'un homme de vingt, le corps élancé, ce n'est pas assez dire, cambré et comme renversé en arrière, qui se penchait à vrai dire quand il lui en prenait fantaisie en grande affabilité et révérences de toutes sortes, mais revenait assez vite à sa position naturelle qui était toute de fierté, de hauteur, d'intransigeance à ne plier devant personne et à ne céder sur rien, jusqu'à marcher droit devant soi sans s'occuper du passage, bousculant sans paraître le voir, ou s'il voulait fâcher, montrant qu'il le voyait, qui était sur le chemin, avec un grand empressement toujours entour de lui des gens des plus de qualité et d'esprit à qui parfois il faisait sa révérence de droite et de gauche, mais le plus souvent leur laissait, comme on dit, leurs frais pour compte, sans les voir, les deux yeux devant soi, parlant fort haut et fort bien à ceux de sa familiarité qui riaient fort de toutes les drôleries qu'il disait, et avec grande raison, comme j'ai dit, car il était spirituel au-delà de ce qui se peut imaginer. Il joignait à cela l'esprit le plus grave, le plus singulier, le plus brillant, avec des grâces qui n'étaient qu'à lui et que tous ceux qui l'ont approché ont essayé, souvent sans le vouloir et parfois même sans s'en douter, de copier et de prendre, mais pas un jusqu'à y réussir, ou à autre chose qu'à laisser paraître en leurs pensées, en leurs discours et presque dans l'air de l'écriture et le bruit de la voix qu'il avait toutes deux fort singulières et fort belles, comme un vernis de lui qui se reconnaissait tout de suite et montrait par sa légère et indélébile surface, qu'il était aussi difficile de ne pas chercher à l'imiter que d'y parvenir. Nous parlerons en son temps de ses vers, qu'il n'y a presque aucun divertissement à Versailles, à Sceaux et ailleurs, qui ne s'en pare. Et depuis quelques années, comme les duchesses ont accoutumé de s'y rendre, les femmes de la ville les imitent par une mécanique connue, en faisant venir des comédiens qui les récitent, dans le dessein d'en attirer quelqu'une, dont beaucoup iraient chez le Grand Seigneur, plutôt que de ne pas les applaudir. Il n'y avait ce jour-là nulle récitation en sa maison de Neuilly, mais le concours, comme il n'y avait que chez lui, tant des poètes les plus fameux que des plus honnêtes gens et de la meilleure compagnie, et, de sa part, à chacun, et devant tous les objets de sa maison, une foule de propos qu'il avait admirables, dans ce langage si particulier à lui que j'ai dit, avec des traits fort nombreux et fort singuliers, comme un seul eût suffi à orner une comédie, dont chacun restait émerveillé.

Il avait souvent auprès de lui un Espagnol dont le nom était Yturri [140] et que j'avais connu lors de mon ambassade à Madrid, comme il a été rapporté. En un temps où chacun ne pousse guère ses vues plus loin qu'à faire distinguer son mérite, il avait celui, à la vérité fort rare, de mettre tout le sien à faire mieux éclater celui de ce comte, à l'aider dans ses recherches, dans ses rapports avec les libraires, jusque dans les soins de sa table, ne trouvant nulle tâche fastidieuse si seulement elle lui en épargnait quelqu'une, la sienne n'étant, si l'on peut dire, rien qu'écouter et faire retentir au loin les propos de Montesquiou, comme faisaient ces disciples qu'avaient accoutumé d'avoir toujours avec eux les anciens sophistes, ainsi qu'il appert des écrits d'Aristote et des discours de Platon. Cet Yturri avait gardé la manière bouillante de ceux de son pays, lesquels à propos de tout ne vont pas sans tumulte, dont Montesquiou le reprenait fort souvent et fort plaisamment, à la gaieté de tous et tout le premier d'Yturri même, qui s'excusait en riant sur la chaleur de la race et avait garde d'y rien changer, car cela plaisait ainsi. Il se connaissait, comme pas un, en objets d'autrefois, dont beaucoup profitaient pour l'aller voir et consulter là-dessus, jusque dans la retraite que s'étaient ajustée nos deux ermites et qui était sise, comme j'ai dit, à Neuilly, proche la maison de M. le duc d'Orléans.

Montesquiou invitait fort peu et fort bien, tout le meilleur et le plus grand, mais pas toujours les mêmes, et à dessein, car il jouait fort au roi, avec des faveurs et des disgrâces jusqu'à l'injustice à en crier, mais tout cela soutenu par un mérite si hors du pair et si reconnu, qu'on lui passait tout, – mais quelques-uns pourtant fort fidèlement et fort régulièrement, qu'on était presque toujours sûr de trouver chez lui quand il donnait un divertissement, comme la duchesse de Rohan, ainsi que j'ai dit plus haut, Mme de Clermont-Tonnerre, qui était fille de Gramont, petite-fille du célèbre ministre d'État, sœur du duc de Guiche, qui était fort tourné, comme on l'a vu, vers la mathématique et la peinture, et Mme Greffulhe, qui était Chimay, de la célèbre maison princière des comtes de Bossut. Leur nom est Hennin-Liétard et j'en ai déjà parlé à propos du prince de Chimay, à qui l'Électeur de Bavière fit donner la Toison d'Or par Charles II et qui devint mon gendre, grâce à la duchesse Sforze, après la mort de sa première femme, fille du duc de Nevers. Il n'était pas moins attaché à Mme de Brantes, fille de Cessac, dont il a déjà été parlé fort souvent et fort bien, et de sa figure fine comme un portrait, qui reviendra maintes fois dans le cours de ces mémoires, et toujours avec force éloges et fort mérités, et aux duchesses de La Roche-Guyon et de Fezensac, celle-ci qui ne l'était pas encore et qui était de la maison de Montesquiou. J'en ai suffisamment parlé à propos de leur plaisante chimère de descendre de Pharamond, comme si leur antiquité n'était pas assez grande et assez reconnue pour ne pas avoir besoin de la barbouiller de fables, et de l'autre à propos du duc de La Roche-Guyon, fils aîné du duc de La Rochefoucauld et survivancier de ses deux charges, de l'étrange présent qu'il reçut de M. le duc d'Orléans, de sa noblesse à éviter le piège que lui tendit l'astucieuse scélératesse du premier président de Mesmes et du mariage de son fils avec Mlle de Toiras. On y voyait fort aussi Mme de Noailles, femme du dernier frère du duc d'Ayen, aujourd'hui duc de Noailles, et dont la mère est La Ferté. Mais j'aurai l'occasion de parler d'elle plus longuement comme de la femme du plus beau génie poétique qu'ait vu son siècle et probablement tous les autres, et qui a renouvelé et l'on peut dire agrandi le miracle de la célèbre Sévigné. On sait que ce que j'en dis est équité pure, étant assez au su de chacun en quels termes j'en suis venu avec le duc de Noailles, neveu du cardinal et mari de Mlle d'Aubigné, nièce de Mme de Maintenon, et je me suis assez étendu en son lieu sur ses sourdes menées contre moi jusqu'à se faire avec Canillac avocat des conseillers d'État contre les gens de qualité, son adresse à tromper son oncle le cardinal, à bombarder Daguesseau chancelier, à courtiser Effiat et les Rohan, à prodiguer les grâces énormes de M. le duc d'Orléans au comte d'Armagnac pour lui faire épouser sa fille, après avoir manqué pour elle le fils aîné du duc d'Albert. Mais j'ai trop parlé de tout cela pour y revenir et de ses noirs manèges à l'égard de Law et lors de la conspiration du duc et de la duchesse du Maine. Bien différent, et à tant de générations d'ailleurs, était Mathieu de Noailles, qui avait épousé celle dont il est question ici et que son talent a rendue fameuse. Elle était la fille de Brancovan, prince régnant de Valachie, qu'ils nomment là-bas hospodar, et avait autant de beauté que de génie. Sa mère était Musurus qui est le nom d'une famille très noble et très des premières de la Grèce, fort illustrée par diverses ambassades nombreuses et distinguées et par l'amitié d'un de ces Musurus avec le célèbre Érasme. Elle était l'orgueil d'un mari qui trouvait le moyen, malgré l'éclat aveuglant d'une telle femme à éteindre, bien contre son gré, tout mérite autour d'elle, de laisser paraître le sien qu'il avait, à vrai dire, fort rare et fort distingué, et le plus honnête homme que j'aie vu de ma vie. Mais il en sera parlé en son temps.

Pour copie conforme :

HORATIO.

LA BIBLE D'AMIENS

POST-SCRIPTUM À LA PRÉFACE DU TRADUCTEUR [141]

« Sous quelles formes magnifiques et tentatrices le mensonge a pu se glisser jusqu'au sein de sa sincérité intellectuelle... » Voici ce que je voulais dire : il y a une sorte d'idolâtrie que personne n'a mieux définie que Ruskin dans une page de *Lectures on Art* : « Ç'a été, je crois, non sans mélange de bien, sans doute, car les plus grands maux apportent quelques biens dans leur reflux, ç'a été, je crois, le rôle vraiment néfaste de l'art, d'aider à ce qui, chez les païens comme chez les chrétiens – qu'il s'agisse du mirage des mots, des couleurs ou des belles formes – doit vraiment dans le sens profond du mot s'appeler idolâtrie, c'est-à-dire le fait de servir avec le meilleur de nos cœurs et de nos esprits quelque chère ou triste image que nous nous sommes créée, pendant que nous désobéissons à l'appel présent du Maître, qui n'est pas mort, qui ne défaille pas en ce moment sous sa croix, mais nous ordonne de porter la nôtre*. » Or, il semble bien qu'à la base même de l'œuvre de Ruskin, à la racine de son talent, on trouve précisément cette idolâtrie. Sans doute il ne l'a jamais laissé recouvrir complètement, – même pour l'embellir, – immobiliser, paralyser et finalement tuer,

* Cette phrase de Ruskin s'applique, d'ailleurs, mieux à l'idolâtrie telle que je l'entends, si on la prend ainsi isolément, que là où elle est placée dans *Lectures on Art*. J'ai, du reste, donné plus loin, dans une note, le début du développement.

sa sincérité intellectuelle et morale. À chaque ligne de ses œuvres comme à tous les moments de sa vie, on sent ce besoin de sincérité qui lutte contre l'idolâtrie, qui proclame sa vanité, qui humilie la beauté devant le devoir, fût-il inesthétique. Je n'en prendrai pas d'exemples dans sa vie (qui n'est pas comme la vie d'un Racine, d'un Tolstoï, d'un Maeterlinck, esthétique d'abord et morale ensuite, mais où la morale fit valoir ses droits dès le début au sein même de l'esthétique – sans peut-être s'en libérer jamais aussi complètement que dans la vie des Maîtres que je viens de citer). Elle est assez connue, je n'ai pas besoin d'en rappeler les étapes, depuis les premiers scrupules qu'il éprouve à boire du thé en regardant des Titien jusqu'au moment où, ayant englouti dans les œuvres philanthropiques et sociales les cinq millions que lui a laissés son père, il se décide à vendre ses Turner. Mais il est un dilettantisme plus intérieur que le dilettantisme de l'action (dont il avait triomphé), et le véritable duel entre son idolâtrie et sa sincérité se jouait non pas à certaines heures de sa vie, non pas dans certaines pages de ses livres, mais à toute minute, dans ces régions profondes, secrètes, presque inconnues à nous-mêmes, où notre personnalité reçoit de l'imagination les images, de l'intelligence les idées, de la mémoire les mots, s'affirme elle-même dans le choix incessant qu'elle en fait, et joue en quelque sorte sans trêve le sort de notre vie spirituelle et morale. Dans ces régions-là, il semble bien que le péché d'idolâtrie n'ait cessé d'être commis par Ruskin. Et au moment même où il prêchait la sincérité, il y manquait lui-même, non en ce qu'il disait, mais par la manière dont il le disait. Les doctrines qu'il professait étaient des doctrines morales et non des doctrines esthétiques, et pourtant il les choisissait pour leur beauté. Et comme il ne voulait pas les présenter comme belles mais comme vraies, il était obligé de se mentir à lui-même sur la nature des raisons qui les lui faisaient adopter. De là une si incessante compromission de la conscience, que des doctrines immorales sincèrement professées auraient peut-être été moins dangereuses pour l'intégrité de l'esprit que ces doctrines morales où l'affirmation n'est pas absolument sincère, étant dictée par une préférence esthétique inavouée. Et le péché était commis d'une façon constante, dans le choix même de chaque explication donnée d'un fait, de chaque appréciation donnée sur une œuvre, dans le choix même des mots employés – et finissait par donner à l'esprit qui s'y adonnait ainsi sans cesse une attitude mensongère. Pour mettre le lecteur plus en état de juger de l'espèce de trompe-l'œil qu'est pour chacun et qu'était évidemment pour Ruskin lui-même, une page de Ruskin, je vais citer une de celles que je trouve le plus belles et où ce défaut est pourtant le plus flagrant. On verra que si la beauté y est *en théorie* (c'est-à-dire en apparence, le fond des idées était toujours dans un écrivain l'apparence, et la forme, la réalité) subordonnée au sentiment moral et à la vérité, en réalité la vérité et le sentiment moral y sont subordonnés au sentiment esthétique, et à un sentiment esthétique un peu faussé par ces compromissions perpétuelles. Il s'agit des *Causes de la décadence de Venise**.

« Ce n'est pas dans le caprice de la richesse, pour le plaisir des yeux et l'orgueil de la vie, que ces marbres furent taillés dans leur force transparente et que ces arches furent parées des couleurs de l'iris. Un message est dans leurs couleurs qui fut un jour écrit dans le sang ; et un son dans les échos de leurs voûtes, qui un jour remplira la voûte des cieux : "Il viendra pour rendre jugement et justice." La force de Venise lui fut donnée aussi longtemps qu'elle s'en souvint ; et le jour de sa destruction arriva lorsqu'elle l'eut oublié ; elle vint irrévocable, parce qu'elle n'avait pour l'oublier aucune excuse. Jamais cité n'eut une Bible plus glorieuse. Pour les nations du Nord, une rude et sombre

* Comment M. Barrès, élisant, dans un chapitre admirable de son dernier livre, un sénat idéal de Venise, a-t-il omis Ruskin ? N'était-il pas plus digne d'y siéger que Léopold Robert ou Théophile Gautier et n'aurait-il pas été là bien à sa place, entre Byron et Barrès, entre Goethe et Chateaubriand ?

sculpture remplissait leurs temples d'images confuses, à peine lisibles ; mais pour elle, l'art et les trésors de l'Orient avaient doré chaque lettre, illuminé chaque page, jusqu'à ce que le Temple-Livre brillât au loin comme l'étoile des Mages. Dans d'autres villes, souvent les assemblées du peuple se tenaient dans des lieux éloignés de toute association religieuse, théâtre de la violence et des bouleversements ; sur l'herbe du dangereux rempart, dans la poussière de la rue troublée, il y eut des actes accomplis, des conseils tenus à qui nous ne pouvons pas trouver de justification, mais à qui nous pouvons quelquefois donner notre pardon. Mais les péchés de Venise, commis dans son palais ou sur sa piazza, furent accomplis en présence de la Bible qui était à sa droite. Les murs sur lesquels le livre de la loi était écrit n'étaient séparés que par quelques pouces de marbre de ceux qui protégeaient les secrets de ses conciles ou tenaient prisonnières les victimes de son gouvernement. Et quand, dans ses dernières heures, elle rejeta toute honte et toute contrainte, et que la grande place de la cité se remplit de la folie de toute la terre, rappelons-nous que son péché fut d'autant plus grand qu'il était commis à la face de la maison de Dieu où brillaient les lettres de sa loi.

« Les saltimbanques et les masques rirent leur rire et passèrent leur chemin ; et un silence les a suivis qui n'était pas sans avoir été prédit ; car au milieu d'eux tous, à travers les siècles et les siècles où s'étaient entassés les vanités et les forfaits, ce dôme blanc de Saint-Marc avait prononcé ces mots dans l'oreille morte de Venise : "Sache que pour toutes ces choses Dieu t'appellera en jugement *." »

Or, si Ruskin avait été entièrement sincère avec lui-même, il n'aurait pas pensé que les crimes des Vénitiens avaient été plus inexcusables et plus sévèrement

* *Stones of Venice*, I, IV, § 71 Dans tout le cours de ce volume les références aux *Stones of Venice* sont données avec les numéros (volumes, chapitres et paragraphes) de la Traveller's Edition. – Ce verset est tiré de L'Ecclésiaste (XII, 9).

punis que ceux des autres hommes parce qu'ils possédaient une église en marbre de toutes couleurs au lieu d'une cathédrale en calcaire, parce que le palais des Doges était à côté de Saint-Marc au lieu d'être à l'autre bout de la ville, et parce que dans les églises byzantines le texte biblique au lieu d'être simplement figuré comme dans la sculpture des églises du Nord est accompagné, sur les mosaïques, de lettres qui forment une citation de l'Évangile ou des prophéties. Il n'en est pas moins vrai que ce passage des *Stones of Venice* est d'une grande beauté, bien qu'il soit assez difficile de se rendre compte des raisons de cette beauté. Elle nous semble reposer sur quelque chose de faux et nous avons quelque scrupule à nous y laisser aller.

Et pourtant il doit y avoir en elle quelque vérité. Il n'y a pas à proprement parler de beauté tout à fait mensongère, car le plaisir esthétique est précisément celui qui accompagne la découverte d'une vérité. À quel ordre de vérité peut correspondre le plaisir esthétique très vif que l'on prend à lire une telle page, c'est ce qu'il est assez difficile de dire. Elle est elle-même mystérieuse, pleine d'images à la fois de beauté et de religion comme cette même église de Saint-Marc où toutes les figures de l'Ancien et du Nouveau Testament apparaissent sur le fond d'une sorte d'obscurité splendide et d'éclat changeant. Je me souviens de l'avoir lue pour la première fois dans Saint-Marc même, pendant une heure d'orage et d'obscurité où les mosaïques ne brillaient plus que de leur propre et matérielle lumière et d'un or interne, terrestre et ancien auquel le soleil vénitien, qui enflamme jusqu'aux anges des campaniles, ne mêlait plus rien de lui ; l'émotion que j'éprouvais à lire là cette page, parmi tous ces anges qui s'illuminaient des ténèbres environnantes, était très grande et n'était pourtant peut-être pas très pure. Comme la joie de voir les belles figures mystérieuses s'augmentait, mais s'altérait du plaisir en quelque sorte d'érudition que j'éprouvais à comprendre les textes apparus en lettres byzantines à côté de leurs fronts nimbés, de même la beauté des images de Ruskin était avivée et corrompue par l'orgueil de se référer au texte sacré. Une sorte de retour égoïste sur soi-même est inévitable dans ces joies mêlées d'érudition et d'art où le plaisir esthétique peut devenir plus aigu, mais non rester aussi pur. Et peut-être cette page des *Stones of Venice* était-elle belle surtout de me donner précisément ces joies mêlées que j'éprouvais dans Saint-Marc, elle qui, comme l'église byzantine, avait aussi dans la mosaïque de son style éblouissant dans l'ombre, à côté de ses images sa citation biblique inscrite auprès. N'en était-il pas d'elle, d'ailleurs, comme de ces mosaïques de Saint-Marc qui se proposaient d'enseigner et faisaient bon marché de leur beauté artistique. Aujourd'hui elles ne nous donnent plus que du plaisir. Encore le plaisir que leur didactisme donne à l'érudit est-il égoïste, et le plus désintéressé est encore celui que donne à l'artiste cette beauté méprisée, ou ignorée même, de ceux qui se proposaient seulement d'instruire le peuple et la lui donnèrent par surcroît.

Dans la dernière page de *La Bible d'Amiens*, vraiment sublime, le « si vous voulez vous souvenir de la promesse qui vous a été faite » est un exemple du même genre. Quand, encore dans *La Bible d'Amiens*, Ruskin termine le morceau sur l'Égypte * en disant : « Elle fut l'éducatrice de Moïse et l'hôtesse du Christ », passe encore pour l'éducatrice de Moïse : pour éduquer il faut certaines vertus. Mais le fait d'avoir été « *l'hôtesse* » du Christ, s'il ajoute de la beauté à la phrase, peut-il vraiment être mis en ligne de compte dans une appréciation motivée des qualités du génie égyptien ?

C'est avec mes plus chères impressions esthétiques que j'ai voulu lutter ici, tâchant de pousser jusqu'à ses dernières et plus cruelles limites la sincérité intellectuelle. Ai-je besoin d'ajouter que, si je fais, en quelque sorte *dans l'absolu*, cette réserve générale moins sur les œuvres de Ruskin que sur l'essence de leur inspiration et la qualité de leur beauté, il n'en est pas moins pour

* Chapitre III, § 27.

moi un des plus grands écrivains de tous les temps et de tous les pays. J'ai essayé de saisir en lui, comme en un « sujet » particulièrement favorable à cette observation, une infirmité essentielle à l'esprit humain, plutôt que je n'ai voulu dénoncer un défaut personnel à Ruskin. Une fois que le lecteur aura bien compris en quoi consiste cette « idolâtrie », il s'expliquera l'importance excessive que Ruskin attache dans ses études d'art à la lettre des œuvres (importance dont j'ai signalé, bien trop sommairement, une autre cause dans la préface, voir plus haut page 65 [142]) et aussi cet abus des mots « irrévérent », « insolent », et « des difficultés que nous serions insolents de résoudre, un mystère qu'on ne nous a pas demandé d'éclaircir » (*La Bible d'Amiens*, p. 239), « que l'artiste se méfie de l'esprit de choix, c'est un esprit insolent » (*Modern Painters*), « l'abside pourrait presque paraître trop grande à un spectateur irrévérent » (*La Bible d'Amiens*), etc., etc., – et l'état d'esprit qu'ils révèlent. Je pensais à cette idolâtrie (je pensais aussi à ce plaisir qu'éprouve Ruskin à balancer ses phrases en un équilibre qui semble imposer à la pensée une ordonnance symétrique plutôt que le recevoir d'elle *) quand je disais : « Sous quelles formes touchantes et tentatrices le mensonge a pu malgré tout se glisser au sein de sa sincérité intellectuelle c'est ce que je n'ai pas à chercher. » Mais j'aurais dû, au contraire, le chercher et pécherais précisément par idolâtrie, si je continuais à m'abriter derrière cette formule essentiellement ruskinienne ** de respect. Ce n'est pas que je méconnaisse les vertus du respect, il est la condition même de l'amour. Mais il ne doit jamais, là où l'amour cesse, se

* Je n'ai pas le temps de m'expliquer aujourd'hui sur ce défaut, mais il me semble qu'à travers ma traduction, si terne qu'elle soit, le lecteur pourra percevoir comme à travers le verre grossier mais brusquement illuminé d'un aquarium, le rapt rapide mais visible que la phrase fait de la pensée, et la déperdition immédiate que la pensée en subit.

** Au cours de *La Bible d'Amiens*, le lecteur rencontrera souvent des formules analogues.

substituer à lui pour nous permettre de croire sans examen et d'admirer de confiance. Ruskin aurait d'ailleurs été le premier à nous approuver de ne pas accorder à ses écrits une autorité infaillible, puisqu'il la refusait même aux Écritures Saintes. « Il n'y a pas de forme de langage humain où l'erreur n'ait pu se glisser » (*La Bible d'Amiens*, III, § 49). Mais l'attitude de la « révérence » qui croit « insolent d'éclaircir un mystère » lui plaisait. Pour en finir avec l'idolâtrie et être plus certain qu'il ne reste là-dessus entre le lecteur et moi aucun malentendu, je voudrais faire comparaître ici un de nos contemporains les plus justement célèbres [143] (aussi différent d'ailleurs de Ruskin qu'il se peut !) mais qui dans sa conversation, non dans ses livres, laisse paraître ce défaut et, poussé à un tel excès qu'il est plus facile chez lui de le reconnaître et de le montrer, sans avoir plus besoin de tant s'appliquer à le grossir. Il est quand il parle affligé – délicieusement – d'idolâtrie. Ceux qui l'ont une fois entendu trouveront bien grossière une « imitation » où rien ne subsiste de son agrément, mais sauront pourtant de qui je veux parler, qui je prends ici pour exemple, quand je leur dirai qu'il reconnaît avec admiration dans l'étoffe où se drape une tragédienne, le propre tissu qu'on voit sur la Mort dans *Le Jeune Homme et la Mort* [144], de Gustave Moreau, ou dans la toilette d'une de ses amies : « la robe et la coiffure mêmes que portait la princesse de Cadignan le jour où elle vit d'Arthez pour la première fois [145]. » Et en regardant la draperie de la tragédienne ou la robe de la femme du monde, touché par la noblesse de son souvenir il s'écrie : « C'est bien beau ! » non parce que l'étoffe est belle, mais parce qu'elle est l'étoffe peinte par Moreau ou décrite par Balzac et qu'ainsi elle est à jamais sacrée… aux idolâtres. Dans sa chambre vous verrez, vivants dans un vase ou peints à fresque sur le mur par des artistes de ses amis, des dielytras, parce que c'est la fleur même qu'on voit représentée à la Madeleine de Vézelay. Quant à un objet qui a appartenu à Baudelaire, à Michelet, à Hugo, il l'entoure d'un respect religieux. Je goûte trop profondément et jusqu'à l'ivresse les spirituelles improvisations où le plaisir d'un genre particulier qu'il trouve à ces vénérations conduit et inspire notre idolâtre pour vouloir le chicaner là-dessus le moins du monde.

Mais au plus vif de mon plaisir je me demande si l'incomparable causeur – et l'auditeur qui se laisse faire – ne pèchent pas également par insincérité ; si parce qu'une fleur (la passiflore) porte sur elle les instruments de la passion, il est sacrilège d'en faire présent à une personne d'une autre religion, et si le fait qu'une maison ait été habitée par Balzac (s'il n'y reste d'ailleurs rien qui puisse nous renseigner sur lui) la rend plus belle. Devons-nous vraiment, autrement que pour lui faire un compliment esthétique honorer une personne parce qu'elle s'appelle Bathilde [146] comme l'héroïne de *Lucien Leuwen* ?

La toilette de Mme de Cadignan est une ravissante invention de Balzac parce qu'elle donne une idée de l'art de Mme de Cadignan, qu'elle nous fait connaître l'impression que celle-ci veut produire sur d'Arthez et quelques-uns de ses « secrets ». Mais une fois dépouillée de l'esprit qui est en elle, elle n'est plus qu'un signe dénué de sa signification, c'est-à-dire rien ; et continuer à l'adorer, jusqu'à s'extasier de la retrouver dans la vie sur un corps de femme, c'est là proprement de l'idolâtrie. C'est le péché intellectuel favori des artistes et auquel il en est bien peu qui n'aient succombé. *Felix culpa !* est-on tenté de dire en voyant combien il a été fécond pour eux en inventions charmantes. Mais il faut au moins qu'ils ne succombent pas sans avoir lutté. Il n'est pas dans la nature de forme particulière, si belle soit-elle, qui vaille autrement que par la part de beauté infinie qui a pu s'y incarner : pas même la fleur du pommier, pas même la fleur de l'épine rose [147]. Mon amour pour elles est infini et les souffrances (*hay fever*) que me cause leur voisinage me permettent de leur donner chaque printemps des preuves de cet amour qui ne sont pas à la portée de tous. Mais même envers elles, envers elles si peu littéraires, se rapportant si peu à une tradition esthétique, qui ne sont pas « la fleur même qu'il y a dans tel tableau du Tintoret », dirait Ruskin, « ou dans tel dessin de Léonard », dirait notre contemporain (qui nous a révélé entre tant d'autres choses dont chacun parle maintenant et que personne n'avait regardées avant lui – les dessins de l'Académie des beaux-arts de Venise [148]) je me garderai toujours d'un culte exclusif qui s'attacherait en elles à autre chose qu'à la joie qu'elles nous donnent, un culte au nom de qui, par un retour égoïste sur nous-mêmes, nous en ferions « nos » fleurs, et prendrions soin de les honorer en ornant notre chambre des œuvres d'art où elles sont figurées. Non, je ne trouverai pas un tableau plus beau parce que l'artiste aura peint au premier plan une aubépine, bien que je ne connaisse rien de plus beau que l'aubépine, car je veux rester sincère et que je sais que la beauté d'un tableau ne dépend pas des choses qui y sont représentées. Je ne collectionnerai pas les images de l'aubépine. Je ne vénère pas l'aubépine, je vais la voir et la respirer. Je me suis permis cette courte incursion – qui n'a rien d'une offensive – sur le terrain de la littérature contemporaine, parce qu'il me semblait que les traits d'idolâtrie en germe chez Ruskin apparaîtraient clairement au lecteur ici où ils sont grossis et d'autant plus qu'ils y sont aussi différenciés. Je prie en tout cas notre contemporain, s'il s'est reconnu dans ce crayon bien maladroit, de penser qu'il a été fait sans malice, et qu'il m'a fallu, je l'ai dit, arriver aux dernières limites de la sincérité avec moi-même, pour faire à Ruskin ce grief et pour trouver dans mon admiration absolue pour lui, cette partie fragile. Or non seulement « un partage avec Ruskin n'a rien du tout qui déshonore » [149], mais encore je ne pourrai jamais trouver d'éloge plus grand à faire à ce contemporain que de lui avoir adressé le même reproche qu'à Ruskin. Et si j'ai eu la discrétion de ne pas le nommer, je le regrette presque [150]. Car, lorsqu'on est admis auprès de Ruskin, fût-ce dans l'attitude du donateur, et pour soutenir seulement son livre et aider à y lire de plus près, on n'est pas à la peine mais à l'honneur.

Je reviens à Ruskin. Cette idolâtrie et ce qu'elle mêle parfois d'un peu factice aux plaisirs littéraires les plus vifs qu'il nous donne, il me faut descendre jusqu'au fond de moi-même pour en saisir la trace, pour en étudier le caractère, tant je suis aujourd'hui « habitué » à Ruskin. Mais elle a dû me choquer souvent quand j'ai commencé à aimer ses livres, avant de fermer peu à peu les yeux à leurs défauts, comme il arrive dans tout amour. Les amours pour les créatures vivantes ont quelquefois une origine vile qu'ils épurent ensuite. Un homme fait la connaissance d'une femme parce qu'elle peut l'aider à atteindre un but étranger à elle-même. Puis une fois qu'il la connaît il l'aime pour elle-même, et lui sacrifie sans hésiter ce but qu'elle devait seulement l'aider à atteindre. À mon amour pour les livres de Ruskin se mêla ainsi à l'origine quelque chose d'intéressé, la joie du bénéfice intellectuel que j'allais en retirer. Il est certain qu'aux premières pages que je lus, sentant leur puissance et leur charme, je m'efforçai de n'y pas résister, de ne pas trop discuter avec moi-même, parce que je sentais que si un jour le charme de la pensée de Ruskin se répandait pour moi sur tout ce qu'elle avait touché, en un mot si je m'éprenais tout à fait de sa pensée, l'univers s'enrichirait de tout ce que j'ignorais jusque-là, des cathédrales gothiques, et de combien de tableaux d'Angleterre et d'Italie qui n'avaient pas encore éveillé en moi ce désir sans lequel il n'y a jamais de véritable connaissance. Car la pensée de Ruskin n'est pas comme la pensée d'un Emerson par exemple qui est contenue tout entière dans un livre, c'est-à-dire un quelque chose d'abstrait, un pur signe d'elle-même. L'objet auquel s'applique une pensée comme celle de Ruskin et dont elle est inséparable, n'est pas immatériel, il est répandu çà et là sur la surface de la terre. Il faut aller le chercher là où il se trouve, à Pise, à Florence, à Venise, à la National Gallery, à Rouen, à Amiens, dans les montagnes de la Suisse. Une telle pensée qui a un autre objet qu'elle-même, qui s'est réalisée dans l'espace, qui n'est plus la pensée infinie et libre, mais limitée et assujettie, qui s'est incarnée en des corps de marbre sculpté, de montagnes neigeuses, en des visages peints, est peut-être moins divine qu'une pensée pure. Mais elle nous embellit davantage l'univers, ou du moins certaines parties individuelles, certaines parties nommées, de l'univers, parce qu'elle y a touché, et qu'elle nous y a initiés en nous obligeant, si nous voulons la comprendre, à les aimer.

Et ce fut ainsi, en effet ; l'univers reprit tout d'un coup à mes yeux un prix infini. Et mon admiration pour Ruskin donnait une telle importance aux choses qu'il m'avait fait aimer qu'elles me semblaient chargées d'une valeur plus grande même que celle de la vie. Ce fut à la lettre, et dans une circonstance où je croyais mes jours comptés, que je partis pour Venise afin d'avoir pu avant de mourir, approcher, toucher, voir incarnées en des palais défaillants mais encore debout et roses, les idées de Ruskin sur l'architecture domestique au Moyen Âge. Quelle importance, quelle réalité peut avoir aux yeux de quelqu'un qui bientôt doit quitter la terre, une ville aussi spéciale, aussi localisée dans le temps, aussi particularisée dans l'espace que Venise et comment les théories d'architecture domestique que j'y pouvais étudier et vérifier sur des exemples vivants pouvaient-elles être de ces « vérités qui dominent la mort, empêchent de la craindre, et la font presque aimer * » ? C'est le pouvoir du génie de nous faire aimer une beauté, que nous sentons plus réelle que nous, dans ces choses qui aux yeux des autres sont aussi particulières et aussi périssables que nous-mêmes.

Le « Je dirai qu'ils sont beaux quand tes yeux l'auront dit [151] » du poète, n'est pas très vrai, s'il s'agit des yeux d'une femme aimée. En un certain sens, et quelles que puissent être, même sur ce terrain de la poésie, les magnifiques revanches qu'il nous prépare, l'amour nous dépoétise la nature. Pour l'amoureux, la

* Renan.

terre n'est plus que « le tapis des beaux pieds d'enfant » de sa maîtresse, la nature n'est plus que « son temple ». L'amour qui nous fait découvrir tant de vérités psychologiques profondes, nous ferme au contraire au sentiment poétique de la nature *, parce qu'il nous met dans des dispositions égoïstes (l'amour est au degré le plus élevé dans l'échelle des égoïsmes, mais il est égoïste encore) où le sentiment poétique se produit difficilement. L'admiration pour une pensée au contraire fait surgir à chaque pas la beauté parce qu'à chaque moment elle en éveille le désir. Les personnes médiocres croient généralement que se laisser guider ainsi par les livres qu'on admire, enlève à notre faculté de juger une partie de son indépendance. « Que peut vous importer ce que sent Ruskin : Sentez par vous-même. » Une telle opinion repose sur une erreur psychologique dont feront justice tous ceux qui, ayant accepté ainsi une discipline spirituelle, sentent que leur puissance de comprendre et de sentir en est infiniment accrue, et leur sens critique jamais paralysé. Nous sommes simplement alors dans un état de grâce où toutes nos facultés, notre sens critique aussi bien que les autres, sont fortifiées. Aussi cette servitude volontaire est-elle le commencement de la liberté. Il n'y a pas de meilleure manière d'arriver à prendre conscience de ce qu'on sent soi-même que d'essayer

* Il me restait quelque inquiétude sur la parfaite justesse de cette idée, mais qui me fut bien vite ôtée par le seul mode de vérification qui existe pour nos idées, je veux dire la rencontre fortuite avec un grand esprit. Presque au moment, en effet, où je venais d'écrire ces lignes, paraissaient dans la *Revue des Deux Mondes,* les vers de la comtesse de Noailles que je donne ci-dessous. On verra que, sans le savoir, j'avais, pour parler comme M. Barrès à Combourg, « mis mes pas dans les pas du génie » :

« Enfants, regardez bien toutes les plaines rondes ;
La capucine avec ses abeilles autour ;
Regardez bien l'étang, les champs, avant l'amour ;
Car, après, l'on ne voit plus jamais rien du monde.
Après l'on ne voit plus que son cœur devant soi ;
On ne voit plus qu'un peu de flamme sur la route ;
On n'entend rien, on ne sait rien, et l'on écoute
Les pieds du triste amour qui court ou qui s'asseoit. »

de recréer en soi ce qu'a senti un maître. Dans cet effort profond, c'est notre pensée elle-même que nous mettons, avec la sienne, au jour. Nous sommes libres dans la vie, mais en ayant des buts : il y a longtemps qu'on a percé à jour le sophisme de la liberté d'indifférence. C'est à un sophisme tout aussi naïf qu'obéissent sans le savoir les écrivains qui font à tout moment le vide dans leur esprit, croyant le débarrasser de toute influence extérieure, pour être bien sûrs de rester personnels. En réalité les seuls cas où nous disposons vraiment de toute notre puissance d'esprit sont ceux où nous ne croyons pas faire œuvre d'indépendance, où nous ne choisissons pas arbitrairement le but de notre effort. Le sujet du romancier, la vision du poète, la vérité du philosophe s'imposent à eux d'une façon presque nécessaire, extérieure pour ainsi dire à leur pensée. Et c'est en soumettant son esprit à rendre cette vision, à approcher de cette vérité que l'artiste devient vraiment lui-même.

Mais en parlant de cette passion, un peu factice au début, si profonde ensuite que j'eus pour la pensée de Ruskin, je parle à l'aide de la mémoire et d'une mémoire qui ne se rappelle que les faits, « mais du passé profond ne peut rien ressaisir ». C'est seulement quand certaines périodes de notre vie sont closes à jamais, quand, même dans les heures où la puissance et la liberté nous semblent données, il nous est défendu d'en rouvrir furtivement les portes, c'est quand nous sommes incapables de nous remettre même pour un instant dans l'état où nous fûmes pendant si longtemps, c'est alors seulement que nous nous refusons à ce que de telles choses soient entièrement abolies. Nous ne pouvons plus les chanter, pour avoir méconnu le sage avertissement de Goethe, qu'il n'y a de poésie que des choses que l'on sent encore. Mais ne pouvant réveiller les flammes du passé, nous voulons du moins recueillir sa cendre. À défaut d'une résurrection dont nous n'avons plus le pouvoir, avec la mémoire glacée que nous avons gardée de ces choses,

– la mémoire des faits qui nous dit : « tu étais tel » sans nous permettre de le redevenir, qui nous affirme la réalité d'un paradis perdu au lieu de nous le rendre dans un souvenir, – nous voulons du moins le décrire et en constituer la science. C'est quand Ruskin est bien loin de nous que nous traduisons ses livres et tâchons de fixer dans une image ressemblante les traits de sa pensée. Aussi ne connaîtrez-vous pas les accents de notre foi ou de notre amour, et c'est notre piété seule que vous apercevrez çà et là, froide et furtive, occupée, comme la Vierge thébaine [152], à restaurer un tombeau.

MARCEL PROUST.

LE SALON DE LA COMTESSE POTOCKA [153]

Il semble souvent que les romanciers aient peint, par anticipation, avec une sorte d'exactitude prophétique jusque dans les détails, une société et même des personnages qui ne devaient exister que fort longtemps après eux. Pour ma part, je n'ai jamais pu lire *Les Secrets de la princesse de Cadignan,* où nous voyons que la princesse, « menant maintenant une vie fort simple, habitait à deux pas de l'hôtel de son mari qu'aucune fortune ne pouvait acheter, un rez-de-chaussée où elle jouissait d'un joli petit jardin plein d'arbustes et dont le gazon toujours vert égayait sa retraite » ; – je n'ai jamais pu arriver dans *La Chartreuse de Parme* au chapitre où nous voyons que, du jour où la comtesse Pietranera quitta son mari, « tous les équipages de la haute société n'en vinrent pas moins stationner tout l'après-midi devant la maison où elle avait pris un appartement », – sans penser que Balzac et Stendhal avaient « en vertu d'un décret nominatif » prévu et prédit l'existence de la comtesse Potocka, jusqu'à prendre la peine d'en régler ainsi les plus minutieux détails.

Comtesse Pietranera ! princesse de Cadignan ! figures charmantes ! ni plus « littéraires » ni plus « vivantes » que celle, du reste si différente, de la comtesse Potocka. Que de fois j'ai pensé à vous (je veux dire au cadre extérieur de votre vie, non à votre vie, bien entendu) en voyant un visiteur peu favorisé sonner au petit hôtel de la rue Chateaubriand et recevoir du concierge un impitoyable : « Madame la comtesse est sortie », tandis que devant la porte l'équipage de la duchesse de Luynes se promenant au pas ou l'automobile de la comtesse de Guerne arrêtée disaient trop clairement que « Madame la comtesse » était bel et bien rentrée. Pour ne pas ajouter une humiliation à la tristesse du visiteur éconduit, j'attendais qu'il fût loin. Alors seulement je m'approchais du concierge qui me concédait : « La comtesse est chez elle. » La porte lourdement refermée sur la rue Chateaubriand, il semblait que par quelque enchantement on se trouvât à dix lieues de Paris tant « le petit jardin plein d'arbustes et de gazon » décrit par Balzac dépaysait aussitôt l'imagination en s'adressant vivement à elle dans le langage de son silence et la rumeur de ses parfums. Jamais zone d'initiation ne fut plus féconde à traverser avant d'approcher une déesse.

Au moment où on arrivait au vestibule de la comtesse, on avait déjà dépouillé tous les souvenirs et toutes les préoccupations de la ville et de la journée. On arrivait aussi autre que si l'on avait dû faire un long pèlerinage pour trouver une maison isolée. Mais pour des raisons, très balzaciennes aussi, que nous expliquerons tout à l'heure, cet exil au cœur même de Paris n'a pas suffi à la comtesse. Il lui a fallu l'exil effectif. Et c'est maintenant tout au fond d'Auteuil, presque à la porte de Boulogne, entre les platanes de la rue Théophile Gautier, les marronniers de la rue La Fontaine [154] et les peupliers de la rue Pierre Guérin que, tous les jours, le « petit troupeau » de la comtesse, pour parler comme Saint-Simon à propos de Fénelon, est obligé d'aller trouver l'impérieuse amie qui, n'ayant besoin de personne, se soucie peu d'habiter une province incommode à tout le monde, et qui a voulu donner une nouvelle preuve de son dédain de l'humanité et de son amour pour les bêtes en allant s'installer dans un endroit où elle se disait qu'aucun être humain ne viendrait peut-être, mais qu'elle pourrait soigner ses chiens ; car c'est ainsi, cette femme, qui, dévouée, quand elle est amie, n'en a pas moins professé toute sa vie le plus complet détachement de toutes les affections humaines, qui a montré pour l'humanité un mépris de philosophe cynique, doutant de l'amitié, affectant la dureté, raillant la philosophie, cette femme abdique son impassibilité, humilie sa superbe devant les pauvres chiens boiteux qu'elle recueille. Pour les soigner, elle est restée un an sans se coucher. Bien qu'on puisse dire d'elle comme Balzac de la princesse de Cadignan, qu'« elle est aujourd'hui une des femmes de Paris les plus fortes sur la toilette », elle ne s'habille plus, se laisse, se fait engraisser, ne s'occupant plus que de ses chiens. Elle se relève d'heure en heure toutes les nuits pour soigner une pauvre chienne épileptique qu'elle arrive à guérir. Elle ne sort que pour eux, aux heures où cela leur plaît, comme la grande artiste son amie, Mme Madeleine Lemaire, qui n'était allée à l'Exposition qu'une seule fois, « pour que sa Loute ait vu la tour Eiffel ». Et parfois, au cœur du bois de Boulogne, d'une allée écartée, dans les brouillards du matin, « Retenant de la main son collie [155] qui s'effare » [156], suivie et précédée d'une meute hurlante, on voit déboucher la comtesse et sa blanche beauté pareille à celle de l'indifférence Artémis, que le poète nous a montrée dans le même équipage :

C'est l'heure où, par la ronce et l'herbe,
Au milieu des molosses…, superbe,
Invincible, Artémis épouvante les bois. [157]

Et comme ils faisaient trop de bruit à Paris et gênaient les voisins, elle est allée à Auteuil. Mais « son petit troupeau » l'a suivie [158]. Tous ses fidèles, la duchesse de Luynes douairière, Mme de Brantes, la marquise de Lubersac, la marquise de Castellane, la comtesse de Guerne, la grande cantatrice que je ne fais que citer aujourd'hui, la marquise de Ganay, la comtesse de Béarn, la comtesse de Kersaint, M. Dubois de l'Estang, le marquis du Lau, un de ces hommes de premier ordre [159], que les vicissitudes de la politique ont seules empêché de servir au premier rang et de briller aux premières places ; le charmant duc de Luynes, le comte Mathieu de Noailles, dont le duc de Guiche vient d'exposer au Salon un portrait superbe de distinction et de vie ; le comte de Castellane (dont nous avons déjà parlé à propos du salon de Mme Madeleine Lemaire et dont nous aurons à reparler bientôt), le marquis Vittelleschi, M. Widor, enfin M. Jean Béraud dont nous avons déjà dit dans ce même salon de Mme Madeleine Lemaire la gloire, le talent, le prestige, le charme, le cœur, l'esprit – tous iraient jusqu'au bout du monde pour la retrouver parce qu'ils ne peuvent se passer d'elle. Tout au plus, au début, lui laissèrent-ils sentir, comme elle ne paraissait pas le remarquer, qu'ils faisaient pour la voir un voyage assez difficile. « C'est très joli, lui dit le comte de La Rochefoucauld la première fois qu'il entreprit le pèlerinage. Est-ce qu'il y a quelque chose de curieux à visiter dans les environs ? » Parmi les visiteurs habituels de la comtesse, il en est un dont le nom est particulièrement aimé des lecteurs de ce journal, habitués à trouver dans ses chroniques une sorte d'opportunité philosophique, des applications saisissantes, comme dans cet article sur la manie d'écrire qui atteignait s'il ne les visait pas tant de jeunes gens du monde en mal de vocation littéraire. C'est le comte Gabriel de La Rochefoucauld. Vous avez tous vu ce grand jeune homme, qui porte au front, comme deux pierres précieuses héréditaires, les clairs yeux de sa mère. Mais plutôt que de vous en parler moi-même, car ce n'est pas l'habitude ici que nos collaborateurs se louent les uns les autres, j'aime mieux citer à son sujet l'opinion d'un juge autorisé. « Il aura un extraordinaire talent, disait dernièrement M. Eugène Dufeuille ; il sera la gloire de son monde et il en sera aussi le scandale. »

Née Pignatelli, la comtesse Potocka descend de cet Innocent XII dont Saint-Simon a magnifiquement parlé. « C'était un grand et saint Pape, vrai pasteur et vrai père commun, tel qu'il ne s'en voit plus que très rarement sur la chaire de saint Pierre et qui emporta les regrets universels, comblé de bénédictions et de mérites. Il s'appelait Antoine Pignatelli, d'une ancienne maison de Naples, dont il était archevêque lorsqu'il fut élu le 12 juillet 1691... Il était né en 1615 et avait été inquisiteur à Malte, nonce en Pologne, etc., ce Pape, dont la mémoire doit être précieuse à tout Français et singulièrement chère à la maison régnante » (Saint-Simon, pages 364 et 365 du tome II de l'édition Chéruel). Cette partie de la généalogie de la comtesse Potocka ne nous semble pas indifférente. Il me semble que je retrouve en elle l'ardent patriote, l'ami de la France, le royaliste fidèle et, si j'ose le dire, un peu aussi le grand inquisiteur que fut son ancêtre. Parmi celles de ses amies hérétiques (j'excepte naturellement, ainsi qu'une ou deux autres, l'exquise Mme Cahen pour qui elle a une affection profonde et la femme remarquable qu'est Mme Kahn) qu'elle emmène volontiers à l'Opéra, je me demande parfois s'il n'y en a pas que dans un autre temps elle n'eût, avec plus de plaisir encore, conduites au bûcher. Elle a l'esprit, libéré de tout préjugé mais fidèle à des superstitions sociales. Elle est pleine de contrastes, de richesses et de beautés.

Elle a connu tous les plus curieux artistes de la fin du siècle. Maupassant allait tous les jours chez elle. Barrès, Bourget, Robert de Montesquiou, Forain, Fauré, Reynaldo Hahn, Widor y vont encore. Elle fut aussi l'amie d'un philosophe connu, et si elle fut toujours bonne et fidèle à l'homme, en lui elle aimait à humilier le philosophe. Là encore je retrouve la petite-nièce des Papes, voulant humilier la superbe de la raison. Le récit des farces qu'elle faisait, dit-on, au célèbre Caro me fait invinciblement penser à cette histoire de Campaspe faisant marcher Aristote à quatre pattes, une des seules histoires de l'Antiquité que le Moyen Âge ait figurées dans ses cathédrales afin de montrer l'impuissance de la philosophie païenne à préserver l'homme des passions [160]. Ainsi, dans les farces attribuées par la légende à la comtesse Potocka, et dont le philosophe spiritualiste aurait été la victime souriante et résignée, je crois voir à côté de la gaieté napolitaine comme une préoccupation atavique, un souci inconscient d'apologétique chrétienne. Ceux qui sont une fois arrivés à vaincre les caprices magnifiques de cet être altier et rare ont pris des soubresauts merveilleux d'une amitié avec elle une si passionnante habitude, qu'ils ne peuvent renoncer à ces joies, captivantes parce que la comtesse est toujours elle-même, c'est-à-dire ce qu'une autre ne saurait être, attirantes aussi parce qu'il y a en elle toujours l'inconnu de la minute qui va venir, parce qu'elle est, non pas inconstante, mais à tout instant changée.

On comprend qu'elle puisse être bien séduisante avec sa beauté antique, sa majesté romaine, sa grâce florentine, son espièglerie napolitaine, sa politesse française et son esprit parisien. Quant à la Pologne qui fut aussi sa patrie (puisqu'elle a épousé l'homme charmant et bon qu'est le comte Potocki), elle a dit elle-même ce qui lui en reste dans un de ces mots de gavroche qui contrastent avec sa majesté de statue, avec sa voix gazouillante (le plus doux des instruments dont sache jouer cette grande musicienne) et qu'on nous permettra de citer pour finir. Un jour qu'elle avait froid et qu'elle se chauffait, ne répondant pas aux fidèles qui lui disaient bonjour et qui, un peu intimidés de cette absence d'accueil, monologuaient d'une voix pressante et gênée et baisaient respectueusement la main qu'elle leur abandonnait sans avoir l'air de s'en apercevoir (Je suis belle, ô mortels ! comme un rêve de pierre [161]), elle montra à une personne plus favorisée le poêle près duquel elle était venue se chauffer et par un retour, mélancolique ou joyeux, je ne sais, elle s'écria : « Mon Choubersky [162] ! C'est tout ce qui me reste de la Pologne ! »

HORATIO.

SUR LA LECTURE [163]

Il n'y a peut-être pas de jours de notre enfance que nous ayons si pleinement vécus que ceux que nous avons cru laisser sans les vivre, ceux que nous avons passés avec un livre préféré. Tout ce qui, semblait-il, les remplissait pour les autres et que nous écartions comme un obstacle vulgaire à un plaisir divin : le jeu pour lequel un ami venait nous chercher au passage le plus intéressant, l'abeille ou le rayon de soleil gênants qui nous forçaient à lever les yeux de sur la page ou à changer de place, les provisions de goûter qu'on nous avait fait emporter et que nous laissions à côté de nous sur le banc, sans y toucher, tandis qu'au-dessus de notre tête le soleil diminuait de force dans le ciel bleu, le dîner pour lequel il avait fallu rentrer et pendant lequel nous ne pensions qu'à monter tout de suite après, finir le chapitre interrompu, tout cela, dont la lecture aurait dû nous empêcher de percevoir autre chose que l'importunité, elle en gravait au contraire en nous un souvenir tellement doux, tellement plus précieux – à notre jugement actuel – que ce que nous lisions alors avec tant d'amour que, s'il nous arrive encore aujourd'hui de feuilleter ces livres d'autrefois, ce n'est plus que comme les seuls calendriers que nous ayons gardés des jours enfuis, et avec l'espoir de voir reflétés sur leurs pages les demeures et les étangs qui n'existent plus.

Qui ne se souvient comme moi de ces lectures faites au temps des vacances, qu'on allait cacher successivement dans toutes celles des heures du jour qui étaient assez paisibles et assez inviolables pour pouvoir leur donner asile. Le matin, en rentrant du parc, quand tout le monde était parti « faire une promenade », je me glissais dans la salle à manger où, jusqu'à l'heure encore lointaine du déjeuner, personne n'entrerait que la vieille Félicie relativement silencieuse, et où je n'aurais pour compagnons, très respectueux de la lecture, que les assiettes peintes accrochées au mur, le calendrier dont la feuille de la veille avait été fraîchement arrachée, la pendule et le feu qui parlent sans demander qu'on leur réponde et dont les doux propos vides de sens ne viennent pas comme les paroles des hommes en substituer un différent à celui des mots que vous lisez. Je m'installais sur une chaise, près du petit feu de bois dont, pendant le déjeuner, l'oncle matinal et jardinier dirait : « Il ne fait pas de mal ! On supporte très bien un peu de feu ; je vous assure qu'à six heures il faisait joliment froid dans le potager. Et dire que c'est dans huit jours Pâques ! » Avant le déjeuner qui, hélas ! mettrait fin à la lecture, on avait encore deux grandes heures. De temps en temps, on entendait le bruit de la pompe d'où l'eau allait découler et qui vous faisait lever les yeux vers elle et la regarder à travers la fenêtre fermée, là, tout près, dans l'unique allée du jardinet qui bordait de briques et de faïences en demi-lunes ses plates-bandes de pensées, des pensées cueillies, semblait-il, dans ces ciels trop beaux, ces ciels versicolores et comme reflétés des vitraux de l'église qu'on voyait parfois entre les toits du village, ciels tristes qui apparaissaient avant les orages, ou après, trop tard, quand la journée allait finir. Malheureusement la cuisinière venait longtemps d'avance mettre le couvert ; si encore elle l'avait mis sans parler ! Mais elle croyait devoir dire : « Vous n'êtes pas bien comme cela ; si je vous approchais une table ? » Et rien que pour répondre : « Non, merci bien, » il fallait arrêter net et ramener de loin sa voix qui, en dedans des lèvres, répétait sans bruit, en courant, tous les mots que les yeux avaient lus ; il fallait l'arrêter, la faire sortir, et, pour dire convenablement : « Non, merci bien », lui donner une apparence de vie ordinaire, une intonation de réponse, qu'elle avait perdues. L'heure passait ; souvent, longtemps avant le déjeuner, commençaient à arriver dans la salle à manger ceux qui, étant fatigués, avaient abrégé la promenade, avaient « pris par Méséglise [164] », ou ceux qui n'étaient pas sortis ce matin-là, « ayant à écrire ». Ils disaient bien : « Je ne veux pas te déranger, » mais commençaient aussitôt à s'approcher du feu, à consulter l'heure, à déclarer que le déjeuner « ne serait pas mal accueilli ». Quelques-uns, sans plus attendre, s'asseyaient d'avance à table, à leurs places. Cela, c'était la désolation, car ce serait d'un mauvais exemple pour les autres arrivants, allait faire croire qu'il était déjà midi, et prononcer trop tôt à mes parents la parole fatale : « Allons, ferme ton livre, on va déjeuner. » Tout était prêt, le couvert était entièrement mis sur la table, où manquait seulement ce qu'on n'apportait qu'à la fin du repas, l'appareil en verre où l'oncle horticulteur et cuisinier faisait lui-même le café à table, tubulaire et compliqué comme un instrument de physique qui aurait senti bon, et où c'était si agréable de voir monter dans la cloche de verre l'ébullition soudaine qui laissait ensuite aux parois embuées une cendre odorante et brune ; et aussi la crème et les fraises que le même oncle mêlait, dans des proportions toujours identiques, s'arrêtant exactement au rose qu'il fallait avec l'expérience d'un coloriste et la divination d'un gourmand. Que le déjeuner me paraissait long ! Ma grand-tante ne faisait que goûter aux plats pour donner son avis avec une douceur qui supportait, mais n'admettait pas la contradiction. Pour un roman, pour des vers, choses où elle se connaissait très bien, elle s'en remettait toujours, avec une humilité de femme, à l'avis de plus compétents. Elle pensait que c'était là le domaine flottant du caprice où le goût d'un seul ne peut pas fixer la vérité. Mais sur les choses dont les règles et les principes lui avaient été enseignés par sa mère, sur la manière de faire certains plats, de jouer les sonates de Beethoven, et de recevoir avec amabilité, elle était certaine d'avoir une idée juste de la perfection et de discerner si les autres s'en rapprochaient plus ou moins. Pour les trois choses, d'ailleurs, la perfection était presque la même : c'était une sorte de simplicité dans les moyens, de sobriété et de charme. Elle repoussait avec horreur qu'on mît des épices dans les plats qui n'en exigent pas absolument, qu'on jouât avec affectation et abus de pédales, qu'en « recevant » on sortît d'un naturel parfait et parlât de soi avec exagération. Dès la première bouchée, aux premières notes, sur un simple billet, elle avait la prétention de savoir si elle avait affaire à une bonne cuisinière, à un vrai musicien, à une femme bien élevée. « Elle peut avoir beaucoup plus de doigté que moi, mais elle manque de goût en jouant avec tant d'emphase cet andante si simple. » « Ce peut être une femme très brillante et remplie de qualités, mais c'est un manque de tact de parler de soi en cette circonstance. » « Ce peut être une cuisinière très savante, mais elle ne sait pas faire le bifteck aux pommes. » Le bifteck aux pommes ! morceau de concours idéal, difficile par sa simplicité même, sorte de « Sonate pathétique » de la cuisine, équivalent gastronomique de ce qu'est dans la vie sociale la visite de la dame qui vient vous demander des renseignements sur un domestique et qui, dans un acte si simple, peut à tel point faire preuve, ou manquer, de tact et d'éducation. Mon grand-père avait tant d'amour-propre, qu'il aurait voulu que tous les plats fussent réussis, et s'y connaissait trop peu en cuisine pour jamais savoir quand ils étaient manqués. Il voulait bien admettre qu'ils le fussent parfois, très rarement d'ailleurs, mais seulement par un pur effet du hasard. Les critiques toujours motivées de ma grand-tante, impliquant au contraire que la cuisinière n'avait pas su faire tel plat, ne pouvaient manquer de paraître particulièrement intolérables à mon grand-père. Souvent, pour éviter des discussions avec lui, ma grand-tante, après avoir goûté du bout des lèvres, ne donnait pas son avis, ce qui, d'ailleurs, nous faisait connaître immédiatement qu'il était défavorable. Elle se taisait, mais nous lisions dans ses yeux doux une désapprobation inébranlable et réfléchie qui avait le don de mettre mon grand-père en fureur. Il la priait ironiquement de donner son avis, s'impatientait de son silence, la pressait de questions, s'emportait, mais on sentait qu'on l'aurait conduite au martyre plutôt que de lui faire confesser la croyance de mon grand-père : que l'entremets n'était pas trop sucré.

Après le déjeuner, ma lecture reprenait tout de suite ; surtout si la journée était un peu chaude, on montait « se retirer dans sa chambre », ce qui me permettait, par le petit escalier aux marches rapprochées, de gagner tout de suite la mienne, à l'unique étage si bas que des fenêtres enjambées on n'aurait eu qu'un saut d'enfant à faire pour se trouver dans la rue. J'allais fermer ma fenêtre, sans avoir pu esquiver le salut de l'armurier d'en face, qui, sous prétexte de baisser ses auvents, venait tous les jours après déjeuner fumer sa pipe devant sa porte et dire bonjour aux passants, qui parfois s'arrêtaient à causer. Les théories de William Morris, qui ont été si constamment appliquées par Maple [165], et les décorateurs anglais, édictent qu'une chambre n'est belle qu'à la condition de contenir seulement des choses qui nous soient utiles et que toute chose utile, fût-ce un simple clou, soit non pas dissimulée, mais apparente : au-dessus du lit à tringles de cuivre et entièrement découvert, aux murs nus de ces chambres hygiéniques, quelques reproductions de chefs-d'œuvre. À la juger d'après les principes de cette esthétique, ma chambre n'était nullement belle, car elle était pleine de choses qui ne pouvaient servir à rien et qui dissimulaient pudiquement, jusqu'à en rendre l'usage extrêmement difficile, celles qui servaient à quelque chose. Mais c'est justement de ces choses qui n'étaient pas là pour ma commodité, mais semblaient y être venues pour leur plaisir, que ma chambre tirait pour moi sa beauté. Ces hautes courtines blanches qui dérobaient aux regards le lit placé comme au fond d'un sanctuaire ; la jonchée de couvre-pieds en marceline, de courtes-pointes à fleurs, de couvre-lits brodés, de taies d'oreillers en batiste sous laquelle il disparaissait le jour, comme un autel au mois de Marie sous les festons et les fleurs, et que le soir, pour pouvoir me coucher, j'allais poser avec précaution sur un fauteuil où ils consentaient à passer la nuit ; à côté du lit, la trinité du verre à dessins bleus, du sucrier pareil et de la carafe (toujours vide depuis le lendemain de mon arrivée sur l'ordre de ma tante qui craignait de me la voir « répandre »), sortes d'instruments du culte, presque aussi saints que la précieuse liqueur de fleur d'oranger placée près d'eux dans une ampoule de verre, et que je n'aurais pas cru plus permis de profaner, ni même possible d'utiliser pour mon usage personnel que si ç'avaient été des ciboires consacrés, mais que je considérais longuement avant de me déshabiller, dans la peur de les renverser par un faux mouvement ; ces petites étoles ajourées au crochet qui jetaient sur le dos des fauteuils un manteau de roses blanches qui ne devaient pas être sans épines, puisque, chaque fois que j'avais fini de lire et que je voulais me lever, je m'apercevais que j'y étais resté accroché ; cette cloche de verre sous laquelle, isolée des contacts vulgaires, la pendule bavardait dans l'intimité pour des coquillages venus de loin et pour une vieille fleur sentimentale, mais qui était si lourde à soulever que, quand la pendule s'arrêtait, personne, excepté l'horloger, n'aurait été assez imprudent pour entreprendre de la remonter ; cette blanche nappe en guipure qui, jetée comme un revêtement d'autel sur la commode ornée de deux vases, d'une image du Sauveur et d'un buis bénit, la faisait ressembler à la sainte table (dont un prie-Dieu, rangé là tous les jours quand on avait « fini la chambre », achevait d'évoquer l'idée), mais dont les effilochements toujours engagés dans la fente des tiroirs en arrêtaient si complètement le jeu que je ne pouvais jamais prendre un mouchoir sans faire tomber d'un seul coup image du Sauveur, vases sacrés, buis bénit, et sans trébucher moi-même en me rattrapant au prie-Dieu ; cette triple superposition enfin de petits rideaux d'étamine, de grands rideaux de mousseline et de plus grands rideaux de basin, toujours souriants dans leur blancheur d'aubépine souvent ensoleillée, mais au fond bien agaçants dans leur maladresse et leur entêtement à jouer autour de leurs barres de bois parallèles et à se prendre les uns dans les autres et tous dans la fenêtre dès que je voulais l'ouvrir ou la fermer, un second étant toujours prêt, si je parvenais à en dégager un premier, à venir prendre immédiatement sa place dans les jointures aussi parfaitement bouchées qu'elles l'eussent été par un buisson d'aubépines réelles ou par des nids d'hirondelles qui auraient eu la fantaisie de s'installer là, de sorte que cette opération en apparence si simple d'ouvrir ou de fermer ma croisée, je n'en venais jamais à bout sans le secours de quelqu'un de la maison ; toutes ces choses, qui non seulement ne pouvaient répondre à aucun de mes besoins, mais apportaient même une entrave, d'ailleurs légère, à leur satisfaction, qui n'avaient été évidemment mises là pour l'utilité de personne pas plus que pour la mienne, peuplaient ma chambre de pensées en quelque sorte personnelles, avec cet air de prédilection d'avoir choisi de vivre là et de s'y plaire qu'ont souvent, dans les clairières les arbres, et, au bord des chemins ou sur les vieux murs, les fleurs. Elles la remplissaient d'une vie silencieuse et diverse, d'un mystère où ma personne se trouvait à la fois perdue et charmée ; elles faisaient de cette chambre une sorte de chapelle où le soleil – quand il traversait les petits carreaux rouges que mon oncle avait intercalés au haut des fenêtres – piquait sur les murs, après avoir rosi l'aubépine des rideaux, des lueurs aussi étranges que si la petite chapelle avait été enclose dans une plus grande nef à vitraux ; et où le bruit des cloches arrivait si retentissant à cause de la grande proximité de notre maison et de l'église, à laquelle d'ailleurs aux grandes fêtes les reposoirs nous liaient par un chemin de fleurs, que je pouvais imaginer qu'elles étaient sonnées dans notre toit, juste au-dessus de la fenêtre d'où je saluais souvent le curé tenant son bréviaire, ma tante qui revenait de vêpres ou l'enfant de chœur qui nous portait du pain bénit. Quant à la photographie par Brown du *Printemps* [166] de Botticelli ou au moulage de *La Femme inconnue* du musée de Lille, qui, aux murs et sur la cheminée des chambres de Maple, sont la part concédée par William Morris à l'inutile beauté, je dois avouer qu'ils étaient remplacés dans ma chambre par une sorte de gravure représentant le prince Eugène, terrible et beau dans son dolman, et que je fus très étonné d'apercevoir une nuit, dans un grand fracas de locomotives et de grêle, toujours terrible et beau, à la porte d'un buffet de gare, où il servait de réclame à une spécialité de biscuits. Je soupçonne aujourd'hui mon grand-père de l'avoir autrefois reçu, comme prime, de la munificence d'un fabricant, avant de l'installer à jamais dans ma chambre. Mais alors je ne me souciais pas de son origine, qui me paraissait historique et mystérieuse, et je ne m'imaginais pas qu'il pût y avoir plusieurs exemplaires de ce que je considérais comme une personne, comme un habitant permanent de la chambre que je ne faisais que partager avec lui et où je le retrouvais tous les ans, toujours pareil à lui-même. Il y a maintenant bien longtemps que je ne l'ai vu, et je suppose que je ne le reverrai jamais. Mais si une telle fortune m'advenait, je crois qu'il aurait bien plus de choses à me dire que *Le Printemps* de Botticelli. Je laisse les gens de goût orner leur demeure avec la reproduction des chefs-d'œuvre qu'ils admirent et décharger leur mémoire du soin de leur conserver une image précieuse en la confiant à un cadre de bois sculpté. Je laisse les gens de goût faire de leur chambre l'image même de leur goût et la remplir seulement de choses qu'il puisse approuver. Pour moi, je ne me sens vivre et penser que dans une chambre où tout est la création et le langage de vies profondément différentes de la mienne, d'un goût opposé au mien, où je ne retrouve rien de ma pensée consciente, où mon imagination s'exalte en se sentant plongée au sein du non-moi ; je ne me sens heureux qu'en mettant le pied – avenue de la Gare, sur le port, ou place de l'Église – dans un de ces hôtels de province aux longs corridors froids où le vent du dehors lutte avec succès contre les efforts du calorifère, où la carte de géographie détaillée de l'arrondissement est encore le seul ornement des murs, où chaque bruit ne sert qu'à faire apparaître le silence en le déplaçant, où les chambres gardent un parfum de renfermé que le grand air vient laver, mais n'efface pas, et que les narines aspirent cent fois pour l'apporter à l'imagination qui s'en enchante, qui le fait poser comme un modèle pour essayer de le recréer en elle avec tout ce qu'il contient de pensées et de souvenirs ; où le soir, quand on ouvre la porte de sa chambre, on a le sentiment de violer toute la vie qui y est restée éparse, de la prendre hardiment par la main quand la porte refermée on entre plus avant, jusqu'à la table ou jusqu'à la fenêtre ; de s'asseoir dans une sorte de libre promiscuité avec elle sur le canapé exécuté par le tapissier du chef-lieu selon ce qu'il croyait le goût de Paris ; de toucher partout la nudité de cette vie dans le dessein de se troubler soi-même par sa propre familiarité, en posant ici et là ses affaires, en jouant le maître dans cette chambre pleine jusqu'aux bords de l'âme des autres et qui garde jusque dans la forme des chenets et le dessin des rideaux l'empreinte de leur rêve, en marchant pieds nus sur son tapis inconnu ; alors, cette vie secrète, on a le sentiment de l'enfermer avec soi quand on va, tout tremblant, tirer le verrou ; de la pousser dans le lit et de coucher enfin avec elle dans les grands draps blancs qui vous montent par-dessus la figure, tandis que, tout près, l'église sonne pour toute la ville les heures d'insomnie des mourants et des amoureux.

Je n'étais pas depuis bien longtemps à lire dans ma chambre qu'il fallait aller au parc, à un kilomètre du village *. Mais, après le jeu obligé, j'abrégeais la fin du goûter apporté dans des paniers et distribué aux enfants au bord de la rivière, sur l'herbe où le livre avait été posé avec défense de le prendre encore. Un peu plus loin, dans certains fonds assez incultes et assez mystérieux du parc, la rivière cessait d'être une eau rectiligne et artificielle, couverte de cygnes et bordée d'allées où souriaient des statues, et, par moments sautelante de carpes, se précipitait, passait à une allure rapide la clôture du parc, devenait une rivière dans le sens géographique du mot – une rivière qui devait avoir un nom – et ne tardait pas à s'épandre

* Ce que nous appelions je ne sais pourquoi un village est un chef-lieu de canton auquel le Guide Joanne donne près de 3 000 habitants.

(la même vraiment qu'entre les statues et sous les cygnes) entre des herbages où dormaient des bœufs et dont elle noyait les boutons d'or, sortes de prairies rendues par elle assez marécageuses et qui, tenant d'un côté au village par des tours informes, restes, disait-on, du Moyen Âge, joignaient de l'autre, par des chemins montants d'églantiers et d'aubépines, la « nature » qui s'étendait à l'infini, des villages qui avaient d'autres noms, l'inconnu. Je laissais les autres finir de goûter dans le bas du parc, au bord des cygnes, et je montais en courant dans le labyrinthe jusqu'à telle charmille où je m'asseyais, introuvable, adossé aux noisetiers taillés, apercevant le plant d'asperges, les bordures de fraisiers, le bassin où, certains jours, les chevaux faisaient monter l'eau en tournant, la porte blanche qui était la « fin du parc » en haut, et au-delà, les champs de bluets et de coquelicots. Dans cette charmille le silence était profond, le risque d'être découvert presque nul, la sécurité rendue plus douce par les cris éloignés qui d'en bas m'appelaient en vain, quelquefois même se rapprochaient, montaient les premiers talus, cherchant partout, puis s'en retournaient, n'ayant pas trouvé ; alors plus aucun bruit ; seul de temps en temps le son d'or des cloches qui au loin, par-delà les plaines, semblait tinter derrière le ciel bleu, aurait pu m'avertir de l'heure qui passait ; mais surpris par sa douceur et troublé par le silence plus profond qui le suivait, je n'étais jamais sûr du nombre des coups. Ce n'était pas les cloches tonnantes qu'on entendait en rentrant dans le village – quand on approchait de l'église qui de près avait repris sa taille haute et raide, dressant sur le bleu du soir son capuchon d'ardoise ponctué de corbeaux – faire voler le son en éclats sur la place, « pour les biens de la terre ». Elles n'arrivaient au bout du parc que faibles et douces et ne s'adressant pas à moi, mais à toute la campagne, à tous les villages, aux paysans isolés dans leur champ, elles ne me forçaient nullement à lever la tête, elles passaient près de moi, portant l'heure aux pays lointains, sans me voir, sans me connaître et sans me déranger.

Et quelquefois à la maison, dans mon lit, longtemps après le dîner, les dernières heures de la soirée abritaient aussi ma lecture, mais cela seulement les jours où j'étais arrivé aux derniers chapitres d'un livre, où il n'y avait plus beaucoup à lire pour arriver à la fin. Alors, risquant d'être puni si j'étais découvert, et l'insomnie qui, le livre fini, se prolongerait peut-être toute la nuit, dès que mes parents étaient couchés je rallumais ma bougie ; tandis que dans la rue toute proche, entre la maison de l'armurier et la poste, baignées de silence, il y avait plein d'étoiles au ciel sombre et pourtant bleu, et qu'à gauche sur la ruelle exhaussée où commençait en tournant son ascension surélevée, on sentait veiller monstrueuse et noire l'abside de l'église dont les sculptures la nuit ne dormaient pas, l'église villageoise et pourtant historique, séjour magique du Bon Dieu, de la brioche bénite, des saints multicolores et des dames des châteaux qui, les jours de fête, faisant, quand elles traversaient le marché, piailler les poules et regarder les commères, venaient à la messe « dans leurs attelages », non sans acheter au retour chez le pâtissier de la place, juste après avoir quitté l'ombre du porche où les fidèles en poussant la porte semaient les rubis errants de la nef, quelques-uns de ces gâteaux en forme de tours, protégés du soleil par un store, – « manqués », « saint-honorés » et « gênoises », – dont l'odeur oisive et sucrée est restée mêlée pour moi aux cloches de la grand-messe et à la gaieté des dimanches.

Puis la dernière page était lue, le livre était fini. Il fallait arrêter la course éperdue des yeux et de la voix qui suivait sans bruit, s'arrêtant seulement pour reprendre haleine, dans un soupir profond. Alors, afin de donner aux tumultes depuis trop longtemps déchaînés en moi pour pouvoir se calmer ainsi d'autres mouvements à diriger, je me levais, je me mettais à marcher le long de mon lit, les yeux encore fixés à quelque point qu'on aurait vainement cherché dans la chambre ou dehors, car il n'était situé qu'à une distance d'âme, une de ces distances qui ne se mesurent pas par mètres et par lieues comme les autres, et qu'il est d'ailleurs impossible de confondre avec elles quand on regarde les yeux « lointains » de ceux qui pensent « à autre chose ». Alors, quoi ? ce livre, ce n'était que cela ? Ces êtres à qui on avait donné plus de son attention et de sa tendresse qu'aux gens de la vie, n'osant pas toujours avouer à quel point on les aimait, et même quand nos parents nous trouvaient en train de lire et avaient l'air de sourire de notre émotion, fermant le livre avec une indifférence affectée ou un ennui feint ; ces gens pour qui on avait haleté et sangloté, on ne les verrait plus jamais, on ne saurait plus rien d'eux. Déjà, depuis quelques pages, l'auteur, dans le cruel « Épilogue », avait eu soin de les « espacer » avec une indifférence incroyable pour qui savait l'intérêt avec lequel il les avait suivis jusque-là pas à pas. L'emploi de chaque heure de leur vie nous avait été narré. Puis subitement : « Vingt ans après ces événements on pouvait rencontrer dans les rues de Fougères * un vieillard encore droit, etc. »[167]. Et le mariage dont deux volumes avaient été employés à nous faire entrevoir la possibilité délicieuse, nous effrayant puis nous réjouissant de chaque obstacle dressé puis aplani, c'est par une phrase incidente d'un personnage secondaire que nous apprenions qu'il avait été célébré, nous ne savions pas au juste quand, dans cet étonnant épilogue écrit, semblait-il, du haut du ciel par une

* J'avoue que certain emploi de l'imparfait de l'indicatif – de ce temps cruel qui nous présente la vie comme quelque chose d'éphémère à la fois et de passif, qui au moment même où il retrace nos actions les frappe d'illusion, les anéantit dans le passé sans nous laisser comme le « parfait », la consolation de l'activité – est resté pour moi une source inépuisable de mystérieuses tristesses. Aujourd'hui encore je peux avoir pensé pendant des heures à la mort avec calme : il me suffit d'ouvrir un volume des *Lundis* de Sainte-Beuve et d'y tomber par exemple sur cette phrase de Lamartine (il s'agit de Mme d'Albany) : « Rien ne *rappelait* en elle à cette époque... *C'était* une petite femme dont la taille un peu affaissée sous son poids avait perdu, etc. » pour me sentir aussitôt envahi par la plus profonde mélancolie. – Dans les romans, l'intention de faire de la peine est si visible chez l'auteur qu'on se raidit un peu plus.

personne indifférente à nos passions d'un jour, qui s'était substituée à l'auteur. On aurait tant voulu que le livre continuât, et, si c'était impossible avoir d'autres renseignements sur tous ces personnages, apprendre maintenant quelque chose de leur vie, employer la nôtre à des choses qui ne fussent pas tout à fait étrangères à l'amour qu'ils nous avaient inspiré et dont l'objet nous faisait tout à coup défaut, ne pas avoir aimé en vain, pour une heure, des êtres qui demain ne seraient plus qu'un nom sur une page oubliée, dans un livre sans rapport avec la vie et sur la valeur duquel nous nous étions bien mépris puisque son lot ici-bas, nous le comprenions maintenant et nos parents nous l'apprenaient au besoin d'une phrase dédaigneuse, n'était nullement, comme nous l'avions cru de contenir l'univers et la destinée, mais d'occuper une place fort étroite dans la bibliothèque du notaire, entre les fastes sans prestige du *Journal de Modes illustré* et de *La Géographie d'Eure-et-Loir*..............................

....

.... Avant d'essayer de montrer au seuil des « Trésors des Rois » pourquoi à mon avis la Lecture ne doit pas jouer dans la vie le rôle prépondérant que lui assigne Ruskin dans ce petit ouvrage, je devais mettre hors de cause les charmantes lectures de l'enfance dont le souvenir doit rester pour chacun de nous une bénédiction. Sans doute je n'ai que trop prouvé par la longueur et le caractère du développement qui précède ce que j'avais d'abord avancé d'elles ; que ce qu'elles laissent surtout en nous, c'est l'image des lieux et des jours où nous les avons faites. Je n'ai pas échappé à leur sortilège. Voulant parler d'elles j'ai parlé de toute autre chose que des livres parce que ce n'est pas d'eux qu'elles m'ont parlé. Mais peut-être les souvenirs qu'elles m'ont l'un après l'autre rendus en auront-ils eux-mêmes éveillé chez le lecteur et l'auront-ils peu à peu amené, tout en s'attardant dans ces chemins fleuris et détournés, à recréer dans son esprit l'acte psychologique original appelé *lecture,* avec assez de force pour pouvoir suivre maintenant comme au dedans de lui-même les quelques réflexions qu'il me reste à présenter.

On sait que « Les Trésors des Rois » est une conférence sur la lecture que Ruskin donna à Manchester (Rusholme, Town Hall) le 6 décembre 1864 pour aider à la création d'une bibliothèque à l'Institut de Rusholme. Le 14 décembre, il en prononçait une seconde « Des Jardins des reines » sur le rôle de la femme, pour aider à fonder des écoles à Ancoats. « Pendant toute cette année 1864, dit M. Collingwood dans son admirable ouvrage *Life and Work of Ruskin,* il demeura *at home,* sauf pour faire de fréquentes visites à Carlyle. Et quand en décembre il donna à Manchester les cours qui sous le nom de « Sésame et les lys » devinrent son ouvrage le plus populaire, nous pouvons discerner son meilleur état de santé physique et intellectuelle dans les couleurs plus brillantes de sa pensée. Nous pouvons reconnaître l'écho de ses entretiens avec Carlyle dans l'idéal héroïque, aristocratique et stoïque qu'il propose et dans l'insistance avec laquelle il revient sur la valeur des livres et des bibliothèques publiques, Carlyle étant le fondateur de la London Bibliothèque... »

Pour nous, qui ne voulons ici que discuter en elle-même, et sans nous occuper de ses origines historiques, la thèse de Ruskin, nous pouvons la résumer assez exactement par ces mots de Descartes, que « la lecture de tous les bons livres est comme une conversation avec les plus honnêtes gens des siècles passés qui en ont été les auteurs [168] ». Ruskin n'a peut-être pas connu cette pensée d'ailleurs un peu sèche du philosophe français, mais, en réalité, il n'a fait, dans toute sa conférence, que l'envelopper dans un or apollonien [169] où fondent des brumes anglaises et qui ressemble à celui dont la gloire illumine les paysages de son peintre préféré [170]. « À supposer, dit-il, que nous ayons et la volonté et l'intelligence de bien choisir nos amis, combien peu d'entre nous en ont le pouvoir, combien est limitée la sphère de nos choix. Nous ne pouvons connaître qui nous voudrions... Nous pouvons par une bonne fortune entrevoir un grand poète et entendre le son de sa voix, ou poser une question à un homme de science qui nous répondra aimablement. Nous pouvons usurper dix minutes d'entretien dans le cabinet d'un ministre, avoir une fois dans notre vie le privilège d'arrêter le regard d'une reine. Et pourtant ces hasards fugitifs nous les convoitons, nous dépensons nos années, nos passions et nos facultés à la poursuite d'un peu moins que cela, tandis que durant ce temps il y a une société qui nous est continuellement ouverte, de gens qui nous parleraient aussi longtemps que nous le souhaiterions, quel que soit notre rang. Et cette société, parce qu'elle est si nombreuse et si douce et que nous pouvons la faire attendre près de nous toute une journée – rois et hommes d'État attendant patiemment non pour accorder une audience, mais pour l'obtenir – nous n'allons jamais la chercher dans ces antichambres simplement meublées que sont les rayons de nos bibliothèques, nous n'écoutons jamais un mot de ce qu'ils auraient à nous dire *. « Vous me direz peut-être, ajoute Ruskin, que si vous aimez mieux causer avec des vivants, c'est que vous voyez leur visage, etc. », et réfutant cette première objection, puis une seconde, il montre que la lecture est exactement une conversation avec des hommes beaucoup plus sages et plus intéressants que ceux que nous pouvons avoir l'occasion de connaître autour de nous. J'ai essayé de montrer dans les notes dont j'ai accompagné ce volume que la lecture ne saurait être ainsi assimilée à une conversation, fût-ce avec le plus sage des hommes ; que ce qui diffère essentiellement entre un livre et un ami, ce n'est pas leur plus ou moins grande sagesse, mais la manière dont on communique avec eux, la lecture, au rebours de la conversation, consistant pour chacun de nous à recevoir communication d'une autre pensée, mais tout en restant seul, c'est-à-dire en continuant à jouir de la puissance intellectuelle qu'on a dans la solitude et que la

* *Sésame et les lys, Des Trésors des Rois*, 6.

conversation dissipe immédiatement, en continuant à pouvoir être inspiré, à rester en plein travail fécond de l'esprit sur lui-même. Si Ruskin avait tiré les conséquences d'autres vérités qu'il a énoncées quelques pages plus loin, il est probable qu'il aurait rencontré une conclusion analogue à la mienne. Mais évidemment il n'a pas cherché à aller au cœur même de l'idée de « lecture ». Il n'a voulu, pour nous apprendre le prix de la lecture, que nous conter une sorte de beau mythe platonicien, avec cette simplicité des Grecs qui nous ont montré à peu près toutes les idées vraies et ont laissé aux scrupules modernes le soin de les approfondir. Mais si je crois que la lecture, dans son essence originale, dans ce miracle fécond d'une communication au sein de la solitude, est quelque chose de plus, quelque chose d'autre que ce qu'a dit Ruskin, je ne crois pas malgré cela qu'on puisse lui reconnaître dans notre vie spirituelle le rôle prépondérant qu'il semble lui assigner.

Les limites de son rôle dérivent de la nature de ses vertus. Et ces vertus, c'est encore aux lectures d'enfance que je vais aller demander en quoi elles consistent. Ce livre, que vous m'avez vu tout à l'heure lire au coin du feu dans la salle à manger, dans ma chambre au fond du fauteuil revêtu d'un appuie-tête au crochet, et pendant les belles heures de l'après-midi, sous les noisetiers et les aubépines du parc, où tous les souffles des champs infinis venaient de si loin jouer silencieusement auprès de moi, tendant sans mot dire à mes narines distraites l'odeur des trèfles et des sainfoins sur lesquels mes yeux fatigués se levaient parfois, ce livre, comme vos yeux en se penchant vers lui ne pourraient déchiffrer son titre à vingt ans de distance, ma mémoire, dont la vue est plus appropriée à ce genre de perceptions, va vous dire quel il était : *Le Capitaine Fracasse*, de Théophile Gautier [171]. J'en aimais par-dessus tout deux ou trois phrases qui m'apparaissaient comme les plus originales et les plus belles de l'ouvrage. Je n'imaginais pas qu'un autre auteur en eût jamais écrit de comparables. Mais j'avais le sentiment que leur beauté correspondait à une réalité dont Théophile Gautier ne nous laissait entrevoir, une ou deux fois par volume, qu'un petit coin. Et comme je pensais qu'il la connaissait assurément tout entière, j'aurais voulu lire d'autres livres de lui où toutes les phrases seraient aussi belles que celles-là et auraient pour objet les choses sur lesquelles j'aurais désiré avoir son avis. « Le rire n'est point cruel de sa nature ; il distingue l'homme de la bête, et il est, ainsi qu'il appert en *L'Odyssée* d'Homerus, poète grégeois, l'apanage des dieux immortels et bienheureux qui rient olympiennement tout leur saoul durant les loisirs de l'éternité * [172]. » Cette phrase me donnait une véritable ivresse. Je croyais apercevoir une Antiquité merveilleuse à travers ce Moyen Âge que seul Gautier pouvait me révéler. Mais j'aurais voulu qu'au lieu de dire cela furtivement, après l'ennuyeuse description d'un château que le trop grand nombre de termes que je ne connaissais pas m'empêchait de me figurer le moins du monde, il écrivît tout le long du volume des phrases de ce genre et me parlât de choses qu'une fois son livre fini je pourrais continuer à connaître et à aimer. J'aurais

* En réalité, cette phrase ne se trouve pas, au moins sous cette forme, dans *Le Capitaine Fracasse.* Au lieu de « ainsi qu'il appert en *L'Odyssée* d'Homerus, poète grégeois », il y a simplement « suivant Homerus ». Mais comme les expressions « il appert d'Homerus », « il appert de *L'Odyssée* », qui se trouvent ailleurs dans le même ouvrage, me donnaient un plaisir de même qualité, je me suis permis, pour que l'exemple fût plus frappant pour le lecteur, de fondre toutes ces beautés en une, aujourd'hui que je n'ai plus pour elles, à vrai dire, de respect religieux. Ailleurs encore, dans *Le Capitaine Fracasse,* Homerus est qualifié de poète grégeois, et je ne doute pas que cela aussi ne m'enchantât. Toutefois je ne suis plus capable de retrouver avec assez d'exactitude ces joies oubliées pour être assuré que je n'ai pas forcé la note et dépassé la mesure en accumulant en une seule phrase tant de merveilles ! Je ne le crois pas pourtant. Et je pense avec regret que l'exaltation avec laquelle je répétais la phrase du *Capitaine Fracasse* aux iris et aux pervenches penchés au bord de la rivière, en piétinant les cailloux de l'allée, aurait été plus délicieuse encore si j'avais pu trouver en une seule phrase de Gautier tant de ses charmes que mon propre artifice réunit aujourd'hui, sans parvenir, hélas ! à me donner aucun plaisir.

voulu qu'il me dît, lui, le seul sage détenteur de la vérité, ce que je devais penser au juste de Shakespeare, de Saintine, de Sophocle, d'Euripide, de Silvio Pellico que j'avais lu pendant un mois de mars très froid, marchant, tapant des pieds, courant par les chemins, chaque fois que je venais de fermer le livre, dans l'exaltation de la lecture finie, des forces accumulées dans l'immobilité, et du vent salubre qui soufflait dans les rues du village. J'aurais voulu surtout qu'il me dît si j'avais plus de chance d'arriver à la vérité en redoublant ou non ma sixième et en étant plus tard diplomate ou avocat à la Cour de cassation. Mais aussitôt la belle phrase finie il se mettait à décrire une table couverte « d'une telle couche de poussière qu'un doigt aurait pu y tracer des caractères », chose trop insignifiante à mes yeux pour que je pusse même y arrêter mon attention ; et j'en étais réduit à me demander quels autres livres Gautier avait écrits qui contenteraient mieux mon aspiration et me feraient connaître enfin sa pensée tout entière.

Et c'est là, en effet, un des grands et merveilleux caractères des beaux livres (et qui nous fera comprendre le rôle à la fois essentiel et limité que la lecture peut jouer dans notre vie spirituelle) que pour l'auteur ils pourraient s'appeler « Conclusions » et pour le lecteur « Incitations » [173]. Nous sentons très bien que notre sagesse commence où celle de l'auteur finit, et nous voudrions qu'il nous donnât des réponses, quand tout ce qu'il peut faire est de nous donner des désirs. Et ces désirs, il ne peut les éveiller en nous qu'en nous faisant contempler la beauté suprême à laquelle le dernier effort de son art lui a permis d'atteindre. Mais par une loi singulière et d'ailleurs providentielle de l'optique des esprits (loi qui signifie peut-être que nous ne pouvons recevoir la vérité de personne, et que nous devons la créer nous-même), ce qui est le terme de leur sagesse ne nous apparaît que comme le commencement de la nôtre, de sorte que c'est au moment où ils nous ont dit tout ce qu'ils pouvaient nous dire, qu'ils font naître en nous le sentiment qu'ils ne nous ont encore rien dit. D'ailleurs, si nous leur posons des questions auxquelles ils ne peuvent pas répondre, nous leur demandons aussi des réponses qui ne nous instruiraient pas. Car c'est un effet de l'amour que les poètes éveillent en nous de nous faire attacher une importance littérale à des choses qui ne sont pour eux que significatives d'émotions personnelles. Dans chaque tableau qu'ils nous montrent, ils ne semblent nous donner qu'un léger aperçu d'un site merveilleux, différent du reste du monde, et au cœur duquel nous voudrions qu'ils nous fissent pénétrer. « Menez-nous », voudrions-nous pouvoir dire à M. Maeterlinck, à Mme de Noailles, « dans le jardin de Zélande où croissent les fleurs démodées », sur la route parfumée « de trèfle et d'armoise » et dans tous les endroits de la terre dont vous ne nous avez pas parlé dans vos livres, mais que vous jugez aussi beaux que ceux-là. » Nous voudrions aller voir ce champ que Millet (car les peintres sont aussi des poètes) nous montre dans son Printemps [174], nous voudrions que M. Claude Monet nous conduisît à Giverny, au bord de la Seine, à ce coude de la rivière qu'il nous laisse à peine distinguer à travers la brume du matin [175]. Or, en réalité, ce sont de simples hasards de relations ou de parenté qui en leur donnant l'occasion d'y venir ont fait choisir pour les peindre à Mme de Noailles, à Maeterlinck, à Millet, à Claude Monet, cette route, ce jardin, ce champ, ce coude de rivière, plutôt que tels autres. Ce qui nous les fait paraître autres et plus beaux que le reste du monde, c'est qu'ils portent sur eux comme un reflet insaisissable l'impression qu'ils ont donnée au génie, et que nous verrions errer aussi singulière et aussi despotique sur la face indifférente et soumise de tous les pays qu'il aurait peints. Cette apparence avec laquelle ils nous charment et nous déçoivent et au-delà de laquelle nous voudrions aller, c'est l'essence même de cette chose en quelque sorte sans épaisseur, – mirage arrêté sur une toile, – qu'est une vision. Et cette brume que nos yeux avides voudraient percer, c'est le dernier mot de l'art du peintre. Le suprême effort de l'écrivain comme de l'artiste n'aboutit qu'à soulever partiellement pour nous le voile de laideur et d'insignifiance qui nous laisse incurieux devant l'univers. Alors, il nous dit : « Regarde, regarde, parfumés de trèfle et d'armoise, serrant leurs vifs ruisseaux étroits, les pays de l'Aisne et de l'Oise. Regarde la maison de Zélande rose et luisante comme un coquillage, regarde ! Apprends à voir ! » Et à ce moment il disparaît. Tel est le prix de la lecture et telle est aussi son insuffisance. C'est donner un trop grand rôle à ce qui n'est qu'une initiation d'en faire une discipline. La lecture est au seuil de la vie spirituelle ; elle peut nous y introduire : elle ne la constitue pas.

Il est cependant certains cas, certains cas pathologiques pour ainsi dire, de dépression spirituelle, où la lecture peut devenir une sorte de discipline curative et être chargée par des incitations répétées de réintroduire perpétuellement un esprit paresseux dans la vie de l'esprit. Les livres jouent alors auprès de lui un rôle analogue à celui des psychothérapeutes auprès de certains neurasthéniques.

On sait que dans certaines affections du système nerveux le malade, sans qu'aucun de ses organes soit lui-même atteint, est enlisé dans une sorte d'impossibilité de vouloir, comme dans une ornière profonde d'où il ne peut se tirer seul, et où il finirait par dépérir, si une main puissante et secourable ne lui était tendue. Son cerveau, ses jambes, ses poumons, son estomac, sont intacts. Il n'a aucune incapacité réelle de travailler, de marcher, de s'exposer au froid, de manger. Mais ces différents actes qu'il serait très capable d'accomplir, il est incapable de les vouloir. Et une déchéance organique qui finirait par devenir l'équivalent des maladies qu'il n'a pas serait la conséquence irrémédiable de l'inertie de sa volonté, si l'impulsion qu'il ne peut trouver en lui-même ne lui venait de dehors, d'un médecin qui voudra pour lui, jusqu'à ce qu'il ait peu à peu rééduqué ses divers vouloirs organiques. Or, il existe certains esprits qu'on pourrait comparer à ces malades et qu'une sorte de paresse * ou de frivolité empêche de descendre spontanément dans les régions profondes de soi-même où commence la véritable vie de l'esprit. Ce n'est pas qu'une fois qu'on les y a conduits ils ne soient capables d'y découvrir et d'y exploiter de véritables richesses, mais, sans cette intervention étrangère, ils vivent à la surface dans un perpétuel oubli d'eux-mêmes, dans une sorte de passivité qui les rend le jouet de tous les plaisirs, les diminue à la taille de ceux qui les entourent et les agitent, et, pareils à ce gentilhomme qui, partageant depuis son enfance la vie des voleurs de grand chemin, avait, pour avoir depuis trop longtemps cessé de le porter, oublié jusqu'à son nom, ils finiraient par abolir en eux tout sentiment et tout souvenir de leur noblesse spirituelle, si une impulsion extérieure ne venait les réintroduire en quelque sorte de force dans la vie de l'esprit, où ils retrouvent subitement la puissance de penser par eux-mêmes et de créer. Or cette impulsion que l'esprit paresseux ne peut trouver en lui-même et qui doit lui venir d'autrui, il est clair qu'il doit la recevoir au sein de la solitude hors de laquelle, nous l'avons vu, ne peut se produire cette

* Je la sens en germe chez Fontanes, dont Sainte-Beuve a dit : « Ce côté épicurien était bien fort chez lui… sans ces habitudes un peu matérielles, Fontanes avec son talent aurait produit bien davantage… et des œuvres plus durables. » Notez que l'impuissant prétend toujours qu'il ne l'est pas. (Voir Fontanes :
« Je perds mon temps s'il faut les croire,
Eux seuls du siècle sont l'honneur », etc.)
Le cas de Coleridge est déjà plus pathologique. « Aucun homme de son temps, ni peut-être d'aucun temps, dit Carpenter (cité par M. Ribot dans son beau livre sur les maladies de la volonté), n'a réuni plus que Coleridge la puissance du raisonnement du philosophe, l'imagination du poète, etc. Et pourtant, il n'y a personne qui étant doué d'aussi remarquables talents en ait tiré si peu ; le grand défaut de son caractère était le manque de volonté pour mettre ses dons naturels à profit, si bien qu'ayant toujours flottant dans l'esprit de gigantesques projets, il n'a jamais essayé sérieusement d'en exécuter un seul. Ainsi, dès le début de sa carrière, il trouva un libraire généreux qui lui promit trente guinées pour des poèmes qu'il avait récités, etc. Il préféra venir toutes les semaines mendier sans fournir une seule ligne de ce poème qu'il n'aurait eu qu'à écrire pour se libérer. »

activité créatrice qu'il s'agit précisément de ressusciter en lui. De la pure solitude l'esprit paresseux ne pourrait rien tirer, puisqu'il est incapable de mettre de lui-même en branle son activité créatrice. Mais la conversation la plus élevée, les conseils les plus pressants ne lui serviraient non plus à rien, puisque cette activité originale ils ne peuvent la produire directement. Ce qu'il faut donc, c'est une intervention qui, tout en venant d'un autre, se produise au fond de nous-mêmes, c'est bien l'impulsion d'un autre esprit, mais reçue au sein de la solitude. Or, nous avons vu que c'était précisément là la définition de la lecture, et qu'à la lecture seule elle convenait. La seule discipline qui puisse exercer une influence favorable sur de tels esprits, c'est donc la lecture : ce qu'il fallait démontrer, comme disent les géomètres. Mais, là encore, la lecture n'agit qu'à la façon d'une incitation qui ne peut en rien se substituer à notre activité personnelle ; elle se contente de nous en rendre l'usage comme, dans les affections nerveuses auxquelles nous faisions allusion tout à l'heure, le psychothérapeute ne fait que restituer au malade la volonté de se servir de son estomac, de ses jambes, de son cerveau, restés intacts. Soit d'ailleurs que tous les esprits participent plus ou moins à cette paresse, à cette stagnation dans les bas niveaux, soit que, sans lui être nécessaire, l'exaltation qui suit certaines lectures ait une influence propice sur le travail personnel, on cite plus d'un écrivain qui aimait à lire une belle page avant de se mettre au travail. Emerson commençait rarement à écrire sans relire quelques pages de Platon. Et Dante n'est pas le seul poète que Virgile ait conduit jusqu'au seuil du paradis.

Tant que la lecture est pour nous l'incitatrice dont les clefs magiques nous ouvrent au fond de nous-mêmes la porte des demeures où nous n'aurions pas su pénétrer, son rôle dans notre vie est salutaire. Il devient dangereux au contraire quand au lieu de nous éveiller à la vie personnelle de l'esprit, la lecture tend à se substituer à elle, quand la vérité ne nous apparaît plus comme un idéal que nous ne pouvons réaliser que par le progrès intime de notre pensée et par l'effort de notre cœur, mais comme une chose matérielle, déposée entre les feuillets des livres, comme un miel tout préparé par les autres et que nous n'avons qu'à prendre la peine d'atteindre sur les rayons des bibliothèques et de déguster ensuite passivement dans un parfait repos de corps et d'esprit. Parfois même, dans certains cas un peu exceptionnels, et nous le verrons, moins dangereux, la vérité, conçue comme extérieure encore, est lointaine, cachée dans un lieu d'accès difficile. C'est alors quelque document secret, quelque correspondance inédite, des mémoires qui peuvent jeter sur certains caractères un jour inattendu, et dont il est difficile d'avoir communication. Quel bonheur, quel repos pour un esprit fatigué de chercher la vérité en lui-même, de se dire qu'elle est située hors de lui, aux feuillets d'un in-folio jalousement conservé dans un couvent de Hollande, et que si pour arriver jusqu'à elle, il faut se donner de la peine, cette peine sera toute matérielle, ne sera pour la pensée qu'un délassement plein de charme. Sans doute, il faudra faire un long voyage, traverser en coche d'eau les plaines gémissantes de vent, tandis que sur la rive les roseaux s'inclinent et se relèvent tour à tour dans une ondulation sans fin ; il faudra s'arrêter à Dordrecht, qui mire son église couverte de lierre dans l'entrelacs des canaux dormants et dans la Meuse frémissante et dorée où les vaisseaux en glissant dérangent, le soir, les reflets alignés des toits rouges et du ciel bleu ; et enfin, arrivé au terme du voyage, on ne sera pas encore certain de recevoir communication de la vérité. Il faudra pour cela faire jouer de puissantes influences, se lier avec le vénérable archevêque d'Utrecht, à la belle figure carrée d'ancien janséniste, avec le pieux gardien des archives d'Amersfoort [176]. La conquête de la vérité est conçue dans ces cas-là comme le succès d'une sorte de mission diplomatique où n'ont manqué ni les difficultés du voyage, ni les hasards de la négociation. Mais, qu'importe ? Tous ces membres de la vieille petite église d'Utrecht, de la bonne volonté de qui il dépend que nous entrions en possession de la vérité, sont des gens charmants dont les visages du XVIIe siècle nous changent des figures accoutumées et avec qui il sera si amusant de rester en relations, au moins par correspondance. L'estime dont ils continueront à nous envoyer de temps à autre le témoignage nous relèvera à nos propres yeux et nous garderons leurs lettres comme un certificat et comme une curiosité. Et nous ne manquerons pas un jour de leur dédier un de nos livres, ce qui est bien le moins que l'on puisse faire pour des gens qui vous ont fait don… de la vérité. Et quant aux quelques recherches, aux courts travaux que nous serons obligés de faire dans la bibliothèque du couvent et qui seront les préliminaires indispensables de l'acte d'entrée en possession de la vérité – de la vérité que pour plus de prudence et pour qu'elle ne risque pas de nous échapper nous prendrons en note – nous aurions mauvaise grâce à nous plaindre des peines qu'ils pourront nous donner : le calme et la fraîcheur du vieux couvent sont si exquis, où les religieuses portent encore le haut hennin aux ailes blanches qu'elles ont dans le Roger Van der Weyden du parloir ; et, pendant que nous travaillons, les carillons du XVIIe siècle étourdissent si tendrement l'eau naïve du canal qu'un peu de soleil pâle suffit à éblouir entre la double rangée d'arbres dépouillés dès la fin de l'été qui frôlent des miroirs accrochés aux maisons à pignons des deux rives * [177].

* Je n'ai pas besoin de dire qu'il serait inutile de chercher ce couvent près d'Utrecht et que tout ce morceau est de pure imagination. Il m'a pourtant été suggéré par les lignes suivantes de M. Léon Séché dans son ouvrage sur Sainte-Beuve : « Il [Sainte-Beuve] s'avisa un jour, pendant qu'il était à Liège, de prendre langue avec la petite église d'Utrecht. C'était un peu tard, mais Utrecht était bien loin de Paris et je ne sais pas si *Volupté* aurait suffi à lui ouvrir à deux battants les archives d'Amersfoort. J'en doute un peu, car même après les deux premiers volumes de son *Port-Royal,* le pieux savant qui avait alors la garde de ces archives, etc., Sainte-Beuve obtint avec peine du bon M. Karsten la permission d'entrebâiller certains cartons… Ouvrez la deuxième édition de *Port-Royal* et vous verrez la reconnaissance que Sainte-Beuve témoigna à M. Karsten » (Léon Séché, *Sainte-Beuve,* t. I,

Cette conception d'une vérité sourde aux appels de la réflexion et docile au jeu des influences, d'une vérité qui s'obtient par lettres de recommandations, que nous remet en mains propres celui qui la détenait matériellement sans peut-être seulement la connaître, d'une vérité qui se laisse copier sur un carnet, cette conception de la vérité est pourtant loin d'être la plus dangereuse de toutes. Car, bien souvent pour l'historien, même pour l'érudit, cette vérité qu'ils vont chercher au loin dans un livre est moins, à proprement parler, la vérité elle-même que son indice ou sa preuve, laissant par conséquent place à une autre vérité qu'elle annonce ou qu'elle vérifie et qui, elle, est du moins une création individuelle de leur esprit. Il n'en est pas de même pour le lettré. Lui, lit pour lire, pour retenir ce qu'il a lu. Pour lui, le livre n'est pas l'ange qui s'envole aussitôt qu'il a ouvert les portes du jardin céleste, mais une idole immobile, qu'il adore pour elle-même, qui, au lieu de recevoir une dignité vraie des pensées qu'elle éveille, communique une dignité factice à tout ce qui l'entoure. Le lettré invoque en souriant en l'honneur de tel nom qu'il se trouve dans Villehardouin ou dans Boccace *, en faveur de tel usage qu'il est décrit dans Virgile. Son esprit sans activité originale ne sait pas isoler dans les livres la substance qui pourrait le

---

p. 229 et suivantes). Quant aux détails du voyage, ils reposent tous sur des impressions vraies. Je ne sais si on passe par Dordrecht pour aller à Utrecht, mais c'est bien telle que je l'ai vue que j'ai décrit Dordrecht. Ce n'est pas en allant à Utrecht, mais à Vollendam, que j'ai voyagé en coche d'eau, entre les roseaux. Le canal que j'ai placé à Utrecht est à Delft. J'ai vu à l'hôpital de Beaune un Van der Weyden et des religieuses d'un ordre venu, je crois, de Flandres, qui portent encore la même coiffe non que dans le Roger van der Weyden, mais que dans d'autres tableaux vus en Hollande.

* Le snobisme pur est plus innocent. Se plaire dans la société de quelqu'un parce qu'il a eu un ancêtre aux croisades, c'est de la vanité, l'intelligence n'a rien à voir à cela. Mais se plaire dans la société de quelqu'un parce que le nom de son grand-père se retrouve souvent dans Alfred de Vigny ou dans Chateaubriand, voilà où le péché intellectuel commence. Je l'ai du reste analysé trop longuement ailleurs, quoiqu'il me reste beaucoup à en dire, pour avoir à y insister autrement ici.

rendre plus fort ; il s'encombre de leur forme intacte, qui, au lieu d'être pour lui un élément assimilable, un principe de vie, n'est qu'un corps étranger, un principe de mort. Est-il besoin de dire que si je qualifie de malsains ce goût, cette sorte de respect fétichiste pour les livres, c'est relativement à ce que seraient les habitudes idéales d'un esprit sans défauts qui n'existe pas, et comme font les physiologistes qui décrivent un fonctionnement d'organes normal tel qu'il ne s'en rencontre guère chez les êtres vivants. Dans la réalité, au contraire, où il n'y a pas plus d'esprits parfaits que de corps entièrement sains, ceux que nous appelons les grands esprits sont atteints comme les autres de cette « maladie littéraire ». Plus que les autres, pourrait-on dire. Il semble que le goût des livres croisse avec l'intelligence, un peu au-dessous d'elle, mais sur la même tige, comme toute passion s'accompagne d'une prédilection pour ce qui entoure son objet, a du rapport avec lui, dans l'absence lui en parle encore. Aussi, les plus grands écrivains, dans les heures où ils ne sont pas en communication directe avec la pensée, se plaisent dans la société des livres. N'est-ce pas surtout pour eux, du reste, qu'ils ont été écrits ; ne leur dévoilent-ils pas mille beautés, qui restent cachées au vulgaire ? À vrai dire, le fait que des esprits supérieurs soient ce que l'on appelle livresques ne prouve nullement que cela ne soit pas un défaut de l'être. De ce que les hommes médiocres sont souvent travailleurs et les intelligents souvent paresseux, on ne peut pas conclure que le travail n'est pas pour l'esprit une meilleure discipline que la paresse. Malgré cela, rencontrer chez un grand homme un de nos défauts nous incline toujours à nous demander si ce n'était pas au fond une qualité méconnue, et nous n'apprenons pas sans plaisir qu'Hugo savait Quinte-Curce, Tacite et Justin par cœur, qu'il était en mesure, si on contestait devant lui la légitimité d'un terme * qu'il avait employé, d'en établir la filiation, jusqu'à l'origine, par des citations qui prou-

* Paul Stapfer, « Souvenirs sur Victor Hugo », parus dans *La Revue de Paris*.

vaient une véritable érudition. (J'ai montré ailleurs comment cette érudition avait chez lui nourri le génie au lieu de l'étouffer, comme un paquet de fagots qui éteint un petit feu et en accroît un grand.) Maeterlinck, qui est pour nous le contraire du lettré, dont l'esprit est perpétuellement ouvert aux mille émotions anonymes communiquées par la ruche[178], le parterre ou l'herbage, nous rassure grandement sur les dangers de l'érudition, presque de la bibliophilie, quand il nous décrit en amateur les gravures qui ornent une vieille édition de Jacob Cats ou de l'abbé Sanderus. Ces dangers, d'ailleurs, menaçant beaucoup plus, quand ils existent, la sensibilité que l'intelligence, la capacité de lecture profitable, si l'on peut ainsi dire, est beaucoup plus grande chez les penseurs que chez les écrivains d'imagination. Schopenhauer, par exemple, nous offre l'image d'un esprit dont la vitalité porte légèrement la plus énorme lecture, chaque connaissance nouvelle étant immédiatement réduite à la part de réalité, à la portion vivante qu'elle contient.

Schopenhauer n'avance jamais une opinion sans l'appuyer aussitôt sur plusieurs citations, mais on sent que les textes cités ne sont pour lui que des exemples, des allusions inconscientes et anticipées où il aime à retrouver quelques traits de sa propre pensée, mais qui ne l'ont nullement inspirée. Je me rappelle une page du *Monde comme représentation et comme volonté*[179] où il y a peut-être vingt citations à la file. Il s'agit du pessimisme (j'abrège naturellement les citations) : « Voltaire, dans *Candide,* fait la guerre à l'optimisme d'une manière plaisante. Byron l'a faite, à sa façon tragique, dans *Caïn.* Hérodote rapporte que les Thraces saluaient le nouveau-né par des gémissements et se réjouissaient à chaque mort. C'est ce qui est exprimé dans les beaux vers que nous rapporte Plutarque : *Lugere genitum, tanta qui intravit mala*[180], etc. C'est à cela qu'il faut attribuer la coutume des Mexicains de souhaiter, etc., et Swift obéissait au même sentiment quand il avait coutume dès sa jeunesse (à en croire sa biographie par Walter Scott) de célébrer le jour de sa naissance comme un jour d'affliction. Chacun connaît ce passage de *L'Apologie de Socrate* où Platon dit que la mort est un bien admirable. Une maxime d'Héraclite était conçue de même : *Vitae nomen quidem est vita, opus autem mors* [181]. Quant aux beaux vers de Théognis ils sont célèbres : *Optima sors homini natum non esse* [182], etc. Sophocle, dans l'*Œdipe à Colone* (1224), en donne l'abrégé suivant : *Natum non esse sortes vincit alias omnes* [183], etc. Euripide dit : *Omnis hominum vita est plena dolore* [184] *(Hippolyte,* 189), et Homère l'avait déjà dit : *Non enim quidquam alicubi est calamitosius homine omnium, quotquot super terram spirant* [185], etc. D'ailleurs Pline l'a dit aussi : *Nullum melius esse tempestiva morte* [186]. Shakespeare met ces paroles dans la bouche du vieux roi Henri IV : *O, if this were seen – The happiest youth, – Would shut the book and sit him down and die* [187]. Byron enfin : *Tis something better not to be* [188]. Balthazar Gracián nous dépeint l'existence sous les plus noires couleurs dont le Criticon, etc. * » Si je ne m'étais déjà laissé entraîner trop loin par Schopenhauer, j'aurais eu plaisir à compléter cette petite démonstration à l'aide des *Aphorismes sur la sagesse dans la vie,* qui est peut-être de tous les ouvrages que je connais celui qui suppose chez un auteur, avec le plus de lecture, le plus d'originalité, de sorte qu'en tête de ce livre, dont chaque page renferme plusieurs citations, Schopenhauer a pu écrire le plus sérieusement du monde : « Compiler n'est pas mon fait. »

Sans doute, l'amitié, l'amitié qui a égard aux individus est une chose frivole et la lecture est une amitié. Mais du moins c'est une amitié sincère, et le fait qu'elle s'adresse à un mort, à un absent, lui donne quelque chose de désintéressé, de presque touchant. C'est de plus une amitié débarrassée de tout ce qui fait la laideur des autres. Comme nous ne sommes tous tant que nous sommes que des morts qui ne sont pas encore entrés en fonctions, toutes ces politesses, toutes ces salutations dans le vestibule que nous appelons déférence, gratitude, dévouement, et où nous mêlons

* Schopenhauer, *Le Monde comme représentation et comme volonté* (chapitre de la vanité et des souffrances de la vie).

tant de mensonges, sont stériles et fatigantes. De plus, dès les premières relations de sympathie, d'admiration, de reconnaissance, les premières paroles que nous prononçons, les premières lettres que nous écrivons, tissent autour de nous les premiers fils d'une toile d'habitudes, d'une véritable manière d'être, dont nous ne pouvons plus nous débarrasser dans les amitiés suivantes, sans compter que pendant ce temps-là les paroles excessives que nous avons prononcées restent comme des lettres de change que nous devons payer ou que nous paierons plus cher encore toute notre vie des remords de les avoir laissé protester. Dans la lecture, l'amitié est soudain ramenée à sa pureté première. Avec les livres, pas d'amabilité. Ces amis-là, si nous passons la soirée avec eux, c'est vraiment que nous en avons envie. Eux du moins, nous ne les quittons souvent qu'à regret. Et quand nous les avons quittés, aucune de ces pensées qui gâtent l'amitié : Qu'ont-ils pensé de nous ? – N'avons-nous pas manqué de tact ? – Avons-nous plu ? – et la peur d'être oublié pour tel autre. Toutes ces agitations de l'amitié expirent au seuil de cette amitié pure et calme qu'est la lecture. Pas de déférence non plus ; nous ne rions de ce que dit Molière que dans la mesure exacte où nous le trouvons drôle ; quand il nous ennuie nous n'avons pas peur d'avoir l'air ennuyé, et quand nous avons décidément assez d'être avec lui, nous le remettons à sa place aussi brusquement que s'il n'était ni génial ni célèbre. L'atmosphère de cette pure amitié est le silence, plus pur que la parole. Car nous parlons pour les autres, mais nous nous taisons pour nous-mêmes. Aussi le silence ne porte pas, comme la parole, la trace de nos défauts, de nos grimaces. Il est pur, il est vraiment une atmosphère. Entre la pensée de l'auteur et la nôtre il n'interpose pas ces éléments irréductibles, réfractaires à la pensée, de nos égoïsmes différents. Le langage même du livre est pur, si le livre mérite ce nom, rendu transparent par la pensée de l'auteur qui en a retiré tout ce qui n'était pas elle-même jusqu'à y laisser voir son image fidèle ; chaque phrase, au fond, ressemblant aux autres, car toutes sont dites par l'inflexion unique d'une personnalité ; de là une sorte de continuité, que les rapports de la vie et ce qu'ils mêlent à la pensée d'éléments qui lui sont étrangers excluent et qui permet très vite de suivre la ligne même de la pensée de l'auteur, les traits de sa physionomie qui se reflètent dans ce calme miroir. Nous savons nous plaire aux traits de chacun tour à tour sans avoir besoin qu'ils soient admirables, car c'est un grand plaisir pour l'esprit de distinguer au fond du langage ces peintures profondes et d'aimer d'une amitié sans égoïsme, sans phrases, comme en soi-même. Un Gautier, simple, bon garçon, plein de goût (cela nous amuse de penser qu'on a pu le considérer comme l'image de la perfection dans l'art), nous plaît ainsi. Nous ne nous exagérons pas sa puissance spirituelle, et dans son *Voyage en Espagne*, où chaque phrase, sans qu'il s'en doute, accentue et poursuit le trait plein de grâce et de gaieté de sa personnalité (les mots se rangeant d'eux-mêmes pour la dessiner, parce que c'est elle qui les a choisis et disposés dans leur ordre), nous ne pouvons nous empêcher de trouver bien loin d'un art véritable cette obligation à laquelle il croit devoir s'astreindre de ne pas laisser passer une seule forme sans la décrire entièrement, en l'accompagnant d'une comparaison qui, n'étant née d'aucune impression agréable et forte, ne nous charme aucunement [189]. Nous ne pouvons qu'accuser la pitoyable sécheresse de son imagination quand il compare la campagne avec ses cultures variées « à ces cartes de tailleurs où sont collés les échantillons de pantalons et de gilets » et quand il dit que de Paris à Angoulême il n'y a rien à admirer. Et nous sourions de ce gothique fervent qui n'a même pas pris la peine d'aller à Chartres visiter la cathédrale *.

Mais quelle bonne humeur, quel goût, comme nous le suivons volontiers dans ses aventures, ce compagnon plein d'entrain ; il est si sympathique que tout

* « Je regrette d'avoir passé par Chartres sans avoir pu voir la cathédrale » (*Voyage en Espagne*, p. 2).

autour de lui nous le devient. Et après les quelques jours qu'il a passés auprès du commandant Lebarbier de Tinan, retenu par la tempête à bord de son beau vaisseau « étincelant comme de l'or », nous sommes tristes qu'il ne nous dise plus un mot de cet aimable marin et nous le fasse quitter pour toujours sans nous apprendre ce qu'il est devenu *. Nous sentons bien que sa gaieté hâbleuse et ses mélancolies aussi sont chez lui habitudes un peu débraillées de journaliste. Mais nous lui passons tout cela, nous faisons ce qu'il veut, nous nous amusons quand il rentre trempé jusqu'aux os, mourant de faim et de sommeil, et nous nous attristons quand il récapitule avec une tristesse de feuilletoniste les noms des hommes de sa génération morts avant l'heure. Nous disions à propos de lui que si ses phrases dessinent sa physionomie, c'est sans qu'il s'en doute ; c'est que les mots sont choisis, non par notre pensée selon les affinités de son essence, mais par notre désir de nous peindre, il représente ce désir et ne nous représente pas. Fromentin, Musset, malgré tous leurs dons, parce qu'ils ont voulu laisser leur portrait à la postérité, n'en ont donné qu'un fort médiocre, encore nous intéressent-ils infiniment, même par cet échec si instructif. De sorte que quand les livres ne sont pas les miroirs d'une individualité puissante, ils sont les miroirs de défauts curieux de l'esprit. Penchés sur un livre de Fromentin et sur un livre de Musset, nous apercevons au fond du premier ce qu'il y a de court et de niais dans une certaine « distinction » ; au fond du second, ce qu'il y a de vide dans l'éloquence.

Si le goût des livres croît avec l'intelligence, ses dangers, nous l'avons vu, diminuent avec elle. Un esprit original sait subordonner la lecture à son activité personnelle. Elle n'est plus pour lui que la plus noble des distractions, la plus ennoblissante surtout, car, seuls, la lecture et le savoir donnent les « belles manières » de

* Il devint, me dit-on, le célèbre amiral de Tinan, père de Mme Pochet de Tinan, dont le nom est resté cher aux artistes, et le grand-père du brillant officier de cavalerie.

l'esprit. La puissance de notre sensibilité et de notre intelligence, nous ne pouvons la développer qu'en nous-même, dans les profondeurs de notre vie spirituelle. Mais c'est dans ce contact avec les autres esprits qu'est la lecture, que se fait l'éducation des « façons » de l'esprit. Les lettres restent, malgré tout, comme les gens de qualité de l'intelligence, et ignorer certain livre, certaine particularité de la science littéraire, restera toujours, même chez un homme de génie, une marque de roture intellectuelle. La distinction et la noblesse consistent, dans l'ordre de la pensée aussi, dans une sorte de franc-maçonnerie d'usages, et dans un héritage de traditions *.

Très vite, dans ce goût et ce divertissement de lire, la préférence des grands écrivains va aux livres des anciens **. Ceux mêmes qui parurent à leurs contemporains le plus « romantiques » ne lisaient guère que les classiques. Dans la conversation de Victor Hugo, quand il parle de ses lectures, ce sont les noms de Molière, d'Horace, d'Ovide, de Regnard, qui reviennent le plus souvent. Alphonse Daudet, le moins

* La distinction vraie, du reste, feint toujours de ne s'adresser qu'à des personnes distinguées qui connaissent les mêmes usages, et elle n'« explique » pas. Un livre d'Anatole France sous-entend une foule de connaissances érudites, renferme de perpétuelles allusions que le vulgaire n'y aperçoit pas et qui en font l'incomparable noblesse.

** C'est pour cela sans doute que souvent, quand un grand écrivain fait de la critique, il parle beaucoup des éditions qu'on donne d'ouvrages anciens, et très peu des livres contemporains. Exemple les *Lundis* de Sainte-Beuve et *La Vie littéraire* d'Anatole France. Mais tandis que M. Anatole France juge à merveille ses contemporains, on peut dire que Sainte-Beuve (qui, d'ailleurs, n'était pas un grand écrivain) a méconnu tous les grands écrivains de son temps. Et qu'on ne dise pas qu'il était aveuglé par des haines personnelles. Après avoir incroyablement rabaissé le romancier chez Stendhal, il célèbre, en manière de compensation, la modestie, les procédés délicats de l'homme ! Cette cécité de Sainte-Beuve, en ce qui concerne son époque, contraste singulièrement avec ses prétentions à la clairvoyance, à la prescience. « Tout le monde est fort, dit-il dans *Chateaubriand et son groupe littéraire,* à prononcer sur Racine et Bossuet… Mais la sagacité du juge, la perspicacité du critique, se prouve surtout sur des écrits neufs, non encore essayés du public. Juger à première vue, deviner, devancer, voilà le don critique. Combien peu le possèdent. »

livresque des écrivains, dont l'œuvre toute de modernité et de vie semble avoir rejeté tout héritage classique, lisait, citait, commentait sans cesse Pascal, Montaigne, Diderot, Tacite. On pourrait presque aller jusqu'à dire, renouvelant peut-être par cette interprétation d'ailleurs toute partielle la vieille distinction entre classiques et romantiques, que ce sont les publics (les publics intelligents, bien entendu) qui sont romantiques, tandis que les maîtres (même les maîtres dits romantiques, les maîtres préférés des publics romantiques) sont classiques. (Remarque qui pourrait s'étendre à tous les arts. Les publics vont entendre la musique de M. Vincent d'Indy, M. Vincent d'Indy relit celle de Monsigny*. Les publics vont aux expositions de M. Vuillard et de M. Maurice Denis cependant que ceux-ci vont au Louvre.) Cela tient sans doute à ce que cette pensée contemporaine, que les écrivains et les artistes originaux rendent accessible et désirable au public, fait dans une certaine mesure tellement partie d'eux-mêmes qu'une pensée différente les divertit mieux. Elle leur demande, pour qu'ils aillent à elle, plus d'effort, et leur donne aussi plus de plaisir ; on aime toujours un peu à sortir de soi, à voyager, quand on lit.

* Et, réciproquement les classiques n'ont pas de meilleurs commentateurs que les « romantiques ». Seuls, en effet, les romantiques savent lire les ouvrages classiques, parce qu'ils les lisent comme ils ont été écrits, romantiquement, parce que pour bien lire un poète ou un prosateur, il faut être soi-même poète ou prosateur. Cela est vrai pour les ouvrages les moins « romantiques ». Les beaux vers de Boileau, ce ne sont pas les professeurs de rhétorique qui nous les ont signalés, c'est Victor Hugo :
« Et dans quatre mouchoirs de sa beauté salis
Envoie au blanchisseur ses roses et ses lys. »
C'est M. Anatole France :
« L'ignorance et l'erreur à ses naissantes pièces
En habits de marquis, en robes de comtesses », etc.
Le dernier numéro de *La Renaissance latine* (15 mai 1905) me permet, au moment où je corrige ces épreuves, d'étendre, par un nouvel exemple, cette remarque aux beaux-arts. Elle nous montre, en effet, dans « M. Rodin » (article de M. Mauclair) le véritable commentateur de la statuaire grecque.

Mais il est une autre cause à laquelle je préfère, pour finir, attribuer cette prédilection des grands esprits pour les ouvrages anciens *. C'est qu'ils n'ont pas seulement pour nous, comme les ouvrages contemporains, la beauté qu'y sut mettre l'esprit qui les créa. Ils en reçoivent une autre plus émouvante encore, de ce que leur matière même, j'entends la langue où ils furent écrits, est comme un miroir de la vie. Un peu du bonheur qu'on éprouve à se promener dans une ville comme Beaune qui garde intact son hôpital du XVe siècle, avec son puits, son lavoir, sa voûte de charpente lambrissée et peinte, son toit à hauts pignons percé de lucarnes que couronnent de légers épis en plomb martelé (toutes ces choses qu'une époque en disparaissant a comme oubliées là, toutes ces choses qui n'étaient qu'à elle, puisque aucune des époques qui l'ont suivie n'en a vu naître de pareilles), on ressent encore un peu de ce bonheur à errer au milieu d'une tragédie de Racine ou d'un volume de Saint-Simon. Car ils contiennent toutes les belles formes de langage abolies qui gardent le souvenir d'usages ou de façons de sentir qui n'existent plus, traces persistantes du passé à quoi rien du présent ne ressemble et dont le temps en passant sur elles, a pu seul embellir encore la couleur.

Une tragédie de Racine, un volume des mémoires de Saint-Simon ressemblent à de belles choses qui ne se font plus. Le langage dans lequel ils ont été sculptés par de grands artistes avec une liberté qui en fait briller la douceur et saillir la force native nous émeut comme la vue de certains marbres, aujourd'hui inusités, qu'employaient les ouvriers d'autrefois. Sans doute dans tel de ces vieux édifices la pierre a fidèlement

* Prédilection qu'eux-mêmes croient généralement fortuite ; ils supposent que les plus beaux livres se trouvent par hasard avoir été écrits par les auteurs anciens ; et sans doute cela peut arriver puisque les livres anciens que nous lisons sont choisis dans le passé tout entier, si vaste auprès de l'époque contemporaine. Mais une raison en quelque sorte accidentelle ne peut suffire à expliquer une attitude d'esprit si générale.

gardé la pensée du sculpteur, mais aussi, grâce au sculpteur, la pierre, d'une espèce aujourd'hui inconnue, nous a été conservée, revêtue de toutes les couleurs qu'il a su tirer d'elle, faire apparaître, harmoniser. C'est bien la syntaxe vivante en France au XVIIe siècle – et en elle des coutumes et un tour de pensée disparus – que nous aimons à trouver dans les vers de Racine. Ce sont les formes mêmes de cette syntaxe, mises à nu, respectées, embellies par son ciseau si franc et si délicat, qui nous émeuvent dans ces tours de langage familiers jusqu'à la singularité et jusqu'à l'audace * et dont nous voyons,

* Je crois par exemple que le charme qu'on a l'habitude de trouver à ces vers d'*Andromaque* :
« Pourquoi l'assassiner ? Qu'a-t-il fait ? À quel titre ?
Qui te l'a dit ? »
vient précisément de ce que le lien habituel de la syntaxe est volontairement rompu. « À quel titre ? » se rapporte non pas à « Qu'a-t-il fait ? » qui le précède immédiatement, mais à « Pourquoi l'assassiner ? » Et « Qui te l'a dit ? » se rapporte aussi à « assassiner ». (On peut, se rappelant un autre vers d'*Andromaque* : « Qui vous l'a dit, Seigneur, qu'il me méprise, » dire que : « Qui te l'a dit ? » est pour « Qui te l'a dit de l'assassiner ? »). Zigzags de l'expression (la ligne récurrente et brisée dont je parle ci-dessus) qui ne laissent pas d'obscurcir un peu le sens, si bien que j'ai entendu une grande actrice plus soucieuse de la clarté du discours que de l'exactitude de la prosodie dire carrément : « Pourquoi l'assassiner ? À quel titre ? Qu'a-t-il fait ? » Les plus célèbres vers de Racine le sont en réalité parce qu'ils charment ainsi par quelque audace familière de langage jetée comme un pont hardi entre deux rives de douceur. « Je t'aimais inconstant, *qu'eussé-je fait* fidèle ? ». Et quel plaisir cause la belle rencontre de ces expressions dont la simplicité presque commune donne au sens, comme à certains visages dans Mantegna, une si douce plénitude, de si belles couleurs :
« Et dans un fol amour ma jeunesse embarquée
Réunissons trois cœurs qui n'ont pu s'accorder ».
Et c'est pourquoi il convient de lire les écrivains classiques dans le texte, et non de se contenter de morceaux choisis. Les pages illustres des écrivains sont souvent celles où cette contexture intime de leur langage est dissimulée par la beauté, d'un caractère presque universel, du morceau. Je ne crois pas que l'essence particulière de la musique de Gluck se trahisse autant dans tel air sublime que dans telle cadence de ses récitatifs où l'harmonie est comme le son même de la voix de son génie, quand elle retombe sur une intonation involontaire où est marquée toute sa gravité naïve et sa distinction, chaque fois qu'on l'entend pour ainsi dire reprendre haleine. Qui

dans les morceaux les plus doux et les plus tendres, passer comme un trait rapide ou revenir en arrière en belles lignes brisées, le brusque dessin. Ce sont ces formes révolues prises à même la vie du passé que nous allons visiter dans l'œuvre de Racine comme dans une cité ancienne et demeurée intacte. Nous éprouvons devant elles la même émotion que devant ces formes révolues, elles aussi, de l'architecture, que nous ne pouvons plus admirer que dans les rares et magnifiques exemplaires que nous en a légués le passé qui les façonna : telles que les vieilles enceintes des villes, les donjons et les tours, les baptistères des églises ; telles qu'auprès du cloître, dans le petit cimetière qui oublie au soleil, sous ses papillons et ses fleurs, la fontaine funéraire et la lanterne des Morts.

Bien plus, ce ne sont pas seulement les phrases qui dessinent à nos yeux les formes de l'âme ancienne. Entre les phrases, – et je pense à des livres très antiques qui furent d'abord récités, – dans l'intervalle qui les sépare se tient encore aujourd'hui, comme dans un hypogée inviolé, remplissant les interstices, un silence bien des fois séculaire. Souvent dans l'Évangile de saint Luc, rencontrant les « deux points » qui l'interrompent avant chacun des morceaux presque en forme de cantiques dont il est parsemé *, j'ai entendu le

---

a vu des photographies de Saint-Marc de Venise peut croire (et je ne parle pourtant que de l'extérieur du monument) qu'il a une idée de cette église à coupoles, alors que c'est seulement en approchant, jusqu'à pouvoir les toucher avec la main, le rideau diapré de ces colonnes riantes, c'est seulement en voyant la puissance étrange et grave qui enroule des feuilles ou perche des oiseaux dans ces chapiteaux qu'on ne peut distinguer que de près, c'est seulement en ayant sur la place même l'impression de ce monument bas, tout en longueur de façade, avec ses mâts fleuris et son décor de fête, son aspect de « palais d'exposition », qu'on sent éclater dans ces traits significatifs mais accessoires et qu'aucune photographie ne retient, sa véritable et complexe individualité.

* Et Marie dit : « Mon âme exalte le Seigneur et se réjouit en Dieu mon Sauveur, etc. » – Zacharie son père fut rempli du Saint-Esprit et il prophétisa en ces mots : « Béni soit le Seigneur, le Dieu d'Israël de ce qu'il a racheté, etc. » Il la reçut dans ses bras, bénit Dieu et dit : « Maintenant, Seigneur, tu laisses ton serviteur s'en aller en paix... »

silence du fidèle qui venait d'arrêter sa lecture à haute voix pour entonner les versets suivants * comme un psaume qui lui rappelait les psaumes plus anciens de la Bible. Ce silence remplissait encore la pause de la phrase qui, s'étant scindée pour l'enclore, avait gardé sa forme ; et plus d'une fois, tandis que je lisais, il m'apporta le parfum d'une rose que la brise entrant par la fenêtre ouverte avait répandu dans la salle haute où se tenait l'Assemblée et qui ne s'était pas évaporé depuis dix-sept siècles. Que de fois dans *La Divine comédie*, dans Shakespeare, j'ai eu cette impression d'avoir devant moi, inséré dans l'heure présente, un peu du passé, cette impression de rêve qu'on ressent à Venise sur la Piazzetta devant ses deux colonnes de granit gris et rosé qui portent sur leurs chapiteaux grecs, l'une le lion de Saint-Marc, l'autre saint Théodore foulant aux pieds le crocodile, – belles étrangères venues d'Orient sur la mer qu'elles regardent au loin et qui vient mourir à leurs pieds, et qui toutes deux, sans comprendre les propos échangés autour d'elles dans une langue qui n'est pas celle de leur pays, sur cette place publique où brille encore leur sourire distrait, continuent à attarder au milieu de nous leurs jours du XIIe siècle qu'elles intercalent dans notre aujourd'hui. Oui, en pleine place publique, au milieu d'aujourd'hui dont il interrompt à cet endroit l'empire, un peu du XIIe siècle, du XIIe siècle depuis si longtemps enfui, se dresse en un double élan léger de granit rose. Tout autour, les jours actuels, les jours que nous vivons, circulent, se pressent en bourdonnant autour des colonnes, mais là brusquement s'arrêtent, fuient comme des abeilles repoussées ; car elles ne sont pas dans le présent, ces hautes et fines enclaves du passé, mais dans un autre temps où il est interdit au présent

* À vrai dire aucun témoignage positif ne me permet d'affirmer que dans ces lectures le récitant chantât les sortes de psaumes que saint Luc a introduits dans son évangile. Mais il me semble que cela ressort suffisamment du rapprochement de différents passages de Renan et notamment de saint Paul, p. 257 et suiv., les Apôtres, p. 99 et 100, Marc-Aurèle, p. 502-503, etc.

de pénétrer. Autour des colonnes roses, jaillies vers leurs larges chapiteaux, les jours actuels se pressent et bourdonnent. Mais, interposées entre eux, elles les écartent, réservant de toute leur mince épaisseur la place inviolable du Passé : – du Passé familièrement surgi au milieu du présent, avec cette couleur un peu irréelle des choses qu'une sorte d'illusion nous fait voir à quelques pas, et qui sont en réalité situées à bien des siècles, s'adressant dans tout son aspect un peu trop directement à l'esprit, l'exaltant un peu comme on ne saurait s'en étonner de la part du revenant d'un temps enseveli ; pourtant là, au milieu de nous, approché, coudoyé, palpé, immobile, au soleil. [190]

MARCEL PROUST.

UN PROFESSEUR DE BEAUTÉ [191]

« L'histoire des petits souverains de Fezensac ne serait bonne que pour leurs héritiers, s'ils en avaient », a dit Voltaire dans *L'Ingénu*. Quelque opinion qu'on ait soi-même sur cette opinion de Voltaire, on peut penser que, si le comte Robert de Montesquiou-Fezensac, réussissant par un artifice qui n'eût certes pas été louable, à dissimuler sa personnalité spirituelle et à réserver son style, à faire vivre en quelque sorte sa merveilleuse intelligence à part et comme incognito, s'était contenté de compulser et de publier – cela ne signifie pas forcément d'*écrire* – une histoire de sa famille, il y a bien une dizaine d'années qu'il aurait son fauteuil à l'Académie française, et tout le monde, excepté lui peut-être, aurait lieu de s'en féliciter. Les académiciens d'abord, même et surtout aux petits jours, aux jours du dictionnaire, si, comme je le crois, personne aujourd'hui n'est presque au point de M. de Montesquiou sensible au visage, à l'allure, à la gesticulation, aux traditions, aux ridicules, aux préjugés, aux vertus de chaque mot, et n'en connaît mieux l'histoire, ne peut plus sûrement le suivre et le retrouver chez les classiques et chez les modernes, et cela jusqu'à dérouter et essouffler parfois son lecteur moins agile et qu'il feint, avec une politesse où il entre peut-être un peu d'impertinence, de croire aussi savant que lui, tandis que l'autre, qui n'en peut mais, voudrait bien comme M. Jourdain lui dire : « De grâce, Monsieur, faites comme si je ne savais pas. » – « L'écrivain véritable, a dit Ruskin, doit connaître à fond la généalogie et l'armorial des mots, savoir au juste les fonctions qu'ils ont été appelés à remplir dans la noblesse nationale du vocabulaire, quelles alliances ils ont contractées entre eux, dans quelle mesure ils sont *reçus* * », etc. Personne ne répond mieux que M. de Montesquiou à cette définition. Tous ceux qui l'ont vu s'arrêter et comme se cabrer au moment de prononcer un mot (et de ceux qui jusque-là nous avaient le moins frappé), comme dans l'effarement ** d'avoir vu tout d'un coup béant l'abîme du passé qui s'entrouvre sous ce mot dont l'accoutumance seule nous dissimule les profondeurs, dans le vertige d'y avoir aperçu la grâce native de ce mot, penchée là comme une fleur au bord d'un précipice, tous ceux qui l'ont vu saisir un mot, en montrer toutes les beautés, le goûter, faire presque la grimace à sa saveur spécifique et trop forte, le faire valoir, le répéter, le crier, le psalmodier, le chanter, le faire servir comme un thème à mille étincelantes variations, improvisées avec une richesse qui étonne l'imagination et déconcerte les efforts de la mémoire pour les retenir, celui-là peut s'imaginer quels jours merveilleux seraient, avec lui, à l'Académie, les jours de dictionnaire ***. Mais que dire de ce que ce seraient,

* Je ne puis naturellement, dans cet éloge si rapide et dans cet espace si resserré d'un article, discuter et approfondir cette opinion de Ruskin que je ne cite qu'au passage et pour faire honneur au maître et à l'ami à qui elle me semble s'appliquer. Mais dans l'édition que je donnerai prochainement de *Sésame et les lys*, je dirai toute ma pensée sur cette maxime et sur d'autres analogues.

** Dans le beau sens qui s'applique aux chevaux de race : « Maîtrisant son cheval qui s'effare » (Heredia) ; « Un cheval effaré qui hennit dans les cieux » (Hugo) et qu'Hugo a étendu aux poètes : « J'irai, mage effaré. »

*** Ne pourrait-on pas voir comme un définitif article pour un dictionnaire idéal (et je plaindrais ceux qui verraient dans cet éloge une épigramme) dans la récente étude consacrée au ravissant coffret exposé par Mlle Lemaire. Cette étonnante litanie de citations de Montaigne, de Lesage, de Balzac, de Victor Hugo, de Flaubert, où reviennent comme un refrain les deux mots qu'il s'agit de définir et d'illustrer, « boîte » et « coffret », ces exemples à la fois fameux et oubliés destinés à préciser et à glorifier chacun d'eux : « le coffret de Cypsillus déposé dans le temple de Junon à Olympie », « le coffret où Néron offrit sa première barbe à Vénus Génitrix », « le coffret renfermant les archives de France que laissa prendre Philippe VI à Crécy », les grands jours, les séances de réception, si, comme il est de tradition, ce qu'il y faut et ce qui y charme c'est de la courtoisie, de l'éloquence, de la méchanceté, du goût et de l'esprit. On sait que « recevoir » est, – quand il n'est pas occupé à mieux, à réaliser son idéal, à combattre pour lui – une des choses où notre poète excelle, et qu'à accueillir l'arrivant – toujours un peu un « élu » – dans sa demeure qui est fort justement (et, pour parler comme lui, « préventivement ») dénommée celle des Muses, il prodigue des ressources d'esprit et d'éloquence que bien des académiciens seraient fort empêchés de mettre dans leurs discours. Sans doute saurait-il *« recevoir* l'élu » à l'Académie, celui qui a donné de l'hospitalité, – comme de tant d'autres choses d'ailleurs – une formule pour ainsi dire nouvelle, faite de grâce majestueuse et d'infatigable esprit. « Et pour ce qui est du goût », qui donc pourrait-on citer qui l'eût meilleur pour juger de la valeur d'une œuvre et pénétrer ses secrets jusqu'à en étonner l'auteur ? Et sa compétence s'étend assez loin pour que ce ne soit pas les seuls littérateurs qu'on aimerait l'écouter accueillir dans une académie, mais les peintres et les musiciens. Je ne pense pas que M. Helleu [192] ni M. Fauré me contrediront. Sans doute, comme, par convenance au genre, Sarah Bernhardt jouant Assuérus à Saint-Cyr sait oublier les fureurs d'Hermione, M. de Montesquiou, aux discours d'académie, voilerait d'une décente douceur ses orageuses justices et injustices. Mais enfin « sous la coupole » on aime aussi à ce que le récipiendaire soit parfois houspillé. Et sans aller jusqu'à demander à M. de Montesquiou de s'y servir de sa foudre (peut-être n'y aurait-il pas d'ailleurs tellement besoin de le lui demander pour qu'il le fît), ses confrères s'arrangeraient à ce que ce fût lui qui le plus

---

« le coffret contenant les bijoux de Charles le Téméraire dont s'emparèrent les Suisses à Morat » (j'en passe et des plus significatifs) tout cela n'apporte-t-il pas une contribution bien précieuse à l'article « Boîte » et à l'article « Coffret » ? Ce savoir est d'ailleurs prodigué avec une absence de pédantisme qu'affirme suffisamment le genre du recueil dans lequel il a paru : *Les Modes* (numéro de juin 1905).

souvent fût chargé du rôle, traditionnel dans cette arène, de picador, qu'il comprendrait d'ailleurs sans doute d'une façon assez neuve. Certes on voit d'ici avec quelle incomparable et majestueuse légèreté, quelle alerte et noble et cruelle désinvolture, de quelle piaffante, trépidante, trépignante et caracolante allure, il saurait développer puis resserrer autour de la victime élue ou couronnée ses savantes évolutions, l'irritant, la piquant de mille traits variés et sûrs, aux applaudissements d'un public avide, sinon de sang, du moins d'amour-propre, répandu. Mais tous ceux qui le connaissent sous cet aspect et dans ce rôle, soit pour lui avoir entendu prononcer, soit pour avoir lu des morceaux de ce genre, où sa plume électrisée s'escrime et fait feu de tous côtés, ceux-là savent que toutes les figures de la joute et du tournoi sont réglées par une logique supérieure et minutieuse et, comme une sorte de moralité, comportent souvent une haute leçon de sagesse et d'art. Je n'en veux pour exemple, particulièrement accessible et appréciable aux lecteurs des *Arts de la vie,* que les pages merveilleuses, militantes, mais au fond surtout prédicantes, qu'il y publiait récemment sur un sujet à vrai dire où (sauf pour des opinions incidentes dont je suis bien fondé à dénoncer l'injustice) je ne saurais me prononcer, ne connaissant pas, pour des raisons de fait et très regrettables, l'œuvre de l'artiste dont il s'agit [193]. Les lecteurs des *Arts de la vie,* j'en suis sûr, « ne sont pas encore revenus » du spectacle qu'ils ont eu ce jour-là et d'avoir vu M. de Montesquiou avec une dépense de verve qui laissait supposer, et, fort exactement, qu'il en gardait le centuple en réserve, de l'avoir vu – avec une maestria et une furia à étourdir sa victime et jusqu'aux spectateurs trop rapprochés – porter ses coups, couvrir dans le même temps d'une éclatante peinture tout le grand espace qu'il s'était réservé, corriger vingt portraits, repeindre dix tableaux, ici redessiner un bras, là allonger une main, plus loin changer un fauteuil de place, et finalement jeter tout le mobilier par la croisée, partout mettre sa couleur sur celle du maître peintre devenu, sans avoir eu le temps de protester, son écolier ; – et prodiguer avec une éloquence, une intelligence, une logique, un esprit qui ne sont qu'à lui, des conseils et des leçons que certes l'artiste ne lui demandait pas, qui sont peut-être injustes ou inexacts adressés à lui, mais qui resteront malgré cela justes et vrais, d'une vérité plus haute et d'une éternelle justice, en ce qu'ils prêchent, à propos d'un nom qui n'était peut-être pas celui qu'il fallait, je n'en puis rien dire, le bon, le nécessaire sermon sur le faux beau et sur le faux grand art, avec cet air – et ce grand air – d'extraordinaire dignité évangélique de qui a conscience de séparer le bon grain de l'ivraie – et qui à vrai dire est plus que distinctif, est unique en ce vrai fils des croisés qui, sur le cimier doré du gentilhomme, à côté de la plume de fer dont vous savez la beauté, a mis la coquille du pèlerin du vrai, du missionnaire et du pur religieux de la Beauté. Dieu sait qu'on ne peut dire de lui comme Louis XIV du Bernin : « Il ne trouve pas beaucoup de choses à admirer. » Personne n'admire plus que lui parce que personne ne discerne la beauté d'un œil plus sûr et plus ravi. Et je crois bien, pour revenir à l'Académie – et la quitter – que le public spécial de ses jours de « réceptions » serait déçu dans sa malveillance en l'entendant plus souvent prononcer d'enthousiastes « éloges », que pulvériser tel ou tel, au cours des péripéties et des « incidents » de ces séances passionnées, pour la plus grande gloire de la poésie et des lettres. Tout cela pourtant n'est pas à regretter. D'abord parce que tout cela viendra. Ensuite parce que l'Académie dont on aurait grand tort de médire, et qui en somme réunit aujourd'hui ou achèvera de réunir demain la plupart de nos plus grands écrivains * [194]

* On sait que l'élection immédiate (et nécessaire) de Barrès est assurée. Une jeune revue fort intéressante qui vient de se fonder sous l'ingénieuse direction de M. Paul Fort et qu'on ne saurait trop priser et trop recommander, *Vers et Prose,* nous cause une grande joie en annonçant que l'élection de notre cher et grand Henri de Régnier, cet écrivain puissant et délicieux, est prochaine. Notre plaisir sera plus complet encore si un troisième fauteuil est réservé à un philosophe, à

et compte, peut-être, plus d'hommes supérieurs qu'aucune autre assemblée humaine, ne doit pas venir trop tôt à ces talents militants qui alimentent tout leur feu et jettent toute leur flamme dans la prédication et dans la lutte, qui ont besoin de se battre fût-ce contre des moulins à vent, de battre en tous sens le pays, de ces natures effrénées et belliqueuses, excellentes aux avant-postes et à qui il faut souhaiter que la position d'« inactivité », tant de grâce qu'ils y puissent déployer, soit offerte le plus tard possible, pour qu'ils restent plus longtemps chefs d'un détachement qui est une élite, hors cadres, plus libres de leur procédé et de leur mouvement.

Ces réflexions me venaient à l'esprit en lisant le dernier livre de M. de Montesquiou, que, selon un goût et un talent d'intituler qu'il a en propre, il appelle d'un nom singulier dont il force aussitôt et étend l'image à un genre d'objets qui n'y ressortissaient pas, de façon qu'en les désignant elle reste, si agrandie que soit son application, excessivement frappante et précise. Hier, c'était les *Autels privilégiés* mot qui signifie, au propre, autel où on peut célébrer la messe des morts en un temps où cela est défendu de le faire aux autres autels. Aujourd'hui c'est *Professionnelles beautés. Autels privilégiés, Professionnelles beautés* et *Roseaux pensants,* voilà trois livres de critique d'art comme il n'y en a pas d'équivalents, et l'on peut dire bien peu d'égaux, en France. Certes la grande œuvre de Ruskin, par le génie moral, par la grande puissance d'inspira-

---

un artiste auquel nous avons déjà eu et aurons prochainement l'occasion d'exprimer notre admiration profonde ; M. Maurice Maeterlinck. Quant à savoir si un grand écrivain doit ou non désirer entrer à l'Académie, la question doit être tranchée par chacun en particulier, suivant ses préférences et décisions personnelles. Il ne peut y avoir de règle. Le fait que Flaubert n'ait pas voulu être de l'Académie ne suffit pas à sacrer grand écrivain tout contempteur de l'Académie, pas plus que, malgré l'exemple inverse de Victor Hugo, un poète n'est grandi d'être académicien. Les « commandements » spirituels les plus absolus et les plus minutieux doivent sur ce point rester muets et s'en remettre à la volonté et à la complexion de chacun. C'est affaire d'hygiène individuelle.

tion du cœur et de poésie, par l'unité du plan en quelque façon divin de cette sorte de discours sur la Beauté Universelle, est une bien plus grande œuvre et bien supérieure à ces trois livres de M. de Montesquiou. Mais peut-on demander à cette suite de courts essais de ressembler à un ouvrage immense qui poursuit à travers cinquante volumes un même et transcendant dessein ? Encore faut-il avouer qu'il y a peut-être plus de vérité de jugement artistique, de justesse de goût, dans chacun de ces courts essais que dans les grands livres de Ruskin. Or, au strict point de vue de la critique d'art, un juste sentiment des œuvres, une exacte appréciation des valeurs, importe peut-être plus que les plus belles considérations. À peu près aucun des jugements artistiques de Ruskin, au moins sur ses contemporains, ne paraît devoir subsister. Enthousiasme pour les Préraphaélites, pour Meissonier, mépris pour Whistler. Et pourtant c'est le jugement sur les contemporains qui importe chez un critique. « Tout le monde est fort, a dit Sainte-Beuve, à prononcer sur Racine et Bossuet. Mais la sagacité du juge, la perspicacité du critique, se prouve surtout sur des œuvres neuves, non encore essayées du public. Juger à première vue, deviner, devancer, voilà le don critique. Combien peu le possèdent ! »

Or, ce ne sera certainement pas un des moindres titres de M. de Montesquiou d'avoir singulièrement devancé le goût de sa génération et de celle qui l'a précédée, de l'avoir averti, formé et excité, de l'avoir mis sur la piste de beautés nouvelles, *qui furent toujours des beautés réelles.* Jamais les plus séduisantes couleurs de la nouveauté qui ressemble au vrai beau ne l'abusèrent. Jamais il ne fut dupe de cette illusion d'optique qui colore à nos yeux des reflets d'un talent nouveau les simples efforts qui l'avoisinent et sont par eux-mêmes assez incolores. Les vrais talents sont comme les étoiles. Leur lumière met si longtemps à venir jusqu'à nous que quand nous pouvons enfin la distinguer, l'astre est déjà depuis longtemps éteint. Grâce à ses merveilleux télescopes spirituels, M. de Montesquiou distingua toujours, à leur naissance, les talents-étoiles [195]. Et la lointaine portée de sa vue n'en diminue pas la précision : il ne salua jamais étoiles les planètes qui les avoisinent et tirent des étoiles et non d'elles-mêmes leur lumière. Mais ces étoiles, avec quelle joie, quelle vénération de roi-mage et quelle ferveur d'apôtre, il marcha vers elles, les adora, les fit voir de leurs yeux à ceux qui en possèdent, et les fit voir aux autres avec cet œil de la foi qu'est le snobisme. La beauté encore incomprise qu'il aima avant les autres, il l'a enseignée, l'a prêchée infatigablement et souvent dans le désert * [196].

Tous ces essais que nous lisons aujourd'hui, prennent, en dehors de leur valeur littéraire intrinsèque, dont nous allons parler tout à l'heure, une valeur en quelque sorte humaine qui sera pour eux, plus tard, une grande garantie de durée et qui leur vient d'avoir été vraiment vécus, réchauffés d'un amour qui leur a donné la vie, et infatigablement professés. Ce ne sont pas pourtant comme les leçons d'un Villemain infiniment supérieur. D'abord le public était supérieur aussi, c'était une petite élite catéchisée avec une ferveur, une dépense de force spirituelle, nerveuse, sensible, physique vraiment uniques, élite qui pourra témoigner hautement pour ce maître, car elle est composée des hommes supérieurs de demain. Mais M. de Montesquiou ne s'est pas contenté de conserver des allocutions refroidies et de publier des cours. Chacun de ses essais écrits est une création originale, entièrement différente de son enseignement oral, longuement méditée, qui est loin de n'avoir qu'une

* On sait que ce discernement, cette prévision de la beauté nouvelle, M. de Montesquiou l'a étendu jusqu'aux diverses industries d'art. Son nom est inséparable par exemple des noms de Gallé, de Lalique. Et toujours avec un éclectisme qui lui fit admirer et honorer les talents les plus opposés à ce qu'il semble qu'en apparence il aurait dû uniquement aimer (par exemple, qui ne se souvient de la statue, et de l'autel privilégié qu'il dressa à Mme Valmore ? La servante de Mme Valmore a confié à M. de Montesquiou le soin d'entretenir sa tombe. Mais il avait déjà relevé et rajeuni sur cette tombe « l'arbre de grandeur »).

valeur de transcription, qui a été pensée, « écrite », et avec quelle merveilleuse richesse, quelle force et quelle originalité ! Quels dons particuliers, infiniment rares et précieux, ont été nécessaires pour cela, c'est ce que nous allons pour finir examiner brièvement.

Un de ces dons, qui est merveilleux pour un critique d'art et qui pourtant peut devenir dangereux *, est un don que Ruskin a possédé au plus haut degré et je serais bien embarrassé d'avoir à citer plusieurs autres noms que le sien et celui de M. de Montesquiou [197]. Ce don consiste d'abord à voir distinctement là où les autres ne voient qu'indistinctement. Voir et savoir. M. de Montesquiou entre avec nous dans une cour plantée d'arbres. « Voilà de beaux arbres, dites-vous. – Ce sont, dit M. de Montesquiou, des arbres de Zachée, ceux-là mêmes sur lesquels monta ce petit homme avisé pour voir passer de plus près le Sauveur » (*Professionnelles beautés,* p. 17). Vous entrez au salon. Belles fleurs dans les jardinières. « Ces amarantes, dit M. de Montesquiou (*ibid.,* p. 228), signifient en langage floral, etc. » et il cite gracieusement Molière et Boulay Paty **. On apporte des poires. « Ce sont des poires bon chrétien, dit M. de Montesquiou, celles que M. Thibaudier envoie à Mme d'Escarbagnas et qu'elle prend en disant : "Voilà du bon chrétien qui est fort beau". » Le maître de la maison entre, en un pantalon gris que M. de Montesquiou déclare balzacien. Vous hasardez : « Celui de Lucien de Rubempré. – En aucune façon, proteste M. de Montesquiou, celui de Pierre Grassou qui était "avantageux", ou plutôt encore celui de Sixte du Châtelet

* Il m'est impossible d'expliquer ici pourquoi. J'ai d'ailleurs trop longuement insisté sur ses dangers dans la préface de *La Bible d'Amiens,* pour ne pas ici parler plutôt de ses vertus qui en somme l'emportent sur eux.

** J'avoue que Boulay Paty est ici ajouté par moi, après avoir lu dans Sainte-Beuve ses beaux vers sur l'amarante.

qui était prétentieusement provincial» (*Roseaux pensants,* p. 40) *. Une invitée avance la pointe de son soulier et M. de Montesquiou remarque que c'est le geste même de Mme Hulot auprès de Crevel, avance si pudique qu'il ne la comprit pas. Vous allez au Louvre et devant un Pisanello M. de Montesquiou vous montre, dans le fond du portrait, des fleurs que vous n'eussiez peut-être pas remarquées [198]. Que dis-je des fleurs ? C'est là une généralité dont nos perceptions confuses sont bien obligées de se contenter. M. de Montesquiou vous a déjà nommé l'ancolie et fait remarquer avec quelle vérité elle est peinte. C'est ainsi que Ruskin, dans la représentation florale la plus vague, la plus simplifiée d'une enluminure de manuscrit du XIIIᵉ siècle, nomme immédiatement l'épine rose et la *Polygala alpina,* qu'il pouvait distinguer dans un des tableaux de Collins, un superbe *Alisma plantago,* et, dans *Le Berger mercenaire* de Hunt [199], un non moins exact géranium que M. de la Sizeranne (*La Peinture anglaise contemporaine,* p. 262) nous dit, d'après M. Chesneau, être un géranium *Robertianum* et qui ne pouvait en effet être plus heureusement surnommé. Devant un admirable Benozzo Gozzoli, *Les Anges quittant Abraham* [200], Ruskin fait remarquer que ce qui est bien joli c'est qu'il y ait un ange d'un côté et deux anges de l'autre, car, en effet, dit-il, « rappelez-vous que l'Écriture dit qu'il y eut trois anges auprès d'Abraham, mais deux seulement s'en allèrent vers Loth et le troisième s'en alla d'un autre côté ». Et sans doute c'est Ruskin qui écrit cela, mais sans s'en douter il écrivait à ce moment-là, comme devait parler cinquante ans plus tard (sans se douter davantage de la ressemblance) M. de Montesquiou. Mais revenons auprès de ce dernier que nous avons laissé devant le portrait de la princesse d'Este. Nous le retrouvons devant un portrait de Bruyas [201] et il remarque (*Profes-*

* Çà et là, sur Balzac, voir plus curieusement encore *Professionnelles beautés,* p. 298, 299 et 300 *(César Birotteau)* et 300 *(La Vieille Fille).*

sionnelles beautés, p. 209) « le transfert à l'index de la main gauche d'une bague chevalière apparemment trop large pour l'annulaire ». Quand on sait ainsi tout voir, tout distinguer, et tout nommer, on possède déjà un privilège inappréciable, pour tout décrire. Partout on notera la nuance juste : « un insaisissable ton d'*althaea* » (*Professionnelles beautés,* p. 130), « les œillets rouges d'un Porbus n'y sont pas fanés par le velours capucine de Mme de Senonnes [202] » (*ibid.,* p. 205), « le rouge et le noir d'un Méphisto, le rouge et le noir d'un vase étrusque, la tache vermillon d'un bouchon de ligne, ou de ce haillon rouge dont Corot a piqueté le vert gris d'un beau paysage * [203] » (toute cette dernière phrase rien que pour préciser la qualité du rouge dans l'aile d'un papillon, le *Pyrameis atalanta).* Quand on est avec cela un étonnant écrivain on arrive à égaler l'œuvre qu'on décrit : « Peintures et pastels, je possède sept panneaux d'hortensias jardinés par Helleu, et dont les corymbes glauques ou *blondissants, mirent en des plateaux d'argent comme des bouquets de turquoises mortes.* » Ce qu'il y a de plus délicieux, de plus insaisissable et de plus indescriptible, semble-t-il, dans l'art du peintre est ici égalé. M. de Montesquiou ne nous dit pas si ces panneaux lui furent offerts en présent par Helleu. Si oui, nous leur appliquerions volontiers, en la changeant légèrement et en l'exaltant un peu, la phrase de Sainte-Beuve sur Goncourt : « Heureux qui voit payer sa magnificence d'une louange sans prix. » Et quel sentiment des reflets dans cette phrase : « Le modèle dont la rose chevelure a fait se

* Comparez encore (*Autels privilégiés,* p. 265 et 266) : « Les deux écharpes de cachemire des Indes rouge, de ce rouge de géranium foncé qu'affectionnait Moreau, sont aussi celles qu'aimait Ingres qui en drapa Mesdames Rivière et Devauçay, et que Prud'hon a enroulées autour de sa Joséphine. Les robes sont d'une souple gaze rayée (peut-être un barège) de coton chaud que le siècle de Louis XIV appelait "couleur cheveux" et que la chevelure de Marie-Antoinette fit ensuite en s'éclaircissant qualifier "cheveux de la Reine". C'est une sorte d'amadou diaphane. Un douloureux bracelet est tressé d'une natte pareille à celle qui couronne la pleureuse d'*Orphée* de Gustave Moreau. »

dorer de son reflet tant de miroirs de cuivre. » Mais il n'y a pas une phrase qui ne serait à citer. Chacune contient des curiosités – naturelles et factices – des beautés – une intuition – une expérience. Il n'y a peut-être pas dans ce livre de 313 pages une seule phrase insignifiante et de remplissage. L'auteur a tant à dire qu'il ne perdrait pas deux mots pour ne rien dire, et dans sa hâte féconde, pressé de déposer son germe, il n'a pas la patience ou la frivolité de s'attarder aux détails biographiques *. Il brûle la première étape et la laisse à remplir à ceux qui n'iront pas plus loin.

Sans doute une vision si extraordinairement minutieuse du détail caractéristique et précis exigeait – et a trouvé – un vocabulaire infiniment varié, fournissant à toute minute le mot technique, le terme juste qui est souvent le terme rare. En réalité, quand nous relisons aujourd'hui attentivement certaines des pièces qui nous paraissent les plus classiques, nous voyons à les regarder de près, de combien de précision de détails parfois gênants à notre ignorance est faite leur beauté de loin si vague et si générale. Nous ouvrons la célèbre pièce : *À l'Arc de Triomphe* et nous sommes arrêtés par un abaque, par un attique, un chevet, un claveau, etc. Nous ouvrons *Le Capitaine Fracasse* de Théophile Gautier et dès les premières pages plus de vingt termes, inconnus de nous, nous surprennent. Et on peut peut-être soutenir que pour certains livres ces mots exacts sont comme les clous précieux qui fixent immuablement la trame du style et lui interdisent ce flottement qui ne résiste pas à l'outrage du temps. Ce qui parut singulier à son époque, ne paraît plus aujourd'hui que singulièrement approprié. Notre auteur exige le même genre d'effort [204]. Il est certain que, parfois, un terme peu usité aussi nous arrête. L'érudition de l'auteur fait

* « Certains esprits s'accommodent de ces faits… je les abandonne à leur aptitude. Je n'exprime que ce qui me passionne. La sécheresse que m'offre la biographie, je la repousse », etc. (*Professionnelles beautés*, p. 89).

que toute chose évoque pour lui des souvenirs que nous n'avons pas tous aussi soigneusement rangés dans nos mémoires. « Un seul rosier, aux roses de face, de revers, de profil, (il s'agit d'une broderie) qui fait penser au rosier d'Hildesheim, planté par saint Bernard, au miracle de sainte Élisabeth, au rosaire de saint Dominique. » – « Elle voulut (il s'agit d'une hôtesse littéraire) associer Pétrone à Hugo, Quasimodo à Trimalcion, Borlunt à Apicius, réconcilier les maîtres queux avec les maîtres sonneurs. Elle rêva d'être un bas-bleu qui serait un cordon-bleu, de marier le bouquet de persil et le bouquet à Chloris, d'assembler le laurier d'Apollon avec le laurier-sauce. Et elle fut la Julie d'Étanges du pot-au-feu, la Sablière du fritot et du fricot, la Geoffrin et la du Deffand des fricassées... faisant jaillir une Hippocrêne [205], un Raphidim [206] de bons mots. » On est emporté dans ce tourbillon où parfois l'on n'aurait voulu s'aventurer qu'avec son dictionnaire. Mais, je le répète, on est souvent plus déconcerté encore par les mots qu'emploie Théophile Gautier. Chez M. de Montesquiou, d'ailleurs, comme chez lui, le terme rare est toujours un terme excellent, choisi dans les meilleurs « milieux » littéraires du XVIe, du XVIIe ou du XVIIIe siècle et dans ce livre de *Professionnelles beautés* où il y a pourtant tant de choses difficiles à désigner et à différencier, je ne crois pas qu'il y ait moitié autant de mots rares que dans le premier volume du *Capitaine Fracasse*.

Il est d'ailleurs à noter que si M. de Montesquiou sait tout de la peinture, en revanche dès qu'il écrit il n'est plus qu'un écrivain. Vous ne trouverez jamais chez lui le moindre de ces « glacis », de ces « empâtements », de tous ces termes d'atelier qui restent comme une petite tache sur les plus merveilleuses descriptions de nature des Goncourt. Et pourtant M. de Montesquiou n'est jamais abstrait, ce qui arrive trop souvent à un autre critique d'art, et en cela inférieur à notre avis, Fromentin. Sans doute, Fromentin restera au fond de ses livres de critique d'art une des plus charmantes figures qu'on puisse aimer, qu'on doit aimer, puisque l'admirer on ne le peut toujours entièrement, et que sa faiblesse, ses défauts charmants, l'insuccès de son noble et mélancolique effort, du fond de l'ombre que l'indécision de sa facture épaissit sur ses traits peu distincts, semblent implorer et éveillent si naturellement la sympathie des générations. Mais est-ce le méconnaître et cela empêche-t-il de lui rendre toute son avance sur d'autres terrains que de confesser qu'il sut rarement dans ses livres, malgré tout son luxe d'explications fines, de raisonnements profonds, de touches techniques, nous faire voir un tableau, comme tout à l'heure nous « voyions » ce pastel d'Helleu, comme ailleurs nous sont magnifiquement montrées *Les Deux Sœurs* [207] de Chassériau ?

Cet esprit qui excelle à fixer le reflet d'une nuance et la singularité d'un contour ne se plaît pourtant à cela que de passage et dans la mesure où cela est utile à ce qu'il prétend prouver. Car il est avant tout philosophique, et il n'a pas écrit une page qui ne soit mouvementée et émouvante, d'être en marche vers une démonstration. Les conclusions toujours neuves et souvent profondes où il arrive, si elles ne paraissent pas plus considérables aux esprits superficiels, c'est qu'au lieu de les exprimer sous une forme abstraite, il veut leur donner une apparence plastique et piquante. Mais qu'on ne s'y trompe pas, et ce dernier trait l'achève et lui décerne la couronne. Ce n'est pas seulement comme l'appelait plaisamment un grand peintre « le seul critique d'art qui s'y soit jamais connu en peinture », c'est encore un vrai philosophe de l'art, celui qui terminait son étude sur Ingres par cette page superbe, nouvelle et définitive [208] :

« Ingres-Œdipe, le voilà, faible et fort, doux et irrité, savant et inculte. Il crée autour de lui l'atmosphère d'altitude et l'irrespirable milieu où le modèle et le spectateur sentent qu'ils se pétrifient. Entendez-le s'écrier : “Il est beau de noircir les paupières des vieillards… il est beau de décolorer les paupières des femmes…” Traduisez son propre visage d'Olympien au front bas, habité et intérieurement heurté par l'emprisonnement, là, de son aigle. Sur ses lèvres un *Quos ego,* à l'adresse de ceux qu'il se retient de nommer, mais qu'il désigne ainsi : les grands *machinistes.* Un artifice des poèmes orientaux consiste à employer le pluriel lorsqu'on parle de l'amoureux, comme pour l'amplifier, le grandir. Ingres fait de même, parlant de l'ennemi : « Ils veulent, ils nous opposent… » Mais ce n'est ni Rubens, ni Van Dyck, ni Rembrandt, ni Murillo, ni même Géricault… c'est un seul, l'innommable [209] ! Le bien nommé, selon la loi de Balzac, n'est-ce pas lui, désigné de ce nom à la sonorité nasillarde et griffue, pincée et rapace, et dont la rime est avaricieuse. Ingres, en prophète encore : Moïse de l'art contemplant de loin la Terre promise des couleurs et des reflets ; Jonas plein d'imprécations et de prédictions ruineuses. Un autocrate inouï non content de la magnifique vérité qu'il lui fut donné de formuler et qui exige impérieusement de régir tout l'art. Et pourtant tel est le secret de sa force et de sa beauté. C'est la forme stricte du sonnet infligeant au rêve contraint une attitude plus rare. C'est la culture japonaise étirant, repliant ses rameaux selon des courbes plus exquises. C'est l'eau transformée en gerbes et en jets par une puissante hydraulique, et qui fournira cette belle similitude au grand Dominique [210] : « La lumière est comme l'eau, elle se fait bon gré mal gré sa place, et prend à l'instant son niveau. »

« Ingres s'est égalé au créateur, non comme un Pygmalion s'en remettant à l'amour du soin de vivifier sa Galatée, mais à un Deucalion qui se fie en son orgueil du vouloir d'humaniser les pierres. Mais les pierres attendent en vain, en leurs attitudes rigides ; en leurs frigides veines, le sang des cornalines circule, seul, et la violette de la mort bleuit sur leurs lèvres d'améthystes. Punition d'avoir voulu exister sans la vie. Biblique châtiment pour un crime mythologique. D'autres, l'ennemi, le rival innommable a, lui, vraiment dérobé la flamme, afin d'en vivifier sa création toute brillante de feux et de pourpre, d'étoffes d'or, de bijoux ardents, de crinières de lions et de chevelures de femmes. Le bûcher de Sardanapale [211] en flamboie,

Ingres le voit et en rougit, et l'*Incendie du bourg* [212] qu'il admirait ne lui cause pas tant d'envie. Or, sa muse pour l'avoir contemplé, se change en sel – que dis-je ? – en ivoire. Et lui-même, autre Prométhée, expie un étrange forfait, éternellement enchaîné au rocher de son Angélique [213], et pour avoir volé – le froid *. »

MARCEL PROUST.

* *Roseaux pensants*, p. 49, 50 et 51.

JOURNÉES DE LECTURE [214]

Vous avez sans doute lu les *Mémoires* de la comtesse de Boigne [215]. Il y a « tant de malades », en ce moment, que les livres trouvent des lecteurs, même des lectrices. Sans doute, quand on ne peut sortir et faire des visites, on aimerait mieux en recevoir que de lire. Mais « par ces temps d'épidémies », même les visites que l'on reçoit ne sont pas sans danger. C'est la dame qui de la porte où elle s'arrête un moment – rien qu'un moment, – et où elle encadre sa menace, vous crie : « Vous n'avez pas peur des oreillons et de la scarlatine ? Je vous préviens que ma fille et mes petits-enfants les ont. Puis-je entrer ? » ; et entre sans attendre de réponse.

C'est une autre, moins franche, qui tire sa montre : « Il faut que je rentre vite : mes trois filles ont la rougeole ; je vais de l'une à l'autre ; mon Anglaise est au lit depuis hier avec une forte fièvre, et j'ai bien peur que ce soit mon tour d'être prise, car je me suis sentie mal à l'aise en me levant. Mais j'ai tenu à faire un grand effort pour venir vous voir… » Alors on aime mieux ne pas trop recevoir, et, comme on ne peut pas téléphoner toujours, on lit. On ne lit qu'à la dernière extrémité. On téléphone d'abord beaucoup. Et, comme nous sommes des enfants qui jouons avec les forces sacrées sans frissonner devant leur mystère, nous trouvons seulement du téléphone que « c'est commode », ou plutôt, comme nous sommes des enfants gâtés, nous trouvons que « ce n'est pas commode », nous remplissons *Le Figaro* de nos plaintes, ne trouvant pas encore assez rapide [216] en ses changements l'admirable féerie où quelques minutes parfois se passent en effet avant qu'apparaisse près de nous, invisible mais présente, l'amie à qui nous avions le désir de parler, et qui, tout en restant à sa table, dans la ville lointaine qu'elle habite, sous un ciel différent du nôtre, par un temps qui n'est pas celui qu'il fait ici, au milieu de circonstances et de préoccupations que nous ignorons et qu'elle va nous dire, se trouve tout à coup transportée à cent lieues (elle, et toute l'ambiance où elle reste plongée), contre notre oreille, au moment où notre caprice l'a ordonné. Et nous sommes comme le personnage du conte de fées à qui un magicien, sur le souhait qu'il en exprime, fait apparaître dans une clarté magique sa fiancée en train de feuilleter un livre, de verser des larmes ou de cueillir des fleurs, tout près de lui, et pourtant à l'endroit où elle se trouve alors, très loin.

Nous n'avons, pour que ce miracle se renouvelle pour nous, qu'à approcher nos lèvres de la planchette magique et à appeler – quelquefois un peu longtemps, je le veux bien – les Vierges vigilantes dont nous entendons chaque jour la voix sans jamais connaître leur visage et qui sont nos Anges gardiens dans ces ténèbres vertigineuses dont elles surveillent jalousement les portes, les Toutes-Puissantes par qui les visages des absents surgissent près de nous, sans qu'il nous soit permis de les apercevoir ; nous n'avons qu'à appeler ces Danaïdes de l'Invisible qui sans cesse vident, remplissent, et se transmettent les urnes obscures des sons, les jalouses Furies qui, tandis que nous murmurons une confidence à une amie, nous crient ironiquement : « J'écoute ! » au moment où nous espérions que personne ne nous entendait, les servantes irritées du Mystère, les Divinités implacables, les Demoiselles du téléphone ! Et aussitôt que leur appel a retenti dans la nuit pleine d'apparitions, sur laquelle nos oreilles s'ouvrent seules, un bruit léger – un bruit abstrait, – celui de la distance supprimée, et la voix de notre amie s'adresse à nous.

Si, à ce moment-là, entre par sa fenêtre et vient l'importuner pendant qu'elle nous parle, la chanson d'un passant, la trompe d'un cycliste ou la fanfare lointaine d'un régiment en marche, tout cela retentit aussi distinctement pour nous (comme pour nous montrer que c'est bien elle qui est près de nous, elle, avec tout ce qui l'entoure à ce moment-là, ce qui frappe son oreille et distrait son attention), – détails de vérité, étrangers au sujet, inutiles en eux-mêmes, mais d'autant plus nécessaires à nous révéler toute l'évidence du miracle, – traits sobres et charmants de couleur locale, descriptifs de la rue et de la route provinciales sur lesquelles donne sa maison, et tels qu'en choisit un poète quand il veut, en faisant vivre un personnage, évoquer autour de lui son milieu.

C'est elle, c'est sa voix qui nous parle, qui est là. Mais comme elle est loin ! Que de fois je n'ai pu l'écouter sans angoisse, comme si devant cette impossibilité de voir, avant de longues heures de voyage, celle dont la voix était si près de mon oreille, je sentais mieux ce qu'il y a de décevant dans l'apparence du rapprochement le plus doux et à quelle distance nous pouvons être des choses aimées au moment où il semble que nous n'aurions qu'à étendre la main pour les retenir. Présence réelle – que cette voix si proche – dans la séparation effective. Mais anticipation aussi d'une séparation éternelle. Bien souvent, l'écoutant de la sorte, sans voir celle qui me parlait de si loin, il m'a semblé que cette voix clamait des profondeurs d'où l'on ne remonte pas, et j'ai connu l'anxiété qui m'étreindrait un jour, quand une voix reviendrait ainsi, seule et ne tenant plus à un corps que je ne devais jamais revoir, murmurer à mon oreille des paroles que j'aurais voulu pouvoir embrasser au passage sur des lèvres à jamais en poussière…

Je disais qu'avant de nous décider à lire, nous cherchons à causer encore, à téléphoner, nous demandons numéro sur numéro. Mais parfois les Filles de la Nuit, les Messagères de la Parole, les Déesses sans visage, les capricieuses Gardiennes ne veulent ou ne peuvent nous ouvrir les portes de l'Invisible, le Mystère sollicité reste sourd, le vénérable inventeur de l'imprimerie et le jeune prince amateur de peinture impressionniste et chauffeur, – Gutenberg et Wagram ! – qu'elles invoquent inlassablement, laissent leurs supplications sans réponse ; alors, comme on ne peut pas faire de visites, comme on ne veut pas en recevoir, comme les demoiselles du téléphone ne nous donnent pas la communication, on se résigne à se taire, on lit.

Dans quelques semaines seulement on pourra lire le nouveau volume de vers de Madame de Noailles, *Les Éblouissements* [217] (je ne sais si ce titre sera maintenu), encore supérieur à ces livres de génie : *Le Cœur innombrable* et *L'Ombre des jours,* vraiment égal, il me semble, aux *Feuilles d'automne* ou aux *Fleurs du mal.* En attendant, on pourrait lire cette exquise et pure *Margaret Ogilvy de Barrie,* traduite à merveille par R. d'Humières [218] et qui n'est que la vie d'une paysanne racontée par un poète, son fils. Mais non ; du moment qu'on s'est résigné à lire, on choisit de préférence des livres comme les *Mémoires* de Mme de Boigne, des livres qui donnent l'illusion que l'on continue à faire des visites, à faire des visites aux gens à qui on n'avait pas pu en faire parce qu'on n'était pas encore né sous Louis XVI, et qui, du reste, ne vous changeront pas beaucoup de ceux que vous connaissez, parce qu'ils portent presque tous les mêmes noms qu'eux, leurs descendants et vos amis, lesquels, par une touchante courtoisie envers votre infirme mémoire, ont gardé les mêmes prénoms et s'appellent encore : Odon [219], Ghislain, Nivelon, Victurnien, Josselin, Léonor, Artus, Tucdual, Adhéaume [220] ou Raynulphe. Beaux noms de baptême d'ailleurs, et dont on aurait tort de sourire ; ils viennent d'un passé si profond, que dans leur éclat insolite ils semblent étinceler mystérieusement, comme ces noms de prophètes et de saints qui s'inscrivent en abrégé dans les vitraux de nos cathédrales. Jehan, lui-même, quoique plus ressemblant à un prénom d'aujourd'hui, n'apparaît-il pas inévitablement comme tracé en caractères gothiques sur un livre d'Heures par un pinceau trempé de pourpre, d'outre-mer ou d'azur ? Devant ces noms, le vulgaire redirait peut-être la chanson de Montmartre :

Bragance, on le connaît ct'oiseau-là ;
Faut-il que son orgueil soie profonde
Pour s'être f… u un nom comme ça !
Peut donc pas s'appeler comme tout le monde !

Mais le poète, s'il est sincère, ne partage pas cette gaieté et, les yeux fixés sur le passé que ces noms lui découvrent, répondra avec Verlaine :

Je vois, j'entends beaucoup de choses
Dans son nom Carlovingien [221]

Passé très vaste, peut-être. J'aimerais à penser que ces noms qui ne sont venus jusqu'à nous qu'en de si rares exemplaires, grâce à l'attachement aux traditions qu'ont certaines familles, furent autrefois des noms très répandus, – noms de vilains aussi bien que de nobles, – et qu'ainsi, à travers les tableaux naïvement coloriés de lanterne magique que nous présentent ces noms, ce n'est pas seulement le puissant seigneur à la barbe bleue ou sœur Anne en sa tour que nous apercevons, mais aussi le paysan penché sur l'herbe qui verdoie et les hommes d'armes chevauchant sur les routes qui poudroient du treizième siècle [222].

Sans doute bien souvent cette impression moyenageuse donnée par leurs noms ne résiste pas à la fréquentation de ceux qui les portent et qui n'en ont ni gardé ni compris la poésie ; mais peut-on raisonnablement demander aux hommes de se montrer dignes de leur nom quand les choses les plus belles ont tant de peine à ne pas être inégales au leur, quand il n'est pas un pays, pas une cité, pas un fleuve dont la vue puisse assouvir le désir de rêve que son nom avait fait naître en nous ? La sagesse serait de remplacer toutes les relations mondaines et beaucoup de voyages par la lecture de l'almanach de Gotha et de l'indicateur des chemins de fer…

Les mémoires de la fin du dix-huitième siècle et du commencement du dix-neuvième, comme ceux de la comtesse de Boigne, ont ceci d'émouvant qu'ils donnent à l'époque contemporaine, à nos jours vécus sans beauté, une perspective assez noble et assez mélancolique, en faisant d'eux comme le premier plan de l'Histoire. Ils nous permettent de passer aisément des personnes que nous avons rencontrées dans la vie – ou que nos parents ont connues – aux parents de ces personnes-là, qui eux-mêmes, auteurs ou personnages de ces mémoires, ont pu assister à la Révolution et voir passer Marie-Antoinette. De sorte que les gens que nous avons pu apercevoir ou connaître – les gens que nous avons vus avec les yeux de la chair – sont comme ces personnages en cire et grandeur nature qui, au premier plan des panoramas, foulant aux pieds de l'herbe vraie et levant en l'air une canne achetée chez le marchand, semblent encore appartenir à la foule qui les regarde, et nous conduisent peu à peu à la toile peinte du fond, à qui ils donnent, grâce à des transitions habilement ménagées, l'apparence du relief, de la réalité et de la vie. C'est ainsi que cette Mme de Boigne, née d'Osmond, élevée, nous dit-elle, sur les genoux de Louis XVI et de Marie-Antoinette, j'ai vu bien souvent au bal, quand j'étais adolescent, sa nièce, la vieille duchesse de Maillé née d'Osmond, plus qu'octogénaire mais superbe encore sous ses cheveux gris qui relevés sur le front faisaient penser à la perruque à trois marteaux d'un président à mortier. Et je me souviens que mes parents ont bien souvent dîné avec le neveu de Mme de Boigne, M. d'Osmond, pour qui elle a écrit ces mémoires et dont j'ai trouvé la photographie dans leurs papiers avec beaucoup de lettres qu'il leur avait adressées. De sorte que mes premiers souvenirs de bal tenant d'un fil aux récits un peu plus vagues pour moi, mais encore bien réels, de mes parents, rejoignent par un lien déjà presque immatériel les souvenirs que Mme de Boigne avait gardés et nous conte des premières fêtes auxquelles elle assista : tout cela tissant une trame de frivolités, poétique pourtant, parce qu'elle finit en étoffe de songe, pont léger, jeté du présent jusqu'à un passé déjà lointain et qui unit, pour rendre plus vivante l'histoire, et presque historique la vie, la vie à l'histoire.

Hélas ! me voici arrivé à la troisième colonne de ce journal et je n'ai même pas encore commencé mon article. Il devait s'appeler : « Le snobisme et la postérité », je ne vais pas pouvoir lui laisser ce titre, puisque j'ai rempli toute la place qui m'avait été réservée sans vous dire encore un seul mot ni du snobisme ni de la postérité, deux personnes que vous pensiez sans doute ne devoir jamais être appelées à se rencontrer, pour le plus grand bonheur de la seconde, et au sujet desquelles je comptais vous soumettre quelques réflexions inspirées par la lecture des *Mémoires* de Mme de Boigne. Ce sera pour la prochaine fois. Et si alors quelqu'un des fantômes qui s'interposent sans cesse entre ma pensée et son objet, comme il arrive dans les rêves, vient encore solliciter mon attention et la détourner de ce que j'ai à vous dire, je l'écarterai comme Ulysse écartait de l'épée les ombres pressées autour de lui pour implorer une forme ou un tombeau.

Aujourd'hui je n'ai pas su résister à l'appel de ces visions que je voyais flotter, à mi-profondeur, dans la transparence de ma pensée. Et j'ai tenté sans succès ce que réussit si souvent le maître verrier quand il transportait et fixait ses songes, à la distance même où ils lui étaient apparus, entre deux eaux troublées de reflets sombres et roses, dans une matière translucide où parfois un rayon changeant, venu du cœur, pouvait leur faire croire qu'ils continuaient à se jouer au sein d'une pensée vivante. Telles les Néréides que le sculpteur antique avait ravies à la mer mais qui pouvaient s'y croire plongées encore, quand elles nageaient entre les vagues de marbre du bas-relief qui la figurait. J'ai eu tort. Je ne recommencerai pas. Je vous parlerai la prochaine fois du snobisme et de la postérité, sans détours. Et si quelque idée de traverse, si quelque indiscrète fantaisie, voulant se mêler de ce qui ne la regarde point, menace encore de nous interrompre, je la supplierai aussitôt de nous laisser tranquilles : « Nous causons, ne nous coupez pas, Mademoiselle ! »

MARCEL PROUST.

IMPRESSIONS DE ROUTE EN AUTOMOBILE [223]

I

ARRIVÉE À CAEN

Parti de *** à une heure assez avancée de l'après-midi, je n'avais pas de temps à perdre si je voulais arriver avant la nuit chez mes parents [224], à mi-chemin à peu près entre Lisieux et Louviers. À ma droite, à ma gauche, devant moi, le vitrage de l'automobile, que je gardais fermé, mettait pour ainsi dire sous verre la belle journée de septembre que, même à l'air libre, on ne voyait qu'à travers une sorte de transparence. Du plus loin qu'elles nous apercevaient, sur la route où elles se tenaient courbées, de vieilles maisons bancales couraient prestement au-devant de nous en nous tendant quelques roses fraîches ou nous montraient avec fierté la jeune rose trémière qu'elles avaient élevée et qui déjà les dépassait de la taille. D'autres venaient appuyées tendrement sur un poirier que leur vieillesse aveugle avait l'illusion d'étayer encore, et le serraient contre leur cœur meurtri où il avait immobilisé et incrusté à jamais l'irradiation chétive et passionnée de ses branches. Bientôt, la route tourna et le talus qui la bordait sur la droite s'étant abaissé la plaine de Caen apparut, mais sans la ville qui, comprise pourtant dans l'étendue que j'avais sous les yeux, ne se laissait voir ni deviner, à cause de l'éloignement. Seuls [225], s'élevant du niveau uniforme de la plaine et comme perdus en rase campagne, montaient vers le ciel les deux clochers de Saint-Étienne. Bientôt nous en vîmes trois, le clocher de Saint-Pierre les avait rejoints. Rapprochés en une triple aiguille montagneuse, ils apparaissaient comme, souvent dans Turner, le monastère ou le manoir qui donne son nom au tableau, mais qui, au milieu de l'immense paysage de ciel, de végétation et d'eau, tient aussi peu de place, semble aussi épisodique et momentané, que l'arc-en-ciel, la lumière de cinq heures du soir, et la petite paysanne qui au premier plan trotte sur le chemin entre ses paniers. Les minutes passaient, nous allions vite et pourtant les trois clochers étaient toujours seuls devant nous, comme des oiseaux posés sur la plaine, immobiles, et qu'on distingue au soleil. Puis, l'éloignement se déchirant comme une brume qui dévoile complète et dans ses détails une forme invisible l'instant d'avant, les tours de la Trinité apparurent, ou plutôt une seule tour, tant elle cachait exactement l'autre derrière elle. Mais elle s'écarta, l'autre s'avança et toutes deux s'alignèrent. Enfin un clocher retardataire (celui de Saint-Sauveur, je suppose) vint par une volte hardie se placer en face d'elles. Maintenant, entre les clochers multipliés, et sur la pente desquels on distinguait la lumière qu'à cette distance on voyait sourire, la ville, obéissant d'en bas à leur élan sans pouvoir y atteindre, développait d'aplomb et par montées verticales la fugue compliquée mais franche de ses toits. J'avais demandé au mécanicien de m'arrêter un instant devant les clochers de Saint-Étienne ; mais, me rappelant combien nous avions été longs à nous en rapprocher quand dès le début ils paraissaient si près, je tirais ma montre pour voir combien de minutes nous mettrions encore, quand l'automobile tourna et m'arrêta à leur pied. Restés si longtemps inapprochables à l'effort de notre machine qui semblait patiner vainement sur la route toujours à la même distance d'eux, c'est dans les dernières secondes seulement que la vitesse de tout le temps, totalisée, devenait appréciable. Et, géants, surplombant de toute leur hauteur, ils se jetèrent si rudement au-devant de nous que nous eûmes tout juste le temps d'arrêter pour ne pas nous heurter contre le porche.

Nous poursuivîmes notre route ; nous avions déjà quitté Caen depuis longtemps et la ville, après nous avoir accompagnés quelques secondes, avait disparu, que, restés seuls à l'horizon à nous regarder fuir, les deux clochers de Saint-Étienne et le clocher de Saint-Pierre agitaient encore en signe d'adieu leurs cimes ensoleillées. Parfois l'un s'effaçait pour que les deux autres pussent nous apercevoir un instant encore ; bientôt, je n'en vis plus que deux. Puis ils virèrent une dernière fois dans la lumière comme deux pivots d'or, et disparurent à mes yeux. Bien souvent depuis, passant au soleil couché dans la plaine de Caen, je les ai revus, parfois de très loin et qui n'étaient que comme deux fleurs peintes sur le ciel, au-dessus de la ligne basse des champs ; parfois d'un peu plus près et déjà rattrapés par le clocher de Saint-Pierre, semblables aux trois jeunes filles d'une légende, abandonnées dans une solitude où tombait déjà l'obscurité ; et tandis que je m'éloignais je les voyais timidement chercher leur chemin et, après quelques gauches essais et trébuchements maladroits de leurs nobles silhouettes, se serrer les uns contre les autres, glisser l'un derrière l'autre, ne plus faire sur le ciel encore rose qu'une seule forme noire délicieuse et résignée, et s'effacer dans la nuit.

II

Je commençais de désespérer d'arriver assez tôt à Lisieux pour être le soir même chez mes parents, qui heureusement n'étaient pas prévenus de mon arrivée, quand vers l'heure du couchant nous nous engageâmes sur une pente rapide au bout de laquelle, dans la cuvette sanglante de soleil où nous descendions à toute vitesse, je vis Lisieux qui nous y avait précédés relever et disposer à la hâte ses maisons blessées, ses hautes cheminées teintes de pourpre ; en un instant tout avait repris sa place et quand quelques secondes plus tard nous nous arrêtions au coin de la rue aux Fèvres, les vieilles maisons, dont les fines tiges de bois nervuré s'épanouissent à l'appui des croisées en têtes de saints ou de démons, semblaient ne pas avoir bougé depuis le quinzième siècle. Un accident de machine nous força de rester jusqu'à la nuit tombante à Lisieux ; avant de partir je voulus revoir à la cathédrale quelques-uns des feuillages dont parle Ruskin, mais les faibles lumignons qui éclairaient les rues de la ville cessaient sur la place où la cathédrale était presque plongée dans l'obscurité. Je m'avançais pourtant, voulant au moins toucher de la main l'illustre futaie de pierre dont le porche est planté et entre les deux rangs si noblement taillés de laquelle défila peut-être la pompe nuptiale d'Henri II d'Angleterre et d'Éléonore de Guyenne. Mais au moment où je m'approchais d'elle à tâtons, une subite clarté l'inonda ; tronc par tronc, les piliers sortirent de la nuit, détachant vivement en pleine lumière sur un fond d'ombre le large modelé de leurs feuilles de pierre. C'était mon mécanicien, l'ingénieux Agostinelli [226], qui, envoyant aux vieilles sculptures le salut du présent dont la lumière ne servait plus qu'à mieux lire les leçons du passé, dirigeait successivement sur toutes les parties du porche, à mesure que je voulais les voir, les feux du phare de son automobile. Et quand je revins vers la voiture je vis un groupe d'enfants que la curiosité avait amenés là et qui, penchant sur le phare leurs têtes dont les boucles palpitaient dans cette lumière surnaturelle, recomposaient ici, comme projetée de la cathédrale dans un rayon, la figuration angélique d'une Nativité. Quand nous quittâmes Lisieux il faisait nuit noire ; mon mécanicien avait revêtu une vaste mante de caoutchouc et coiffé une sorte de capuche qui, enserrant la plénitude de son jeune visage imberbe, le faisait ressembler, tandis que nous nous enfoncions de plus en plus vite dans la nuit, à quelque pèlerin ou plutôt à quelque nonne de la vitesse [227]. De temps à autre – sainte Cécile improvisant sur un instrument plus immatériel encore [228] – il touchait le clavier et tirait un des jeux de ces orgues cachées dans l'automobile et dont nous ne remarquons guère la musique, pourtant continue, qu'à ces changements de registre que sont les changements de vitesse ; musique pour ainsi dire abstraite, tout symbole et tout nombre, et qui fait penser à cette harmonie que produisent, dit-on, les sphères, quand elles tournent dans l'éther. Mais la plupart du temps il tenait seulement dans sa main sa roue – sa roue de direction (qu'on appelle volant), – assez semblable aux croix de consécration que tiennent les apôtres adossés aux colonnes du chœur dans la Sainte-Chapelle de Paris, à la croix de saint Benoît, et en général à toute stylisation de la roue dans l'art du Moyen Âge. Il ne paraissait pas s'en servir tant il restait immobile, mais la tenait comme il aurait fait d'un symbole dont il convenait qu'il fût accompagné : ainsi les saints, aux porches des cathédrales, tiennent l'un une ancre, un autre une roue, une harpe, une faux, un gril, un cor de chasse, des pinceaux. Mais si ces attributs étaient généralement destinés à rappeler l'art dans lequel ils excellèrent de leur vivant, c'était aussi parfois l'image de l'instrument par quoi ils périrent ; puisse le volant de direction du jeune mécanicien qui me conduit rester toujours le symbole de son talent plutôt que d'être la préfiguration de son supplice ! Nous dûmes nous arrêter dans un village où je fus pendant quelques instants pour les habitants ce « voyageur » qui n'existait plus depuis les chemins de fer et que l'automobile a ressuscité, celui à qui la servante dans les tableaux flamands verse le coup de l'étrier, qu'on voit dans les paysages de Cuyp, s'arrêtant pour demander son chemin, comme dit Ruskin, « à un passant dont l'aspect seul semble indiquer qu'il est incapable de le renseigner », et qui dans les fables de La Fontaine chevauche au soleil et au vent, couvert d'un chaud balandras à l'entrée de l'automne, « quand la précaution au voyageur est bonne », – ce « cavalier » qui n'existe plus guère aujourd'hui dans la réalité et que pourtant nous apercevons encore quelquefois galopant à marée basse au bord de la mer quand le soleil se couche (sorti sans doute du passé à la faveur des ombres du soir), faisant du paysage de mer que nous avons sous les yeux une « marine » qu'il date et qu'il signe, petit personnage qui semble ajouté par Lingelbach, Wouwermans ou Adrien Van de Velde, pour satisfaire le goût d'anecdotes et de figures des riches marchands de Harlem amateurs de peinture, à une plage de Guillaume Van de Velde ou de Ruysdaël. Mais surtout, de ce voyageur, ce que l'automobile nous a rendu de plus précieux c'est cette admirable indépendance qui le faisait partir à l'heure qu'il voulait et s'arrêter où il lui plaisait. Tous ceux-là me comprendront que parfois le vent en passant a soudain touchés du désir irrésistible de fuir avec lui jusqu'à la mer où ils pourront voir, au lieu des inertes pavés du village vainement cinglés par la tempête, les flots soulevés, lui rendre coup pour coup et rumeur pour rumeur ; tous ceux surtout qui savent ce que peut être, certains soirs, l'appréhension de s'enfermer avec sa peine pour toute la nuit, tous ceux qui connaissent quelle allégresse c'est, après avoir lutté longtemps contre son angoisse et comme on commençait à monter vers sa chambre en étouffant les battements de son cœur, de pouvoir s'arrêter et se dire : « Eh bien ! non, je ne monterai pas ; qu'on selle le cheval, qu'on apprête l'automobile », et toute la nuit de fuir, laissant derrière soi les villages où notre peine nous eût étouffé, où nous la devinons sous chaque petit toit qui dort, tandis que nous passons à toute vitesse, sans être reconnu d'elle, hors de ses atteintes.

Mais l'automobile s'est arrêtée au coin d'un chemin creux, devant une porte feutrée d'iris défleuris et de roses. Nous étions arrivés à la demeure de mes parents. Le mécanicien donne de la trompe pour que le jardinier vienne nous ouvrir, cette trompe dont le son nous déplaît par sa stridence et sa monotonie, mais qui pourtant comme toute matière peut devenir beau s'il s'imprègne d'un sentiment. Au cœur de mes parents il a retenti joyeusement comme une parole inespérée… « Il me semble que j'ai entendu… Mais alors ce ne peut être que lui ! » Ils se lèvent, allument une bougie tout en la protégeant contre le vent de la porte qu'ils ont déjà ouverte dans leur impatience, tandis qu'au bas du parc la trompe dont ils ne peuvent plus méconnaître le son devenu joyeux, presque humain, ne cesse plus de jeter son appel uniforme comme l'idée fixe de leur joie prochaine, pressant et répété comme leur anxiété grandissante. Et je songeais que dans *Tristan et Isolde* (au deuxième acte d'abord quand Isolde agite son écharpe comme un signal, au troisième acte ensuite à l'arrivée de la nef) c'est, la première fois, à la redite stridente, indéfinie et de plus en plus rapide de deux notes dont la succession est quelquefois produite par le hasard dans le monde inorganisé des bruits ; c'est, la deuxième fois, au chalumeau d'un pauvre pâtre, à l'intensité croissante, à l'insatiable monotonie de sa maigre chanson que Wagner, par une apparente et géniale abdication de sa puissance créatrice, a confié l'expression de la plus prodigieuse attente de félicité qui ait jamais rempli l'âme humaine.

MARCEL PROUST.

TROISIÈME PARTIE

PASTICHES[229]

L'AFFAIRE LEMOINE[230]

I

Dans un roman de Balzac

Dans un des derniers mois de l'année 1907, à un de ces raouts de la marquise d'Espard où se pressait alors l'élite de l'aristocratie parisienne (la plus élégante de l'Europe, au dire de M. de Talleyrand, ce Roger Bacon de la nature sociale, qui fut évêque et prince de Bénévent), de Marsay et Rastignac, le comte Félix de Vandenesse, les ducs de Rhétoré et de Grandlieu faisaient cercle autour de Mme la princesse de Cadignan, sans exciter pourtant la jalousie de la marquise. N'est-ce pas en effet une des grandeurs de la maîtresse de maison – cette carmélite de la réussite mondaine – qu'elle doit immoler sa coquetterie, son orgueil, son amour même, à la nécessité de se faire un salon dont ses rivales seront parfois le plus piquant ornement ? N'est-elle pas en cela l'égale de la sainte ? Ne mérite-t-elle pas sa part, si chèrement acquise, du paradis social ? La marquise – une demoiselle de Blamont-Chauvry, alliée des Navarreins, des Lenoncourt, des Chaulieu – tendait à chaque nouvel arrivant cette main que Desplein, le plus grand savant de notre époque, sans en excepter Claude Bernard, et qui avait été élève de Lavater, déclarait la plus profondément calculée qu'il lui eût été donné d'examiner. Tout à coup la porte s'ouvrit devant l'illustre romancier Daniel d'Arthez.

Un physicien du monde moral qui aurait à la fois le génie de Lavoisier et de Bichat, – le créateur de la chimie organique – serait seul capable d'isoler les éléments qui composent la sonorité spéciale du pas des hommes supérieurs. En entendant résonner celui de d'Arthez vous eussiez frémi. Seul pouvait ainsi marcher un sublime génie ou un grand criminel. Le génie n'est-il pas d'ailleurs une sorte de crime contre la routine du passé que notre temps punit plus sévèrement que le crime même, puisque les savants meurent à l'hôpital qui est plus triste que le bagne. « Imaginez-vous », s'écria le grand homme avant même d'avoir remis son manteau à Paddy, le célèbre tigre de feu Beaudenord (voir les *Secrets de la princesse de Cadignan*) qui se tenait devant lui avec l'immobilité spéciale à la domesticité du faubourg Saint-Germain. « Imaginez-vous », répéta-t-il avec cet enthousiasme des penseurs qui paraît ridicule au milieu de la profonde dissimulation du grand monde. – Qu'y a-t-il ? que devons-nous nous imaginer, demanda ironiquement de Marsay en jetant à Félix de Vandenesse ce regard à double entente, véritable privilège de ceux qui avaient longtemps vécu dans l'intimité de MADAME. – *Tuchurs pô !* renchérit le baron de Nucingen avec l'affreuse grossièreté des parvenus. (Le célèbre financier avait d'ailleurs des raisons particulières d'en vouloir à d'Arthez qui ne l'avait pas suffisamment soutenu, quand l'ancien amant d'Esther avait cherché en vain à faire admettre sa femme née Goriot aux raouts de Diane de Maufrigneuse.) *Fite, fite, ma ponhire zera gomblète si vi mi druffez tigne ti savre ke vaudille himachinei ?* – Rien, répondit avec à propos d'Arthez, je m'adresse à la marquise. » Et se tournant vers la belle Nègrepelisse [231] avec cet effrayant sang-froid qui peut triompher des plus grands obstacles – en est-il pour les belles âmes de comparables à ceux du cœur ? – « On vient, Madame, de découvrir le secret de la fabrication du diamant. » – « Mais j'aurais cru qu'on en avait toujours fabriqué », répondit naïvement la marquise. Mme de Cadignan eut alors un regard sublime. Seul Raphaël eût peut-être été capable de le peindre. Et certes, s'il y eût réussi, il eût donné un pendant à sa célèbre *Fornarina*, la plus saillante de ses toiles, la seule qui le place au-dessus d'André del Sarto dans l'estime des connaisseurs.

Pour comprendre le drame qui va suivre, et auquel la scène que nous venons de raconter peut servir d'introduction, quelques mots d'explication sont nécessaires. À la fin de l'année 1905, une affreuse tension régna dans les rapports de la France et de l'Allemagne. Soit que Guillaume II comptât effectivement déclarer la guerre à la France, soit qu'il ait voulu seulement le laisser croire afin de rompre notre alliance avec l'Angleterre, l'ambassadeur d'Allemagne reçut l'ordre d'annoncer au gouvernement français qu'il allait présenter ses lettres de rappel. Les rois de la finance jouèrent alors à la baisse sur la nouvelle d'une mobilisation prochaine. Des sommes considérables furent perdues à la Bourse. Pendant toute une journée on vendit des titres de rente, que le banquier Nucingen, secrètement averti par son ami le ministre de Marsay de la démission du chancelier Delcassé, qu'on ne sut à Paris que vers quatre heures, racheta à un prix dérisoire et qu'il a gardés depuis (voir *Splendeurs et misères des courtisanes*). La France ne fut alors sauvée d'une guerre désastreuse que par l'intervention, restée longtemps inconnue des historiens, du maréchal de Montcornet, l'homme le plus fort de son siècle après Napoléon (voir *La Famille Beauvisage*). Encore Napoléon n'a-t-il pu mettre à exécution son projet de descente en Angleterre, la grande pensée de son règne. Napoléon, Montcornet, n'y a-t-il pas entre ces deux noms comme une sorte de ressemblance mystérieuse ? Je me garderais bien d'affirmer qu'ils ne sont pas rattachés l'un à l'autre par quelque lien occulte. Peut-être notre temps, après avoir douté de toutes les grandes choses sans essayer de les comprendre, sera-t-il forcé de revenir à l'harmonie préétablie de Leibnitz. Bien plus, l'homme qui était alors à la tête de la plus colossale affaire de diamants de l'Angleterre s'appelait Werner,

Julius Werner. Werner ! ce nom ne vous semble-t-il pas évoquer bizarrement le Moyen Âge ? Rien qu'à l'entendre, ne voyez-vous pas déjà le docteur Faust, penché sur ses creusets, avec ou sans Marguerite ? N'implique-t-il pas l'idée de la pierre philosophale ? Werner ! Julius ! Werner ! Changez deux lettres et vous avez Werther. *Werther* est de Goethe. Certes, peu de personnes comprirent la réponse que Lemoine fit aux gendarmes venus pour l'arrêter. « Quoi ? l'Europe m'abandonnerait-elle ? » s'écria le faux inventeur avec une terreur profonde. Le mot colporté le soir dans les salons du ministre Rastignac y passa inaperçu. « Cet homme serait-il devenu fou ? » dit le comte de Granville étonné. L'ancien clerc de l'avoué Bordin devait précisément prendre la parole dans cette affaire au nom du ministère public, ayant retrouvé depuis peu par le mariage de sa seconde fille avec le banquier du Tillet la faveur que lui avait fait perdre auprès du nouveau gouvernement son alliance avec les Vandenesse, etc.

II

Dans un feuilleton dramatique de M. Émile Faguet

L'auteur de *Le Détour* et de *le marché* – c'est à savoir M. Henri Bernstein – vient de faire représenter par les comédiens du Gymnase un drame, ou plutôt un ambigu de tragédie et de vaudeville, qui n'est peut-être pas son *Athalie* ou son *Andromaque*, son *L'Amour veille* ou son *Les Sentiers de la vertu*, mais encore est quelque chose comme son *Nicomède*, qui n'est point, comme vous avez peut-être ouï-dire, une pièce entièrement méprisable et n'est point tout à fait le déshonneur de l'esprit humain [232]. Tant est que la pièce est allée, je ne dirai pas par-dessus les nues, mais enfin est allée aux nues, où il y a un peu d'exagération, mais d'un succès légitime, comme la pièce de M. Bernstein fourmille d'invraisemblances, mais sur un fond de vérité. C'est par où *L'Affaire Lemoine* diffère de *La Rafale*, et, en général, des tragédies de M. Bernstein, comme aussi d'une bonne moitié des comédies d'Euripide, lesquelles fourmillent de vérités, mais sur un fond d'invraisemblance. Donc, l'escroc Lemoine, voulant faire une dupe avec sa prétendue découverte de la fabrication du diamant, s'adresse… au plus grand propriétaire de mines de diamants du monde. Comme invraisemblance, vous m'avouerez que c'est une assez forte invraisemblance. Et d'une. Au moins, pensez-vous que ce potentat, qui a dans la tête toutes les plus grandes affaires du monde, va envoyer promener Lemoine, comme le prophète Néhémie disait du haut des remparts de Jérusalem à ceux qui lui tendaient une échelle pour descendre : *Non possum descendere, magnum opus facio*[233]. Ce qui serait parler de cire. Pas du tout, il s'empresse de prendre l'échelle. La seule différence est, qu'au lieu d'en descendre, il y monte. Un peu jeune, ce Werner. Ce n'est pas un rôle pour M. Coquelin le cadet, c'est un rôle pour M. Brulé. Et de deux. Notez que ce secret, qui n'est naturellement qu'une poudre de perlimpinpin insignifiante, Lemoine ne lui en fait pas cadeau. Il le lui vend deux millions et encore lui fait comprendre que c'est donné :

Admirez mes bontés et le peu qu'on vous vend
Le trésor merveilleux que ma main vous dispense.
Ô grande puissance
De l'orviétan ! [234]

Ce qui ne change pas grand chose, à tout prendre, à l'invraisemblance n° 1, mais ne laisse pas d'aggraver considérablement l'invraisemblance n° 2. Mais enfin, tout coup vaille ! Mon Dieu, remarquez que jusqu'ici nous suivons l'auteur qui, en somme, est bon dramatiste. On nous dit que Lemoine a découvert le secret de la fabrication du diamant. Nous n'en savons rien, après tout ; on nous le dit, nous voulons bien, nous marchons. Werner, grand connaisseur en diamants, a marché, et Werner, financier retors, a casqué. Nous marchons de plus en plus. Un grand savant anglais, moitié physicien, moitié grand seigneur, un lord anglais, comme dit l'autre (mais non, Madame, tous les lords sont Anglais, donc un lord anglais est un pléonasme ; ne recommencez pas, personne ne vous a entendue), jure que Lemoine a vraiment découvert la pierre philosophale. On ne peut pas plus marcher que nous ne marchons. Patatras ! voilà les bijoutiers qui reconnaissent dans les diamants de Lemoine des pierres qu'ils lui ont vendues et qui viennent *précisément de la mine de Werner.* Un peu gros, cela. Les diamants *ont encore les marques qu'y avaient mises les bijoutiers.* De plus en plus gros :

Au diamant marqué qui sort ainsi du four,
Je ne reconnais plus l'auteur de le Détour. [235]

Lemoine est arrêté, Werner redemande son argent, le lord anglais ne dit plus mot ; du coup, nous ne marchons plus, et comme toujours, en pareil cas, nous sommes furieux d'avoir marché et nous passons notre mauvaise humeur sur… Parbleu ! l'auteur est là pour quelque chose, je pense. Werner aussitôt demande au juge de faire saisir l'enveloppe où est le fameux secret. Le juge y consent immédiatement. Personne de plus aimable que ce juge. Mais l'avocat de Lemoine dit au juge que la chose est illégale. Le juge renonce aussitôt ; personne de plus versatile que ce juge. Quant à Lemoine, il veut absolument aller se balader avec le juge, les avocats, les experts, etc., jusqu'à Amiens où est son usine, pour leur prouver qu'il sait faire du diamant. Et chaque fois que le juge aimable et versatile lui répète qu'il a escroqué Werner, Lemoine répond : « Laissons ce discours et voyons ma balade. » À quoi le juge pour lui donner la réplique : « La balade, à mon goût, est une chose fade [236]. » Personne de plus versé dans le répertoire moliériste que ce juge. Etc.

III
Par Michelet

Le diamant, lui, se peut extraire à d'étranges profondeurs (1 300 mètres). Pour en ramener la pierre fort brillante, qui seule peut soutenir le feu d'un regard de femme (en Afghanistan, diamant se dit : « œil de flamme »), sans fin faudra-t-il descendre au royaume sombre. Que de fois Orphée s'égarera avant de ramener au jour Eurydice ! Nul découragement pourtant. Si le cœur faiblit, la pierre est là qui, de sa flamme fort distincte, semble dire : « Courage, encore un coup de pioche, je suis à toi. » Du reste une hésitation, et c'est la mort. Le salut n'est que dans la vitesse. Touchant dilemme. À le résoudre, bien des vies s'épuisèrent au Moyen Âge. Plus durement se posa-t-il au commencement du vingtième siècle (décembre 1907-janvier 1908). Je raconterai quelque jour cette magnifique affaire Lemoine dont aucun contemporain n'a soupçonné la grandeur, je montrerai ce petit homme, aux mains débiles, aux yeux brûlés par la terrible recherche, juif probablement (M. Drumont l'a affirmé non sans vraisemblance ; aujourd'hui encore les Lemoustiers – contraction de Monastère – ne sont pas rares en Dauphiné, terre d'élection d'Israël pendant tout le Moyen Âge), menant pendant trois mois toute la politique de l'Europe, courbant l'orgueilleuse Angleterre à consentir un traité de commerce ruineux pour elle, pour sauver ses mines menacées, ses compagnies en discrédit. Que nous lui livrions l'homme, sans hésiter elle le payerait au poids de sa chair. La liberté provisoire, la plus grande conquête des temps modernes (Sayous, Batbie) trois fois fut refusée. L'Allemand fort déductivement, devant son pot de bière, voyant chaque jour les cours de la De Beers baisser, reprenait courage (révision du procès Harden [237], loi polonaise, refus de répondre au Reichstag). Touchante immolation du juif au long des âges ! « Tu me calomnies, obstinément m'accuses de trahison contre toute vraisemblance, sur terre, sur mer (affaire Dreyfus, affaire Ullmo [238]) ; eh bien ! je te donne mon or (voir le grand développement des banques juives à la fin du dix-neuvième siècle), et plus que l'or, ce qu'au poids de l'or tu ne pourrais pas toujours acheter : le diamant. » – Grave leçon ; fort tristement la méditais-je souvent durant cet hiver de 1908 où la nature même, abdiquant toute violence, se faisait perfide. Jamais on ne vit moins de grands froids, mais un brouillard qu'à midi même le soleil ne parvenait pas à percer. D'ailleurs, une température fort douce, – d'autant plus meurtrière. Beaucoup de morts – plus que dans les dix années précédentes – et, dès janvier, des violettes sous la neige. L'esprit fort troublé de cette affaire Lemoine, qui très justement m'apparut tout de suite comme un épisode de la grande lutte de la richesse contre la science, chaque jour j'allais au Louvre où d'instinct le peuple, plus souvent que devant *La Joconde* de Vinci, s'arrête aux diamants de la Couronne. Plus d'une fois j'eus peine à en approcher. Faut-il le dire, cette étude m'attirait, je ne l'aimais pas. Le secret de ceci ? Je n'y sentais pas la vie. Toujours ce fut ma force, ma faiblesse aussi, ce besoin de la vie. Au point culminant du règne de Louis XIV, quand l'absolutisme semble avoir tué toute liberté en France, durant de longues années – plus d'un siècle – (1680-1789), d'étranges maux de tête me faisaient croire chaque jour que j'allais être obligé d'interrompre mon histoire. Je ne retrouvai vraiment mes forces qu'au serment du Jeu de Paume (20 juin 1789). Pareillement me sentais-je troublé devant cet étrange règne de la cristallisation qu'est le monde de la pierre. Ici plus rien de la flexibilité de la fleur qui, au plus ardu de mes recherches botaniques, fort timidement – d'autant mieux – ne cessa jamais de me rendre courage : « Aie confiance, ne crains rien, tu es toujours dans la vie, dans l'histoire. »

IV

Dans le « Journal des Goncourt » [239]

21 décembre 1907

Dîné avec Lucien Daudet, qui parle avec un rien de verve blagueuse des diamants fabuleux vus sur les épaules de Mme X…, diamants dits, par Lucien, dans une forte jolie langue, ma foi, à la notation toujours artiste, être malgré tout une pierre bourgeoise, un peu bébête, qui ne serait pas comparable, par exemple, à l'émeraude ou au rubis. Et au dessert, Lucien nous jette qu'un certain Lemoine aurait trouvé le secret de la fabrication du diamant. Ce serait, dans le monde des affaires, au dire de Lucien, tout un émoi rageur devant la dépréciation possible du stock de diamants encore invendu, émoi qui pourrait bien finir par gagner la magistrature, et amener l'internement de ce Lemoine pour le reste de ses jours en quelque *in pace* pour crime de lèse-bijouterie. C'est plus fort que l'histoire de Galilée, plus moderne, plus prêtant à l'artiste évocation d'un milieu, et tout d'un coup je vois un beau sujet de pièce pour nous, une pièce où il pourrait y avoir de fortes choses sur la puissance de la haute industrie d'aujourd'hui, puissance menant, au fond, le gouvernement et la justice, et s'opposant à ce qu'a de calamiteux pour elle toute nouvelle invention. Comme bouquet, on apporte à Lucien la nouvelle, me donnant le dénouement de la pièce déjà ébauchée, que leur ami Marcel Proust se serait tué, à la suite de la baisse des valeurs diamantifères [240], baisse anéantissant une partie de sa fortune. Je quitte Lucien, la tête tout échauffée comme si on venait de m'y verser des cuillerées de cervelle. Et dans l'escalier je rencontre le nouveau ministre du Japon qui me dit aimablement avoir été longtemps en mission chez les Honolulus où la lecture de nos livres, à mon frère et à moi, serait la seule chose capable d'arracher les indigènes aux plaisirs du caviar, lecture se prolongeant très avant dans la nuit, d'une seule traite, aux intermèdes consistant seulement dans le chiquage de quelques cigares du pays enfermés dans de longs étuis de verre, étuis destinés à les protéger pendant la traversée contre une certaine maladie que leur donnait la mer. Et le ministre me confesse son goût de nos livres, avouant avoir connu à Hong-Kong une fort grande dame de là-bas qui n'avait que deux ouvrages sur sa table de nuit : *La Fille Élisa* et *Robinson Crusoé*.

22 décembre

Je me réveille de ma sieste de quatre heures avec le pressentiment d'une mauvaise nouvelle, ayant rêvé que la dent qui m'a fait tant souffrir quand Cruet me l'a arrachée, il y a cinq ans, avait repoussé. Et aussitôt Pélagie entre, avec cette nouvelle apportée par Lucien Daudet, nouvelle qu'elle n'était pas venue me dire pour ne pas troubler mon cauchemar : Marcel Proust ne s'est pas tué, Lemoine n'a rien inventé du tout, ne serait qu'un escamoteur pas même habile, une espèce de Robert Houdin manchot. Voilà bien notre guigne ! Pour une fois que la vie plate, embourgeoisée d'aujourd'hui, *s'artistisait*, nous jetait un sujet de pièce ! À Rodenbach, qui attendait mon réveil, je ne peux contenir ma déception, me reprenant à m'animer, à jeter des tirades déjà tout écrites, que m'avait inspirées la fausse nouvelle de la découverte et du suicide, fausse nouvelle plus artiste, plus *vraie* que le dénouement trop optimiste et *public*, le dénouement à la Sarcey, raconté être le vrai par Lucien à Pélagie. Et c'est de ma part toute une révolte chuchotée pendant une heure à Rodenbach, sur cette guigne qui nous a toujours poursuivis, mon frère et moi, faisant des plus grands événements comme des plus petits, de la révolution d'un peuple comme du rhume d'un souffleur, autant d'obstacles levés contre la marche en avant de nos œuvres. Il faut cette fois que le syndicat des bijoutiers s'en mêle ! Alors Rodenbach de me confesser le fond de sa pensée, qui serait que ce mois de décembre nous a toujours été malchanceux, à mon frère et à moi, ayant amené nos poursuites en correctionnelle, l'échec voulu par la presse d'*Henriette Maréchal*, le bouton que j'ai eu sur la langue à la veille du seul discours que j'aie jamais eu à prononcer, bouton ayant fait dire que je n'avais pas osé parler sur la tombe de Vallès, quand c'est moi qui avais demandé à le faire ; tout un ensemble de fatalités qui, dit superstitieusement l'homme du Nord artiste qu'est Rodenbach, devrait nous faire éviter de rien entreprendre ce mois-là. Alors moi, interrompant les théories cabalistiques de l'auteur de *Bruges-la-Morte*, pour aller passer un habit,

habit rendu nécessaire par le dîner chez la princesse, je lui jette, en le quittant à la porte de mon cabinet de toilette : « Alors, Rodenbach, vous me conseillez de réserver ce mois-là pour ma mort ! »

MARCEL PROUST.

PASTICHES (SUITE) [241]

V

L'Affaire Lemoine par Gustave Flaubert

La chaleur devenait étouffante, une cloche tinta, des tourterelles s'envolèrent, et, les fenêtres ayant été fermées sur l'ordre du président, une odeur de poussière se répandit. Il était vieux, avec un visage de pitre, une robe trop étroite pour sa corpulence, des prétentions à l'esprit ; et ses favoris égaux, qu'un reste de tabac salissait, donnaient à toute sa personne quelque chose de décoratif et de vulgaire. Comme la suspension d'audience se prolongeait, des intimités s'ébauchèrent ; pour entrer en conversation, les malins se plaignaient à haute voix du manque d'air, et, quelqu'un ayant dit reconnaître le ministre de l'Intérieur dans un monsieur qui sortait, un réactionnaire soupira : « Pauvre France ! » En tirant de sa poche une orange, un nègre s'acquit de la considération, et, par amour de la popularité, en offrit les quartiers à ses voisins, en s'excusant, sur un journal : d'abord à un ecclésiastique, qui affirma « n'en avoir jamais mangé d'aussi bonne ; c'est un excellent fruit, rafraîchissant » ; mais une douairière prit un air offensé, défendit à ses filles de rien accepter « de quelqu'un qu'elles ne connaissaient pas », pendant que d'autres personnes, ne sachant pas si le journal arriverait jusqu'à elles, cherchaient une contenance : plusieurs tirèrent leur montre, une dame enleva son chapeau. Un perroquet le surmontait. Deux jeunes gens s'en étonnèrent, auraient voulu savoir s'il avait été placé là comme souvenir ou peut-être par goût excentrique. Déjà les farceurs commençaient à s'interpeller d'un banc à l'autre, et les femmes, regardant leurs maris, s'étouffaient de rire dans un mouchoir, quand un silence s'établit, le président parut s'absorber pour dormir, l'avocat de Werner prononçait sa plaidoirie. Il avait débuté sur un ton d'emphase, parla deux heures, semblait dispeptique, et chaque fois qu'il disait « Monsieur le Président », s'effondrait dans une révérence si profonde qu'on aurait dit une jeune fille devant un roi, un diacre quittant l'autel. Il fut terrible pour Lemoine, mais l'élégance des formules atténuait l'âpreté du réquisitoire. Et ses périodes se succédaient sans interruption, comme les eaux d'une cascade, comme un ruban qu'on déroule. Par moment, la monotonie de son discours était telle qu'il ne se distinguait plus du silence, comme une cloche dont la vibration persiste, comme un écho qui s'affaiblit. Pour finir, il attesta les portraits des présidents Grévy et Carnot, placés au-dessus du tribunal ; et chacun, ayant levé la tête, constata que la moisissure les avait gagnés dans cette salle officielle et malpropre qui exhibait nos gloires et sentait le renfermé. Une large baie la divisait par le milieu, des bancs s'y alignaient jusqu'au pied du tribunal ; elle avait de la poussière sur le parquet, des araignées aux angles du plafond, un rat dans chaque trou, et on était obligé de l'aérer souvent à cause du voisinage du calorifère, parfois d'une odeur plus nauséabonde. L'avocat de Lemoine répliquant, fut bref. Mais il avait un accent méridional, faisait appel aux passions généreuses, ôtait à tout moment son lorgnon. En l'écoutant, Nathalie ressentait ce trouble où conduit l'éloquence ; une douceur l'envahit et son cœur s'était soulevé, la batiste de son corsage palpitait, comme une herbe au bord d'une fontaine prête à sourdre, comme le plumage d'un pigeon qui va s'envoler. Enfin le président fit un signe, un murmure s'éleva, deux parapluies tombèrent : on allait entendre à nouveau l'accusé. Tout de suite les gestes de colère des assistants le désignèrent ; pourquoi n'avait-il pas dit vrai, fabriqué du diamant, divulgué son invention ? Tous, et jusqu'au plus pauvre, auraient su – c'était certain – en tirer des millions. Même ils les voyaient devant eux, dans la violence du regret où l'on croit posséder ce qu'on pleure. Et beaucoup se livrèrent une fois encore à la douceur des rêves qu'ils avaient formés, quand ils avaient entrevu la fortune, sur la nouvelle de la découverte, avant d'avoir dépisté l'escroc.

Pour les uns, c'était l'abandon de leurs affaires, un hôtel avenue du Bois, de l'influence à l'Académie ; et même un yacht qui les aurait menés l'été dans des pays froids, pas au Pôle pourtant, qui est curieux, mais la nourriture y sent l'huile, le jour de vingt-quatre heures doit être gênant pour dormir, et puis comment se garer des ours blancs ?

À certains, les millions ne suffisaient pas ; tout de suite ils les auraient joués à la Bourse ; et, achetant des valeurs au plus bas cours la veille du jour où elles remonteraient – un ami les aurait renseignés – verraient centupler leur capital en quelques heures. Riches alors comme Carnegie, ils se garderaient de donner dans l'utopie humanitaire. (D'ailleurs, à quoi bon ? Un milliard partagé entre tous les Français n'en enrichirait pas un seul, on l'a calculé.) Mais, laissant le luxe aux vaniteux, ils rechercheraient seulement le confort et l'influence, se feraient nommer président de la République, ambassadeur à Constantinople, auraient dans leur chambre un capitonnage de liège qui amortit le bruit des voisins [242]. Ils n'entreraient pas au Jockey-Club, jugeant l'aristocratie à sa valeur. Un titre du Pape les attirait davantage. Peut-être pourrait-on l'avoir sans payer. Mais alors à quoi bon tant de millions ? Bref, ils grossiraient le denier de saint Pierre tout en blâmant l'institution. Que peut bien faire le Pape de cinq millions de dentelles, tant de curés de campagne meurent de faim ?

Mais quelques-uns, en songeant que la richesse aurait pu venir à eux, se sentaient prêts à défaillir ; car ils l'auraient mise aux pieds d'une femme dont ils avaient été dédaignés jusqu'ici, et qui leur aurait enfin livré le secret de son baiser et la douceur de son corps.

Ils se voyaient avec elle, à la campagne, jusqu'à la fin de leurs jours, dans une maison tout en bois blanc, sur le bord triste d'un grand fleuve. Ils auraient connu le cri du pétrel, la venue des brouillards, l'oscillation des navires, le développement des nuées, et seraient restés des heures avec son corps sur leurs genoux, à regarder monter la marée et s'entre-choquer les amarres, de leur terrasse, dans un fauteuil d'osier sous une tente rayée de bleu, entre des boules de métal. Et ils finissaient par ne plus voir que deux grappes de fleurs violettes, descendant jusqu'à l'eau rapide qu'elles touchent presque, dans la lumière crue d'un après-midi sans soleil, le long d'un mur rougeâtre qui s'effritait. À ceux-là, l'excès de leur détresse ôtait la force de maudire l'accusé ; mais tous le détestaient, jugeant qu'il les avait frustrés de la débauche, des honneurs, de la célébrité, du génie ; parfois de chimères plus indéfinissables, de ce que chacun recélait de profond et de doux, depuis son enfance, dans la niaiserie particulière de son rêve.

VI

Critique du roman de M. Gustave Flaubert sur l'affaire Lemoine par Sainte-Beuve, dans son feuilleton du « Constitutionnel »

L'Affaire Lemoine... par M. Gustave Flaubert ! Sitôt surtout après *Salammbô,* le titre a généralement surpris. Quoi ? l'auteur avait dressé son chevalet en plein Paris, au palais de justice, dans la chambre même des appels correctionnels... : on le croyait encore à Carthage ! M. Flaubert – estimable en cela dans sa velléité et sa prédilection – n'est pas de ces écrivains que Martial a bien finement raillés et qui, passés maîtres sur un terrain, ou réputés pour tels, s'y cantonnent, s'y fortifient, soucieux avant tout de ne pas offrir de prise à la critique, n'exposant jamais dans la manœuvre qu'une aile à la fois. M. Flaubert, lui, aime à multiplier les reconnaissances et les sorties, à faire front de tous côtés, que dis-je, il tient les défis, quelques conditions qu'on propose, et ne revendique jamais le choix des armes ni l'avantage du terrain. Mais cette fois-ci, il faut le reconnaître, cette volte-face si précipitée, ce retour d'Égypte (ou peu s'en faut) à la Bonaparte, et qu'aucune victoire bien certaine ne devait ratifier, n'ont pas paru très heureux ; on y a vu, ou cru y voir, disons-le, comme un rien de mystification. Quelques-uns ont été jusqu'à prononcer, non sans apparence de raison, le mot de gageure. Cette gageure, M. Flaubert, du moins, l'a-t-il gagnée ? C'est ce que nous allons examiner en toute franchise, mais sans jamais oublier que l'auteur est le fils d'un homme bien regrettable, que nous avons tous connu, professeur à l'école de médecine de Rouen, qui a laissé dans sa profession et dans sa province sa trace et son rayon ; et que cet aimable fils – quelque opinion qu'on puisse d'ailleurs opposer à ce que des jeunes gens bien hâtifs ne craignent pas, l'amitié aidant, d'appeler déjà son talent – mérite, d'ailleurs, tous les égards par la simplicité reconnue de ses relations toujours sûres et parfaitement suivies – lui, le contraire même de la simplicité dès qu'il prend une plume ! – par le raffinement et la délicatesse invariable de son procédé.

I

Le récit débute par une scène qui, mieux conduite, aurait pu donner de M. Flaubert une idée assez favorable, dans ce genre tout immédiat et impromptu du croquis, de l'étude prise sur la réalité. Nous sommes au palais de justice, à la Chambre correctionnelle, où se juge l'affaire Lemoine, pendant une suspension d'audience. Les fenêtres viennent d'être fermées sur l'ordre du président. Et ici un éminent avocat m'assure que le président n'a rien à voir, comme il semble en effet plus naturel et convenable, dans ces sortes de choses, et qu'à la suspension même il s'était certainement retiré dans la chambre du conseil. Ce n'est qu'un détail si l'on veut. Mais vous qui venez nous dire (comme si en vérité vous les aviez comptés !) le nombre des éléphants et des onagres dans l'armée carthaginoise, comment espérez-vous, je vous le demande, être cru sur parole quand, pour une réalité si prochaine, si aisément vérifiable, si sommaire même et nullement détaillée, vous commettez de telles bévues ! Mais passons : l'auteur voulait une occasion de décrire le président, il ne l'a pas laissée échapper. Ce président a « un visage de pitre, une robe trop étroite pour sa corpulence (trait assez gauche et qui ne peint rien), des prétentions à l'esprit ». Passe encore pour le visage de pitre ! L'auteur est d'une école qui ne voit jamais rien dans l'humanité de noble ou d'estimable. Pourtant M. Flaubert, bas Normand s'il en fut, est d'un pays de fine chicane et de haute sapience qui a donné à la France assez de considérables avocats et magistrats, je nc veux point distinguer ici. Sans même se borner aux limites de la Normandie, l'image d'un président Jeannin, d'un Mathieu Marais, d'un Saumaise, d'un Bouhier, voire de l'agréable Patru, de tel de ces hommes distingués par la sagesse du conseil et d'un mérite si nécessaire, serait aussi intéressante, je crois, et aussi vraie, que celle du président à « visage de pitre » qui nous est ici montrée. Va pourtant pour visage de pitre ! Mais s'il a des « prétentions à l'esprit », qu'en savez-vous, puisque aussi bien il n'a pas encore ouvert la bouche ? Et de même, un peu plus loin, l'auteur, dans le public qu'il nous décrit, nous montrera du doigt un « réactionnaire ». C'est une désignation assez fréquente aujourd'hui. Mais ici, je le demande encore à M. Flaubert : « Un réactionnaire ? à quoi reconnaissez-vous cela à distance ? Qui vous l'a dit ? Qu'en savez-vous ? » L'auteur, évidemment, s'amuse, et tous ces traits sont inventés à plaisir. Mais ce n'est rien encore, poursuivons. L'auteur continue à peindre le public, ou plutôt de purs « modèles » bénévoles qu'il a groupés à loisir dans son atelier : « En tirant une orange de sa poche, un nègre... » Voyageur, vous n'avez à la bouche que les mots de vérité, d'« objectivité », vous en faites profession, vous en faites parade ; mais, sous cette prétendue impersonnalité, comme on vous reconnaît vite, ne serait-ce qu'à ce nègre, à cette orange, tout à l'heure à ce perroquet, fraîchement débarqués avec vous, à tous ces accessoires *rapportés* que vous vous dépêchez bien vite de venir *plaquer* sur votre esquisse, la plus bigarrée, je le déclare, la moins véridique, la moins ressemblante où se soit jamais évertué votre pinceau.

Donc le nègre tire de sa poche une orange, et ce faisant, il... « s'attire de la considération » ! M. Flaubert, j'entends bien, veut dire que dans une foule quelqu'un qui peut faire emploi et montre d'un avantage, même usuel et familier à chacun, qui tire un gobelet par exemple quand près de lui on boit à la bouteille ; un journal, s'il est le seul qui ait pensé à l'acheter, que ce quelqu'un-là est aussitôt désigné à la remarque et à la distinction des autres. Mais avouez qu'au fond vous n'êtes pas fâché, en hasardant cette expression si bizarre et déplacée de considération, d'insinuer que toute considération, jusqu'à la plus haute et la plus recherchée, ce n'est pas beaucoup plus que cela, qu'elle est faite de l'envie que donnent aux autres des biens au fond sans valeur. Eh bien, nous le disons à M. Flaubert, ce n'est pas vrai ; la considération, on l'acquiert, – et nous savons que l'exemple vous touchera, car vous n'êtes de l'école de l'insensibilité, de l'*impassibilité*, qu'en littérature, – on l'acquiert par toute une vie donnée à la science, à l'humanité. Les lettres, autrefois, pouvaient la procurer aussi, quand elles n'étaient que le gage et comme la fleur de l'urbanité de l'esprit, de cette disposition tout humaine qui peut avoir, certes, sa prédilection et sa visée, mais admet, à côté des images du vice et des ridicules, l'innocence et la vertu. Sans remonter aux anciens (bien plus « naturalistes » que vous ne serez jamais, mais qui, sur le tableau découpé dans un cadre réel, font toujours descendre à l'air libre et comme à ciel ouvert un rayon tout divin qui pose sa lumière au fronton et éclaire le contraste), sans remonter jusqu'à eux, qu'ils aient nom Homère ou Moschus, Bion ou

Léonidas de Tarente, et pour en venir à des peintures plus préméditées, est-ce autre chose, dites-le-nous, qu'ont toujours fait ces mêmes écrivains dont vous ne craignez pas de vous réclamer ? Et Saint-Simon d'abord, à côté des portraits tout atroces et calomniés d'un Noailles ou d'un Harlay, quels grands coups de pinceau n'a-t-il pas pour nous montrer, dans sa lumière et sa proportion, la vertu d'un Montal, d'un Beauvilliers, d'un Rancé, d'un Chevreuse ? Et, jusque dans cette « Comédie humaine », ou soi-disant telle, où M. de Balzac, avec une suffisance qui prête à sourire, prétend tracer des « scènes de la vie parisienne et de la vie de province » (lui, l'homme incapable d'observer s'il en fut), en regard et comme en rachat des Hulot, des Philippe Bridau, des Balthazar Claes, comme il les appelle, et à qui vos Narr'Havas et vos Shahabarims [243] n'ont rien à envier, je le confesse, n'a-t-il pas imaginé une Adeline Hulot, une Blanche de Mortsauf, une Marguerite de Solis [244] ?

Certes, on eût bien étonné, et à bon droit, les Jacquemont, les Mérimée, les Ampère, tous ces hommes de finesse et d'étude qui l'ont si bien connu et qui ne croyaient pas qu'il y eût besoin, pour si peu, de faire sonner tant de cloches, si on leur avait dit que le spirituel Beyle, à qui l'on doit tant de vues claires et fructueuses, tant de remarques appropriées, passerait romancier de nos jours. Mais enfin, il est encore plus *vrai* que vous ! Mais il y a plus de vérité dans la moindre étude, je dis de Sénac de Meilhan, de Ramond ou d'Althon Shée, que dans la vôtre, si laborieusement inexacte ! Mais tout cela est faux à crier, vous ne le sentez donc pas ?

Enfin l'audience est reprise, l'avocat de Werner a la parole, et M. Flaubert nous avertit qu'en se tournant vers le président il fait, chaque fois, « une révérence si profonde qu'on aurait dit un diacre quittant l'autel ». Qu'il y ait eu de tels avocats, et même au barreau de Paris, « agenouillés » comme dit l'auteur, devant la cour et le ministère public, c'est bien possible. Mais il y en a d'autres aussi – cela, M. Flaubert ne veut pas le savoir – et il n'y a pas si longtemps que nous avons entendu le bien considérable Chaix d'Est-Ange (dont les discours publiés ont perdu non certes toute l'impulsion et le sel, mais l'à-propos et le colloque), répondre fièrement à une sommation hautaine du ministère public : « Ici, à la barre, M. l'avocat général et moi, nous sommes égaux, au talent près ! »

Mais l'action se motive et se hâte. L'accusé est introduit, et d'abord, à sa vue, certaines personnes regrettent (toujours des suppositions !) la richesse qui leur aurait permis d'aller vivre au loin avec une femme aimée dès la jeunesse, à ces heures dont parle le poète, seules dignes d'être vécues et où l'on s'enflamme parfois pour toute la vie, *vita dignior aetas*[245] ! Le morceau, lu à haute voix, présenterait assez d'harmonie et de vague. « Ils auraient connu le cri des pétrels, la venue des brouillards, l'oscillation des navires, le développement des nuées. » Mais, je le demande, que viennent faire ici les pétrels ? L'auteur visiblement recommence à s'amuser, tranchons le mot, à nous mystifier. On peut n'avoir pas pris ses us en ornithologie et savoir que le pétrel est un oiseau fort commun sur nos côtes, et qu'il n'est nul besoin d'avoir découvert le diamant et fait fortune pour le rencontrer. Un chasseur qui en a souvent poursuivi m'assure que son cri n'a absolument rien de particulier et qui puisse si fort émouvoir celui qui l'entend. Il est clair que l'auteur a mis cela au hasard de la phrase. Le cri du pétrel, il a trouvé que cela faisait bien. M. de Chateaubriand est le premier qui ait ainsi fait entrer dans un cadre étudié des détails ajoutés après coup et sur la vérité desquels il ne se montrait pas difficile. Mais lui, il avait le don divin, le mot qui dresse l'image en pied, pour toujours, comme disait Joubert, le talisman de l'Enchanteur. Ah ! postérité d'Atala, postérité d'Atala, on te retrouve partout aujourd'hui, jusque sur la table de dissection des anatomistes ! etc.

MARCEL PROUST.

PASTICHES (SUITE ET FIN) [246]

VII

L'Affaire Lemoine par Ernest Renan

Si Lemoine avait réellement fabriqué du diamant, il eût sans doute contenté par là, dans une certaine mesure, ce matérialisme grossier avec lequel devra compter de plus en plus celui qui prétend se mêler des affaires de l'humanité ; il n'eût pas donné aux âmes éprises d'idéal cet élément d'exquise spiritualité sur lequel, après si longtemps, nous vivons encore. C'est d'ailleurs ce que paraît avoir compris, avec une rare finesse, le magistrat qui fut commis pour l'interroger. Chaque fois que Lemoine, avec le sourire que nous pouvons imaginer, lui proposait de venir à Lille, dans son usine, où l'on verrait s'il savait ou non faire du diamant, le juge Le Poittevin, avec un tact exquis, ne le laissait pas poursuivre, lui indiquait d'un mot, parfois d'une plaisanterie un peu vive *, toujours contenue par un rare sentiment de la mesure, qu'il ne s'agissait pas de cela, que la cause était ailleurs. Rien, du reste, ne nous autorise à affirmer que même à ce moment où se sentant perdu (dès le mois de janvier, la sentence ne faisant plus de doute, l'accusé s'attachait naturellement à la plus fragile planche de salut) Lemoine ait jamais prétendu qu'il savait fabriquer le diamant. Le lieu où il proposait aux experts de les conduire et que les traductions nomment « usine », d'un mot qui a pu prêter au contresens, était situé à l'extrémité de la vallée de plus de trente kilomètres qui se termine à Lille. Même de nos jours, après tous les déboisements qu'elle a subis, c'est un véritable jardin, planté de peupliers et de saules, semé de fontaines et de fleurs. Au plus fort de l'été, la fraîcheur y est délicieuse. Nous avons peine à imaginer aujourd'hui qu'elle a perdu ses bois de châtaigniers, ses bosquets de noisetiers et de

* *Procès,* tome II, *passim,* et notamment p. , etc.

vignes, la fertilité qui en faisait au temps de Lemoine un séjour enchanteur. Un Anglais qui vivait à cette époque, John Ruskin, que nous ne lisons malheureusement que dans la traduction d'une platitude pitoyable que Marcel Proust nous en a laissée, vante la grâce de ses peupliers, la fraîcheur glacée de ses sources. Le voyageur sortant à peine des solitudes de la Beauce et de la Sologne, toujours désolées par un implacable soleil, pouvait croire vraiment, quand il voyait étinceler à travers les feuillages leurs eaux transparentes, que quelque génie, touchant le sol de sa baguette magique, en faisait ruisseler à profusion le diamant. Lemoine, probablement, ne voulut jamais dire autre chose. Il semble qu'il ait voulu, non sans finesse, user de tous les délais de la loi française, qui permettaient aisément de prolonger l'instruction jusqu'à la mi-avril, où ce pays est particulièrement délicieux. Aux haies, le lilas, le rosier sauvage, l'épine blanche et rose sont en fleurs et tendent au long de tous les chemins une broderie d'une fraîcheur de tons vraiment incomparable, où les diverses espèces d'oiseaux de ce pays viennent mêler leurs chants. Le loriot, la mésange, le rossignol à tête bleue, quelquefois le bengali, se répondent de branche en branche. Les collines, revêtues au loin des fleurs roses des arbres fruitiers, se déploient sur le bleu du ciel avec des courbes d'une finesse ravissante. Aux bords des rivières qui sont restées le grand charme de cette région, mais où les scieries entretiennent aujourd'hui à toute heure un bruit insupportable, le silence ne devait être troublé que par le brusque plongeon d'une de ces petites truites dont la chair assez insipide pourtant est pour le paysan picard le plus exquis des régals. Nul doute qu'en quittant la fournaise du palais de justice, experts et juges n'eussent subi comme les autres l'éternel mirage de ces belles eaux que le soleil à midi vient vraiment diamanter. S'allonger au bord de la rivière, saluer de ses rires une barque dont le sillage raye la soie changeante des eaux, distraire quelques bribes azurées de ce gorgerin de saphir qu'est le col du paon, en poursuivre gaiement quelques jeunes blanchisseuses jusqu'à leur lavoir en chantant un refrain populaire *, tremper dans la mousse du savon un pipeau taillé dans le chaume à la façon de la flûte de Pan, y voir perler des bulles qui unissent les délicieuses couleurs de l'écharpe d'Iris et appeler cela enfiler des perles, former parfois des chœurs en se tenant par la main, écouter chanter le rossignol, voir se lever l'étoile du berger, tels étaient sans doute les plaisirs auxquels Lemoine comptait convier les honorables MM. Le Poittevin, Bordas et consorts, plaisirs d'une race vraiment idéaliste, où tout finit par des chansons, où dès la fin du dix-neuvième siècle la légère ivresse du vin de Champagne paraît trop grossière encore, où l'on ne demande plus la gaieté qu'à la vapeur qui, de profondeurs parfois incalculables monte à la surface d'une source faiblement minéralisée.

Le nom de Lemoine ne doit pas d'ailleurs nous donner l'idée d'une de ces sévères obédiences ecclésiastiques qui l'eussent rendu lui-même peu accessible à ces impressions d'une poésie enchanteresse. Ce n'était probablement qu'un surnom, comme on en portait souvent alors, peut-être un simple sobriquet que les manières réservées du jeune savant, sa vie peu adonnée aux dissipations mondaines, avaient tout naturellement amené sur les lèvres des personnes frivoles. Au reste il ne semble pas que nous devions attacher beaucoup d'importance à ces surnoms, dont plusieurs paraissent avoir été choisis tout à fait au hasard, probablement pour distinguer deux personnes qui sans cela eussent risqué d'être confondues. La plus

* Quelques-uns de ces chants d'une délicieuse naïveté nous ont été conservés. C'est généralement une scène empruntée à la vie quotidienne que le chanteur retrace gaiement. Seuls les mots de *Zizi, Panpan* qui les coupent presque toujours à intervalles réguliers ne présentent à l'esprit qu'un sens assez vague. C'était sans doute de pures indications rythmiques destinées à marquer la mesure pour une oreille qui eût été sans cela tentée de l'oublier, peut-être même simplement une exclamation admirative, poussée à la vue de l'oiseau de Junon, comme tendraient à le faire croire ces mots plusieurs fois répétés : *les plumes de paon,* qui les suivent à peu d'intervalle.

légère nuance, une distinction parfois tout à fait oiseuse, conviennent alors parfaitement au but que l'on se propose. La simple épithète d'*aîné,* de *cadet,* ajoutée à un même nom, semblait parfois suffisante. Il est souvent question dans les documents de cette époque d'un certain *Coquelin aîné* qui paraît avoir été une sorte de personnage proconsulaire, peut-être un riche administrateur à la manière de Crassus ou de Murena. Sans qu'aucun texte certain permette d'affirmer qu'il eût servi en personne, il occupait un rang distingué dans l'ordre de la Légion d'honneur, créé expressément par Napoléon pour récompenser le mérite militaire. Ce surnom d'aîné lui avait peut-être été donné pour le distinguer d'un autre Coquelin, comédien de mérite, appelé *Coquelin cadet,* sans qu'on puisse savoir s'il existait entre eux une différence d'âge bien réelle. Il semble qu'on ait voulu seulement marquer par là la distance qui existait encore à cette époque entre l'acteur et le politicien, l'homme ayant rempli des charges publiques. Peut-être tout simplement voulait-on éviter une confusion sur les listes électorales.

... Une société où la femme belle, où le noble de naissance pareraient leur corps de vrais diamants serait vouée à une grossièreté irrémédiable. Le mondain, l'homme à qui suffisent le sec bon sens, le brillant tout superficiel que donne l'éducation classique, s'y plairait peut-être. Les âmes vraiment pures, les esprits passionnément attachés au bien et au vrai y éprouveraient une insupportable sensation d'étouffement. De tels usages ont pu exister dans le passé. On ne les reverra plus. À l'époque de Lemoine, selon toute apparence, ils étaient depuis longtemps tombés en désuétude. Le plat recueil de contes sans vraisemblance qui porte le titre de *Comédie humaine* de Balzac n'est peut-être l'œuvre ni d'un seul homme ni d'une même époque. Pourtant son style informe encore, ses idées tout empreintes d'un absolutisme suranné nous permettent d'en placer la publication deux siècles au moins avant Voltaire. Or, Mme de Beauséant qui, dans ces fictions d'une insipide sécheresse, personnifie la femme parfaitement distinguée, laisse déjà avec mépris aux femmes des financiers enrichis de paraître en public ornées de pierres précieuses. Il est probable qu'au temps de Lemoine la femme soucieuse de plaire se contentait de mêler à sa chevelure des feuillages où tremblait encore quelque goutte de rosée, aussi étincelante que le diamant le plus rare. Dans le centon de poèmes disparates appelé *Chansons des rues et des bois*, qui est communément attribué à Victor Hugo, quoiqu'il soit probablement un peu postérieur, les mots de diamants, de perles sont indifféremment employés pour peindre le scintillement des gouttelettes qui ruissellent d'une source murmurante, parfois d'une simple ondée. Dans une sorte de petite romance érotique qui rappelle le Cantique des cantiques, la fiancée dit en propres termes à l'époux qu'elle ne veut d'autres diamants que les gouttes de la rosée. Nul doute qu'il s'agisse ici d'une coutume généralement admise, non d'une préférence individuelle. Cette dernière hypothèse est, d'ailleurs, exclue d'avance par la parfaite banalité de ces petites pièces qu'on a mises sous le nom d'Hugo en vertu sans doute des mêmes considérations de publicité qui durent décider Cohélet (L'Ecclésiaste) à couvrir du nom respecté de Salomon, fort en vogue à l'époque, ses spirituelles maximes.

Au reste, qu'on apprenne demain à fabriquer le diamant, je serai sans doute une des personnes les moins faites pour attacher à cela une grande importance. Cela tient beaucoup à mon éducation. Ce n'est guère que vers ma quarantième année, aux séances publiques de la Société des études juives, que j'ai rencontré quelques-unes des personnes capables d'être fortement impressionnées par la nouvelle d'une telle découverte. À Tréguier, chez mes premiers maîtres, plus tard à Issy, à Saint-Sulpice, elle eût été accueillie avec la plus extrême indifférence, peut-être avec un dédain mal dissimulé. Que Lemoine eût ou non trouvé le moyen de faire du diamant, on ne peut imaginer à quel point cela eût peu troublé ma sœur Henriette, mon oncle Pierre, M. Le Hir ou M. Carbon. Au fond, je suis toujours resté sur ce point-là comme sur bien d'autres le disciple attardé de saint Tudual et de saint Colomban. Cela m'a souvent conduit à commettre, dans toutes les choses qui regardent le luxe, des naïvetés impardonnables. À mon âge, je ne serais pas capable d'aller acheter seul une bague chez un bijoutier. Ah ! ce n'est pas dans notre pays que les jeunes filles reçoivent de leur fiancé, comme la Sulamite, des rangs de perles, des colliers de prix, sertis d'argent, *vermiculatas argento.* Pour moi, les seules pierres précieuses qui seraient encore capables de me faire quitter le Collège de France, malgré mes rhumatismes, et prendre la mer, si seulement un de mes vieux saints bretons consentait à m'emmener sur sa barque apostolique, ce sont celles que les pêcheurs de Saint-Michel-en-Grève aperçoivent parfois au fond de la mer, par les temps calmes, là où s'élevait autrefois la ville d'Ys, enchâssées dans les vitraux de ses cent cathédrales englouties.

… Sans doute des cités comme Paris, Londres, Paris-Plage, Bucarest, ressembleront de moins en moins à la ville qui apparut à l'auteur présumé du quatrième Évangile, et qui était bâtie d'émeraude, d'hyacinthe, de béryl, de chrysoprase, et des autres pierres précieuses, avec douze portes formées chacune d'une seule perle fine. Mais l'existence dans une telle ville nous ferait vite bâiller d'ennui, et qui sait si la contemplation incessante d'un décor comme celui où se déroule L'Apocalypse de Jean ne risquerait pas de faire périr brusquement l'univers d'un transport au cerveau ? De plus en plus le *Fundabo te in sapphiris et ponam jaspidem propugnacula tua et omnes terminos tuos in lapides desiderabiles* [247] nous apparaîtra comme une simple parole en l'air, comme une promesse qui aura été tenue pour la dernière fois à Saint-Marc de Venise. Il est clair que s'il croyait ne pas devoir s'écarter des principes de l'architecture urbaine tels qu'ils ressortent de la Révélation et s'il prétendait appliquer à la lettre le *Fundamentum primum calcedonius…, duodecimum ame-*

thystus [248], mon éminent ami M. Bouvard risquerait d'ajourner indéfiniment le prolongement du boulevard Haussmann.

Patience donc ! Humanité, patience ! Rallume encore demain le four éteint mille fois déjà d'où sortira peut-être un jour le diamant ! Perfectionne, avec une bonne humeur que peut t'envier l'Éternel, le creuset où tu porteras le carbone à des températures inconnues de Lemoine et de Berthelot. Répète inlassablement le *sto ad ostium et pulso* [249], sans savoir si jamais une voix te répondra : « *Veni, veni, coronaberis* [250]. » Ton histoire est désormais entrée dans une voie d'où les sottes fantaisies du vaniteux et de l'aberrant ne réussiront pas à t'écarter. Le jour où Lemoine, par un jeu de mots exquis, a appelé pierres précieuses une simple goutte d'eau qui ne valait que par sa fraîcheur et sa limpidité, la cause de l'idéalisme a été gagnée pour toujours. Il n'a pas fabriqué de diamant : il a mis hors de conteste le prix d'une imagination ardente, de la parfaite simplicité de cœur, choses autrement importantes à l'avenir de la planète. Elles ne perdraient de leur valeur que le jour où une connaissance approfondie des localisations cérébrales et le progrès de la chirurgie encéphalique permettraient d'actionner à coup sûr les rouages infiniment délicats qui mettent en éveil la pudeur, le sentiment inné du beau. Ce jour-là, le libre penseur, l'homme qui se fait une haute idée de la vertu, verrait la valeur sur laquelle il a placé toutes ses espérances subir un irrésistible mouvement de dépréciation. Sans doute, le croyant, qui espère échanger contre une part des félicités éternelles une vertu qu'il a achetée à vil prix avec des indulgences, s'attache désespérément à une thèse insoutenable. Mais il est clair que la vertu du libre penseur ne vaudrait guère davantage le jour où elle résulterait nécessairement du succès d'une opération intracranienne.

Les hommes d'un même temps voient entre les personnalités diverses qui sollicitent tout à tour l'attention publique des différences qu'ils croient énormes et que la postérité n'apercevra pas. Nous sommes tous des esquisses où le génie d'une époque prélude à un chef-d'œuvre qu'il n'exécutera probablement jamais. Pour nous, entre deux personnalités telles que l'honorable M. Bérenger et Lemoine les dissemblances sautent aux yeux. Elles échapperaient peut-être aux *Sept Dormants,* s'ils s'éveillaient une seconde fois du sommeil où ils s'endormirent sous l'empereur Decius et qui ne devait durer que trois cent soixante-douze ans. Le point de vue messianique ne saurait plus être le nôtre. De moins en moins la privation de tel ou tel don de l'esprit nous apparaîtra comme devant mériter les malédictions merveilleuses qu'il a inspirées à l'auteur inconnu du Livre de Job. « Compensation », ce mot, qui domine la philosophie d'Emerson, pourrait bien être le dernier mot de tout jugement sain, le jugement du véritable agnostique. La comtesse de Noailles, si elle est l'auteur des poèmes qui lui sont attribués, a laissé une œuvre extraordinaire, cent fois supérieure au Cohélet, aux chansons de Béranger. Mais quelle fausse position ça devait lui donner dans le monde ! Elle paraît d'ailleurs l'avoir parfaitement compris et avoir mené à la campagne, peut-être non sans quelque ennui *, une vie entièrement simple et retirée, dans le petit verger qui lui sert habituellement d'interlocuteur. L'excellent chanteur Polin, lui, manque peut-être un peu de métaphysique ; il possède un bien plus

* On peut se demander si cet exil était bien volontaire et s'il ne faut pas plutôt voir là une de ces décisions de l'autorité analogue à celle qui empêchait Mme de Staël de rentrer en France, peut-être en vertu d'une loi dont le texte ne nous est pas parvenu et qui défendait aux femmes d'écrire. Les exclamations mille fois répétées dans ces poèmes avec une insistance si significative et qui ne laisse pas d'être un peu monotone : « Ah ! partir ! ah ! partir ! prendre le train qui siffle en bondissant ! » (*Occident.*) « Laissez-moi m'en aller, laissez-moi m'en aller. » (*Tumulte dans l'aurore.*) « Ah ! Laissez-moi partir » (*Les Héros.*) « Ah ! rentrer dans ma ville, voir la Seine couler entre sa noble rive ! Dire à Paris : je viens, je te reprends, j'arrive ! » etc., montrent bien qu'elle n'était pas libre de prendre le train. Quelques vers où elle semble s'accommoder de sa solitude : « Et si déjà mon ciel est trop divin pour moi », etc. ont été évidemment ajoutés après coup pour tâcher de désarmer par une soumission apparente les rigueurs de l'administration.

précieux mille fois, et que le fils de Sirach ni Jérémie ne connurent jamais : une jovialité délicieuse, exempte de la plus légère trace d'affectation, etc.

MARCEL PROUST.

PASTICHES (SUITE) [251]

VIII

L'Affaire Lemoine par Henri de Régnier

Le diamant ne me plaît guère. Je ne lui trouve pas de beauté. Le peu qu'il en ajoute à celle des visages est moins un effet de la sienne qu'un reflet de la leur. Il n'a ni la transparence marine de l'émeraude, ni l'azur illimité du saphir. Je lui préfère le rayon saure de la topaze, mais surtout le sortilège crépusculaire des opales. Elles sont emblématiques et doubles. Si le clair de lune irise une moitié de leur face, les feux roses et verts du couchant semblent teindre l'autre. Nous ne nous divertissons pas tant des couleurs qu'elles nous présentent, que nous ne sommes touchés du songe que nous nous y représentons. À qui ne sait rencontrer au-delà de soi-même que la forme de son destin, elles en montrent le visage alternatif et taciturne.

Elles se trouvaient en grand nombre dans la ville où Hermas me conduisit. La maison que nous habitions valait plus par la beauté du site que par la commodité des êtres. La perspective des horizons y était mieux ménagée, que l'aménagement des lieux n'y était bien entendu. Il était plus agréable d'y songer qu'il n'était aisé d'y dormir. Elle était plus pittoresque que confortable. Accablés par la chaleur pendant le jour, les paons faisaient entendre toute la nuit leur cri fatidique et narquois qui, à vrai dire, est plus propice à la rêverie qu'il n'est favorable au sommeil. Le bruit des cloches empêchait d'en trouver pendant la matinée, à défaut de celui qu'on ne goûte bien qu'avant le jour, un second qui répare au moins dans une certaine mesure la fatigue d'avoir été entièrement privé du premier. La majesté des cérémonies dont leurs sonneries annonçaient l'heure, compensait mal le contretemps d'être réveillé à celle où il convient de dormir, si l'on veut ensuite pouvoir profiter des autres. La seule ressource était alors de quitter la toile des draps et la plume de l'oreiller pour aller se promener dans la maison. L'entreprise, à vrai dire, si elle offrait du charme, présentait aussi du danger. Elle était divertissante sans laisser d'être périlleuse. On aimait encore mieux en répudier le plaisir que d'en poursuivre l'aventure. Les parquets que M. de Séryeuse avait rapportés des îles étaient multicolores et disjoints, glissants et géométriques. Leur mosaïque était brillante et inégale. Le dessin de ses losanges, tantôt rouges et tantôt noirs, offrait aux regards un plus plaisant spectacle que la boiserie ici exhaussée, là rompue, ne garantissait aux pas une promenade assurée.

L'agrément de celle qu'on pouvait faire dans la cour n'était pas acheté par tant de risques. On y descendait vers midi. Le soleil chauffait les pavés, ou la pluie dégouttait des toits. Parfois le vent faisait grincer la girouette. Devant la porte close, monumentale et verdie, un Hermès sculpté donnait à l'ombre qu'il projetait la forme de son caducée. Les feuilles mortes des arbres voisins descendaient en tournoyant jusqu'à ses talons et repliaient sur les ailes de marbre leurs ailes d'or. Votives et pansues, des colombes venaient se percher dans les voussures de l'archivolte ou sur l'ébrasement du piédestal, et en laissaient souvent tomber une boule fade, écailleuse et grise. Elle venait aplatir sur le gravier ou sur le gazon sa masse intermittente et grenue, et poissait de l'herbe qu'elle avait été celle dont abondait la pelouse et dont ne manquait pas l'allée de ce que M. de Séryeuse appelait son jardin.

Lemoine venait souvent s'y promener.

C'est là que je le vis pour la première fois. Il paraissait plutôt ajusté dans la souquenille du laquais qu'il n'était coiffé du bonnet du docteur. Le drôle pourtant prétendait l'être et en plusieurs sciences où il est plus profitable de réussir qu'il n'est souvent prudent de s'y livrer.

Il était midi quand son carrosse arriva en décrivant un cercle devant le perron. Le pavé résonna des sabots de l'attelage, un valet courut au marchepied. Dans la rue, des femmes se signèrent. La bise soufflait. Au pied de l'Hermès de marbre, l'ombre caducéenne avait pris quelque chose de fugace et de sournois. Pourchassée par le vent, elle semblait rire. Des cloches sonnèrent. Entre les volées de bronze d'un bourdon, un carillon hasarda à contretemps sa chorégraphie de cristal. Dans le jardin, une escarpolette grinçait. Des graines séchées étaient disposées sur le cadran solaire. Le soleil brillait et disparaissait tout à tour. Agatisé par sa lumière, l'Hermès du seuil s'obscurcissait plus de sa disparition qu'il n'eût fait de son absence. Successif et ambigu, le visage marmoréen vivait. Un sourire semblait allonger en forme de caducée les lèvres expiatrices. Une odeur d'osier, de pierre ponce, de cinéraire et de marqueterie s'échappait par les persiennes fermées du cabinet et par la porte entrouverte du vestibule. Elle rendait plus lourd l'ennui de l'heure. M. de Séryeuse et Lemoine continuaient à causer sur le perron. On entendait un bruit équivoque et pointu comme un éclat de rire furtif. C'était l'épée du gentilhomme qui heurtait la cornue de verre du spagirique [252]. Le chapeau à plumes de l'un garantissait mieux du vent que le serre-tête de soie de l'autre. Lemoine s'enrhumait. De son nez qu'il oubliait de moucher, un peu de morve avait tombé sur le rabat et sur l'habit. Son noyau visqueux et tiède avait glissé sur le linge de l'un, mais avait adhéré au drap de l'autre et tenait en suspens au-dessus du vide la frange argentée et fluente qui en dégouttait. Le soleil en les traversant confondait la mucosité gluante et la liqueur diluée. On ne distinguait plus qu'une seule masse juteuse, convulsive, transparente et durcie ; et dans l'éphémère éclat dont elle décorait l'habit de Lemoine, elle semblait y avoir immobilisé le prestige d'un diamant momentané, encore chaud, si l'on peut dire, du four dont il était sorti, et dont cette gelée instable, corrosive et vivante qu'elle était pour un instant encore, semblait à la fois, par sa beauté menteuse et fascinatrice, présenter la moquerie et l'emblème.

MARCEL PROUST.

AUTOUR D'UN LIVRE :

LE PRINCE DES CRAVATES [253]

C'est un exemple bien émouvant de la mystérieuse transmission d'un grand pouvoir littéraire par la « voie » du sang, que M. Lucien Daudet donnant coup sur coup *Le Chemin mort*, *La Fourmilière*, *Le Prince des cravates*, qui tous prennent rang à côté de chefs-d'œuvre tels que *L'Évangéliste* [254] ou *Les Journées de femmes* [255], tels que *Le Voyage de Shakespeare* [256] ou *Le Partage de l'enfant* [257]. Ils en sont d'ailleurs entièrement différents, étant originaux.

Nul moins que M. Lucien Daudet n'eut, semble-t-il, la volonté arrêtée, la préméditation de continuer, en écrivant, les œuvres au milieu desquelles il avait grandi. Il paraît avoir mené d'abord une double existence, celle de Paul de Manerville ou de Beaudenord, du jeune élégant de Balzac, et en même temps celle de peintre. Mais l'entente fine, rassise et sensée de la vie autour de laquelle Mme Alphonse Daudet brodait ses délicieuses fantaisies et dont elle nous a montré, dans une page précieuse comme une page des *Économiques,* le fil repris à Mme Grétry par Mme Valmore et à celle-ci par Mme Allard, ne cessait de rectifier en lui ce qu'il y a de factice et de désastreux dans la « bohême » des ateliers, tandis que la profonde pitié humaine qui reste le charme adorable d'un Jack ou d'un Fromont jeune, lui dénonçait perpétuellement ce qu'il y a de dur, de formaliste, de pharisien dans la vie purement mondaine.

Pendant ce temps, la pratique, poussée au plus rare talent, de la peinture à l'atelier de Whistler exerçait son œil à discerner dans les spectacles les plus coutumiers la couleur vraie, subtile et neuve, tandis que, semble-t-il, un goût surajouté de propriétaire terrien, voire un peu jardinant, apportait dans cette âme complexe un élément de plus.

Et puis, un beau jour, tous ces éléments se découvraient une affinité secrète les uns pour les autres, se mêlaient en un composé unique : l'écrivain était né. La pitié humaine avec ce qu'elle comporte d'ironie à l'endroit de la philanthropie mondaine, vous en trouverez l'accent éternel et renouvelé au cours de ce nouveau volume, surtout dans la nouvelle appelée *Brisacier,* chef-d'œuvre que l'auteur a pu hardiment dédier à la belle-fille de Balzac qui pourra trouver là une qualité d'observation et d'émotion qu'on n'avait pas eu souvent l'occasion d'admirer depuis *Le Cousin Pons.* Mille notations exquisement exactes de nuances subtiles, comme le « ruban rose » de cette route de Saint-Pierre-Église à Carentan que je me plais à comparer aux chemins normands de Georges de Lauris dans sa belle et profonde *Ginette Chatenay* qui a tant de retentissement dans les cœurs d'élite et où se révèle déjà tout le grand prix de son délicieux talent de psychologue et d'écrivain (de la même série d'« harmonies », comme disait Whistler, que la rose du vitrail des *Impressions de Bretagne,* la rose d'une plage, les roses de Pâques, les bois vus à travers les « bonnes grâces » d'une fenêtre du château, dans *La Fourmilière*) sont l'apport du peintre qu'est M. Daudet, et qui triompha dans une nouvelle intitulée d'un simple point d'interrogation, bien digne de l'admirable poète à qui elle est dédiée, Mme Lucie Delarue-Mardrus, comme *Mnanie* est digne de son parrain, le grand romancier Léon Daudet, l'auteur de ce livre unique, *L'Astre noir.*

Rien de plus attachant que cette nouvelle intitulée : « ? », contée avec la concision d'un Mérimée qui eût été poète. La figure énigmatique de l'abbé chez qui il y a un Whistler, et qui est un Whistler elle-même, la figure de l'abbé Reure vient s'ajouter magnifiquement aux inoubliables figures d'ecclésiastiques de *La Four-*

milière. Et toujours l'héritage du sortilège se fait sentir, l'éclair du talisman légué, des armes paternelles. Partout où nous nous empêtrons dans des explications, dans des comparaisons infinies, M. Lucien Daudet, avec sa jeune maîtrise, retranche l'inutile, se contente du contact unique et nécessaire à l'image, nous parle de ces dieux grecs dont il ne reste « qu'un profil de pierre blanche » ou de la « mauve clarté ensoleillée » des glycines (si joliment caractérisée dans une autre nouvelle).

Ces deux derniers exemples sont empruntés à la première nouvelle, « Le Prince des cravates », encore un « Prince frivole », comme parle Jean Cocteau, Banville de vingt ans qu'attendent de plus hautes destinées, celle qui donne son titre au volume et celle (puisque je me plais à voir exceller en chacune une des personnalités différentes qui composent la personnalité de M. Lucien Daudet) où je retrouverais volontiers ce que j'appelais en lui le Félix de Vandenesse ou le Paul de Manerville. Rien de moins imité de Balzac, de plus tiré de la vie contemporaine et du talent personnel de l'auteur que cette nouvelle [258]. Mais rien n'est, en revanche, autant l'équivalent de certaines nouvelles de Balzac. Et si nous avons reconnu dans la triste Brisacier l'authentique cousine des *Parents pauvres*, c'est à la frivolité apparente, à l'humanité profonde d'une nouvelle comme *Le Contrat de mariage* que nous fait penser « Le Prince des cravates ».

MARCEL PROUST.

QUATRIÈME PARTIE

PRÉFACE [259]

CET ARTICLE EST UN DOUBLE ADIEU À AUTEUIL (L'AUTRE FACE DE COMBRAY) ET AU *CONTRE SAINTE-BEUVE* NON PUBLIÉ

Cet Auteuil de mon enfance [260], – de mon enfance et de sa jeunesse, – qu'évoque Jacques Blanche, je comprends qu'il s'y reporte avec plaisir comme à tout ce qui a émigré du monde visible dans l'invisible, à tout ce qui, converti en souvenirs, donne une sorte de plus-value à notre pensée, ombragée de charmilles qui n'existent plus. Mais cet Auteuil-là m'intéresse encore davantage comme un même petit coin de la terre observable à deux époques, assez distantes, de son voyage à travers le Temps.

Entre ces jours anciens et ceux de maintenant, Auteuil, sans qu'il ait eu l'air de bouger, a traversé plus de vingt années, pendant lesquelles Jacques-Émile Blanche a conquis la célébrité comme peintre et écrivain [261], alors que moi, dans les jardins voisins et au bord des mêmes vieux « Fontis » [262], je n'ai attrapé que la fièvre des foins. Tout ce que, dans des pages qui sont des merveilles d'intelligence et de mélancolie, Jacques Blanche dit à propos de Manet, – de Manet que ses amis trouvaient charmant, mais ne prenaient pas au sérieux, ne « savaient pas si fort », – je l'ai vu se produire pour Blanche. Ici le milieu n'était pas le même et son élégance donnait une forme différente au malentendu, au fond identique, qui existe toujours entre ceux dont les yeux sont pleins malgré eux de la peinture d'hier et les auteurs des œuvres qui seront dignes du passé parce qu'elles ont été placées d'avance dans l'avenir, des œuvres qu'il faudrait pouvoir regarder en se mettant à la distance des années qu'elles anticipent et avec cette adaptation de la sensibilité qui exige précisément « du temps ».

Souvent, pendant que Jacques Blanche peignait, une belle dame couronnée de fleurs faisait arrêter sa victoria devant l'atelier. Elle descendait, contemplait, croyait juger. Comment eût-elle pu supposer qu'un chef-d'œuvre naissait sous les doigts d'un homme si bien habillé, avec lequel elle avait dîné la veille, qui s'était montré un causeur si fin et passait pour si méchant. Le proverbe – par extraordinaire – est faux qui dit : « Il n'y a pas de grand homme pour son valet de chambre. » Et il devrait être retouché ainsi : « Il n'y a pas de grand homme pour ses amphitryons, il n'y a pas de grand homme pour ses invités. » Quant à la « méchanceté », pour ma part, je n'ai connu que l'invariable expansion d'un grand cœur et la sérénité d'un juste. Cette « méchanceté » ou soi-disant telle, ne fut pas inutile à Jacques Blanche et s'il y a eu dans cette réputation un peu de sa faute, alors répétons le *Felix Culpa* qui était cher à Renan. Le danger pour Blanche c'était que, élégant, spirituel, il dissipât sa vie dans la mondanité. Mais la nature qui invente au besoin des névroses protectrices, de tutélaires infortunes, pour que le don nécessaire ne soit pas laissé en friche, voulut que ce renom de médisance le brouillât assez vite avec les gens qui l'eussent empêché de peindre, et, les jours où il eût peut-être mieux aimé aller à une garden-party, le rejetât de force dans son atelier avec la rudesse de l'Ange baudelairien : « Car je suis ton bon ange, entends-tu, je le veux[263]. »

Si l'on savait mieux démêler « ces choses inconnues, où la douleur de l'homme entre comme élément[264] », on verrait que nous devons beaucoup plus, dans la vie, aux choses qui nous ont été désagréables, qu'aux autres. Cette fois-ci c'est un proverbe qui le dit avec toute la force incluse en la plupart d'entre eux : « À quelque chose malheur est bon. »

Je ne peux pas me rappeler exactement si c'est dans l'incomparable salon de Mme Straus, dans celui de la princesse Mathilde ou de Mme Baignères que j'ai fait la connaissance de Jacques Blanche, vers l'époque de mon service militaire, c'est-à-dire à peu près à vingt ans. En tout cas, c'est dans ces trois salons que je le retrouvais le plus souvent, et une esquisse au crayon [265] qui a précédé mon portrait à l'huile [266] a été faite avant le dîner, à Trouville, dans les admirables Frémonts qui étaient alors la résidence de Mme Arthur Baignères et où montaient du manoir des Roches ou de la villa Persane, la marquise de Galliffet, cousine germaine de la maîtresse de la maison, avec la princesse de Sagan, toutes deux dans leur élégance aujourd'hui à peu près indescriptible, d'anciennes belles de l'Empire.

Comme mes parents passaient le printemps et le commencement de l'été à Auteuil où Jacques Blanche habitait toute l'année, j'allais sans peine le matin poser pour mon portrait. À ce moment la maison qui s'est construite en hauteur, sur l'atelier même, comme une cathédrale sur la crypte de l'église primitive, était répandue, en ordre dispersé, dans les beaux jardins ; et après la séance de pose, j'allais déjeuner dans la salle à manger du docteur Blanche [267], lequel, par habitude professionnelle, m'invitait de temps à autre au calme et à la modération. Si j'émettais une opinion que Jacques Blanche contredisait avec trop de force, le docteur, admirable de science et de bonté, mais habitué à avoir affaire à des fous, réprimandait vivement son fils : « Voyons, Jacques, ne le tourmente pas, ne l'agite pas. – Remettez-vous, mon enfant, tâchez de rester calme, il ne pense pas un mot de ce qu'il a dit ; buvez un peu d'eau fraîche, à petites gorgées, en comptant jusqu'à cent. » D'autres fois je rentrais déjeuner tout près de la maison des Blanche, chez mon grand-oncle, encore à une « étape » [268], (comme dirait M. Bourget) moins avancée, que M. et Mme Blanche, ces deux « grands bourgeois » dont Jacques-Émile a laissé d'inoubliables portraits [269], qui font penser aux *Régents* et *Régentes de l'Hôpital*, de Hals [270]. (« C'est une opinion courante et presque banale que l'image de leur mère offre aux artistes une occasion sans seconde d'exprimer le tréfonds d'eux-mêmes », a dit Jacques Blanche, dans ce « Whistler [271] » qui est la perle délicieuse et mélancolique, la verrerie la plus délicatement irisée de la présente collection.)

Cette maison que nous habitions avec mon oncle, à Auteuil au milieu d'un grand jardin qui fut coupé en deux par le percement de la rue (depuis l'avenue Mozart), était aussi dénuée de goût que possible. Pourtant je ne peux dire le plaisir que j'éprouvais, quand après avoir longé en plein soleil, dans le parfum des tilleuls, la rue Lafontaine, je montais un instant dans ma chambre où l'air onctueux d'une chaude matinée avait achevé de vernir et d'isoler, dans le clair-obscur nacré par le reflet et le glacis des grands rideaux (bien peu campagne) en satin bleu Empire, les simples odeurs du savon et de l'armoire à glace ; quand après avoir traversé en trébuchant le petit salon, hermétiquement clos contre la chaleur, où un seul rayon de jour, immobile et fascinateur, achevait d'anesthésier l'air, et l'office où le cidre – qu'on verserait dans des verres d'un cristal un peu trop épais, qui donnerait en buvant l'envie de les mordre, comme certaines chairs de femme, à gros grains, en les embrassant – avait tant rafraîchi que, tout à l'heure, introduit dans la gorge, il pèserait contre les parois de celle-ci en une adhérence totale, délicieuse et profonde, – j'entrais enfin dans la salle à manger à l'atmosphère transparente et congelée comme une immatérielle agate que veinait l'odeur des cerises déjà entassées dans les compotiers, et où les couteaux, selon la mode la plus vulgairement bourgeoise, mais qui m'enchantait étaient appuyés à de petits prismes de cristal. Les irisations de ceux-ci n'ajoutaient pas seulement quelque mysticité à l'odeur du gruyère et des abricots. Dans la pénombre de la salle à manger, l'arc-en-ciel de ces porte-couteaux projetait sur les murs des ocellures de paon qui me semblaient aussi merveilleuses que les vitraux – préservés seulement dans les exquis relevés et transpositions qu'en a donnés Helleu – de la cathédrale de Reims [272], de cette cathédrale de Reims que de sauvages Allemands aimaient tant, que ne pouvant la prendre de force ils l'ont vitriolée. Hélas ! je ne prévoyais pas ce hideux crime passionnel contre une Vierge de pierre, je ne savais pas prophétiser, quand j'écrivis « La Mort des cathédrales » *.

Blanche dit bien gentiment de Manet, ce qui est vrai aussi de lui, Blanche, (et ce qui explique en partie le temps qu'on a mis à le faire sortir de la catégorie des « amateurs distingués »), qu'il était modeste, humain, sensible à la critique. Il faudrait pouvoir insister sur ces qualités familières généralement associées au talent et qui empêchent, pour une forte part, qu'il soit reconnu. Pour montrer que, (sans talent compensateur, hélas !) je comprends fort bien tout de même ce genre de caractère qui, sous une forme ou une autre, est celui de tous les grands artistes étudiés par Jacques Blanche dans ce livre, je dirai en me laissant aller aux souvenirs de cet Auteuil de mon adolescence, que par nature et par éducation, il m'eût alors semblé du plus mauvais goût de faire état d'avantages ou de prétendus avantages, que des camarades avec qui je me trouvais ne possédaient pas. Que de fois, rencontrant à la gare Saint-Lazare des étudiants qui rentraient aussi à Auteuil, ai-je, en rougissant, dissimulé, pour qu'ils ne pussent pas le voir, mon billet de première et suis-je monté en troisième comme eux, avec l'air de n'avoir jamais connu de ma vie d'autres compartiments. Pour la même raison, je me cachais aux yeux des mêmes collégiens d'aller déjà, et du reste bien peu à cette époque, dans le monde, si bien que mon « manque de relations » excitait chez eux une véritable pitié et qu'ils

* On peut aisément deviner que je n'ai pas attendu la défaite de l'Allemagne pour écrire ces lignes ; elles lui sont antérieures ; les gens qui crient « à mort » sur le passage d'un condamné me sont peu sympathiques, et je n'ai pas l'habitude d'insulter les vaincus.

n'eussent pas cru pouvoir me laisser apercevoir par les gens qu'ils considéraient comme élégants. Je me rappelle qu'une fois, comme je sortais de chez Blanche, je montai chez un de ces jeunes gens qui, probablement « recevait » ce jour-là sans que je le susse. En entendant la sonnette, il vint ouvrir lui-même croyant qu'il allait se trouver devant un de ses invités. Mais, en me voyant, il fut pris de la terreur folle que des personnes de ses relations pussent rencontrer un être qui avouait lui-même n'en avoir aucune, et avec l'agilité du kangourou boxeur ou de l'ami qui dans un vaudeville précipite le mari hors de la chambre où il pourrait trouver sa femme avec un amant, il me fit descendre les escaliers, aussi vite je pense qu'un commandant de sous-marin fait quitter un navire torpillé à ses malheureux passagers, en me criant : « Excusez-moi, mon cher, votre présence ici est impossible, vous comprendrez tout d'un mot, j'ai à goûter les Dutilleul. » Je ne savais pas et n'ai jamais appris depuis qui étaient les Dutilleul et quelles déflagrations catastrophiques auraient pu naître de mon rapprochement avec ces personnes glorieuses. Le même soir, je devais aller à un bal chez la princesse de Wagram. Mon grand-père ne se soucia pas de m'emmener avec lui en voiture. Il quittait d'ailleurs trop tôt Auteuil, car s'il venait y dîner tous les soirs, il tenait à rentrer coucher à Paris. Il ne l'a jamais quitté un seul jour pendant les quatre-vingt-cinq ans qu'il a vécus (et cet exemple m'aide à comprendre mieux que tous les commentaires, la sédentarité bourgeoise à laquelle Jacques Blanche va vous raconter tout à l'heure que Fantin-Latour était si passionnément, si maniaquement attaché), sauf au moment du siège de Paris où il alla mettre ma grand-mère en sûreté à Étampes. Ce fut le seul déplacement qu'il accomplit au cours de sa longue vie. En rentrant le soir à Paris, il passait devant le viaduc du chemin de fer, et la vue de wagons capables d'emmener les insensés chercheurs d'inconnu, au-delà du « Point du Jour » ou de « Boulogne », lui faisait éprouver au fond de son coupé un sentiment d'intense *Suave mari magno*[273].

– « Et dire, s'écriait-il, en regardant le train avec un mélange d'étonnement, de pitié et d'effroi, et dire qu'il y a des gens qui aiment voyager ! »

Mes parents trouvant qu'un jeune homme ne doit pas dépenser son argent inutilement, me refusèrent pour me rendre au bal de Mme de Wagram, non seulement la voiture familiale dont les chevaux étaient dételés depuis sept heures du soir, mais même un modeste fiacre, et mon père déclara qu'il était tout indiqué que je prisse l'omnibus d'Auteuil-Madeleine qui passait devant notre porte et s'arrêtait avenue de l'Alma où était l'hôtel de la princesse. Comme « boutonnière » je dus me contenter d'une rose coupée dans le jardin, sans fourreau en papier d'argent.

Malheureusement, l'hôte des Dutilleul était précisément dans l'omnibus quand j'y montai. Il s'excusa, sur l'éclat qui les environnait, de la rude opération à laquelle il avait été obligé de procéder dans l'après-midi et se tordant de joie, par comparaison avec sa propre élégance, il me dit : « Alors, comme ça, vous ne connaissez personne, vous n'allez jamais dans le monde, c'est très drôle ! » Tout d'un coup le déplacement du col mon pardessus lui découvrit ma cravate blanche. « Tiens ! mais puisque vous n'allez jamais dans le monde, pourquoi êtes-vous en habit ? » Je finis, après toutes les défenses possibles, par avouer que j'allais au bal. « Ah ! vous allez tout de même au bal, mes compliments, ajouta-t-il sans plaisir. Et peut-on savoir quel est ce bal ? » De plus en plus gêné et pour ôter, comme à un vêtement qu'on ne veut pas porter trop neuf, l'éclat qu'il y aurait eu dans le mot « princesse », je murmurai avec humilité : « Le bal Wagram. »

J'ignorais qu'il y avait pour les garçons de café et les « gens de maison » un bal qui se donnait salle Wagram et qui s'appelait le bal Wagram [274]. « Ah ! elle est bien bonne », dit l'ami des Dutilleul, en reprenant sa gaieté, puis il ajouta sévèrement : « Mon cher, au moins on ne fait pas semblant d'être invité quand on est assez dénué de relations pour en être réduit à aller à des bals de domestiques, et payants encore ! »

***

La seule énumération des portraits que Jacques Blanche fit vers cette époque (en exceptant le mien) suffit à montrer qu'en littérature aussi, c'était l'avenir qu'il découvrait, qu'il élisait, et elle est déjà, par là, une première explication de l'extrême valeur, du charme unique, que possède le présent volume. En effet, tandis que les peintres illustres alors – un Benjamin Constant [275], par exemple – ne faisaient le portrait que d'écrivains chargés d'honneurs, dépourvus de mérite, et aujourd'hui aussi oubliés que leur peintre, Jacques Blanche peignait les amis dont il était seul ou presque seul à célébrer le talent [276] « pour faire de l'originalité », disaient les gens du monde, ou peut-être par l'effet d'une méchanceté, qui, après avoir dénigré les grands hommes, trouvait un complément satanique de satisfaction à exalter les tenants de l'« École de l'Incompréhensible ». La vérité était que tout simplement Jacques Blanche possédait en lui, comme tous les hommes assurés de l'avenir, cette perspective du temps où il faut savoir se placer pour regarder les œuvres. Et de fait, après vingt années traversées par l'« Auteuil de sa jeunesse », les mêmes maîtresses de maison sont trop heureuses de placer à leur droite tel ou tel de ces amis que Jacques Blanche portraiturait et encensait alors, un Barrès [277], un Henri de Régnier [278], un André Gide [279]. Jacques Blanche, comme Maurice Denis, a toujours professé pour Gide l'admiration qui convient et à laquelle il nous est bien permis d'ajouter de la tendresse. Quant aux natures mortes de Blanche dont c'était une plaisanterie dans certains salons, en ce temps-là, de dire : « Il faudrait les mettre un peu plus en lumière, pour aujourd'hui seulement, parce que nous l'avons invité en quatorzième ou en cure-dents. On les remettra demain à un endroit où elles ne se voient pas », elles sont à la place d'honneur aujourd'hui dans les mêmes salons. Et la maîtresse de maison explique d'un air délicat : « N'est-ce pas ? c'est d'une beauté rare ; c'est beau comme le classique. Je vous dirai que j'ai toujours aimé cela, même au temps où cela m'obligeait à rompre des lances[280]. » Et il serait peut-être injuste et un peu trop facile de dire que ces dames se contredisent ainsi parce que la peinture de Jacques Blanche est maintenant à la mode, mais qu'elles ne l'aiment pas davantage. Il est probable, au contraire, qu'elles l'aiment, puisque pour une œuvre d'art, être enfin mise à la mode, signifie qu'une telle évolution de l'optique et du goût s'est accomplie pendant une période plus ou moins longue, que les femmes de ce genre peuvent enfin aimer cette œuvre.

Le dimanche, Jacques Blanche se reposait, recevait des amis et « causait » quelques-unes des pages qui, écrites plus tard, sont réunies dans le volume pour lequel il m'a fait le grand honneur de me demander cette préface. Ces anciennes « causeries du dimanche », j'ai souvent dit à des amis quand ils les eurent lues dans les revues, qu'à mon avis elles étaient vraiment les « Causeries du lundi » de la peinture. Et je sais bien tout ce qu'une telle appellation renferme d'éloge. Je crois pourtant que je faisais un peu tort à Jacques Blanche. Le défaut de Jacques Blanche critique, comme de Sainte-Beuve, c'est de refaire l'inverse du trajet qu'accomplit l'artiste pour se réaliser, c'est d'expliquer le Fantin ou le Manet véritables, celui que l'on ne trouve que dans leur œuvre, à l'aide de l'homme périssable, pareil à ces contemporains, pétri de défauts, auquel une âme originale était enchaînée, et contre lequel elle protestait, dont elle essayait de se séparer, de se délivrer par le travail. C'est notre stupéfaction quand nous rencontrons dans le monde un grand homme que nous ne connaissons que par ses œuvres, d'avoir à superposer, à faire coïncider ceci et cela, à faire entrer l'œuvre immense (pour laquelle au besoin, quand nous pensions à son auteur, nous avions construit un corps imaginaire et approprié) dans la donnée irréductible d'un corps vivant tout différent. Inscrire les polygones les plus compliqués dans un cercle ou trouver un mot en losange est un exercice d'une facilité enfantine auprès de celui qui consiste à *réaliser*, comme diraient les Anglais, que le monsieur à côté de qui on déjeune est l'auteur de *Mon frère Yves* [281] ou de *La Vie des abeilles* [282]. Or, c'est cet homme-là, celui qui n'est que le compagnon de chaînes de l'artiste, que cherche (du moins en partie) à nous montrer Jacques Blanche. Ainsi faisait Sainte-Beuve, et le résultat, c'est que quelqu'un qui, ignorant de la littérature, du XIXe siècle, essayerait de l'étudier dans les *Causeries du lundi*, apprendrait qu'il y eut alors en France des écrivains bien remarquables, tels que M. Royer-Collard, M. le comte Molé, M. de Tocqueville, Mme Sand, Béranger, Mérimée, d'autres encore ; qu'à la vérité Sainte-Beuve a personnellement connu certains hommes d'esprit qui eurent leur agrément, leur utilité passagère, mais qu'il est fou de vouloir transformer aujourd'hui en grands écrivains. Par exemple Beyle, qui avait pris, on ne sait trop pourquoi, le pseudonyme de Stendhal, lançait des paradoxes piquants et où il y avait bien souvent de la justesse. Mais nous faire croire que c'est un romancier [283] ! Passe pour ses nouvelles ! Mais *Le Rouge et le Noir* et autres ouvrages pénibles à lire sont d'un homme peu doué. Vous eussiez étonné Beyle lui-même en parlant sérieusement de cela comme de chefs-d'œuvre. Encore plus eussiez-vous surpris Jacquemont, Mérimée, le comte Daru, tous ces hommes d'un jugement si sûr chez qui Sainte-Beuve rencontrait l'aimable Beyle et de l'opinion desquels, protestant contre l'absurde idolâtrie du jour, il peut se porter garant. Sainte-Beuve nous dit : « *La Chartreuse de Parme* n'est pas l'œuvre d'un romancier. » Vous pouvez l'en croire, il a un avantage sur nous, il dînait avec l'auteur, lequel d'ailleurs, homme de bonne compagnie s'il en fut, eût été le premier à vous rire au nez si vous l'aviez traité de grand romancier. Encore un gentil garçon, Baudelaire, ayant de beaucoup meilleures manières qu'on n'aurait pu croire. Et pas dénué de talent [284]. Mais tout de même l'idée de se présenter à l'Académie, ça aurait eu l'air d'une mauvaise farce. L'ennui pour Sainte-Beuve est d'avoir ainsi des relations avec des gens qu'il n'admire pas. Quel brave garçon que ce Flaubert ! Mais *L'Éducation sentimentale* sera illisible. Et pourtant il y a des traits « bien finement touchés » dans *Madame Bovary*. C'est au fond, quoi qu'on en pense, supérieur à Feydeau.

Ce point de vue est celui auquel Jacques Blanche se place souvent (pas toujours) dans ce volume. Quelle stupéfaction pour les admirateurs de Manet d'apprendre que ce révolutionnaire était « ambitieux de décorations et de médailles », voulait prouver à ma grande amie Mme Madeleine Lemaire qu'il pouvait faire concurrence à Chaplin, ne travaillait que pour les « Salons » et regardait plus souvent du côté de Roll [285] que de celui de Monet [286], Renoir et Degas. Or toutes proportions gardées, (puisque malgré tout le jugement d'un peintre sur un peintre est un jugement infiniment intéressant), ce point de vue-là, c'est tout de même celui de la dame qui dirait : « Mais je peux très bien vous parler de Jacques Blanche ; il dînait tous les mardis chez moi. Je vous assure que personne ne songeait à le prendre au sérieux comme peintre, et lui-même sa seule ambition, c'était d'être un homme du monde très recherché. »

D'un certain Jacques Blanche peut-être, mais pas du vrai. Ainsi le point de vue auquel se placent trop souvent Sainte-Beuve et quelquefois Jacques Blanche n'est pas le véritable point de vue de l'Art. Mais c'est celui de l'Histoire. Et là est son grand intérêt. Seulement tandis que ce point de vue-là Sainte-Beuve s'y tient pour tout de bon, ce qui fait qu'il classe souvent les écrivains de son époque à peu près dans l'ordre où aurait pu le faire Mme de Boigne [287] ou la duchesse de Broglie, Jacques Blanche ne l'adopte qu'un instant, en se jouant, pour multiplier les contrastes, éclairer le tableau, faire revivre la scène. Mais bien au contraire les peintres, comme les écrivains, qu'il a aimés, c'étaient ceux qui devaient être grands un jour, un jour que lui vivait par anticipation, de sorte que ses jugements resteront vrais et que ce livre écrit sur les peintres par un peintre qui les a vus travailler, qui peut nous décrire leur palette et les modifications qu'ont subies leurs toiles (donnant ainsi de leurs chefs-d'œuvre une gravure aussi émouvante que celles qui furent faites jadis de *La Cène* de Léonard, par Morghen [288], avant sa dégradation), mais par un peintre qui est aussi un étonnant écrivain [289], est à cause de cette dualité, unique. Fromentin ? dira-t-on. Passons l'éponge sur le peintre ; et avouons que l'écrivain, au moins dans *Les Maîtres d'autrefois,* avec ses élégances à la George Sand, sinon à la Jules Sandeau, est inférieur à celui des *Maîtres de jadis et de naguère*. Jacques Blanche l'emporte surtout, c'est le point le plus intéressant pour les lecteurs, comme « connaisseur en peinture ». Qu'on se rappelle que dans *Les Maîtres d'autrefois* écrits pourtant plusieurs siècles après la mort de ces peintres hollandais, le plus grand d'entre eux, Vermeer de Delft, *n'est même pas nommé.* Certainement, comme Jean Cocteau, Jacques Blanche rendrait justice au grand, à l'admirable Picasso, lequel a précisément concentré tous les traits de Cocteau en une image d'une rigidité si noble [290] qu'à côté d'elle se dégradent un peu dans mon souvenir les plus charmants Carpaccio de Venise.

Sur la manière dont Whistler, Ricard, Fantin, Manet préparaient leur palette, que de révélations, que peut-être lui seul pouvait faire ! D'autre part, Blanche fait retourner un instant à leur existence périssable, tels qu'il les a connus, la table où s'asseyèrent les amoureux chez le père Lathuile [291], « le miroir à pied de Nana [292] », « le même meuble de chêne où tant de fleurs et de fruits peints par Fantin, achevèrent leur brève destinée », « le rideau de velours noir tendu, devant quoi le modèle de Whistler posait ». Et ainsi, comme si nous entrions en relations avec la femme vraie d'après laquelle Flaubert peignit Madame Bovary, ou Stendhal la Sanseverina, faisons-nous la connaissance de chacun de ces objets de l'atelier que nous avons vus d'abord dans l'inaltérable beauté du chef-d'œuvre, chacun « tel qu'en lui-même enfin l'éternité le change [293] ». Et sans doute le retour en arrière que nous fait faire Blanche est plus que piquant, inépuisablement instructif. Il montre l'absurdité de certaines formules qui ont fait admirer les grands peintres pour les qualités contraires de celles qu'ils avaient. (Opposez le Manet de Blanche à l'irréel Manet de Zola « fenêtre ouverte sur la nature ».) Tout de même ce point de vue de l'histoire me choque en ce qu'il fait attribuer par Blanche (comme par Sainte-Beuve) trop d'importance à l'époque, aux modèles. Sans doute il est d'un bien agréable fétichisme de croire qu'une bonne partie du Beau est réalisée hors de nous et que nous n'aurons pas à la créer. Je ne puis aborder ici ces questions de doctrine. Mais je ne suis pas si matérialiste que de croire que les modes du temps de Fantin rendaient plus facile de faire de beaux portraits, que le Paris de Manet était plus pictural que le nôtre, que la féerique beauté de Londres est une moitié du génie de Whistler.

On peut trouver parfois dans les portraits que Blanche donne ici quelque justification à l'accusation de malice. Le portrait de tel peintre, de Fantin par exemple, prête à sourire. Mais, je le demande, un tel portrait, criant de vérité, d'originalité et de vie, ne louera-t-il pas plus efficacement le maître disparu (malgré les apparences d'irrespect qui ne peuvent tromper sur la sympathie si réelle de l'écrivain) que tant de pages uniformément dithyrambiques écrites par des critiques d'art qui ne connaissent rien à l'art ? Ont-ils mieux servi, entretenu l'intérêt et la vie autour de la gloire de Fantin que Jacques Blanche quand, pour l'atelier de Fantin comme pour celui de Manet, il nous donne des détails sans prix ? On peut ne pas trouver « aimables », dans le sens banal du mot, des précisions telles que celle-ci : « Fantin était d'une maladresse attendrissante dans l'arrangement d'un fond d'appartement ou le choix d'un siège. Ce réaliste scrupuleux épinglait derrière le modèle un bout d'étoffe grise, ou dressait un paravent de papier bis chargé de représenter les boiseries d'un salon. L'atelier de Fantin n'était pas plus subtilement éclairé que celui d'un photographe de jadis. Sa paresse et l'effroi qu'il avait de se transporter hors de chez lui le restreignaient encore. Il souffrait de ce plafond de verre qui d'un bout à l'autre de la pièce baignait également les personnages d'une lumière diffuse. La famille Dubourg [294] m'apparaît telle que si M. Nadar avait prié ces braves gens de venir chez lui à la sortie de l'office divin, tout ankylosés dans leurs vêtements dominicaux. » Si on faisait encore de ces devoirs ridicules qui ne sont plus en honneur que dans certaines écoles de jeunes filles et où Plaute écrit : « des Enfers » à un dramaturge contemporain pour lui dire ce qu'il pense de sa nouvelle pièce [295], on pourrait « supposer » une lettre de Fantin, reconnaissant que Blanche, quand il parle de lui éveille souvent un sourire sur les lèvres du lecteur, mais ce même sourire plein de vénération qu'on a devant le portrait de Chardin par lui-même et où il apparaît coiffé d'un abat-jour [296]. Surtout l'élève serait invité à faire ressortir que Fantin remercie Blanche d'avoir prolongé pour lui, ce qui doit paraître le plus précieux aux morts, la vie. D'ailleurs Blanche l'a dit : « Le jugement porté par des critiques ou par des amis me semble juste en peu d'occasions, plutôt exagéré en bien qu'en mal. Juger est un besoin impérieux de mon esprit, les liens les plus tendres de l'affection ne m'ont jamais fait changer en cela. Il faut dire ce qu'on pense. Telle est ma conception de l'honnêteté, à une époque de disputes et de troubles universels. On n'admet plus qu'un sentiment : l'admiration passionnée. Or vous n'avez pas toujours l'occasion d'admirer vos contemporains, si votre idéal de beauté est élevé. Si j'ai blessé ou étonné certains compagnons de route, j'en suis chagrin pour eux, mais je me repose sur les plus judicieux, car il en est, ma foi, qui m'ont deviné et ne m'en veulent pas. »

Et pourtant quand il y a lieu d'admirer, avec quelle chaleur il admire. C'est une joie pour moi de trouver dans cet ouvrage (dont le présent volume n'est qu'un premier tome) d'enthousiastes éloges adressés à un homme que j'admire et que j'aime entre tous, José-Maria Sert. Quel plaisir et quelle sincérité animent les pages où Blanche le compare à Michel-Ange, à Tintoret. Chose étrange, j'aurais pu vivre dans un autre temps que Sert, ou dans le même temps et ne le connaître pas. Mais nous nous connaissons. Il sait mon admiration pour lui, il ne m'a pas caché sa sympathie pour moi. Or, chaque fois que part sous bonne escorte une des magnifiques beautés captives qui, regrettant peut-être, dans leur exil prédestiné, la rue Barbet-de-Jouy [297], iront vivre leur vie séquestrée dans un palais ou une église d'Espagne, ou même s'envoleront sur la mer comme les Océanides [298], moi enchaîné à mon rocher, *jamais* je ne peux voir avant leur départ les nobles bannies. Il y a dans la vie d'autres incompatibilités que celles du temps et de l'espace ; le mauvais Destin revêt les formes les plus étranges, encore à décrire pour les romanciers.

Dirai-je que dans ce livre de minutieuse vérité originale, créée, qui n'appartient qu'à Blanche même, il ne trahit pas, jusque dans son impartialité même, des préférences qu'on peut ne pas adopter ? Ce ne serait pas vrai. Certes si le vénérable docteur Blanche revenait au monde, il aurait une joie où il entrerait un peu d'étonnement à entendre parler de son « Jacques » comme d'un peintre plus grand que les académiciens de son temps. Car au fond, comme tous les parents, même les plus intelligents, il devait dire de son fils l'équivalent de ce que disait du sien Mme Manet mère : « Il a pourtant copié la *Vierge au lapin* [299], de Tintoret, vous viendrez voir cela chez moi, c'est bien copié, il pourrait peindre autrement qu'il ne fait. Seulement, que voulez-vous ! il a un tel entourage ! » Mais la surprise du docteur Blanche serait plus grande encore de voir comme au fond son fils Jacques-Émile lui ressemble et le continue. C'est le tragique touchant des oppositions familiales que ce sont justement des qualités, des goûts analogues à ceux de nos parents, qui pour se découvrir, pour s'affirmer, entrent en lutte avec les leurs. De vieux oncles qui décident de donner un conseil judiciaire à leur neveu ont précisément fait les mêmes bêtises et de la même manière, mais s'imaginent que « ce n'était pas la même chose », de même que ceux qui luttèrent pour Delacroix, s'indignèrent ensuite contre Manet, contre les impressionnistes, contre les cubistes, se figurant eux aussi que « ce n'était pas la même chose ». Or, dans deux des plus beaux morceaux de ce recueil, celui sur la vente Rouart [300] et celui sur Cézanne, on se rend compte que Jacques Blanche était exactement le contraire de ce qu'il paraissait vers 1891. Il pousse le traditionalisme jusqu'à ne pas cacher son indulgence, au fond sa sympathie, pour l'appartement où M. Rouart avait accumulé les chefs-d'œuvre [301].

« Ces appartements si marqués de la touche du Second Empire, décelant un complet mépris de l'arrangement décoratif comme on le recherche maintenant... j'y menai un jour Fritz Thaulow. Il se croyait à l'avant-garde du goût du moderne. Entre Munich, Berlin et Copenhague, il s'était fait une conception de l'ameublement dont le salon d'automne de 1912 révéla les touchantes audaces. Il ne connaissait de la peinture que les œuvres exposées au Salon. Les rapports étaient donc embarrassants avec lui, dès qu'on souhaitait plus que de jouir paisiblement de son exquise cordialité. » « Blanche ? vous n'aimeriez pas vivre dans cette maison ! Comment ! vous dites que M. Rouart est un homme de goût ? Mais regardez ces meubles, ces tentures, comme chez un dentiste... les murs sont "prune", les étoffes sont chocolat, et ces lampadaires dorés. Non, Blanche, cela c'est de la province et du Louis-Philippe. » « La copie par Degas de *L'Enlèvement des Sabines* [302] et *Le Poêle* [303] de Delacroix firent déborder son amertume : "Si c'est cela de la peinture, je puis bien me pendre. Tout cela est *brune* [304] !" » Au fond comme on sent que Jacques Blanche préfère cette peinture-là, à la facture *crayeuse* des impressionnistes. Chez Manet, ce n'est pas le côté Monet, déjà démodé *selon lui* (mon goût personnel, si je m'y connaissais en peinture, me porterait à penser exactement le contraire, et j'ai vu chez Gaston Gallimard un Monet [305] que je trouve le plus beau des Manet), c'est le côté Goya qu'il aime et par qui Manet est rajeuni, "comme Musset par Shakespeare". Blanche déteste autant les théories littéraires des esthètes que leur goût décoratif. » « M. Charles Morice, dans un questionnaire proposé à mes confrères, demandait ce que Fantin a apporté, ce qu'il emporte dans la tombe. Cette question parut un peu déconcertante. Elle ne pouvait venir que d'un homme de lettres, pour qui les opérations intellectuelles du peintre restent toujours assez impénétrables. La nouveauté, l'invention, en peinture, se décèlent souvent en un simple rapport de ton, en deux *valeurs* juxtaposées ou même en une certaine manière de délayer la couleur, de l'étendre sur la toile. Qui n'est pas sensible à la technique, n'est pas né pour les arts plastiques, et telle intelligence très déliée passera à côté d'un peintre pur sans s'en douter. »

Aussi semblerait-il d'abord que Jacques Blanche dût adhérer à cette maxime de Maurice Denis (de Maurice Denis pour lequel je serais tenté de dire, que – comme aussi pour Vuillard [306] – il n'est pas tout à fait juste) : « Se rappeler qu'un tableau, avant d'être un cheval de bataille, une femme nue ou une quelconque anecdote, est essentiellement une surface plane recouverte de couleurs en un certain ordre assemblées [307]. » Si, au contraire, Jacques Blanche proteste contre elle, c'est par excès de traditionalisme français. Et pour le montrer, nous voulons finir en citant quelques lignes des pages magnifiques qu'il écrit, à cette occasion, pour glorifier les vieux maîtres de notre pays : « Protestons contre la part infime qui reste dans les théories de M. Denis à la sensibilité, à l'émotion qui est tout de même le plus précieux de l'intelligence, à cette faculté de nous toucher qu'eurent Delacroix, Millet, Corot, ces colosses de l'histoire du XIXe siècle. La charge à fond contre le réalisme et la copie de la nature, si chère aux néo-impressionnistes, aboutirait à des formules où la raison seule interviendrait, au détriment du sentiment humain, de la sensibilité, à un art strictement ornemental et décoratif, à peine différent de celui des Persans et des Chinois. Ce serait la fin du tableau comme l'ont conçu les hommes de notre race. Fritz Thaulow n'avait pas assez de sarcasmes pour certaine fabrique de Corot [308], sous un divin ciel bleu d'août qui éclaire d'un éternel rayon le cabinet où j'écris ces lignes… Il consiste en un ciel aussi lumineux, aussi transparent qu'un Fra Angelico, il est fait d'on ne sait quelle matière précieuse, de turquoise peut-être. Sous cet azur immaculé, un peu de lumière inanalysable change en un écrin de plusieurs ors les pignons et les toits d'une sorte de caserne banale ; quelques personnages sont assis ou se promènent sur la place provinciale où s'étendent de longues ombres limpides. Je juge les soi-disant connaisseurs à leur attitude en présence de mon Corot. Les Hollandais seuls et les Français du temps des frères Rouart ont fait vibrer cette corde-là. C'est une musique à la française, claire, mélodique, mais si discrète, si intime qu'elle risque de ne pas se faire remarquer. Aussi bien c'est cette "musique de chambre" qui sonnait si juste dans l'hôtel de la rue de Lisbonne. »

Il me semble que de telles pages, dont je ne donne ici que des extraits, mais que le lecteur trouvera intégralement dans ce volume, ne font pas seulement admirer Jacques Blanche comme écrivain, autant qu'on a fini par l'admirer comme peintre, mais le feront aussi aimer. Ainsi par exemple la fin du morceau sur Millet, qui sera aussi celle de cette préface : « Pour le Français de l'Ouest, jouissant du bienfait de la vie aux champs il n'est pas une minute de la journée, un moment de chaque saison, un geste ni une figure de Normand, il n'est pas un arbre, une haie, un instrument aratoire qui ne s'embellissent de la sainte onction et de la noble grandeur que J.-F. Millet leur a départies… Tant que nos semblables auront un cœur pour s'émouvoir des inquiétudes du paysan, de son labeur sur la terre exigeante, sous le ciel menaçant ; tant que l'aube, midi, le crépuscule du soir auront un sens pathétique, comment pourrait-on contester l'œuvre de Millet, touchante comme sa vie, synthèse, – plus que de ses modèles, si près eux aussi de la nature, – de la nature elle-même. »

MARCEL PROUST.

À PROPOS DU « STYLE » DE FLAUBERT [309]

Je lis seulement à l'instant (ce qui m'empêche d'entreprendre une étude approfondie) l'article du distingué critique de *La Nouvelle Revue Française* sur « Le Style de Flaubert ». J'ai été stupéfait, je l'avoue, de voir traiter de peu doué pour écrire, un homme qui par l'usage entièrement nouveau et personnel qu'il a fait du passé défini, du passé indéfini, du participe présent, de certains pronoms et de certaines prépositions, a renouvelé presque autant notre vision des choses que Kant, avec ses Catégories, les théories de la Connaissance et de la Réalité du monde extérieur*. Ce n'est pas que j'aime entre tous les livres de Flaubert [310], ni même le style de Flaubert. Pour des raisons qui seraient trop longues à développer ici, je crois que la métaphore seule peut donner une sorte d'éternité au style, et il n'y a peut-être pas dans tout Flaubert une seule belle métaphore. Bien plus, ses images sont généralement si faibles qu'elles ne s'élèvent guère au dessus de celles que pourraient trouver

* Je sais bien que Descartes avait commencé avec son « bon sens » qui n'est pas autre chose que les principes rationnels. On apprenait cela autrefois en classe. Comment M. Reinach qui, différent au moins en cela des Émigrés, a tout appris et n'a rien oublié, ne le sait-il pas et peut-il croire que Descartes a fait preuve d'une « ironie délicieuse », en disant que le bon sens est la chose du monde la mieux partagée. Cela signifie dans Descartes que l'homme le plus bête use malgré soi du principe de causalité, etc. Mais le XVIIe siècle français avait une manière très simple de dire les choses profondes. Quand j'essaye dans mes romans de me mettre à son école, des philosophes me reprochent d'employer dans le sens courant le mot intelligence, etc.

ses personnages les plus insignifiants. Sans doute quand, dans une scène sublime, Mme Arnoux et Frédéric échangent des phrases telles que : « Quelquefois vos paroles me reviennent comme un écho lointain, comme le son d'une cloche apporté par le vent. – J'avais toujours au fond de moi-même la musique de votre voix et la splendeur de vos yeux », sans doute c'est un peu *trop bien* pour une conversation entre Frédéric et Mme Arnoux. Mais, Flaubert, si au lieu de ses personnages c'était lui qui avait parlé, n'aurait pas trouvé beaucoup mieux. Pour exprimer d'une façon qu'il croit évidemment ravissante, dans la plus parfaite de ses œuvres, le silence qui régnait dans le château de Julien, il dit que « l'on entendait le frôlement d'une écharpe ou l'écho d'un soupir ». Et à la fin, quand celui que porte saint Julien devient le Christ, cette minute ineffable est décrite à peu près ainsi : « Ses yeux prirent une clarté d'étoiles, ses cheveux s'allongèrent comme les rais du soleil, le souffle de ses narines avait la douceur des roses, etc. » Il n'y a là-dedans rien de mauvais, aucune chose disparate, choquante ou ridicule comme dans une description de Balzac ou de Renan ; seulement il semble que même sans le secours de Flaubert, un simple Frédéric Moreau aurait presque pu trouver cela. Mais enfin la métaphore n'est pas tout le style. Et il n'est pas possible à quiconque est un jour monté sur ce grand *Trottoir Roulant*[311] que sont les pages de Flaubert, au défilement continu, monotone, morne, indéfini, de méconnaître qu'elles sont sans précédent dans la littérature. Laissons de côté, je ne dis même pas les simples inadvertances, mais la correction grammaticale ; c'est une qualité utile mais négative (un bon élève, chargé de relire les épreuves de Flaubert, eût été capable d'en effacer bien des fautes). En tout cas il y a une beauté grammaticale, (comme il y a une beauté morale, dramatique, etc.) qui n'a rien à voir avec la correction. C'est d'une beauté de ce genre que Flaubert devait accoucher laborieusement. Sans doute cette beauté pouvait tenir parfois à la manière d'appliquer certaines règles de syntaxe. Et Flaubert était ravi quand il retrouvait dans les écrivains du passé une anticipation de Flaubert, dans Montesquieu, par exemple : « Les vices d'Alexandre étaient extrêmes comme ses vertus ; il était terrible dans la colère ; elle le rendait cruel. »[312] Mais si Flaubert faisait ses délices de telles phrases, ce n'était évidemment pas à cause de leur correction, mais parce qu'en permettant de faire jaillir du cœur d'une proposition l'arceau qui ne retombera qu'en plein milieu de la proposition suivante, elles assuraient l'étroite, l'hermétique continuité du style. Pour arriver à ce même but Flaubert se sert souvent des règles qui régissent l'emploi du pronom personnel. Mais dès qu'il n'a pas ce but à atteindre les mêmes règles lui deviennent complètement indifférentes. Ainsi dans la deuxième ou troisième page de *L'Éducation sentimentale*, Flaubert emploie « il » pour désigner Frédéric Moreau quand ce pronom devrait s'appliquer à l'oncle de Frédéric, et, quand il devrait s'appliquer à Frédéric, pour désigner Arnoux. Plus loin le « ils » qui se rapporte à des chapeaux veut dire des personnes, etc. Ces fautes perpétuelles sont presque aussi fréquentes chez Saint-Simon. Mais dans cette deuxième page de *L'Éducation*, s'il s'agit de relier deux paragraphes pour qu'une vision ne soit pas interrompue, alors le pronom personnel, à renversement pour ainsi dire, est employé avec une rigueur grammaticale, parce que la liaison des parties du tableau, le rythme régulier particulier à Flaubert, sont en jeu : « La colline qui suivait à droite le cours de la Seine s'abaissa, et il en surgit une autre, plus proche, sur la rive opposée.

Des arbres la couronnaient, etc. »

Le rendu de sa vision, sans, dans l'intervalle, un mot d'esprit ou un trait de sensibilité, voilà en effet ce qui importe de plus en plus à Flaubert, au fur et à mesure qu'il dégage mieux sa personnalité et devient Flaubert. Dans *Madame Bovary* tout ce qui n'est pas lui n'a pas encore été éliminé ; les derniers mots : « Il vient de recevoir la croix d'honneur » font penser à la fin du *Gendre de Monsieur Poirier*[313] : « Pair de France en 48. » Et même dans *L'Éducation sentimentale* (titre si beau par sa solidité, – titre qui conviendrait d'ailleurs aussi bien à *Madame Bovary* – mais qui n'est guère correct au point de vue grammatical) se glissait encore çà et là des restes, infimes d'ailleurs, de ce qui n'est pas Flaubert (« sa pauvre petite gorge », etc.). Malgré cela, dans *L'Éducation sentimentale,* la révolution est accomplie ; ce qui jusqu'à Flaubert était action devient impression. Les choses ont autant de vie que les hommes, car c'est le raisonnement qui après assigne à tout phénomène visuel des causes extérieures, mais dans l'impression première que nous recevons cette cause n'est pas impliquée. Je reprends dans la deuxième page de *L'Éducation sentimentale* la phrase dont je parlais tout à l'heure : « La colline qui suivait à droite le cours de la Seine s'abaissa, et il en surgit une autre, plus proche, sur la rive opposée. » Jacques Blanche a dit que dans l'histoire de la peinture, une invention, une nouveauté, se décèlent souvent en un simple rapport de ton, en deux couleurs juxtaposées. Le subjectivisme de Flaubert s'exprime par un emploi nouveau des temps des verbes, des prépositions, des adverbes, les deux derniers n'ayant presque jamais dans sa phrase qu'une valeur rythmique. Un état qui se prolonge est indiqué par l'imparfait. Toute cette deuxième page de *L'Éducation* (page prise [314] absolument au hasard) est faite d'imparfaits, sauf quand intervient un changement, une action, une action dont les protagonistes sont généralement des choses (« la colline s'abaissa », etc.). Aussitôt l'imparfait reprend : « Plus d'un enviait d'en être le propriétaire », etc. Mais souvent le passage de l'imparfait au parfait est indiqué par un participe présent, qui indique la manière dont l'action se produit, ou bien le moment où elle se produit. Toujours deuxième page de *L'Éducation* : « Il contemplait des clochers, etc. et bientôt, *Paris disparaissant,* il poussa un gros soupir. » (L'exemple est du reste très mal choisi et on en trouverait dans Flaubert de bien plus significatifs.) Notons en passant que cette activité des choses, des bêtes, puisqu'elles sont le sujet des phrases (au lieu que ce sujet soit des hommes), oblige à une grande variété des verbes. Je prends absolument au hasard et en abrégeant beaucoup : « Les hyènes marchaient derrière lui, le taureau balançait la tête, tandis que la panthère bombant son dos avançait à pas de velours, etc. Le serpent sifflait, les bêtes puantes bavaient, le sanglier, etc. Pour l'attaque du sanglier il y avait quarante griffons, etc. Des mâtins de Barbarie… étaient destinés à poursuivre les aurochs. La robe noire des épagneuls luisait comme du satin, le jappement des talbots valait celui des bugles chanteurs », etc. Et cette variété des verbes gagne les hommes qui dans cette vision continue, homogène, ne sont pas plus que les choses, mais pas moins : « une illusion à décrire ». Ainsi : « Il aurait voulu courir dans le désert après les autruches, être caché dans les bambous à l'affût des léopards, traverser des forêts pleines de rhinocéros, atteindre au sommet des monts pour viser les aigles et sur les glaçons de la mer combattre les ours blancs. Il se voyait, etc. » Cet éternel imparfait (on me permettra bien de qualifier d'éternel un passé indéfini, alors que les trois quarts du temps, chez les journalistes, éternel désigne non pas, et avec raison, un amour, mais un foulard ou un parapluie. Avec son *éternel foulard*, – bien heureux si ce n'est pas avec son *foulard légendaire* – est une expression « consacrée) » ; donc cet éternel imparfait, composé en partie des paroles des personnages que Flaubert rapporte habituellement en style indirect pour qu'elles se confondent avec le reste (« L'État devait s'emparer de la Bourse. Bien d'autres mesures étaient bonnes encore. Il fallait d'abord passer le niveau sur la tête des riches. Tout était tranquille maintenant. Il fallait que les nourrices et les accoucheuses fussent salariées par l'État. Dix-mille citoyennes avec de bons fusils pouvaient faire trembler l'Hôtel de ville… », tout cela ne signifie pas que Flaubert pense et affirme cela, mais que Frédéric, la Vatnaz ou Sénécal le disent et que Flaubert a résolu d'user le moins possible des guillemets) ; donc cet imparfait, si nouveau dans la littérature, change entièrement l'aspect des choses et des êtres, comme font une lampe qu'on a déplacée, l'arrivée dans une maison nouvelle, l'ancienne si elle est presque vide et qu'on est en plein déménagement. C'est ce genre de tristesse, fait de la rupture des habitudes et de l'irréalité du décor, que donne le style de Flaubert, ce style si nouveau quand ce ne serait que par là. Cet imparfait sert à rapporter non seulement, les paroles mais toute la vie des gens. *L'Éducation sentimentale** est un long rapport de toute une vie, sans que les personnages prennent pour ainsi dire une part active à l'action. Parfois le parfait interrompt l'imparfait, mais devient alors comme lui quelque chose d'indéfini qui se prolonge : « Il voyagea, il connut la mélancolie des paquebots, etc. il eut d'autres amours encore », et dans ce cas par une sorte de chassé-croisé c'est l'imparfait qui vient préciser un peu : « mais la violence du premier les lui rendait insipides ». Quelquefois même, dans le plan incliné et tout en demi-teinte des imparfaits, le présent de l'indicatif opère un redressement, met un furtif éclairage de plein jour qui distingue des choses qui passent une réalité plus durable : « Ils habitaient le fond de la Bretagne… *C'était* une maison basse, avec un jardin montant jusqu'au haut de la colline, d'où l'on *découvre* la mer. »

La conjonction « et » n'a nullement dans Flaubert l'objet que la grammaire lui assigne. Elle marque une pause dans une mesure rythmique et divise un tableau. En effet partout où on mettrait « et », Flaubert le supprime. C'est le modèle et la coupe de tant de phrases admirables. « (Et) les Celtes regrettaient trois pierres brutes, sous un ciel pluvieux, dans un golfe rempli d'îlots » ; (C'est peut-être *semé* au lieu de *rempli,* je cite de mémoire.) « C'était à Mégara, faubourg de Carthage, dans les jardins d'Hamilcar ». « Le père et la

* *L'Éducation sentimentale* à laquelle, de par la volonté de Flaubert certainement, on pourrait souvent appliquer cette phrase de la quatrième page du livre lui-même : « Et l'ennui vaguement répandu semblait rendre l'aspect des personnages plus insignifiant encore. »

mère de Julien habitaient un château, au milieu des bois, sur la pente d'une colline. » Certes la variété des prépositions ajoute à la beauté de ces phrases ternaires. Mais dans d'autres d'une coupe différente, jamais de « et ». J'ai déjà cité (pour d'autres raisons) : « Il voyagea, il connut la mélancolie des paquebots, les froids réveils sous la tente, l'étourdissement des paysages et des ruines, l'amertume des sympathies interrompues ». Mais cet « et » là, le grand rythme de Flaubert ne le comporte pas. En revanche là où personne n'aurait l'idée d'en user, Flaubert l'emploie. C'est comme l'indication qu'une autre partie du tableau commence, que la vague refluante, de nouveau, va se reformer. Tout à fait au hasard d'une mémoire qui a très mal fait ses choix : « La place du Carrousel avait un aspect tranquille. L'Hôtel de Nantes s'y dressait toujours solitairement ; *et* les maisons par derrière, le dôme du Louvre en face, la longue galerie de bois, à droite, etc. étaient comme noyés dans la couleur grise de l'air, etc. tandis que, à l'autre bout de la place, etc. » En un mot, chez Flaubert, « et » commence toujours une phrase secondaire et ne termine presque jamais une énumération. (Notons au passage que le « tandis que » de la phrase que je viens de citer ne marque pas, c'est toujours ainsi chez Flaubert, un temps, mais est un de ces artifices assez naïfs qu'emploient tous les grands descriptifs dont la phrase serait trop longue et qui ne veulent pas cependant séparer les parties du tableau. Dans Leconte de Lisle il y aurait à marquer le rôle similaire des « non loin », des « plus loin », des « au fond », des « plus bas », des « seuls », etc.) La très lente acquisition, je le veux bien, de tant de particularités grammaticales (et la place me manque pour indiquer les plus importantes que tout le monde notera sans moi) prouve à mon avis, non pas, comme le prétend le critique de *La Nouvelle Revue française,* que Flaubert n'est pas « un écrivain de race », mais au contraire qu'il en est un. Ces singularités grammaticales traduisant en effet une vision nouvelle, que d'application ne fallait-il pas pour bien fixer cette vision pour la faire passer de l'inconscient dans le conscient, pour l'incorporer enfin aux diverses parties du discours ! Ce qui étonne seulement chez un tel maître c'est la médiocrité de sa correspondance. Généralement les grands écrivains qui ne savent pas écrire (comme les grands peintres qui ne savent pas dessiner) n'ont fait en réalité que renoncer leur « virtuosité », leur « facilité » innées, afin de créer, pour une vision nouvelle, des expressions qui tâchent peu à peu de s'adapter à elle. Or dans la correspondance où l'obéissance absolue à l'idéal intérieur, obscur, ne les soumet plus, ils redeviennent ce que, moins grands, ils n'auraient cessé d'être. Que de femmes, déplorant les œuvres d'un écrivain de leurs amis, ajoutent : « Et si vous saviez quels ravissants billets il écrit quand il se laisse aller ! Ses lettres sont infiniment supérieures à ses livres. » En effet c'est un jeu d'enfant de montrer de l'éloquence, du brillant, de l'esprit, de la décision dans le trait, pour qui d'habitude manque de tout cela seulement parce qu'il doit se modeler sur une réalité tyrannique à laquelle il ne lui est pas permis de changer quoi que ce soit. Cette hausse brusque et apparente que subit le talent d'un écrivain dès qu'il improvise (ou d'un peintre qui « dessine comme Ingres » sur l'album d'une dame laquelle ne comprend pas ses tableaux) cette hausse devrait être sensible dans la correspondance de Flaubert. Or c'est plutôt une baisse qu'on enregistre. Cette anomalie se complique de ceci que tout grand artiste qui volontairement laisse la réalité s'épanouir dans ses livres se prive de laisser paraître en eux une intelligence, un jugement critique qu'il tient pour inférieurs à son génie. Mais tout cela qui n'est pas dans son œuvre, déborde dans sa conversation, dans ses lettres. Celles de Flaubert n'en font rien paraître. Il nous est impossible d'y reconnaître, avec M. Thibaudet, les « idées d'un cerveau de premier ordre, » et cette fois ce n'est pas par l'article de M. Thibaudet, c'est par la correspondance de Flaubert que nous sommes déconcertés. Mais enfin puisque nous sommes avertis du génie de Flaubert seulement par la beauté de son style et les singularités immuables d'une syntaxe déformante, notons encore une de ces singularités : par exemple un adverbe finissant non seulement une phrase, une période, mais un livre. (Dernière phrase d'*Hérodias* : « Comme elle était très lourde [la tête de Saint Jean], ils la portaient alternativement. ») Chez lui comme chez Leconte de Lisle, on sent le besoin de la solidité, fût-elle un peu massive, par réaction contre une littérature sinon creuse, du moins très légère, dans laquelle trop d'interstices, de vides, s'insinuaient [315]. D'ailleurs les adverbes, locutions adverbiales, etc. sont toujours placés dans Flaubert de la façon à la fois la plus laide, la plus inattendue, la plus lourde, comme pour maçonner ces phrases compactes, boucher les moindres trous. M. Homais dit : « Vos chevaux, *peut-être,* sont fougueux. » Hussonnet : « Il serait temps, *peut-être,* d'aller instruire les populations. » « Paris, bientôt, serait été. » Les « après tout », les « cependant », les « du moins » sont toujours placés ailleurs qu'où ils l'eussent été par quelqu'un d'autre que Flaubert, en parlant ou en écrivant. « Une lampe en forme de colombe brûlait dessus *continuellement.* » Pour la même raison, Flaubert ne craint pas la douleur de certains verbes, de certaines expressions un peu vulgaires (en contraste avec la variété de verbes que nous citions plus haut, le verbe avoir, si solide, est employé constamment, là où un écrivain de second ordre chercherait des nuances plus fines : « Les maisons avaient des jardins en pente. » « Les quatre tours avaient des toits pointus. ») C'est le fait de tous les grands inventeurs en art, au moins au XIXe siècle, que tandis que des esthètes montraient leur filiation avec le passé, le public les trouva vulgaires. On dira tant qu'on voudra que Manet, Renoir, qu'on enterre demain [316], Flaubert, furent non pas des initiateurs, mais la dernière descendance de Vélasquez et de Goya, de Boucher et de Fragonard, voire de Rubens et même de la Grèce antique, de Bossuet et de Voltaire, leurs contemporains les trouvèrent un peu communs ; et, malgré tout, nous nous doutons parfois un peu de ce qu'ils entendaient par ce mot « commun ». Quand Flaubert dit : « Une telle confusion d'images l'étourdissait, bien qu'il y trouvât du charme, *pourtant* » ; quand Frédéric Moreau, qu'il soit avec la maréchale ou avec Mme Arnoux, « se met à leur dire des tendresses », nous ne pouvons penser que ce « pourtant » ait de la grâce, ni ce « se mettre à dire des tendresses » de la distinction. Mais nous les aimons ces lourds matériaux que la phrase de Flaubert soulève et laisse retomber avec le bruit intermittent d'un excavateur. Car si, comme on l'a écrit, la lampe nocturne de Flaubert faisait aux mariniers l'effet d'un phare, on peut dire aussi que les phrases lancées par son « gueuloir » avaient le rythme régulier de ces machines qui servent à faire les déblais. Heureux ceux qui sentent ce rythme obsesseur ; mais ceux qui ne peuvent s'en débarrasser, qui, quelque sujet qu'ils traitent, soumis aux coupes du maître, font invariablement « du Flaubert » ressemblent à ces malheureux des légendes allemandes qui sont condamnés à vivre pour toujours attachés au battant d'une cloche. Aussi, pour ce qui concerne l'intoxication flaubertienne, je ne saurais trop recommander aux écrivains la vertu purgative, exorcisante, du pastiche. Quand on vient de finir un livre, non seulement on voudrait continuer à vivre avec ses personnages, avec Mme de Beauséant, avec Frédéric Moreau, mais encore notre voix intérieure qui a été disciplinée pendant toute la durée de la lecture à suivre le rythme d'un Balzac, d'un Flaubert, voudrait continuer à parler comme eux. Il faut la laisser faire un moment, laisser la pédale prolonger le son, c'est-à-dire faire un pastiche volontaire, pour pouvoir après cela, redevenir original, ne pas faire toute sa vie du pastiche involontaire. Le pastiche volontaire c'est de façon toute spontanée qu'on le fait ; on pense bien que quand j'ai écrit jadis un pastiche, détestable d'ailleurs, de Flaubert, je ne m'étais pas demandé si le chant que j'entendais en moi tenait à la répétition des imparfaits ou des participes présents. Sans cela je n'aurais jamais pu le transcrire. C'est un travail inverse que j'ai accompli aujourd'hui en cherchant à noter à la hâte ces quelques particularités du style de Flaubert. Notre esprit n'est jamais satisfait s'il n'a pu donner une claire analyse de ce qu'il avait d'abord inconsciemment produit, ou une recréation vivante de ce qu'il avait d'abord patiemment analysé. Je ne me lasserais pas de faire remarquer les mérites, aujourd'hui si contestés de Flaubert. L'un de ceux qui me touchent le plus parce que j'y retrouve l'aboutissement des modestes recherches que j'ai faites, est qu'il sait donner avec maîtrise l'impression du Temps. À mon avis la chose la plus belle de *L'Éducation Sentimentale*, ce n'est pas une phrase, mais un blanc. Flaubert vient de décrire, de rapporter pendant de longues pages, les actions les plus menues de Frédéric Moreau. Frédéric voit un agent marcher avec son épée sur un insurgé qui tombe mort. « Et Frédéric, béant, reconnut Sénécal ! » Ici un « blanc », un énorme « blanc » et, sans l'ombre d'une transition, soudain la mesure du temps devenant au lieu de quarts d'heure, des années, des décades (je reprends les derniers mots que j'ai cités pour montrer cet extraordinaire changement de vitesse, sans préparation) :

« Et Frédéric, béant, reconnut Sénécal.

Il voyagea. Il connut la mélancolie des paquebots, les froids réveils sous la tente, etc. Il revint.

Il fréquenta le monde, etc.

Vers la fin de l'année 1867, etc. »

Sans doute, dans Balzac, nous avons bien souvent : « En 1817 les Séchard étaient, etc. ». Mais chez lui ces changements de temps ont un caractère actif ou documentaire. Flaubert le premier, les débarrasse du parasitisme des anecdotes et des scories de l'histoire. Le premier, il les met en musique.

Si j'écris tout cela pour la défense (au sens où Joachim du Bellay l'entend) de Flaubert, que je n'aime pas beaucoup, si je me sens si privé de ne pas écrire sur bien d'autres que je préfère, c'est que j'ai l'impression que nous ne savons plus lire *. M. Daniel Halévy a écrit dernièrement dans les *Débats* un très bel article sur le centenaire de Sainte-Beuve. Mais, à mon avis bien mal inspiré ce jour-là, n'a-t-il pas eu l'idée de citer Sainte-Beuve comme un des grands guides que nous avons perdus. (N'ayant ni livres, ni journaux sous la main au moment où j'improvise en « dernière heure » mon étude, je ne réponds pas de l'expression exacte qu'a employée Halévy, mais c'était le sens.) Or je me suis permis plus qu'aucun de véritables débauches avec la délicieuse mauvaise musique qu'est le langage parlé, perlé, de Sainte-Beuve, mais quelqu'un a-t-il jamais manqué autant que lui à son office de guide ? La plus grande partie de ses *Lundis* sont consacrés à des auteurs de quatrième ordre, et quand il a à parler d'un de tout premier, d'un Flaubert ou d'un Baudelaire, il rachète immédiatement les brefs éloges qu'il leur accorde en laissant entendre qu'il s'agit d'un article de complaisance, l'auteur étant de ses amis personnels. C'est uniquement comme d'amis personnels qu'il parle des Goncourt, qu'on peut goûter plus ou moins, mais qui sont en tout cas infiniment supérieurs aux objets habituels de l'admiration de Sainte-Beuve. Gérard de Nerval qui est assurément un des trois ou quatre plus grands écrivains du XIXe siècle, est dédaigneusement traité de *gentil Nerval*, à propos d'une traduction de Goethe [317]. Mais qu'il ait écrit des œuvres personnelles semble avoir échappé à Sainte-Beuve. Quant à Stendhal romancier, au Stendhal de *La Chartreuse*, notre « guide » en sourit et il voit là les funestes effets d'une espèce d'entreprise (vouée à l'insuccès)

* Les exceptions se rencontrent quelquefois dans de grands livres systématiques, où on n'attendait pas de critique littéraire. Une nouvelle critique littéraire découle de *L'Heredo* et du *Monde des images*, ces livres admirables et si grands de conséquence de M. Léon Daudet, comme une nouvelle physique, une nouvelle médecine, de la philosophie cartésienne. Sans doute les vues profondes de M. Léon Daudet sur Molière, sur Hugo, sur Baudelaire, etc. sont plus belles encore si on les rattache par les lois de la gravitation à ces sphères que sont les images, mais en elles–mêmes et détachées du système elles prouvent la vivacité et la profondeur du goût littéraire.

pour ériger Stendhal en romancier, à peu près comme la célébrité de certains peintres semble due à une spéculation de marchands de tableaux. Il est vrai que Balzac, du vivant même de Stendhal, avait salué son génie, mais c'était moyennant une rémunération. Encore l'auteur lui-même trouva-t-il (selon Sainte-Beuve, interprète inexact d'une lettre que ce n'est pas le lieu de commenter ici) qu'il en avait plus que pour son argent. Bref, je me chargerais, si je n'avais pas des choses moins importantes à faire, de « brosser », comme eût dit M. Cuvillier Fleury, d'après Sainte-Beuve, un « Tableau de la littérature française au XIXe siècle » à une certaine échelle, et où pas un grand nom ne figurerait, où seraient promus grands écrivains des gens dont tout le monde a oublié qu'ils écrivirent. Sans doute, il est permis de se tromper et la valeur objective de nos jugements artistiques n'a pas grande importance. Flaubert a cruellement méconnu Stendhal, qui lui-même trouvait affreuses les plus belles églises romanes et se moquait de Balzac. Mais l'erreur est plus grave chez Sainte-Beuve, parce qu'il ne cesse de répéter qu'il est facile de porter un jugement juste sur Virgile ou La Bruyère, sur des auteurs depuis longtemps reconnus et classés, mais que le difficile, la fonction propre du critique, ce qui lui vaut vraiment son nom de critique, c'est de mettre à leur rang les auteurs contemporains. Lui-même, il faut l'avouer, ne l'a jamais fait une seule fois et c'est ce qui suffit pour qu'on lui refuse le titre de guide. Peut-être le même article de M. Halévy – article remarquable d'ailleurs – me permettrait-il, si je l'avais sous les yeux, de montrer que ce n'est pas seulement la prose que nous ne savons plus lire, mais les vers. L'auteur retient deux vers de Sainte-Beuve. L'un est plutôt un vers de M. André Rivoire que de Sainte-Beuve. Le second :

Sorrente m'a rendu mon doux rêve infini

est affreux si on le grasseye et ridicule si on roule les *r*. En général, la répétition voulue d'une voyelle ou d'une consonne peut donner de grands effets (Racine : *Iphi-*

génie, Phèdre). Il y a une labiale qui, répétée six fois dans un vers de Hugo, donne cette impression de légèreté aérienne que le poète veut produire :

Les souffles de la nuit flottaicnt sur Galgala [318].

Hugo, lui, a su se servir même de la répétition des *r* qui est au contraire peu harmonieuse en français. Il s'en est servi avec bonheur, mais dans des conditions assez différentes. En tout cas, et quoi qu'il en soit des vers, nous ne savons plus lire la prose ; dans l'article sur le style de Flaubert, M. Thibaudet, lecteur si docte et si avisé, cite une phrase de Chateaubriand. Il n'avait que l'embarras du choix. Combien sont nombreuses celles sur quoi il y a à s'extasier ! M. Thibaudet (voulant, il est vrai, montrer que l'usage de l'anacoluthe allège le style) cite une phrase du moins beau Chateaubriand, du Chateaubriand rien qu'éloquent, et sur le peu d'intérêt de laquelle mon distingué confrère aurait pu être averti par le plaisir même que M. Guizot avait à la déclamer. En règle générale, tout ce qui dans Chateaubriand continue ou présage l'éloquence politique du XVIIIe et du XIXe siècle n'est pas du vrai Chateaubriand. Et nous devons mettre quelque scrupule, quelque conscience, dans notre appréciation des diverses œuvres d'un grand écrivain. Quand Musset, année par année, branche par branche, se hausse jusqu'aux *Nuits,* et Molière jusqu'au *Misanthrope,* n'y a-t-il pas quelque cruauté à préférer aux premières :

À Saint Blaise, à la Zuecca
Nous étions, nous étions bien aise [319],

au second *Les Fourberies de Scapin* ? D'ailleurs nous n'avons qu'à lire les maîtres, Flaubert comme les autres, avec plus de simplicité. Nous serons étonnés de voir comme ils sont toujours vivants, près de nous, nous offrant mille exemples réussis de l'effort que nous avons nous-mêmes manqué. Flaubert choisit Me Senard pour le défendre, il aurait pu invoquer le témoignage éclatant et désintéressé de tous les grands morts. Je puis, pour finir, citer de cette survie protectrice des grands écrivains un exemple qui m'est tout personnel. Dans *Du côté de chez Swann,* certaines personnes, mêmes très lettrées, méconnaissant la composition rigoureuse bien que voilée, (et peut-être plus difficilement discernable parce qu'elle était à large ouverture de compas et que le morceau symétrique d'un premier morceau, la cause et l'effet, se trouvaient à un grand intervalle l'un de l'autre) crurent que mon roman était une sorte de recueil de souvenirs, s'enchaînant selon les lois fortuites de l'association des idées. Elles citèrent à l'appui de cette contre-vérité, des pages où quelques miettes de « madeleine », trempées dans une infusion, me rappellent (ou du moins rappellent au narrateur qui dit « je » et qui n'est pas toujours moi) tout un temps de ma vie, oublié dans la première partie de l'ouvrage. Or, sans parler en ce moment de la valeur que je trouve à ces ressouvenirs inconscients sur lesquels j'asseois, dans le dernier volume – non encore publié – de mon œuvre, toute ma théorie de l'art, et pour m'en tenir au point de vue de la composition, j'avais simplement pour passer d'un plan à un autre plan, usé non d'un fait, mais de ce que j'avais trouvé plus pur, plus précieux comme jointure, un phénomène de mémoire. Ouvrez *Les Mémoires d'Outre-Tombe* ou *Les Filles du Feu* de Gérard de Nerval. Vous verrez que les deux grands écrivains qu'on se plaît – le second surtout – à appauvrir et à dessécher par une interprétation purement formelle, connurent parfaitement ce procédé de brusque transition. Quand Chateaubriand est – si je me souviens bien – à Montboissier, il entend tout à coup chanter une grive. Et ce chant qu'il écoutait si souvent dans sa jeunesse, le fait tout aussitôt revenir à Combourg, l'incite à changer, et à faire changer le lecteur avec lui, de temps et de province. De même la première partie de *Sylvie* se passe devant une scène et décrit l'amour de Gérard de Nerval pour une comédienne. Tout à coup ses yeux tombent sur une annonce : « Demain les archers de Loisy, etc. » Ces mots évoquent un souvenir, ou plutôt deux amours d'enfance : aussitôt le lieu de la nouvelle est déplacé. Ce phénomène de mémoire a servi de transition à Nerval, à ce grand génie dont presque toutes les œuvres pourraient avoir pour titre celui que j'avais donné d'abord à une des miennes : *Les Intermittences du cœur* [320]. Elles avaient un autre caractère chez lui, dira-t-on, dû surtout au fait qu'il était fou. Mais, du point de vue de la critique littéraire, on ne peut proprement appeler folie un état qui laisse subsister la perception juste (bien plus qui aiguise et aiguille le sens de la découverte) des rapports les plus importants entre les images, entre les idées. Cette folie n'est presque que le moment où les habituelles rêveries de Gérard de Nerval deviennent ineffables. Sa folie est alors comme un prolongement de son œuvre ; il s'en évade bientôt pour recommencer à écrire. Et la folie, aboutissant de l'œuvre précédent, devient point de départ et matière même de l'œuvre qui suit. Le poète n'a pas plus honte de l'accès terminé que nous ne rougissons chaque jour d'avoir dormi, que peut-être, un jour, nous ne serons confus d'avoir passé un instant par la mort. Et il s'essaye à classer et à décrire des rêves alternés. Nous voilà bien loin du style de *Madame Bovary* et de *L'Éducation sentimentale*. En raison de la hâte avec laquelle j'écris ces pages, le lecteur excusera les fautes du mien.

MARCEL PROUST.

POUR UN AMI

(REMARQUES SUR LE STYLE) [321]

J'aurais voulu prendre l'inutile soin de composer, pour Morand, une préface véritable. Un événement subit m'en a empêché. Une étrangère a élu domicile dans mon cerveau [322]. Elle allait, elle venait ; bientôt, d'après tout le train qu'elle menait, je connus ses habitudes. D'ailleurs comme une locataire trop prévenante, elle tint à engager des rapports directs avec moi. Je fus surpris de voir qu'elle n'était pas belle. J'avais toujours cru que la Mort l'était. Sans cela comment aurait-elle raison de nous ? Quoi qu'il en soit, elle semble aujourd'hui s'être absentée. Pas pour longtemps sans doute, à en juger d'après tout ce qu'elle a laissé. Et il serait plus sage de profiter du répit qu'elle m'accorde, autrement qu'en écrivant une préface pour un écrivain déjà connu qui n'en a pas besoin.

Une autre raison aurait dû me détourner. Mon cher maître Anatole France, que je n'ai pas revu, hélas ! depuis plus de vingt ans, vient d'écrire dans *La Revue de Paris* un article où il déclare que toute singularité dans le style doit être rejetée [323]. Or il est certain que le style de Paul Morand est singulier. Si j'avais la joie de revoir M. France dont les bontés pour moi sont encore vivantes sous mes yeux [324], je lui demanderais comment il peut croire à l'unité du style, puisque les sensibilités sont singulières. Même la beauté du style est le signe infaillible que la pensée s'élève, qu'elle a découvert et noué les rapports nécessaires entre des objets que leur contingence laissait séparés. N'est-ce pas dans *Le Crime de Sylvestre Bonnard* [325] que la double impression de sauvagerie et de douceur que donnent les chats, circule à l'intérieur d'une phrase admirable : « Hamilcar, lui dis-je en allongeant les jambes, prince somnolent de la cité des livres [...] [Je n'ai pas l'ouvrage sous les yeux.] Dans cette cité que gardent tes vertus militaires, dors avec la mollesse d'une sultane. Car tu joins à l'aspect formidable d'un guerrier tartare la grâce appesantie des femmes de l'Orient. Héroïque et voluptueux Hamilcar [...] », etc. Mais M. France ne m'accorderait pas que cette page est admirable puisqu'on écrit mal depuis la fin du XVIIIe siècle. En vérité voilà qui pourrait donner lieu à bien des réflexions. Il n'y a pas de doute que beaucoup d'auteurs ont mal écrit au XIXe siècle. Quand M. France nous demande de lui abandonner Guizot et Thiers (rapprochement qui est un grand déshonneur pour Guizot), nous lui obéissons avec allégresse, et sans attendre l'appel de ces autres noms, de nous-mêmes nous lui jetons tous les Villemain et Cousin qu'il souhaitera. M. Taine, avec sa prose coloriée comme des plans en relief, pour frapper plus vivement les élèves des classes secondaires, pourrait recevoir quelques honneurs mais être banni tout de même. Si pour la juste expression des vérités morales, nous conservions M. Renan, ce serait pourtant en confessant qu'il écrit parfois fort mal. Sans parler de ses derniers ouvrages où la couleur détonne d'une façon si constante qu'un effet de comique semble être recherché par l'auteur, ni des tout premiers, semés de points d'exclamation et d'une perpétuelle effusion d'enfant de chœur, les belles « Origines du Christianisme » sont la plupart du temps mal écrites. Rarement, chez un écrivain de haute valeur, vit-on pareille impuissance à peindre. La description de Jérusalem, la première fois qu'y arrive Jésus, est rédigée dans un style de Baedecker [326] : « Les constructions le disputent aux plus achevées de l'Antiquité par leur caractère grandiose, la perfection de l'exécution, la beauté des matériaux. Une foule de superbes tombeaux, d'un goût original... [327] », etc. Pourtant c'était là un morceau à « soigner » particulièrement. Et Renan croyait devoir donner à tous les « morceaux » une pompe terriblement Ary Scheffer, Gounod (nous ajouterions César Franck, s'il n'avait écrit que l'intermède solennel et guindé de *Rédemption*). Pour finir dignement un livre, ou une préface, Renan a de ces images de bon élève qui ne naissent nullement d'une impression : « Maintenant la barque apostolique va pouvoir enfler ses voiles [328]. » « Quand l'accablante lumière avait fait place à l'innombrable armée des étoiles [329]. » « La mort nous frappa tous les deux de son aile [330]. » Et pourtant dans ces séjours à Jérusalem, quand M. Renan appelle Jésus « jeune démocrate juif [331] », parle des « naïvetés qui échappent sans cesse » à ce « provincial [332] » (quelle ressemblance avec Balzac !), on se demande, comme je me suis jadis permis de le faire, tout en reconnaissant le génie de Renan, si *La Vie de Jésus* n'est pas comme une espèce de *Belle Hélène* [333] du christianisme. Mais que M. France n'aille pas triompher trop vite. Pour nos idées sur le style, nous les dirons un autre jour. Mais est-il bien certain que le XIXe siècle soit en défaut sur ce chapitre-là ?

Le style de Baudelaire a souvent quelque chose d'extérieur et de percutant, mais s'il ne s'agit que de force, celle-là a-t-elle été jamais égalée ? Sans doute on n'a jamais rien écrit de moins charitable, mais aussi de plus fort que ses vers sur la Charité :

Un ange furieux fond du ciel comme un aigle,
Du mécréant saisit à pleins poings les cheveux,
Et dit, le secouant : « Tu connaîtras la règle !
[...]
Sache qu'il faut aimer sans faire la grimace,
Le pauvre, le méchant, le tortu, l'hébété,
Pour que tu puisses faire à Jésus, quand il passe,
Un tapis triomphal avec ta charité [334]. »

ni de plus sublime et de moins « dévoué » que

Ont dit au Dévouement qui leur prêtait ses ailes :
Hippogriffe puissant, mène-moi jusqu'au ciel[335] !

D'ailleurs Baudelaire est un grand poète classique, et chose plus curieuse[336] ce classicisme de la forme s'accroît en proportion de la licence de ses peintures. Racine a écrit des vers plus profonds mais non d'un style plus pur que celui des poèmes condamnés. Dans celui qui fit le plus scandale :

Ses bras vaincus, jetés comme de vaines armes,
Tout servait, tout parait sa fragile beauté[337].

semblent tirés de *Britannicus.*

Pauvre Baudelaire ! mendiant un article à Sainte-Beuve (avec quelle tendresse, quelle déférence !), il finit par obtenir des éloges tels que ceux-ci : « Ce qui est certain c'est que M. Baudelaire *gagne à être vu.* Là où on s'attendait à voir entrer un homme étrange, excentrique, on se trouve en présence d'un candidat poli, respectueux, d'un gentil garçon, fin de langage et tout à fait classique dans les formes. » Pour le remercier de sa dédicace aux *Fleurs du Mal*, le seul compliment qu'il trouve à lui adresser c'est que ces pièces, réunies, font un tout autre effet. Il finit par distinguer quelques poèmes qu'il qualifie par des épithètes à double tranchant, « précieux », « subtils », et dont il demande : « Mais pourquoi n'est-ce pas écrit en latin, ou plutôt en grec ? » Bel éloge pour des vers français ! Ces rapports de Baudelaire avec Sainte-Beuve (de Sainte-Beuve dont la stupidité se montre telle qu'on se demande si on n'a pas plutôt affaire avec une feinte de la couardise) sont une des pages à la fois les plus navrantes et les plus comiques de la littérature française. Je me suis demandé un moment si M. Daniel Halévy ne se moquait pas de moi quand il chercha, dans un superbe article de *La Minerve française*, à m'attendrir sur les phrases papelardes de Sainte-Beuve, disant avec des larmes de crocodile à Baudelaire : « Vous avez dû bien souffrir, mon pauvre enfant. » Comme remerciement Sainte-Beuve disait à

Baudelaire : « J'ai bien envie de vous gronder… vous perlez, vous pétrarquisez sur l'horrible. Et [je cite de mémoire] un jour que nous nous promènerons ensemble au bord de la mer, j'ai bien envie de vous donner un bon croc-en-jambe, afin de vous forcer à nager en plein courant. » Il ne faut pas attacher trop d'importance à l'image elle-même (laquelle doit être mieux d'ailleurs dans le texte), car Sainte-Beuve qui ne connaissait rien à toutes ces choses-là avait ses images cynégétiques [338], marines, etc. Il disait : « J'ai envie de prendre de l'escopette et d'aller vivement en rase campagne faire le coup de feu du tirailleur. » Il disait d'un livre, « c'est un tableau buriné à l'eau-forte » ; il n'aurait pas été capable de reconnaître une eau-forte. Mais il trouvait que littérairement cela faisait bien, était mignard, et gracieux. Mais comment M. Daniel Halévy peut-il penser sérieusement que ce n'est pas ce malin rafistoleur de phrases qui « perle et pétrarquise », plutôt que le grand génie à qui nous devons (ce qui n'a rien de perlé, et ce qui me semble en « plein courant ») :

Pour l'enfant, amoureux de cartes et d'estampes,
L'univers est égal à son vaste appétit.
Comme le monde est grand à la clarté des lampes !
Aux yeux du souvenir que le monde est petit ! [339]

Le plus fort de tout, c'est que quand Baudelaire fut poursuivi à cause des *Fleurs du Mal,* Sainte-Beuve ne voulut pas témoigner pour lui, mais lui adressa une lettre qu'il s'empressa de lui redemander, dès qu'il sut qu'on avait l'intention de la rendre publique. En la donnant plus tard dans *Les Causeries du lundi*, il crut devoir la faire précéder d'un petit préambule (destiné à l'affaiblir encore) où il dit que cette lettre fut écrite « dans la pensée de venir en aide à la défense ». L'éloge n'était pourtant pas bien compromettant. « Le poète Baudelaire [était-il dit] avait mis des années à extraire de tout sujet, et de toute fleur, un suc vénéneux, et même il faut le dire assez agréablement vénéneux. C'était d'ailleurs un homme d'esprit, assez aimable, à ses heures, très capable d'affection. Lorsqu'il eut publié ce recueil intitulé *Fleurs du Mal*, il n'eut pas seulement affaire à la critique, la justice s'en mêla, comme s'il y avait véritablement danger à ces malices enveloppées, et sous-entendus dans des rimes élégantes [ce qui entre parenthèses ne s'accorde pas beaucoup avec « Vous avez dû souffrir, mon cher enfant »]. » Au reste dans ce projet de défense, Sainte-Beuve parle bien d'un illustre poète. (« Loin de moi de diminuer rien à la gloire d'un illustre poète, d'un poète cher à tous que l'empereur a jugé digne de publiques funérailles. ») Malheureusement ce poète enfin glorifié n'est pas Baudelaire, c'est Béranger. Quand Baudelaire, sur le conseil de Sainte-Beuve, retire sa candidature à l'Académie [340], le grand critique l'en félicite, et croit le combler de joie, en lui disant : « Quand on a lu votre dernière phrase de remerciement, conçue en termes si modestes et si polis, on a dit tout haut : très bien. » Le plus effrayant, ce n'est pas seulement que Sainte-Beuve trouve qu'il a été très gentil pour Baudelaire, mais qu'hélas dans l'affreux affamement d'encouragement, de la plus sobre justice, où était Baudelaire, le poète partage l'avis du critique, et ne sait littéralement comment lui témoigner sa reconnaissance.

Si passionnante que soit cette histoire du génie qui se méconnaît lui-même, il faut nous en arracher, pour revenir au style. Il n'avait certainement pas pour Stendhal, la même importance que pour Baudelaire. Quand Beyle avait dit d'un paysage « ces lieux enchanteurs », « ces lieux ravissants », et d'une de ses héroïnes « cette femme adorable », « cette femme charmante », il ne souhaitait pas plus de précision. Il en manquait jusqu'à dire « elle lui écrivit une lettre infinie ». Mais si l'on considère comme faisant partie du style cette grande ossature inconsciente que compose l'assemblage voulu des idées, elle existe chez Stendhal. Quel plaisir j'aurais à montrer que chaque fois que Julien Sorel ou Fabrice quittent les vains soucis pour vivre d'une vie désintéressée et voluptueuse, ils se trouvent toujours dans un lieu élevé (que ce soit la prison de Fabrice ou celle de Julien, dans l'observatoire de l'abbé Banès). Cela est aussi beau que ces personnages salueurs, analogues à de nouveaux Anges, qui çà et là, dans l'œuvre de Dostoïevski, s'inclinent jusqu'aux pieds de celui qu'ils devinent avoir assassiné. Par là, il était un grand écrivain sans le savoir. Il plaçait la littérature non seulement au-dessous de la vie dont elle est au contraire l'aboutissement, mais des plus fades distractions. J'avoue que, si elle était sincère, rien ne me scandaliserait autant que cette phrase de Stendhal : « Quelques personnes survinrent et l'on ne se sépara que fort tard. Le neveu fit venir du café Perroti un excellent zambajon. Dans le pays où je vais, dis-je à mes amis, je ne trouverai guère de maison comme celle-ci et pour passer les longues heures du soir je ferai une nouvelle de votre aimable duchesse Sanseverina. » *La Chartreuse de Parme* écrite faute de maisons où l'on cause agréablement et où l'on serve du zambajon, voilà qui est tout à l'opposé de ce poème ou même de cet alexandrin unique vers lequel tendent, selon Mallarmé, les diverses et vaines activités de la vie universelle.

« On ne sait plus écrire depuis la fin du XVIIIe siècle. » Le contraire ne serait-il pas aussi vrai ? Dans tous les arts il semble que le talent soit un rapprochement de l'artiste vers l'objet à exprimer. Tant que l'écart subsiste, la tâche n'est pas achevée. Ce violoniste joue très bien sa phrase de violon, mais vous voyez ses effets, vous y applaudissez, c'est un virtuose. Quand tout cela aura fini par disparaître, que la phrase de violon, de chant, ne feront plus qu'un avec l'artiste entièrement fondu en elle, le miracle se sera produit. Dans les autres siècles, il semble qu'il y ait toujours eu une certaine distance entre l'objet et les plus hauts esprits qui discourent sur lui. Mais chez Flaubert, par exemple, l'intelligence, qui n'était peut-être pas des plus grandes, cherche à se faire trépidation d'un bateau à vapeur, couleur des mousses, îlot dans une baie. Alors arrive un moment où on ne trouve plus l'intelligence (même l'intelligence moyenne de Flaubert), on a devant soi le bateau qui file « rencontrant des trains de bois qui se mettaient à onduler sous le remous des vagues ». Cette ondulation-là, c'est de l'intelligence transformée, qui s'est incorporée à la matière. Elle arrive aussi à pénétrer les bruyères, les hêtres, le silence et la lumière des sous-bois. Cette transformation de l'énergie où le penseur a disparu et qui traîne devant nous les choses, ne serait-ce pas le premier effort de l'écrivain vers le style ? Mais M. France en disconvient. Quel est votre canon ? demande-t-il dans cet article qui inaugure avec tant d'éclat la nouvelle *Revue de Paris*. Et parmi ceux qu'il nous propose et au regard desquels on écrit mal, il cite les *Lettres aux Imaginaires* [341] de Racine. Nous refusons le principe même du « canon » (qui signifierait l'indépendance d'un style unique à l'égard d'une pensée multiforme). Mais enfin, s'il nous en fallait choisir un, et qui, comme l'entend M. France, ne fût pas un canon lourd, jamais nous ne prendrions les *Lettres aux Imaginaires*. Rien de si sec, de si pauvre, de si court. Une forme où l'on enferme si peu de pensée, il n'est pas difficile qu'elle soit légère et gracieuse. Or celle des *Lettres aux Imaginaires* ne l'est pas. « Je croirai même si vous voulez, que vous n'êtes pas de Port-Royal comme le dit l'un de vous… Combien de gens ont lu sa lettre qui *ne l'eussent* pas regardée si le Port-Royal *ne l'eût adoptée*, si ces messieurs *ne l'eussent* distribuée, etc. » « Vous croyez *dire* par exemple quelque chose de fort agréable quand vous *dites* sur une exclamation que fait M. Chamillard, que son grand O n'est qu'un O en chiffre, on voit bien que vous vous efforcez *d'être* plaisant. Mais ce n'est pas le moyen de *l'être*. » Certes ces répétitions n'arrêteraient pas l'élan d'une phrase de Saint-Simon, mais ici où est l'élan, où la poésie, où même le style ? Vraiment ces lettres à l'auteur des *Imaginaires* sont presque aussi faibles que la ridicule correspondance où Racine et Boileau, échangent leurs opinions médicales. Bien peu médicales. Le snobisme de Boileau (plutôt ce que serait aujourd'hui l'excessive déférence d'un fonctionnaire envers le monde officiel) est tel qu'aux consultations des médecins il préfère l'avis de Louis XIV (assez sage pour ne pas le donner). Il est persuadé qu'un prince qui a réussi à prendre Luxembourg est « inspiré du ciel » et ne peut proférer que « des oracles » même en médecine. (Je suis sûr que dans leur admiration très justifiée pour le duc d'Orléans, mes maîtres, MM. Léon Daudet et Charles Maurras et leur délicieux émule, M. Jacques Bainville, n'iraient pas jusqu'à lui demander des consultations médicales à distance.) D'ailleurs, ajoute Boileau, qui ne serait heureux, pour apprendre que le Roi a demandé de ses nouvelles, de « perdre la voix et même la parole » ?

Qu'on ne dise pas que cela tient à une époque, et qu'à celle-là, le style épistolaire était toujours tel. Sans aller bien loin, un certain mercredi de 1673 (autant qu'on croit en décembre), c'est-à-dire juste entre les *Imaginaires* qui sont de 1666 et les *Lettres* de Racine et de Boileau qui sont de 1687, Mme de Sévigné écrit de Marseille : « Je suis charmée de la beauté singulière de cette ville. Hier, le temps fut divin, et l'endroit d'où je découvris la mer, les bastides, les montagnes et la ville est une chose étonnante. La foule des chevaliers qui vinrent hier voir M. de Grignan à son arrivée ; des noms connus, des Saint-Hérem, etc. ; des aventuriers, des épées, des chapeaux du bel air ; des gens faits à peindre une idée de guerre, de roman, d'embarquement, d'aventure, de chaînes, de fers d'esclaves, de servitude, de captivité : moi qui aime les romans, tout cela me ravit. » Certes ce n'est pas là une de ces lettres de Mme de Sévigné comme je les aime. Malgré tout, dans sa composition, son coloris, sa variété, quel tableau pour une « tribune française » du Louvre [342], ce grand écrivain a su peindre. Tel qu'il est, en sa magnificence, je le dédie à un homme à la famille duquel Mme de Sévigné (elle ne cesse de le redire) était si fière d'être apparentée par les Grignan, mon ami le marquis de Castellane.

À côté de telles pages la maigre correspondance dont nous parlions compte peu. Celle-ci n'empêche pas certes Boileau d'être un poète excellent, quelquefois délicieux. Et sans doute une hystérique de génie, mise sous le contrôle d'une intelligence supérieure, se débattait-elle en Racine, et simula-t-elle pour lui dans ses tragédies, avec une perfection qui n'a jamais été égalée, les flux et reflux, le tangage multiple, et malgré cela totalement saisi, de la passion. Mais tous les aveux (retirés aussitôt qu'on les sent mal reçus, réitérés, si l'on craint, contre toute évidence, qu'ils n'aient pas été compris et aggravés alors jusqu'à une flagrance sans ambages après tant de sinueux détours) qui animent inimitablement telle scène de *Phèdre,* ne peuvent, rétroactivement, que nous laisser surpris et pas du tout charmés devant les *Lettres aux Imaginaires.* S'il nous fallait absolument adopter un canon du genre de celui qu'on peut extraire de ces lettres, nous aimerions bien mieux, dans un temps où déjà, à en croire M. France, on ne savait plus écrire, la préface (sur ses états de demi-folie) que Gérard de Nerval dédia à Alexandre Dumas : « Ils [ses sonnets] perdraient de leur charme à être expliqués, si la chose était possible ; concédez-moi du moins le mérite de l'expression ; la dernière folie qui me restera probablement c'est de me croire poète : c'est à la critique de m'en guérir. » Voilà si l'on prend comme canon les *Imaginaires* qui est bien écrit, qui est beaucoup mieux écrit. Mais nous ne voulons de « canon » d'aucune sorte. La vérité (et M. France la connaît mieux que personne, car mieux que personne il connaît tout), c'est que, de temps en temps, il survient un nouvel écrivain original. (Appelons-le, si vous le voulez, Jean Giraudoux ou Paul Morand, puisqu'on rapproche toujours je ne sais pourquoi Morand de Giraudoux, comme dans la merveilleuse « Nuit à Chateauroux [343] » Natoire de Falconnet et sans qu'ils aient aucune ressemblance.) Ce nouvel écrivain est généralement assez fatigant à lire et difficile à comprendre parce qu'il unit les choses par des rapports nouveaux [344]. On suit bien jusqu'à la première moitié de la phrase, mais là on retombe ; et on sent que c'est seulement parce que le nouvel écrivain est plus agile que nous. Or il advient des écrivains originaux comme des peintres originaux. Quand Renoir commença de peindre, on ne reconnaissait pas les choses qu'il montrait. Il est facile de dire aujourd'hui que c'est un peintre du XVIIIe siècle, mais on omet, en disant cela, le facteur temps, et qu'il en a fallu beaucoup, même en plein XIXe, pour que Renoir fût reconnu grand artiste [345]. Pour y réussir, le peintre original, l'écrivain original, procèdent à la façon des oculistes [346]. Le traitement par leur peinture, leur littérature – n'est pas toujours agréable. Quand il est fini, ils vous disent : maintenant regardez. Et voici que le monde qui n'a pas été créé une fois, mais l'est aussi souvent que survient un artiste original, nous apparaît si différent de l'ancien – parfaitement clair. Nous adorons les femmes de Renoir, Morand ou Giraudoux dans lesquelles, avant le traitement, nous nous refusions à voir des femmes. Et nous avons envie de nous promener dans la forêt qui nous avait semblé, le premier jour, tout, excepté une forêt, et par exemple une tapisserie de mille nuances où manquaient justement les nuances des forêts. Tel est l'univers périssable et nouveau que nous crée l'artiste et qui durera jusqu'à ce qu'un nouveau survienne. À quoi il y aurait beaucoup de choses à ajouter. Mais le lecteur, qui les a déjà devinées, les précisera, mieux que je ne saurais faire, en lisant « Clarisse », « Aurore » et « Delphine » [347].

Le seul reproche que je serais tenté d'adresser à Morand, c'est qu'il a quelquefois des images autres que des images inévitables. Or tous les à peu près d'images ne comptent pas. L'eau (dans des conditions données) bout à cent degrés. À quatre-vingt-dix-huit, à quatre-vingt-dix-neuf, le phénomène ne se produit pas. Alors mieux vaut pas d'images. Mettez devant un piano pendant six mois quelqu'un qui ne connaît ni Wagner ni Beethoven et laissez-le essayer sur les touches toutes les combinaisons de notes que le hasard lui fournira, jamais de ce tapotage ne naîtront le thème du

Printemps de *La Walkyrie* [348] ni la phrase pré-mendelsohnienne (ou plutôt infiniment sur-mendelsohnienne) du 15e quatuor [349]. C'est le reproche qu'on pouvait faire à Péguy pendant qu'il vivait, d'essayer dix manières de dire une chose, alors qu'il n'y en a qu'une. Mais la gloire de sa mort admirable a tout effacé.

MARCEL PROUST.

LETTRE [350]

Monsieur,

Je crois que tout art véritable est classique, mais les lois de l'esprit permettent rarement qu'il soit, à son apparition, reconnu pour tel. Il en est à ce point de vue de l'art comme de la vie. Le langage de l'amant malheureux, du partisan politique, des parents raisonnables, semble, à ceux qui le tiennent, porter avec soi une irrésistible évidence. On ne voit pas pourtant qu'il persuade ceux auxquels il s'adresse ; une vérité ne s'impose pas du dehors à des esprits qu'elle doit préalablement rendre semblables à celui où elle est née. Manet avait beau soutenir que son *Olympia* était classique et dire à ceux qui la regardaient : « Voilà justement ce que vous admirez chez les Maîtres », le public ne voyait là qu'une dérision. Mais aujourd'hui, on goûte devant l'*Olympia* le même genre de plaisir que donnent les chefs-d'œuvre plus anciens qui l'entourent, et dans la lecture de Baudelaire que dans celle de Racine. Baudelaire ne sait pas, ou ne veut pas, finir une pièce, et d'autre part il n'y en a peut-être pas une seule de lui où se succèdent et se pressent, avec une telle richesse, toutes les vérités accumulées dans la seule déclaration de Phèdre. Mais le style des poèmes condamnés, qui est exactement celui des tragédies, le surpasse peut-être encore en noblesse. Ces grands novateurs sont les seuls vrais classiques et forment une suite presque continue. Les imitateurs des classiques, dans leurs plus beaux moments, ne nous procurent qu'un plaisir d'érudition et de goût qui n'a pas grande valeur. Que les novateurs dignes de devenir un jour classiques, obéissent à une sévère discipline intérieure, et soient des constructeurs avant tout, on ne peut en douter. Mais justement parce que leur architecture est nouvelle, il arrive qu'on reste longtemps sans la discerner. Ces classiques non encore reconnus, et les anciens pratiquent tellement le même art, que les premiers sont encore ceux qui ont fait la meilleure critique des seconds. Sans doute, il ne faut pas qu'elle aille à l'encontre des tendances, de la ligne de croissance d'un artiste. Il n'y a rien de si bête que de dire comme Théophile Gautier, lequel était du reste un poète de troisième ordre, que le plus beau vers de Racine est :

La fille de Minos et de Pasiphaé[351].

Mais il nous est permis de faire goûter dans les tragédies de Racine, dans ses cantiques, dans les lettres de Mme de Sévigné, dans Boileau, des beautés qui s'y trouvent réellement et que le XVIIe siècle n'a guère aperçues.

En résumé, les grands artistes qui furent appelés romantiques, réalistes, décadents, etc., tant qu'ils ne furent pas compris, voilà ceux que j'appellerais classiques, si M. Charles Maurras, dans les magnifiques études qu'il a signées Criton[352], ne nous avait avertis des périls qu'il y a à multiplier ainsi des dénominations plus ou moins arbitraires.

MARCEL PROUST.

À PROPOS DE BAUDELAIRE [353]

Mon cher Rivière,

Une grave maladie m'empêche malheureusement de vous donner, je ne dis même pas une étude, mais un simple article sur Baudelaire. Tenons-nous en faute de mieux à quelques petites remarques. Je le regrette d'autant plus que je tiens Baudelaire – avec Alfred de Vigny – pour le plus grand poète du XIXe siècle. Je ne veux pas dire par là que s'il fallait choisir le plus beau poème du XIXe siècle, c'est dans Baudelaire qu'on devrait le chercher. Je ne crois pas que dans toutes *Les Fleurs du Mal,* dans ce livre sublime mais grimaçant, où la pitié ricane, où la débauche fait le signe de la croix, où le soin d'enseigner la plus profonde théologie est confié à Satan, on puisse trouver une pièce égale à « Booz endormi ». Un âge entier de l'histoire et de la géologie s'y développe avec une ampleur que rien ne contracte et n'arrête, depuis

La terre encor mouillée et molle du déluge [354]

jusqu'à Jésus-Christ :

En bas un roi chantait, en haut mourait un dieu [355].

Ce grand poème biblique (comme eût dit Lucien de Rubempré : « Biblique, dit Zifine étonnée ? ») n'a rien de sèchement historique, il est perpétuellement vivifié par la personnalité de Victor Hugo qui s'objective en Booz. Quand le poète dit que les femmes regardaient Booz plus qu'un jeune homme, c'est ou bien pour rappeler de récentes bonnes fortunes, ou pour en provoquer. Il cherche à convaincre les femmes que si elles ont du goût, elles aimeront non un freluquet, mais le vieux barde. Tout cela dit avec la syntaxe la plus libre et la plus noble. Sans parler des vers trop illustres sur les yeux du jeune homme comparés à ceux du vieillard (avec préférence naturellement pour ce dernier) de quelle familiarité Hugo n'use-t-il pas, dans ce couplet même, pour asservir, aux lois du vers, celles de la logique

Le vieillard, qui revient vers sa source première,
Entre aux jours éternels et sort des jours changeants ;

En prose on eût évidemment commencé par dire « sort des jours changeants ». Et il ne craint pas de jeter à la fin du vers où elles s'anoblissent, des phrases tout à fait triviales :

– Laissez tomber exprès des épis, disait-il.

Tout le temps, des impressions personnelles, des moments vécus, soutiennent ce grand poème historique. C'est dans une impression ressentie sans aucun doute par Victor Hugo et non dans la Bible, qu'il faut chercher l'origine des vers admirables

Quand on est jeune, on a des matins triomphants,
Le jour sort de la nuit ainsi qu'une victoire ;

Les pensées les plus indivisibles sont rendues au degré de fusion nécessaire :

Voilà longtemps que celle avec qui j'ai dormi,
Ô Seigneur ! a quitté ma couche pour la vôtre ;
Et nous sommes encor tout mêlés l'un à l'autre,
Elle à demi vivante et moi mort à demi.

La noblesse de la syntaxe ne fléchit pas même dans les vers les plus simples :

Booz ne savait pas qu'une femme était là,
*Et Ruth ne savait pas ce que Dieu voulait d'elle,**

* C'est intentionnellement que je ne fais pas ici allusion aux études d'une drôlerie et d'une ampleur magnifique que Léon Daudet a publiées récemment avec un succès juste et prodigieux. Ici il n'importe pas que Victor Hugo ne fût pas réellement Booz, mais qu'il le crût ou cherchât à le faire croire.

Et dans ceux qui suivent quel art suprême pour donner en redoublant les *l*, une impression de légèreté fluidique :

Les souffles de la nuit flottaient sur Galgala.

Alfred de Vigny n'a pas procédé autrement : pour insuffler une vie intense dans cet autre épisode biblique, « La Colère de Samson », c'est lui-même Vigny qu'il a objectivé en Samson et c'est parce que l'amitié de Mme Dorval pour certaines femmes lui causait de la jalousie qu'il a écrit :

La femme aura Gomorrhe et l'homme aura Sodome [356].

Mais l'admirable sérénité d'Hugo qui lui permet de conduire *Booz endormi* jusqu'à l'image pastorale de la fin,

Quel dieu, quel moissonneur de l'éternel été
Avait, en s'en allant, négligemment jeté
Cette faucille d'or dans le champ des étoiles.

cette sérénité, qui assure le majestueux déroulement du poème, ne vaut pas l'extraordinaire tension de celui d'Alfred de Vigny. Tout aussi bien dans ses poésies calmes Vigny reste mystérieux, la source de ce calme et de son ineffable beauté nous échappent. Victor Hugo fait toujours merveilleusement ce qu'il faut faire ; on ne peut pas souhaiter plus de précision que dans l'image du croissant ; même les mouvements les plus légers de l'air, nous venons de le voir, sont admirablement rendus. Mais là encore la fabrication – la fabrication même de l'impalpable – est visible. Et alors au moment qui devrait être si mystérieux, il n'y a nulle impression de mystère. Comment dire en revanche comment sont faits des vers, mystérieux ceux-là, comme

Dans les balancements de ta taille penchée
Et dans ton pur sourire amoureux et souffrant [357]

ou

Pleurant comme Diane au bord de ses fontaines
Ton amour taciturne et toujours menacé [358].

(ces quatre vers pris au hasard dans *La Maison du Berger* d'Alfred de Vigny).

Bien des vers du « Balcon » [359] de Baudelaire donnent aussi cette impression de mystère. Mais ce n'est pas cela qui est le plus frappant chez lui. À côté d'un livre comme les *Fleurs du Mal,* comme l'œuvre immense d'Hugo paraît molle, vague, sans accent. Hugo n'a cessé de parler de la mort, mais avec le détachement d'un gros mangeur et d'un grand jouisseur. Peut-être hélas ! faut-il contenir la mort prochaine en soi, être menacé d'aphasie comme Baudelaire, pour avoir cette lucidité dans la souffrance véritable, ces accents religieux, dans les pièces sataniques :

Il faut que le gibier paye le vieux chasseur
Avez-vous donc pu croire, hypocrites surpris,
Qu'on se moque du maître, et qu'avec lui l'on triche,
Et qu'il soit naturel de recevoir deux prix,
D'aller au Ciel et d'être riche [360] ?

peut-être faut-il avoir ressenti les mortelles fatigues qui précèdent la mort, pour pouvoir écrire sur elle le vers délicieux que jamais Victor Hugo n'aurait trouvé :

Et qui refait le lit des gens pauvres et nus [361].

Si celui qui a écrit cela n'avait pas encore éprouvé le mortel besoin qu'on refît son lit, alors c'est une « anticipation » de son inconscient, un pressentiment du destin qui lui dicta un vers pareil. Aussi je ne puis tout à fait m'arrêter à l'opinion de Paul Valéry qui, dans un admirable passage d'*Eupalinos,* fait ainsi parler Socrate (opposant un buste fait délibérément par un artiste à celui qu'a inconsciemment sculpté au cours des âges le travail des mers s'exerçant sur un rocher) : « Les actes éclairés, dit Valéry prenant le nom de Socrate, abrègent le cours de la nature. Et l'on peut dire en toute sécurité qu'un artiste vaut mille siècles, ou cent mille ou bien plus encore. » Mais moi je répondrai à Valéry : « Ces artistes harmonieux ou réfléchis, s'ils représentent mille siècles par rapport au travail aveugle de la nature, ne constituent pas eux-mêmes, les Voltaire par exemple, un temps indéfini par rapport à quelque malade, un Baudelaire, mieux encore un Dostoïevski qui en trente ans, entre leurs crises d'épilepsie et autres, créent tout ce dont une lignée de mille artistes seulement bien portants n'auraient pu faire un alinéa. »

Socrate et Valéry nous ont interrompu comme nous citions le vers sur les pauvres. Personne n'a parlé d'eux avec plus de vraie tendresse que Baudelaire, ce « dandy ». Une bonne hygiène antialcoolique ne peut pas approuver l'éloge du vin :

À ton fils je rendrai la force et la vigueur
Et serai pour ce frêle athlète de la vie
L'huile qui raffermit les membres du lutteur[362].

Le poète pourrait répondre que c'est le vin et non lui qui parle. En tout cas, quel divin poème. Quel admirable style (« tombe et caveaux »). Quelle cordialité humaine, quel tableau esquissé du vignoble ! Bien souvent le poète retrouve cette veine populaire. On sait les vers sublimes sur les concerts publics :

…ces concerts, riches de cuivre,
Dont les soldats parfois inondent nos jardins,
Et qui, par ces soirs d'or où l'on se sent revivre,
Versent quelque héroïsme au cœur du citadin[363].

Il semble impossible d'aller au-delà. Et pourtant cette impression, Baudelaire a su la faire monter encore d'un ton, lui donner une signification mystique dans le finale inattendu où l'étrange bonheur des élus clôt une pièce sinistre sur les *Damnés :*

Le son de la trompette est si délicieux,
Dans ces soirs solennels de célestes vendanges,
Qu'il s'infiltre comme une extase dans tous ceux
Dont elle chante les louanges[364].

Ici il est permis de penser que chez le poète, aux impressions du badaud parisien qu'il était, se joint le souvenir de l'admirateur passionné de Wagner. Quand même les jeunes musiciens actuels auraient raison (ce que je ne crois pas) en niant le génie de Wagner, des vers pareils prouveraient que l'exactitude objective des jugements qu'un écrivain porte sur telle œuvre appartenant à un autre art que le sien n'a pas d'importance, et que son admiration, même fausse, lui inspire d'utiles rêveries. Pour moi qui admire beaucoup Wagner, je me souviens que dans mon enfance, aux Concerts Lamoureux, l'enthousiasme qu'on devrait réserver aux vrais chefs-d'œuvre comme *Tristan* [365] *ou Les Maîtres Chanteurs* [366], était excité, sans distinction aucune, par des morceaux insipides comme la romance à l'étoile ou la prière d'Élisabeth, du *Tannhäuser* [367]. À supposer que musicalement je ne me trompasse pas (ce qui n'est pas certain) je suis sûr que la bonne part n'était pas la mienne mais celle des collégiens qui autour de moi applaudissaient indéfiniment à tout rompre, criaient leur admiration comme des fous, comme des hommes politiques, et sans doute en rentrant voyaient devant les yeux de leur esprit une nuit d'étoiles que la pauvre romance ne leur aurait pas suggérée si elle avait porté comme nom d'auteur au lieu de celui, alors honoré, de Wagner, le nom décrié de Gounod.

Depuis les choses ont un peu changé. Et la nécessité de n'inscrire sur un menu musical que des œuvres françaises ou alliées, fit sortir de la poussière *Faust* [368] *et Roméo* [369]. En pareille matière le cuisinier n'a qu'à se conformer aux interdictions du médecin nationaliste. On change le nom des entremets comme le nom des rues. Et de grands métaphysiciens purent faire une histoire de la philosophie universelle sans prononcer une seule fois les noms abhorrés de Leibnitz, de Kant et de Hegel, sans compter les autres. Cela ne laissait pas de creuser quelques vides, insuffisamment remplis par Victor Cousin.

C'est dans les pièces relativement courtes (« La Pipe » [370] m'en semble le chef-d'œuvre) que Baudelaire est incomparable. Les longs poèmes, même « Le Voyage »

Pour l'enfant, amoureux de cartes et d'estampes,
L'univers est égal à son vaste appétit.

Ah ! que le monde est grand à la clarté des lampes !
Aux yeux du souvenir que le monde est petit [371] !

(et Jacques Boulenger, de beaucoup le meilleur critique, et bien plus que critique, de sa génération, ose nous dire que la poésie de Baudelaire manque de pensée !) même ce sublime « Voyage » qui débute si bien, se soutiennent ensuite par de la rhétorique. Et comme tant d'autres grandes pièces, comme « Andromaque je pense à vous, [372] » il tourne court, tombe presque à plat.

« Le Voyage » finit par

Au fond de l'Inconnu pour trouver du nouveau !

et « Andromaque » par

Aux captifs, aux vaincus !…. à bien d'autres encor !

C'est peut-être voulu, ces fins si simples. Il semble malgré tout qu'il y ait là quelque chose d'écourté, un manque de souffle.

Et pourtant nul poète n'eut le sens du renouvellement au milieu même d'une poésie. Parfois c'est un brusque changement de ton. Nous avons déjà cité la pièce satanique « Harpagon qui veillait son père agonisant » finissant par « Le son de la trompette est si délicieux [373]. » Un exemple plus frappant (et que M. Fauré admirablement traduit dans une de ses mélodies) est le poème qui commence par « Bientôt nous plongerons dans les froides ténèbres » [374] et continue tout d'un coup, sans transition, dans un autre ton, par ces vers qui même dans le livre, sont tout naturellement chantés

J'aime de vos longs yeux la lumière verdâtre.

D'autres fois la pièce s'interrompt par une action précise. Au moment où Baudelaire dit : « Mon cœur est un palais… [375] », brusquement, sans que cela soit dit, le désir le reprend, la femme le force à une nouvelle jouissance, et le poète à la fois enivré par les délices à l'instant offertes et songeant à la fatigue du lendemain, s'écrie :

– Un parfum nage autour de votre gorge nue !…
Ô Beauté, dur fléau des âmes, tu le veux !
Avec ces yeux de feu, brillants comme des fêtes,
Calcine ces lambeaux qu'ont épargnés les bêtes !

Du reste certaines pièces longues sont, par exception, conduites jusqu'à la fin sans une défaillance comme les « Petites Vieilles », dédiées, à cause de cela je pense, à Victor Hugo. Mais cette pièce si belle, entre autres, laisse une impression pénible de cruauté. Bien qu'en principe on puisse comprendre la souffrance et ne pas être bon, je ne crois pas que Baudelaire, exerçant sur ces malheureuses une pitié qui prend des accents d'ironie, se soit montré à leur égard cruel. Il ne voulait pas laisser voir sa pitié, il se contentait d'extraire le « *caractère* » d'un tel spectacle, de sorte que certaines strophes semblent d'une atroce et méchante beauté :

Ou dansent, sans vouloir danser, pauvres sonnettes [376]
[…]
Je goûte à votre insu des plaisirs clandestins [377]

Je suppose surtout que le vers de Baudelaire était tellement fort, tellement vigoureux, tellement beau, que le poète passait la mesure sans le savoir. Il écrivait sur ces malheureuses petites vieilles les vers les plus vigoureux que la langue française ait connus, sans songer plus à adoucir sa parole pour ne pas flageller les mourantes, que Beethoven dans sa surdité ne comprenait en écrivant la Symphonie avec chœurs [378], que les notes n'en sont pas toujours écrites pour des gosiers humains, audibles à des oreilles humaines, que cela aura toujours l'air d'être chanté faux. L'étrangeté qui fait pour moi le charme enivrant de ses derniers quatuors, les rend à certaines personnes qui en chérissent pourtant le divin mystère, inécoutables, sans qu'elles grincent des dents, autrement que transposés au piano. C'est à nous de dégager ce que contiennent de douleur ces petites vieilles, « débris d'humanité pour l'Éternité mûrs ». Cette douleur, le poète nous en torture, plutôt qu'il ne l'exprime. Pour lui il laisse une galerie de géniales caricatures de vieilles, comparables aux caricatures de Léonard de Vinci, ou de portraits d'une grandeur sans égale mais sans pitié :

Celle-là, droite encor, fière et sentant la règle,
Humait avidement le chant vif et guerrier ;
Son œil parfois s'ouvrait comme l'œil d'un vieil aigle ;
Son front de marbre avait l'air fait pour le laurier !

Ce poème des « Petites Vieilles » est un de ceux où Baudelaire montre sa connaissance de l'Antiquité. On ne la remarque pas moins dans « Le Voyage », où l'histoire d'Électre est citée comme elle aurait pu l'être par Racine dans une de ses préfaces. Avec la différence que dans les préfaces des classiques, les allusions sont généralement pour se défendre d'un reproche. On ne peut s'empêcher de sourire en voyant toute l'Antiquité témoigner dans la préface de *Phèdre* « que Racine n'a pas fait de tragédie où la vertu soit plus mise au jour que dans celle-ci ; les moindres fautes y sont sévèrement punies. La pensée du crime y est regardée avec autant d'horreur que le crime même ; les faiblesses de l'amour y passent pour de véritables faiblesses, et le vice y est peint partout avec des couleurs qui en font haïr la difformité [379] ». Et Racine, cet habile homme, de regretter aussitôt de n'avoir pas pour juges Aristote et Socrate qui reconnaîtraient que son théâtre est une école où la vertu n'est pas moins bien enseignée que dans les écoles des philosophes. Peut-être Baudelaire est-il plus sincère, dans la pièce liminaire au lecteur « Hypocrite lecteur, mon semblable, mon frère » [380]. Et, en tenant compte de la différence des temps, rien n'est si baudelairien que *Phèdre,* rien n'est si digne de Racine, voire de Malherbe, que *Les Fleurs du Mal.* Faut-il même parler de différence des temps, elle n'a pas empêché Baudelaire d'écrire comme les classiques.

Et c'est encor, Seigneur, le meilleur témoignage
Que nous puissions donner de notre dignité [381]
Ô Seigneur ! donnez-moi la force et le courage [382]
Ses bras vaincus, jetés comme de vaines armes,
Tout servait, tout parait sa fragile beauté [383].

On sait que ces derniers vers s'appliquent à une femme qu'une autre femme vient d'épuiser par ses caresses. Mais qu'il s'agisse de peindre Junie devant Néron, Racine parlerait-il autrement ? Si Baudelaire veut s'inspirer d'Horace (encore dans une des pièces entre deux femmes), il le surpasse. Au lieu de *animæ dimidium meæ* [384] auquel il me semble bien difficile qu'il n'ait pas songé, il écrira « mon tout et ma moitié [385] ». Il faut du reste reconnaître que Victor Hugo, quand il voulait citer l'antique, le faisait avec la toute-puissante liberté, la griffe dominatrice du génie (par exemple dans la pièce admirable qui finit par « ni l'importunité des sinistres oiseaux [386] », ce qui est à la lettre *importunique volucres* [387]).

Je ne parle du classicisme de Baudelaire que selon la vérité pure, avec le scrupule de ne pas fausser, par ingéniosité, ce qu'a voulu le poète. Je trouve au contraire trop ingénieux, et pas dans la vérité baudelairienne, un de mes amis qui prétend que

Sois sage, ô ma Douleur, et tiens-toi plus tranquille [388].

n'est autre chose que le « Pleurez, pleurez mes yeux et fondez-vous en eau [389] » du *Cid*. Sans compter que je trouverais mieux choisis les vers de l'Infante dans ce même *Cid* sur le « respect de sa naissance » [390], un tel parallèle me semble tout à fait extérieur. L'exhortation que Baudelaire adresse à sa douleur n'a rien au fond d'une apostrophe cornélienne. C'est le langage retenu, frissonnant, de quelqu'un qui grelotte pour avoir trop pleuré.

Ces sentiments que nous venons de dire, sentiment de la souffrance, de la mort, d'une humble fraternité, font que Baudelaire est, pour le peuple et pour l'au-delà, le poète qui en a le mieux parlé, si Victor Hugo est seulement le poète qui en a le plus parlé. Les majuscules d'Hugo, ses dialogues avec Dieu, tant de tintamarre, ne valent pas ce que le pauvre Baudelaire a trouvé dans l'intimité souffrante de son cœur et de son corps. Au reste, l'inspiration de Baudelaire ne doit rien à celle d'Hugo. Le poète qui aurait pu être imagier d'une cathédrale, ce n'est pas le faux moyen-âgeux Hugo, c'est l'impur dévot, casuiste, agenouillé, grimaçant, maudit qu'est Baudelaire. Si leurs accents sur la Mort, sur le Peuple, sont si inégaux, si la corde chez Baudelaire est tellement plus serrée et vibrante, je ne peux pas dire que Baudelaire surpasse Hugo dans la peinture de l'amour ; et à

...cette gratitude infinie et sublime
Qui sort de la paupière ainsi qu'un long soupir [391].

je préfère les vers d'Hugo

Elle me regarda de ce regard suprême
Qui reste à la beauté quand nous en triomphons [392],

L'amour, du reste, selon Hugo, et selon Baudelaire sont si différents. Baudelaire n'a vraiment puisé chez aucun autre poète les sources de son inspiration. Le monde de Baudelaire est un étrange sectionnement du temps où seuls de rares jours notables apparaissent ; ce qui explique les fréquentes expressions telles que « Si quelque soir » etc. Quant au mobilier baudelairien qui était sans doute celui de son temps, qu'il serve à donner une leçon aux dames élégantes de nos vingt dernières années, lesquelles n'admettaient pas dans « leur hôtel » la moindre faute de goût. Que devant la prétendue pureté de style qu'elles ont pris tant de peine à atteindre, elles songent qu'on a pu être le plus grand et le plus artiste des écrivains, en ne peignant que des lits à « rideaux » refermables (pièces condamnées [393]), des halls pareils à des serres (« Une martyre » [394]), des lits pleins d'odeurs légères, des divans profonds comme des tombeaux, des étagères avec des fleurs [395], des lampes qui ne brûlaient pas très longtemps (pièces condamnées [396]), si bien qu'on n'était plus éclairé que par un feu de charbon. Monde baudelairien que vient par moment mouiller et enchanter un souffle parfumé du large, soit par réminiscences (« La Chevelure » [397], etc.), soit directement, grâce à ces portiques dont il est souvent question chez Baudelaire

« ouverts sur des cieux inconnus » [398] (« La Mort ») ou « que les soleils marins teignaient de mille feux » [399] (« La Vie antérieure »). Nous disions que l'amour baudelairien diffère profondément de l'amour d'après Hugo. Il a ses particularités, et, dans ce qu'il a d'avoué, cet amour semble chérir chez la femme avant tout les cheveux, les pieds et les genoux :

Ô toison, moutonnant jusque sur l'encolure !
[…]
Cheveux bleus, pavillons de ténèbres tendus [400].

(« La Chevelure »)

Et tes pieds s'endormaient dans mes mains fraternelles.

(« Le Balcon »)

Et depuis tes pieds frais jusqu'à tes noires tresses
[j'aurais] déroulé le trésor des profondes caresses [401],

Évidemment entre les pieds et les cheveux, il y a tout le corps. On peut pourtant penser que Baudelaire se serait longtemps arrêté aux genoux quand on voit avec quelle insistance il dit dans *Les Fleurs du Mal* :

Ah ! laissez-moi, le front posé sur vos genoux [402],

(« Chant d'Automne »)

Dit celle dont jadis nous baisions les genoux.

(« Le Voyage »)

Il n'en reste pas moins que cette façon de dérouler le trésor des profondes caresses est un peu spéciale. Et il en faut venir à l'amour selon Baudelaire, tout en taisant ce qu'il n'a pas cru devoir dire, ce qu'il a tout au plus par instants insinué. Quand parurent les *Fleurs du Mal,* Sainte-Beuve écrivit naïvement à Baudelaire que ces pièces réunies faisaient un tout autre effet [403]. Cet effet qui semble favorable au critique des *Lundis,* est effrayant et grandiose pour quiconque, comme tous ceux de mon âge, ne connut *Les Fleurs du Mal,* que dans l'édition expurgée. Certes nous savions bien que Baudelaire avait écrit des « Femmes damnées » et nous les avions lues. Mais nous pensions que c'était un ouvrage non seulement défendu mais différent. Bien d'autres poètes avaient eu ainsi leur petite publication secrète. Qui n'a lu les deux volumes de Verlaine, d'ailleurs aussi mauvais que les « Femmes damnées » sont belles, intitulés *Hommes, Femmes*. Et au collège les élèves se passent de main en main des ouvrages de pornographie pure qu'ils croient d'Alfred de Musset, sans que j'aie songé depuis à m'informer si l'attribution est exacte. Il en va tout autrement de « Femmes damnées ». Quand on ouvre un Baudelaire conforme à l'édition primitive (par exemple le Baudelaire de M. Félix Gautier), ceux qui ne savaient pas sont stupéfaits de voir que les pièces les plus licencieuses, les plus crues, sur les amours entre femmes, se trouvent là, et que dans sa géniale innocence le grand Poète avait donné dans son livre à une pièce comme « Delphine »[404] autant d'importance qu'au « Voyage » lui-même. Ce n'est pas que pour ma part je souscrive d'une façon absolue au jugement que j'ai jadis entendu émettre par M. Anatole France, à savoir que c'était ce que Baudelaire avait écrit de plus beau. Il y en a de sublimes, mais d'autres à côté de cela qui sont rendues irritantes par des vers tels que :

Laisse du vieux Platon se froncer l'œil austère[405] ;

André Chénier a dit qu'après trois mille ans Homère était encore jeune. Mais combien plus jeune encore Platon. Quel vers d'élève ignorant – et d'autant plus surprenant que Baudelaire avait une tournure d'esprit philosophique, distinguait volontiers la forme de la matière qui la remplit.

(*Alors, ô ma beauté ! dites à la vermine*
Qui vous mangera de baisers
Que j'ai gardé la forme et l'essence divine
De mes amours décomposés[406] !

ou

Réponds, cadavre impur !…
[…]
Ton époux court le monde, et ta forme immortelle…[407])

Et malheureusement à peine a-t-on eu le temps de noyer sa rancœur dans les vers suivants, les plus beaux qu'on ait jamais écrits, la forme poétique adoptée par Baudelaire ramènera au bout de cinq vers « Laisse du vieux Platon se froncer l'œil austère ». Cette forme donne les plus beaux effets dans « Le Balcon » :

Les soirs illuminés par l'ardeur du charbon,

vers auquel je préfère d'ailleurs dans « Les Bijoux » [408] :

– Et la lampe s'étant résignée à mourir,
Comme le foyer seul illuminait la chambre,
Chaque fois qu'il poussait un flamboyant soupir,
Il inondait de sang cette peau couleur d'ambre !

mais dans les pièces condamnées elle est fatigante et inutile. Quand on a dit au premier vers

Pour savoir si la mer est indulgente et bonne [409],

à quoi bon redire au cinquième

Pour savoir si la mer est indulgente et bonne !

Il n'en est pas moins vrai que les magnifiques pièces ajoutées aux autres, font, comme écrivait Sainte-Beuve sans savoir si bien dire, un tout autre effet *. Elles reprennent leurs places entre les plus hautes pièces du livre comme ces lames altières de cristal qui s'élèvent majestueusement, après les soirs de tempête et qui élargissent de leurs cimes intercalées, l'immense tableau de la mer. L'émotion est accrue encore quand on apprend que ces pièces n'étaient pas là seulement au même titre que les autres, mais que pour Baudelaire elles étaient tellement les pièces capitales qu'il voulait d'abord appeler tout le volume non pas *Les Fleurs du Mal*, mais *Les Lesbiennes*, et que le titre beaucoup plus juste et plus général de

* Je n'ose plus parler des procédés de Sainte-Beuve à l'égard de Baudelaire ; j'ai appris en effet que j'avais été devancé par M. Fernand Vandérem lequel dans une remarquable brochure, en discutant d'une façon irréfutable des textes incontestés, a établi l'affreuse vérité.

Fleurs du Mal, ce titre que nous ne pouvons plus désintégrer aujourd'hui de l'histoire de la Littérature française, ne fut pas trouvé par Baudelaire mais lui fut fourni par Babou. Il n'est pas seulement meilleur. S'étendant à autre chose qu'aux lesbiennes, il ne les exclut pas puisqu'elles sont essentiellement, selon la conception esthétique et morale de Baudelaire, des Fleurs du Mal. Comment a-t-il pu s'intéresser si particulièrement aux lesbiennes que d'aller jusqu'à vouloir donner leur nom comme titre à tout son splendide ouvrage ? Quand Vigny, irrité contre la femme, l'a expliquée par les mystères de l'allaitement

Il rêvera toujours à la chaleur du sein [410],

par la physiologie particulière à la femme

Enfant malade et douze fois impur [411],

par sa psychologie

Toujours ce compagnon dont le cœur n'est pas sûr [412],

on comprend que dans son amour déçu et jaloux il ait écrit : « La femme aura Gomorrhe et l'homme aura Sodome » [413]. Mais du moins c'est en irréconciliables ennemis qu'il les pose loin l'un de l'autre :

Et se jetant de loin un regard irrité,
Les deux sexes mourront chacun de son côté [414].

Il n'en est nullement de même pour Baudelaire :

Car Lesbos entre tous m'a choisi sur la terre
Pour chanter le secret de ses vierges en fleurs,
Et je fus dès l'enfance admis au noir mystère [415].

Cette « liaison » entre Sodome et Gomorrhe que dans les dernières parties de mon ouvrage (et non dans la première *Sodome* qui vient de paraître) j'ai confiée à une brute, Charles Morel (ce sont du reste les brutes à qui ce rôle est d'habitude réparti), il semble que Baudelaire s'y soit de lui-même « affecté » d'une façon toute privilégiée. Ce rôle, combien il eût été intéressant de savoir pourquoi Baudelaire l'avait choisi, comment il l'avait rempli. Ce qui est compréhensible chez Charles Morel reste profondément mystérieux chez l'auteur des *Fleurs du Mal.*

*
**

Après ces grands poètes (je n'ai pas eu le temps de parler du rôle des cités antiques dans Baudelaire et de la couleur écarlate qu'elles mettent çà et là dans son œuvre) on ne peut plus, avant le Parnasse et le Symbolisme, desquels nous ne parlerons pas aujourd'hui, citer de véritables génies. Musset est malgré tout un poète de second ordre et ses admirateurs le sentent si bien qu'ils laissent toujours reposer pendant quelques années une partie de son œuvre, quitte à y revenir quand ils sont fatigués de cultiver l'autre. Lassés par le côté déclamatoire des *Nuits* qui sont pourtant ce vers quoi il a tendu, ils font alterner avec elles de petits poèmes

Plus ennuyeuse que Milan
Où du moins deux ou trois fois l'an Cerrito danse [416].

Mais un peu plus loin dans la même pièce des vers sur Venise où il a laissé son cœur, découragent. On essaye alors des poésies simplement documentaires qui nous montrent ce qu'étaient au temps de Musset les bals de la *season.* Ce bric-à-brac ne suffit pas pour faire un poète (malgré le désopilant enthousiasme avec lequel M. Taine a parlé de la musique, de la couleur, etc., de ces poésies là). Alors on revient aux *Nuits,* à *L'Espoir en Dieu,* à *Rolla* qui ont eu le temps de se rafraîchir un peu. Seules des pièces délicieuses comme *Namouna,* demeurent vivaces et donnent des fleurs toute l'année.

C'est encore à un bien plus bas échelon qu'est le noble Sully Prudhomme, au profil, au regard à la fois divin et chevalin mais qui n'était pas un bien vigoureux Pégase. Il a des débuts charmants d'élégiaque :

Aux étoiles j'ai dit un soir
Vous ne me semblez pas heureuses [417].

Malheureusement cela ne s'arrête pas là, et les deux vers suivants sont quelque chose d'affreux que je ne me rappelle plus bien :

Vos lueurs dans l'infini noir
Ont des tendresses douloureuses.

Puis, à la fin, deux vers charmants. Ailleurs il confesse avec grâce :

Je n'aime pas les maisons neuves
Elles ont l'air indifférent [418].

Hélas, il ajoute aussitôt quelque chose comme ceci :

Les vieilles ont l'air de veuves
Qui se souviennent en pleurant.

Quelquefois les envois au Lecteur sont dignes de ceux de Musset, moins alertes, plus pensifs et plus sensibles, en somme charmants. Tout cela laisse tout de même bien loin de soi le Romantisme et la grande Valmore [419]. Seul (avant le Parnasse et le Symbolisme) un poète continue, bien diminuée, la tradition des Grands Maîtres. C'est Leconte de Lisle. Certes il a utilement réagi contre un langage qui se relâchait. Pourtant il ne faut pas le croire trop différent de ce qui l'a précédé. Petit jeu ; voici deux vers :

La neige tombe en paix sur tes épaules nues

et :

L'aube au flanc noir des monts marche d'un pied vermeil.

Hé bien le premier, très Leconte de Lisle, est d'Alfred de Musset dans *La Coupe et les lèvres.* Et le second est de Leconte de Lisle dans son plus ravissant poème peut-être, *La Fontaine aux lianes.* Leconte de Lisle a épuré la langue, l'a purgée de toutes les sottes métaphores pour lesquelles il était impitoyable. Mais lui-même a usé (et avec quel bonheur !) de l'« aile du vent ». Ailleurs c'est le « rire amoureux du vent », les « gouttes de cristal de la rosée », la « robe de feu de la terre », la « coupe du soleil », la « cendre du soleil », le « vol de l'illusion ».

Je l'ai vu écoutant d'un regard sarcastique les plus belles pièces de Musset, or il n'est souvent lui-même qu'un Musset plus rigide mais aussi déclamatoire. Et la ressemblance est quelquefois si hallucinante que j'avoue ne pas arriver à me souvenir si

Tu ne sommeillais pas calme comme Ophélie [420]

que je suis pourtant persuadé être de Leconte de Lisle, n'est pas de Musset, tant cela ressemble à un vers de ce dernier. Leconte de Lisle, sans préjudice des images des autres, avait ses bizarres façons de dire à lui. Toujours les animaux étaient le Chef, le Roi, le Prince de quelque chose, absolument comme Midi est « Roi des Étés ». Il ne disait pas le lion, mais « Voici ton heure ô Roi du Sennaar, ô Chef ! », le tigre, mais le « Seigneur rayé », la panthère noire mais la « Reine de Java, la noire chasseresse », le Jaguar, mais le « Chasseur au beau poil », le loup, mais le « Seigneur du Hartz », l'albatros, mais le « Roi de l'Espace », le requin, mais le « sinistre rôdeur des steppes de la mer ». Arrêtons-nous parce qu'il y aurait encore tous les serpents. Plus tard, il est vrai, il a renoncé aux métaphores et comme Flaubert avec lequel il a tant de rapports, n'a pas voulu que rien s'interposât entre les mots et l'objet. Dans « Le Lévrier de Magnus », il parle du lévrier avec la parfaite ressemblance qu'aurait eue Flaubert dans *La Légende de saint Julien l'Hospitalier :*

L'arc vertébral tendu, nœuds par nœuds étagé,
Il a posé sa tête aiguë entre ses pattes [421].

Et c'est tout le temps aussi bien. Malgré cela nous n'aurions pas cité Leconte de Lisle comme le dernier poète de quelque talent (avant le Parnasse et le Symbolisme) s'il n'y avait chez lui une source délicieuse et nouvelle de poésie, un sentiment de la fraîcheur, apporté sans doute des pays tropicaux où il avait vécu. Je n'ai là-dessus aucun renseignement et je regrette avant de vous écrire, mon cher Rivière, de ne pas avoir été en état d'aller trouver un grand poète dont Leconte de Lisle favorisa paternellement les débuts,

Mme Henri de Régnier. Elle eut sans doute çà et là rectifié d'un mot juste une affirmation qui ne l'est peut-être pas. Mais nous n'avons voulu aujourd'hui, n'est-ce pas, qu'essayer de lire ensemble, de mémoire, à haute voix, et en nous fiant à notre seul sens critique. Or si, sans renseignements d'aucune sorte, on laisse seulement revenir d'eux-mêmes dans sa mémoire quelques vers bien choisis de Leconte de Lisle, on est frappé du rôle que, non pas seulement le soleil, mais les soleils, ne cessent d'y jouer. Je ne parle plus de la cendre du soleil qui revient tant de fois, mais des « joyeux soleils des naïves années », des « stériles soleils qui n'êtes plus que cendres », de « tant de soleils qui ne reviendront plus », etc. Sans doute tous ces soleils traînent après eux bien des souvenirs des théogonies antiques. L'horizon est « divin ».

La vie antique est faite inépuisablement
Du tourbillon sans fin des espérances vaines [422].

Ces soleils,

L'esprit qui les songea les entraîne au néant [423].

Cet idéalisme subjectif nous ennuie un peu. Mais on peut le détacher. Il reste la lumière et ce qui le compense délicieusement, la fraîcheur. Baudelaire se souvenait bien de cette nature tropicale. Même « derrière la muraille immense du brouillard » il faisait évoquer par sa négresse « les cocotiers absents de la superbe Afrique ». [424] Mais cette nature, on dirait qu'il ne l'a vue que du bateau. Leconte de Lisle y a vécu, en a surpris et savouré toutes les heures. Quand il parle des sources, on sent bien que ce n'est pas en rhéteur qu'il emploie les verbes « germer », « circuler », « filtrer » ; le simple mot de graviers n'est pas mis par lui au hasard. Quel charme quand il va se réfugier près de la Fontaine aux Lianes, lieu réservé presque à lui seul,

Qui dès le premier jour n'a connu que peu d'hôtes.
Le bruit n'y monte pas de la mer sur les côtes,
Ni la rumeur de l'homme, on y peut oublier.
Ce sont des chœurs soudains de chansons infinies [425].

Là l'azur est si doux qu'il suffit à sécher les plumes des oiseaux.

L'oiseau tout couvert d'étincelles
Montait sécher son aile[426]

(dans une des pièces :

À la brise plus chaude[427],

dans l'autre :

Au tiède firmament[428]*).*
À peine une échappée étincelante et bleue
Laissait-elle entrevoir en ce pan du ciel pur,
Vers Rodrigue ou Ceylan le vol des paille-en-queue
Comme un flocon de neige égaré dans l'azur[429].

Est-ce que ce n'est pas bien joli, mon cher Rivière ? Et bien au-dessous de Baudelaire, ne nous devions-nous pas pourtant de rappeler de si charmants vers au lecteur d'aujourd'hui qui en lit de si mauvais. Les Français depuis quelque temps ont appris à connaître les églises, tout le trésor architectural de notre pays. Il serait bon de ne pas laisser pour cela tomber dans l'oubli ces autres monuments, riches eux aussi de formes et de pensées, qui s'élèvent au dessus des pages d'un livre.

MARCEL PROUST.

Quand j'écrivis cette lettre à Jacques Rivière, je n'avais pas auprès de mon lit de malade un seul livre. On excusera donc l'inexactitude possible, et facile à rectifier, de certaines citations. Je ne prétendais que feuilleter ma mémoire et orienter le goût de mes amis. J'ai dit à peine la moitié de ce que je voulais, et par conséquent bien plus du double de ce que je m'étais promis et qui, plus condensé, moins encombré de citations (orné d'autres plus frappantes qui reviennent en ce moment du fond de mon souvenir comme pour se plaindre de ne pas avoir eu leur place), eût été infiniment plus court. Parmi les remarques que j'ai omises, l'une donne raison à M. Halévy qui me reprochait, suivant en cela Sainte-Beuve, de dire adjectif descriptif comme si un verbe ne pouvait tout aussi bien décrire, et du même coup à ceux qui ne comprennent pas que selon moi il n'y ait qu'une seule manière de peindre une chose. En effet dans « La Chevelure » Baudelaire dit :

Un ciel pur où frémit l'éternelle chaleur

et dans le *poème en prose* correspondant :

Où se prélasse l'éternelle chaleur.

Il y a donc deux versions également belles et de plus les deux fois l'épithète est un verbe. J'ajoute que personne ne m'écrit cela et que c'est mon propre souvenir qui casse le nez, comme dit Molière, à mon raisonnement. Je persiste à croire que l'agréable passage de Sainte-Beuve cité il y a environ un an par M. Halévy, et que je connaissais fort bien, n'a rien de si remarquable. Et que même il n'y a pas lieu de s'extasier sur les vers de Virgile, si justes, que cite l'auteur des *Lundis*. Naturellement, condamné depuis tant d'années à vivre dans une chambre aux volets fermés, qu'éclaire la seule électricité, j'envie les belles promenades du sage de Mantoue. Mais pour lui, qui a passé une partie de sa vie à écrire *Les Géorgiques et Les Bucoliques,* il serait un peu fort qu'il n'eût jamais eu l'idée de regarder le ciel et la disposition des nuages par un temps pluvieux. C'est charmant, mais il n'y a pas de quoi se récrier sur une simple observation. Chateaubriand, lui, avait sur ce même sujet des nuages bien plus que des observations, des impressions, ce qui n'est pas la même chose, et génialement exprimées. Tout ceci ne touche en rien à mon admiration pour Virgile. Le danger d'articles comme celui de Sainte-Beuve, c'est que quand une George Sand ou un Fromentin ont des traits pareils, on ne soit tenté de les trouver « dignes de Virgile », ce qui ne veut rien dire du tout. De même, on dit aujourd'hui d'écrivains qui n'emploient que le vocabulaire de Voltaire : « Il écrit aussi bien que Voltaire. » Non, pour écrire aussi bien que Voltaire, il faudrait commencer par écrire autrement que lui. Un peu de ce malentendu règne dans la renaissance qui s'est faite autour du nom de Moréas. Ce n'est pas le seul. On mène grand bruit autour de Toulet qui vient de mourir ; tous ses amis au reste affirment, je le crois volontiers, que c'était un être délicieux. Et les gentils vers de lui que j'ai entendu citer, souvent fort gracieux, s'élèvent parfois à une véritable éloquence. Mais voilà-t-il pas que notre si distingué collaborateur M. Allard vient faire de la minceur même de son œuvre une raison pour qu'elle survive à jamais. Avec un si léger bagage, dit-il (à peu près), on se glisse plus aisément jusqu'à la postérité. Avec de pareils arguments, dirai-je à mon tour, il n'y a rien qu'on ne puisse prétendre. La postérité se soucie de la qualité des œuvres, elle ne juge pas sur la quantité. Elle retient les immenses *Noces de Cana* [430] ou *Les Mémoires* de Saint-Simon, aussi bien qu'un rondel de Charles d'Orléans, ou un minuscule et divin Vermeer. Le raisonnement de M. Allard m'a fait par contraste penser à une phrase, tout opposée, inexacte, absurde, de Voltaire, une phrase si amusante quoique si fausse que je regrette de ne pas la citer exactement : « Le Dante est assuré de survivre : on le lit peu. »

M.P.

LES GONCOURT DEVANT LEURS CADETS : M. MARCEL PROUST [431]

Par le prix de 1919 une parcelle de la fortune de M. de Goncourt m'a été transmise [432]. Je me trouve ainsi être à l'égard de l'auteur de *Renée Mauperin* dans la position difficile d'un héritier qu'il n'a pas connu, ou du moins pas désigné. Elle m'oblige, non pas à avoir chez moi un buste d'Edmond de Goncourt (comme le pauvre et cher Calmette avait au *Figaro,* dans ce cabinet de travail que sa mort a sanctifié, un buste de Chauchard), mais à beaucoup de respectueuse précaution quand j'ai à parler de lui.

À vingt ans, j'ai vu souvent M. de Goncourt chez Mme Alphonse Daudet et chez la princesse Mathilde, à Paris et à Saint-Gratien. La radieuse beauté d'Alphonse Daudet n'éclipsait pas celle du vieillard hautain et timide qu'était M. de Goncourt. Je n'ai jamais connu depuis d'exemples pareils – dissemblables entre eux d'ailleurs – d'une telle noblesse physique. C'est sur leur aspect prodigieux que s'est close pour moi l'ère des géants…

Chez la princesse Mathilde, le méfiant dédain inspiré par la personne de M. de Goncourt était quelque chose d'affligeant. J'ai vu là des femmes, même intelligentes, se livrer à des manèges pour éviter de lui dire leur « jour ». « Il écoute, il répète, il fait ses Mémoires sur nous. » Cette subordination de tous les devoirs, mondains, affectueux, familiaux, au devoir d'être le serviteur du vrai, aurait pu faire la grandeur de M. de Goncourt, s'il avait pris le mot de vrai dans un sens plus profond et plus large, s'il avait créé plus d'êtres vivants dans la description desquels le carnet du croquis oublié de la mémoire vous apporte sans qu'on le veuille un trait différent, extensif et complémentaire. Malheureusement, au lieu de cela, il observait, prenait des notes, rédigeait un journal, ce qui n'est pas d'un grand artiste, d'un créateur. Ce journal malgré tout, si calomnié, reste un livre délicieux et divertissant. Le style plein de trouvailles n'est pas, comme l'a dit selon moi à tort Daniel Halévy, d'un mauvais artisan de la langue française. De ce style j'aurais trop à parler en l'analysant. Par la synthèse j'en ai fait du reste la critique – critique laudative en somme – dans mes *Pastiches et mélanges* et surtout dans un des volumes à paraître de *La Recherche du temps perdu*, où mon héros se retrouvant à Tansonville y lit un pseudo-inédit de Goncourt où les différents personnages de mon roman sont appréciés.

M. de Goncourt a été incomparable chaque fois qu'il a parlé de ces œuvres d'art qu'il aimait d'une passion sincère, même des arbustes rares de son jardin, lesquels étaient pour lui de précieux bibelots encore. Au théâtre, sa *Germinie Lacerteux* est, après *L'Arlésienne*, la pièce où sanglota le plus « mon enfance », comme il aurait dit. Pour quelle part y était Réjane, je ne sais ; mais je sortais les yeux si rouges, que des spectateurs sensibles s'approchaient de moi croyant qu'on m'avait battu. L'émotion, les fièvres, les anxiétés de l'auteur n'étaient pas moindres. Et comme il voyait tout en fonction de sa vie d'homme de lettres, il craignait toujours que quelque changement de ministère ou indisposition d'acteur – nouvelles méchancetés du destin acharné contre lui – ne vinssent détourner l'attention publique ou interrompre les représentations de *Germinie*. Car ce noble artiste, cet historien de la valeur la plus haute et la plus neuve, ce véritable romancier impressionniste si méconnu, était aussi un homme d'une naïveté, d'une crédulité, d'une bonhomie inquiète et délicieuse.

Malgré tout, la fêlure se fit entre les parties passagères de son œuvre et les formes d'art qui suivirent.

J'en eus l'impression la plus nette pendant le banquet où M. Poincaré décora M. de Goncourt, auquel l'émotion coupait la voix. Les « naturalistes » présents ne cessaient de proclamer : « C'est un très grand bonhomme, le père Goncourt », et les toasts débutaient tous par les mots : « Maître », « cher maître », « illustre maître ». Vint le tour de M. de Régnier, qui devait parler au nom du symbolisme. On sait combien l'infinie délicatesse qui a dirigé toute sa vie s'enveloppe quelquefois, quand il parle, de cristalline frigidité. On peut dire en effet que cette atmosphère surchauffée où bouillonnaient les « maître » et « cher maître », fut brusquement refroidie quand M. de Régnier, debout, tourné vers M. de Goncourt, commença par ce mot : « Monsieur. » Il dit ensuite au nouveau légionnaire [433] qu'il aurait voulu porter sa santé dans une de ces coupes japonaises aimées du maître d'Auteuil. On devine aisément les phrases ravissantes et parfaites dont M. de Régnier sut décorer cette coupe japonaise. Malgré tout, le glacial « monsieur » du début donnait, dans les phrases mêmes qui suivirent, l'impression moins d'une coupe qu'on tend que d'une coupe qu'on brise. Il me sembla que c'était la première fêlure.

NOTES

1. Texte paru dans le numéro 3 de la revue *Le Mensuel*, en décembre 1890. L'importante collaboration de Marcel Proust au *Mensuel* a été établie par M. Troulay (*Écrits de jeunesse*, p. 171). De cette revue extrêmement rare qui comporta douze numéros, le département des Imprimés de la Bibliothèque nationale de France conserve une collection complète.

L'« Exposition internationale de peinture » visitée et commentée par Marcel Proust se tint à la galerie Georges Petit, 8, rue de Sèze, du 20 décembre 1890 au 28 janvier 1891. Raoul Sertat a donné un compte rendu complet de la manifestation dans *La Revue encyclopédique*, 15 mars 1891, p. 335-338.

2. *Petite fille boudeuse*, *Petite fille regardant des images.*

3. Marcel Proust ne dit mot de ceux de Sisley.

4. *À Courbevoie au soleil* ; *À Courbevoie vers le soir.*

5. Marcel Proust prend ici comme pseudonyme le nom de la fameuse héroïne dont l'histoire, connue grâce aux projections d'une lanterne magique, enchante l'enfance du narrateur de la *Recherche*, à Combray (*RTP*, I, 9-10, etc.).

6. Texte paru dans le numéro 3 de la revue *Le Mensuel*, en décembre 1890.

7. Texte paru dans le numéro 5 de la revue *Le Mensuel*, en février 1891.

8. « J'ai entendu au café-concert des artistes, admirables chanteurs et diseurs, Paulus, Mayol, Fragson » (*RTP*, II, 1098 ; voir aussi *RTP*, III, 1713).

9. Texte paru dans le numéro 6 de la revue *Le Mensuel*, en mars 1891.

10. « La jeune fille » portant « des fleurs » ; « jeune fille [...] presque devenue jeune femme » préfigurent le titre *À l'ombre des jeunes filles en fleurs.*

11. Texte paru dans le numéro 7 de la revue *Le Mensuel*, en avril 1891.

12. Sur le fait d'isoler des vers, voir, *infra*, la note 351 p. 343.

13. Texte paru dans le numéro 8 de la revue *Le Mensuel*, en mai 1891. Marcel Proust rend ici compte de ses visites à deux expositions, celle du Salon des artistes français et celle de la Société nationale des Beaux-Arts.

14. Salon des artistes français.

15. Société nationale des Beaux-Arts.

16. *La Mort de Babylone*, Salon des artistes français.

17. *L'Été, panneau décoratif*, *La Poterie*, *La Céramique*, Société nationale des Beaux-Arts. Les deux derniers panneaux sont conservés au musée des Beaux-Arts de Rouen.

18. *Portrait de Melles D.*, Société nationale des Beaux-Arts.

19. *Annonciation*, Société nationale des Beaux-Arts.

20. *Sous les bouleaux*, Société nationale des Beaux-Arts.

21. *Cabaret italien*, Société nationale des Beaux-Arts.

22. *Marie-Madeleine*, Société nationale des Beaux-Arts.

23. Société nationale des Beaux-Arts.

24. Société nationale des Beaux-Arts.

25. Salon des artistes français.

26. Société nationale des Beaux-Arts.

27. *Un coin de Paris*, *Lever de lune à la Garenne-Bezon*, *La Route des carrières*, Société nationale des Beaux-Arts.

28. Société nationale des Beaux-Arts.

29. *Étude de jeune fille*, par Dagnan-Bouveret.

30. Salon des artistes français.

31. Portraits d'*Alphonse Daudet*, *Paul Verlaine*, *Gustave Geffroy*, *Armand Berton*, Société nationale des Beaux-Arts.

32. Société nationale des Beaux-Arts.

33. Société nationale des Beaux-Arts.

34. *Portrait de jeune garçon*, Société nationale des Beaux-Arts.

35. *Portrait de l'archevêque de Sens*, Salon des artistes français.

36. *Portrait de Mme Ac.*, Salon des artistes français.

37. *Portrait de Miss L.*, *Portrait de Mme P.*, *Portrait de Miss A.*, *Portrait des enfants du prince A. de B.*, *Portrait du Baron C. G.*, *Portrait de René Billotte*, *Portrait de Violette C.*, *Portrait de Mme C.*, Société nationale des Beaux-Arts.

38. *Portrait de madame la comtesse P. de M.*, Salon des artistes français.

39. *Portrait de Melle Brandès*, *Portrait de Mme K.*, Salon des artistes français.

40. *Portrait du prince de B.*, *Portrait du docteur Lannelongue*, Salon des artistes français.

41. *Portrait de Mme R.*, Salon des artistes français.

42. Salon des artistes français.

43. *Portrait de Mme C. O. et ses enfants*, *Portrait de Mlle M. d'A.*, Société nationale des Beaux-Arts.

44. *Portrait de Mme S.*, *Portrait de M. S.*, *Portrait de Mme D.*, Société nationale des Beaux-Arts.

45. *Portrait de Mme Blanche*, *Portrait de Mme Abel Hermant*, *Portrait de Mlle Reichenberg*, *Portrait de M. Maurice Barrès*, *Portrait de*

M. Georges Moore, Portrait de J. Pringle Michell, Portrait de M. Achille Rivard, Portrait de MM. J.-É. Blanche et R. de Ochoa, Portrait de M. Paul Baignères, Portrait de M. Henri de Régnier, Société nationale des Beaux-Arts.

46. *Portrait de Mme L.W., Portrait de M. Melan, Portrait de Mme Melan*, Société nationale des Beaux-Arts.

47. *La Dame jaune*, Société nationale des Beaux-Arts.

48. *Portrait. Arrangement en noir n° 7*, Société nationale des Beaux-Arts.

49. *Marine, harmonie en vert et opale*, Société nationale des Beaux-Arts. Les paysages marins de Whistler forment l'un des modèles du *Port de Carquethuit* peint par Elstir dans la *Recherche* (*RTP*, II, 210). La présente mention de l'un d'eux est antérieure de quatorze années à la fameuse exposition rétrospective de l'œuvre de Whistler à l'École des Beaux-Arts, vue et admirée par Proust (*Corr.*, V, 219-221) et à laquelle on associe généralement son intérêt passionné pour le peintre.

50. *Le Trou de la fièvre*, Société nationale des Beaux-Arts.

51. *Le Forum, Saint-Pierre et le Vatican, Les Thermes de Caracalla, Le Nymphaeum de la maison de Flavie, La Place de la Trinité-des-Monts, La Place du Peuple avant l'ouverture du carnaval, L'Arc de Titus*, Société nationale des Beaux-Arts.

52. *Un panier de prunes, Verre d'eau et fruits, Le Jambon, Fromage et lierre*, Société nationale des Beaux-Arts.

53. Aucune nature morte de Bergeret ne semble avoir figuré en 1891 aux expositions de la Société nationale des Beaux-Arts et du Salon des artistes français.

54. Aucune nature morte de Vollon ne semble avoir figuré en 1891 aux expositions de la Société nationale des Beaux-Arts et du Salon des artistes français.

55. Salon des artistes français.

56. Salon des artistes français.

57. Société nationale des Beaux-Arts.

58. Gallé présentait deux vases à l'exposition de la Société nationale des Beaux-Arts de 1891 – la première exposition de la Société nationale des Beaux-Arts à être ouverte aux arts décoratifs. L'un d'eux, *Eaux dormantes*, comporte un décor à fond bleu, orné de libellules – il est aujourd'hui conservé au musée d'Orsay.

59. Société nationale des Beaux-Arts.

60. Quinze vases de grès, Société nationale des Beaux-Arts.

61. Une vitrine de vases en céramique, Société nationale des Beaux-Arts.

62. Texte paru dans le numéro 10 de la revue *Le Mensuel*, en juillet 1891.

63. Sur la familiarité de Marcel Proust avec les guides touristiques « Joanne », voir la note 176 p. 209.

64. Texte paru dans le numéro 12 de la revue *Le Mensuel*, en décembre 1891. Il s'agit du premier texte publié, explicitement signé « Marcel Proust ».

65. « L'église de Balbec, du XIIe et XIIIe siècles, encore à moitié romane, est peut-être le plus curieux échantillon du gothique normand, et si singulière, on dirait de l'art persan » – déclare Swann au narrateur (*RTP*, I, 377-378).

66. Texte paru dans *La Revue blanche*, juillet-août 1893, et repris dans *Les Plaisirs et les Jours*, avec une seconde partie ajoutée (« Mondanité et mélomanie de Bouvard et Pécuchet »).

67. Plaisamment, Marcel Proust inscrit au nombre des manies de Bouvard et Pécuchet celle de formuler des jugements en matière littéraire sous la forme de parodies. L'auteur « victime » est en l'espèce Maurice Maeterlinck, dont Proust ébaucha un pastiche qui figure dans les *Textes retrouvés* édités par Philip Kolb en 1968 (Presses de l'université de l'Illinois).

68. Texte paru dans *Le Gaulois*, 31 mai 1894.

69. Jeu de mot sur les initiales inversées de Robert de Montesquiou-Fezensac : F.M.R.

70. La description de cette toilette par Montesquiou renvoie, plus encore que celle de Marcel Proust, à des figures féminines de la *Recherche* : « Mme Greffulhe aurait pu figurer dans une illustration des "Fleurs animées" de Grandville, elle était déguisée en cattleya [cf. *RTP*, I, 228], toute couverte du ton de cette mauve orchidée, d'une nuance peu seyante, mais qu'elle aimait ; pour tourner la difficulté, elle avait enveloppé son visage d'un voile du même ton, au travers duquel ses yeux brillaient doucement, comme deux lucioles noires » (*Les Pas effacés*, t. II, p. 294).

71. Robert de Montesquiou vouait à Marceline Desbordes-Valmore et à son œuvre poétique une immense admiration, qu'il marqua notamment dans une étude, parue en 1894, *Félicité*, et qu'il rappelle dans ses mémoires, *Les Pas effacés*.

72. Texte paru dans *Le Gaulois*, 14 janvier 1895. Le 9 décembre 1894, Marcel Proust était allé écouter avec son frère, au Conservatoire, la *Cinquième Symphonie* de Beethoven.

73. Il s'agit ici de l'une des deux seules apparitions d'un personnage susceptible d'être compris comme le frère de Marcel Proust dans un texte de ce dernier (hors correspondance, bien évidemment). L'autre occurrence se trouve dans une ébauche du *Contre Sainte-Beuve* (édition de Bernard de Fallois, Gallimard, 1954, p. 347).

74. «… arrivé au premier étage, un maître d'hôtel me demanda d'entrer un instant dans un petit salon-bibliothèque attenant au buffet, jusqu'à ce que le morceau qu'on jouait fût achevé… » (*RTP*, IV, 446).

75. « À ce moment le maître d'hôtel vint me dire que le premier morceau étant terminé, je pouvais quitter la bibliothèque et entrer dans les salons » (*RTP*, IV, 496).

76. Ces vers, composés par Marcel Proust vers 1891 à la suite de visites au musée du Louvre avec Robert de Billy, parurent dans *Le Gaulois* du 21 juin 1895, furent ensuite publiés au *Ménestrel* avec une musique de Reynaldo Hahn, et repris dans *Les Plaisirs et les Jours* (*JS*, 80-82).

77. La structure syntaxique, et en particulier le vocatif placé en tête du poème, suivi d'une apposition, renvoie aux « Phares » de Baudelaire, dans *Spleen et Idéal.*

78. Allusion au tableau d'Albert Cuyp, *Le Départ pour la promenade à cheval*, 119 x 152 cm, Paris, musée du Louvre.

79. Allusion au tableau de Paulus Potter, *Deux chevaux de trait devant une chaumière*, 23,5 × 25,5 cm, huile sur bois, 1649, Paris, musée du Louvre.

80. Cf. le vers de Verlaine, « Voici des fruits, des fleurs, des feuilles et des branches » (« Green », *Romances sans paroles*), d'ailleurs mis en musique par Reynaldo Hahn (voir la photographie dédicacée à Marcel Proust, reproduite dans l'ouvrage de Claude Mauriac, *Proust par lui-même*, Seuil, 1963, p. 184).

81. Ce poème comporte plusieurs allusions au tableau d'Antoon van Dyck, *James Stuart, duc de Lennox*, 105 x 83 cm, huile sur toile, 1634, Paris, musée du Louvre. James Stuart, duc de Lennox, fut créé duc de Richmond en 1641 par son cousin, Charles Ier d'Angleterre, auquel il allait rester fidèle jusqu'à la fin tragique de son règne.

La dédicace des *Plaisirs et les Jours* à Willie Heath développe une comparaison entre le jeune homme, ami intime de Proust et disparu dans la fleur de l'âge, et les « seigneurs qu'a peints Van Dyck », dont le jeune homme partageait « l'élégance pensive » et « la résignation » (*JS*, 6). On signalera une autre référence au *Portrait de James Stuart* dans *Jean Santeuil* (*JS*, 727-728), cependant que Proust ne mentionne Van Dyck qu'une seule fois dans toute la *Recherche* (IV, 140).

82. Texte paru dans *Le Gaulois*, 14 décembre 1895.

83. Allusion à la répétition générale de *Frédégonde*, opéra d'Ernest Guiraud terminé par Camille Saint-Saëns, donnée à l'Opéra le jour où parut le présent article.

84. Vers parus dans *Les Plaisirs et les Jours*, Calmann-Lévy, 1896.

85. Voir *supra* la note 77 p. 373.

86. Texte paru dans *La Revue blanche* du 15 juillet 1896, mais rédigé six mois plus tôt. Ces pages hostiles au symbolisme, qui marquent la fin de la collaboration de Marcel Proust à *La Revue blanche*, sanctionnent l'influence, sur le jeune homme, d'Anatole France, lui-même ennemi d'une « école littéraire qui exprime des pensées difficiles dans une langue obscure » (*La Vie littéraire*, 1890, t. VI, p. 525) et bientôt préfacier des *Plaisirs et les Jours.*

87. « Je sentais que je n'aurais pas à m'embarrasser des diverses théories littéraires qui m'avaient un moment troublé » (*RTP*, IV, 460) ; « Une œuvre où il y a des théories est comme un objet sur lequel on laisse la marque du prix » (*ibid.*, 461).

88. « je remarquai les expressions rares, presque archaïques [que Bergotte] aimait employer à certains moments où un flot caché d'harmonie, un prélude intérieur, soulevait son style » (*RTP*, I, 93).

89. Article paru dans *La Revue d'art dramatique*, janvier 1897. Dans sa note, Proust cite Henry Gauthier-Villars qui fut critique musical à *L'Écho de Paris*, sous la signature « L'Ouvreuse du Cirque d'Été ».

90. Marcel Proust décrit ici une caractéristique de nombre de ses essais contemporains de critique (voir présentation, p. 24-26).

91. Victor Hugo, *Lucrèce Borgia*, III, 2.

92. Texte paru dans la *Gazette des Beaux-Arts*, 1er avril 1900, illustré d'une photographie et d'une signature autographe de Ruskin, en lettre, puis repris avec de légères modifications dans la seconde partie (« Mélanges, En mémoire des églises assassinées, III. John Ruskin ») de *Pastiches et mélanges* (Paris, Gallimard, 1919).

93. Allusion au tableau de Gustave Moreau, *Les Muses quittent Apollon pour aller éclairer le monde*, 292 x 152 cm, huile sur toile, 1868, Paris, musée Gustave Moreau.

94. Ce musée fut fondé par John Ruskin à Walkley (le premier conservateur s'appelait Henry Swan), et transféré à Sheffield en 1890. Il était l'annexe pédagogique de la « Guilde de saint Georges », instituée à l'initiative de Ruskin pour promouvoir un nouvel humanisme, face à l'Angleterre victorienne, tout entière vouée au triomphe de l'industrie, du commerce et du profit.

95. William Turner, *L'Essor de l'empire carthaginois*, 155,5 x 232 cm, huile sur toile, 1815, Londres, National Gallery.

96. *Les Héros et le culte des héros*, ouvrage de Carlyle paru en 1840, traduit en français en 1887.

97. Texte paru dans la *Gazette des Beaux-Arts* du 1er août 1900, avec renvoi au précédent (*supra*, p. 105), illustré d'une photographie de « La Charité, par Giotto (Madonna dell'Arena, Padoue) », en lettre, et d'une « Figure tirée du portail des Libraires de la cathédrale de Rouen, d'après un dessin de Ruskin », en cul-de-lampe, puis repris avec de légères modifications dans la seconde partie (« Mélanges, En mémoire des églises assassinées, III. John Ruskin ») de *Pastiches et mélanges* (Paris, Gallimard, 1919).

98. Gustave Moreau, *Prométhée*, 205 x 122 cm, huile sur toile, 1868, Paris, musée Gustave Moreau.

99. «… l'effort d'Elstir de ne pas exposer les choses telles qu'il savait qu'elles étaient, mais selon ces illusions optiques dont notre vision première est faite… » (*RTP*, II, 194).

100. Madeleine Adam, épouse de Léon Yeatman, avocat et ami de jeunesse de Marcel Proust.

101. Proust évoque le dessin de la « Figure tirée du portail des Libraires de la cathédrale de Rouen », gravé et figurant en cul-de-lampe du présent article dans la *Gazette des Beaux-Arts* du 1er août 1900.

102. William Shakespeare, *Hamlet*, acte V, scène 1.

103. « Et il surgit, presque triste, dans son triomphe, bénissant, inétonné, avec une résignation qui s'attendrit, ce défilé de pécheurs qui, depuis sept cents ans, le regarde curieusement, sans amour, en passant sur la place ; et tous lui tournent le dos, se souciant peu de ce Sauveur qui diffère du portrait qu'ils connurent, ne l'admettant qu'avec une tête ovine et des traits aimables, pareil, il faut bien le dire, au bellâtre de la cathédrale d'Amiens devant lequel se pâment les

gens amoureux d'une beauté facile », in Joris-Karl Huysmans, *La Cathédrale*, chapitre IX.

104. Phrase extraite du *Discours sur le style*, prononcé par Buffon lors de sa réception à l'Académie française, le 25 août 1753.

105. Texte paru dans *Le Figaro*, 25 février 1903.

106. Le salon de la princesse Mathilde, rue de Berri, que fréquentait en particulier la noblesse d'empire, est amplement décrit dans le *Journal* des Goncourt. Marcel Proust, qui s'y rendit plusieurs fois, connut aussi le château de Saint-Gratien, maison de campagne de la princesse.

107. Les jugements littéraro-mondains de la princesse Mathilde peuvent être rapprochés de ceux exprimés par Mme de Villeparisis dans la *Recherche* : « C'est comme Musset, simple bourgeois de Paris, qui disait... » (*RTP*, II, 82). Cf. *supra*, p. 33.

108. Un postulat critique fondamental apparaît ici : la disjonction entre la personne sociale de l'artiste et la valeur de son œuvre. Cette idée, plus tard développée dans *Contre Sainte-Beuve. Récit d'une matinée*, sera développée dans la préface à *Propos de peintres* de Blanche (voir p. 303).

109. Les chroniques littéraires de Sainte-Beuve pour *Le Constitutionnel* paraissaient le lundi.

110. Littéralement « Platon est mon ami, mais la vérité est une amie plus grande encore. »

111. Hommage indirect à Eugène Fromentin, auteur des *Maîtres d'autrefois* et de *Dominique*.

112. *John Ruskin, sa vie et son œuvre*, par Marie von Bunsen.

113. Texte paru dans *La Chronique des arts et de la curiosité*, supplément hebdomadaire de la *Gazette des Beaux-Arts*, le 7 mars 1903.

114. Robert de la Sizeranne, *Ruskin et la religion de la beauté*, Paris, 1897.

115. Mme Henriette Jean Brunhes, *Ruskin et la Bible*, Paris, Librairie académique Didier Perrin et Compagnie, 1901.

116. Jacques Bardoux, *Le Mouvement idéaliste et social dans la littérature anglaise au XIXe siècle*, Paris, 1900.

117. Les détours de cette première phrase, nettement parodique, relèvent du style moqué par Marcel Proust dans son pastiche de Faguet (p. 262).

118. Robert de la Sizeranne.

119. Marcel Proust songe à ses propres travaux de traduction d'œuvres de Ruskin, et notamment de *La Bible d'Amiens*.

120. Texte paru dans *Le Figaro*, 11 mai 1903.

121. Le mot est attribué à Alexandre Dumas fils.

122. Claude Terrasse, *Le Sire de Vergy*, opérette sur un livret de Robert de Flers et Gaston de Caillavet.

123. Racine, *Phèdre*, acte II, scène 5, vers 636. Sur l'inexactitude de la citation, voir *supra*, p. 27-28.

124. *Le Cimetière de campagne*, mélodie de Reynaldo Hahn, composée en 1893 sur des paroles de Gabriel Vicaire, et éditée chez Hengel en 1895. Cf. *Corr.*, I, 397-398.

125. Étienne Grosclaude.

126. Robert Schumann, « J'ai pardonné », *Les Amours du poète*.

127. Victor Hugo, *Hernani*, « Tout s'est éteint, flambeaux et musique de fête ».

128. Texte paru dans *Le Figaro*, 6 septembre 1903.

129. William Shakespeare, *Hamlet*, acte V, scène 2.

130. Victor Hugo, *Les Contemplations*, « Viens ! Une flûte invisible ».

131. Victor Hugo, *La Légende des Siècles*, « Eviradnus ».

132. *Ibid.*

133. Les « idées [...] avancées » d'Edmond de Polignac touchaient aux mœurs, aussi. Désireux d'associer le souvenir du prince à la *Recherche*, Marcel Proust indiqua à la princesse que certaine ressemblance entre feu son mari et le baron de Charlus incitait à lui dédier *À l'ombre des jeunes filles en fleurs* plutôt qu'un des volumes suivants (*Corr.*, XVII, lettres n°s 145 et 147). Le projet resta sans suite, apparemment du fait de la princesse.

134. « [Saint-Loup] n'était plus qu'un Guermantes, comme ce fut symboliquement visible à son enterrement dans l'église [...] où se détachait [...] le G du Guermantes que par la mort il était redevenu » (*RTP*, IV, 429).

135. Ce nom d'apparence parodique fut celui de Victor Cucheval, professeur de latin de Marcel Proust en classe de rhétorique.

136. Jean-Philippe Rameau, *Dardanus*, tragédie lyrique.

137. José-Maria de Heredia, *Le Cydnus*.

138. Claude Monet, *Champ de tulipes, Hollande*, 65,5 x 81,5 cm, huile sur toile, 1886, Paris, musée d'Orsay (ancienne collection Winaretta Singer, comtesse Louis de Scey-Montbéliard puis princesse Edmond de Polignac).

139. Texte paru sous le titre de rubrique « Salons parisiens » dans *Le Figaro*, 18 janvier 1904. Dans *Les Pas effacés*, Robert de Montesquiou évoque Proust et rappelle : « Le jour de mon duel avec Régnier, il fit paraître, dans *Le Figaro*, une jolie description, à la Saint-Simon, d'une fête chez moi » (tome II, p. 285).

140. Il s'agit de Gabriel Yturri, dit Gabriel de Yturri (1868-1905), recruté par Robert de Montesquiou pour lui servir de secrétaire.

141. Paru une première fois sous le titre « IV/P.-S. » dans la « Préface du traducteur » de *La Bible d'Amiens*, Paris, Mercure de France, 15 février 1904, ce texte subit de légères modifications et fut ajouté aux deux articles sur « John Ruskin » parus en avril et août 1900 dans la *Gazette des Beaux-Arts* pour constituer la IIIe partie, « John Ruskin », des « Mélanges » de *Pastiches et mélanges* (Paris, Gallimard, 1919).

142. La page 65 de la première édition de *La Bible d'Amiens* correspond à un passage de la première moitié du « John Ruskin » (deuxième article), ici p. 119-120.

143. Le « contemporain » visé par Marcel Proust est Robert de Montesquiou, comme il s'en expliquera dans « Un professeur de beauté » (voir p. 225).

144. L'œuvre la plus célèbre de Moreau portant ce titre est *Le Jeune Homme et la Mort*, 213 x 126 cm, huile sur toile, 1865, Cambridge, Fogg Art Museum (Paris, collection Cahen d'Anvers jusqu'en 1920). Il existe aussi deux aquarelles importantes, *Le Jeune Homme et la Mort*, 27 x 16 cm, aquarelle et gouache, vers 1865, Paris, collection particulière, et *Le Jeune Homme et la Mort*, 32 x 18 cm, aquarelle et gouache, Paris, musée du Louvre, département des Arts graphiques, fonds du musée d'Orsay, ainsi que plusieurs ébauches, conservées au musée Gustave Moreau et connues de Montesquiou, comme l'atteste la préface de ce dernier au catalogue de l'exposition Gustave Moreau de la galerie Georges Petit en 1906.

145. Allusion au roman de Balzac, *Les Secrets de la princesse de Cadignan*, d'ailleurs cité dans la *Recherche* (*RTP*, III, 445) comme un ouvrage bien connu et aimé de M. de Charlus.

146. Prénom de la grand-mère maternelle du narrateur de la *Recherche* (*RTP*, I, 11).

147. L'« épine rose » est l'aubépine, chère au narrateur de la *Recherche*.

148. La collection de dessins de l'Académie de Venise fut formée à partir de la collection Bossi, acquise en 1822, et comprend en effet d'importants dessins de Léonard de Vinci, parmi lesquels l'*Académie d'homme inscrite dans un cercle et un carré*.

149. Allusion à la comédie de Molière, *Amphitryon* (« Un partage avec Jupiter »).

150. L'allusion était transparente : dans un article de *L'Écho de Paris* du 22 mai 1904, le journaliste Albert Flament (sous le pseudonyme de « Sparklet ») loue le portrait de ce contemporain qui « ressemble étonnamment à l'auteur d'*Autels privilégiés* ».

151. Alfred de Vigny, *La Maison du berger*.

152. Antigone, nièce de Créon, roi de Thèbes.

153. Texte paru dans *Le Figaro*, 13 mai 1904.

154. Marcel Proust était né au 96, rue La Fontaine, à Auteuil. Voir *supra*, p. 295-297.

155. « Collie », en français « colley », chien de berger écossais.

156. Parodie du vers de José-Maria de Heredia : « Superbe, maîtrisant son cheval qui s'effare » (*Soir de bataille*).

157. Citation légèrement inexacte de *La Chasse*, de José-Maria de Heredia.

158. La comtesse Potocka mourut dévorée par ses chiens.

159. « Un de ces hommes de premier ordre » : la formule est d'inspiration balzacienne.

160. Un bois gravé d'après *Aristote et Campaspe*, bas-relief de la cathédrale de Lyon, figure dans *L'Art religieux du* XIII*e siècle en France* d'Émile Mâle, Paris, Leroux, 1898, p. 428 (fig. 90), ouvrage connu de Marcel Proust, qui pratiqua aussi, du même ouvrage, l'édition de 1902 (Armand Colin).

161. Citation légèrement inexacte de « La Beauté » de Charles Baudelaire (*Les Fleurs du mal*).

162. Modèle de poêle de chauffage.

163. Texte paru dans *La Renaissance latine*, 15 juin 1905.

Sous le titre figure la note suivante : « Nous détachons ces pages d'une préface que M. Marcel Proust a écrite pour une traduction des "Trésors des rois" *(Sésame et les lys)*, de John Ruskin, qu'il doit publier prochainement aux éditions du Mercure de France. Des "Trésors des rois" et de Ruskin, il est ici fort peu question, comme on le verra. M. Marcel Proust s'est réservé d'accompagner le texte de Ruskin d'un fréquent et minutieux commentaire. Mais dans la préface que nous donnons ici, prenant seulement texte et prétexte de ce que le sujet des "Trésors des rois" est l'utilité de la lecture, il n'a au contraire visé qu'à exposer ses propres idées sur la lecture, très différentes de celles de Ruskin. Ce n'est donc pas en somme une étude ruskinienne, mais une sorte d'essai purement personnel que M. Marcel Proust s'est trouvé peu à peu amené à écrire et dont nos lecteurs auront aujourd'hui la primeur. »

Préface à *Sésame et les lys* – et alors dédié à la princesse Alexandre de Caraman-Chimay –, « Sur la lecture » fut repris dans *Pastiches et mélanges* sous le titre « Journées de lecture » avec de nombreuses modifications, notamment dans la ponctuation, les notes, et une importante coupure finale (voir *infra*, note 190).

164. Sur le nom de Méséglise, voir *supra*, p. 23.

165. À la mi-avril 1905, Marcel Proust cherche à se renseigner sur William Morris et sur le marchand de meubles Maple & Co de Londres, installé à Paris, square de l'Opéra. Dans une lettre à Mme Adrien Proust, il écrit : « De même si tu passais devant chez Mapple [*sic*] et pouvais avoir d'eux des catalogues détaillés (c'est pour une description du lit, de la chambre Mapple). Si tu trouvais chez un libraire (peut-être chez Mapple) les choses de Morris sur l'ameublement,... » (*Corr.*, V, 102-103).

166. Sandro Botticelli, *Allégorie du Printemps*, 203 x 314 cm, tempera sur bois, vers 1482, Florence, musée des Offices. Marcel Proust ne connaissait cette œuvre que par la reproduction.

167. Citation très approximative de la fin des *Chouans* de Balzac. Pour un effet de style comparable, signalé chez Flaubert [fin de *L'Éducation sentimentale*], voir p. 324.

168. *Discours de la méthode*, 1re partie.

169. « Apollinien » dans *Pastiches et mélanges.*

170. Il s'agit de William Turner, auquel Ruskin consacra plusieurs ouvrages.

171. Marcel Proust lit *Le Capitaine Fracasse* en 1886, et cite ce roman dans *Jean Santeuil* (*JS*, 313-315).

172. Les considérations développées, dans sa note, par Proust sur le pastiche – fondé sur la technique de l'accumulation et associé à une désillusion littéraire – ne résument pas toutes les ressources que l'écrivain trouvera plus tard dans ce genre (voir *supra*, p. 20).

173. Ainsi, l'histoire d'une vocation fournira quelques années plus tard le schéma fondamental d'*À la recherche du temps perdu* – la vocation artistique du narrateur, résolue et déclarée sous les yeux de

chaque lecteur dans les dernières pages du livre, alors même que s'accomplit l'œuvre de l'auteur.

174. Jean-François Millet, *Le Printemps*, 86 x 111 cm, huile sur toile, 1868-1873, Paris, musée d'Orsay.

175. Le tableau de Claude Monet ici évoqué semble être *Le Bras de la Seine près de Giverny*, 89 x 92 cm, huile sur toile, 1897, qui figurait dans la collection Straus depuis 1899, où Proust avait pu le voir – aujourd'hui conservé à Paris, au musée Marmottan.

176. Les souvenirs de ses deux voyages de 1898 et 1902 en Hollande ne constituent pas le seul matériel ici employé par Marcel Proust, qui indique à propos du présent texte, dans une lettre à son ami Francis de Croisset : « Pour une page que j'ai écrite qui ne se soucie pas d'être exacte mais qui est vraie (impressions senties et noms changés), je ne voudrais tout de même pas mettre des hérésies topographiques qui empêcheraient par trop (pour ceux qui connaissent le pays), ce qu'on appelle "l'évocation" » (*Corr.*, V, 157). En réponse, Croisset recommandera le guide touristique *Joanne* sur la Hollande, que l'écrivain avait du reste déjà réclamé à Mme Adrien Proust quelques semaines plus tôt (« Et si tu peux, un Joanne sur la Hollande ou Baedecker », *Corr.*, V, 103).

177. Dans sa note, Proust présente, à propos d'un « morceau [...] de pure imagination », le travail de l'écrivain comme une recomposition à partir d'éléments divers, puisés dans le souvenir. On rapprochera ces lignes des déclarations au sujet des « clefs » des personnages et des lieux de la *Recherche*, et en particulier de la dédicace de *Du côté de chez Swann* à Jacques de Lacretelle : « Il n'y a pas de clefs pour les personnages de ce livre, ou bien il y en a huit ou dix pour un seul ; de même pour l'église de Combray ; ma mémoire m'a prêté comme "modèles" (a fait poser) beaucoup d'églises. Je ne saurais vous dire lesquelles » (*Corr.*, XVII, 189).

178. Allusion à *La Vie des abeilles* de Maeterlinck, ouvrage auquel Proust s'intéresse à l'époque de son travail sur *Sésame et les lys* et qu'il réclame à Reynaldo Hahn (voir J.-Y. Tadié, *Marcel Proust*, p. 518).

179. Le titre donné par Proust est inexact.

180. « Quand l'homme vient au monde, on déplore les maux qui l'attendent. »

181. « Le nom de l'arc est archée (ou vie), son œuvre, mort. »

182. « Le plus enviable de tous les biens sur terre est de n'avoir point vu le jour. »

183. « Ne pas naître, voilà qui est préférable à tout. »

184. « La vie de tout homme est emplie de douleur. »

185. « Rien n'est plus misérable que l'homme, de tous les êtres qui respirent. »

186. « Il n'est rien de préférable à une mort bienvenue. »

187. « Oh, si tout cela se pouvait voir, le jeune homme le plus heureux voudrait refermer le livre, et s'asseoir, et mourir. »

188. « Mieux vaut que ceci : ne pas être. »

189. On rapprochera de cette sentence la théorie formulée plus tard par Proust sur la métaphore qui « seule peut donner une sorte d'éternité au style » (voir p. 314).

190. L'ultime développement du texte a été modifié, simplifié et coupé à partir de « Oui, en pleine place publique, etc. », dans la version qu'en donnent les *Pastiches et mélanges*. On relèvera les nombreuses analogies entre ces dernières lignes et l'extrême fin du *Temps retrouvé* : « Autour des colonnes roses, [...] les jours actuels se pressent », « ces vieux archevêques [...] vers lesquels s'empressent des jeunes séminaristes » (*RTP*, IV, 624-625) ; « ces hautes et fines enclaves du passé », « le duc de Guermantes [...] sur le sommet peu praticable de quatre-vingt-trois années » (*ibid.*) ; « en pleine place publique, au milieu d'aujourd'hui [...], un peu du XIIe siècle, du XIIe siècle depuis si longtemps enfui », « ils touchent simultanément, comme des géants plongés dans les années à des époques, vécues par eux si distantes » (*RTP*, IV, 625) ; « interposées entre [les jours actuels, ces colonnes] les écartent, réservant de toute leur mince épaisseur la place inviolable du Passé », « les hommes [...], occupant une place si considérable [dans le temps] à côté de celle si restreinte qui leur est réservée dans l'espace » (*ibid.*).

191. Texte paru dans *Les Arts de la vie*, 15 août 1905.

192. Collectionneur de ses œuvres, Montesquiou consacrera à Helleu un important ouvrage en 1913, *Paul Helleu, peintre et graveur* (éd. Floury).

193. Allusion à un article de Robert de Montesquiou sur le peintre John Singer Sargent, paru dans *Les Arts de la vie* en juin 1905.

194. Parmi les écrivains cités dans la note de Proust : Maurice Barrès fut élu à l'Académie française le 26 janvier 1906 ; Henri de Régnier ne fut élu à l'Académie française que le 9 février 1911 (peu après avoir reçu le prix Goncourt, Marcel Proust songea lui-même à entamer une campagne pour être élu à l'Académie : d'Henri de Régnier, consulté, il reçut une réponse fort gênée et peu engageante [*Corr.*, XIX, 103]) ; Maurice Maeterlinck n'appartint jamais à l'Académie française.

195. « Je m'étais [...] servi d'un télescope pour apercevoir des choses, très petites en effet » (*RTP*, IV, 618). Voir aussi, *supra*, dernières lignes du deuxième article sur Ruskin, p. 130.

196. Dans sa note, Marcel Proust consent à présenter Robert de Montesquiou comme l'un des découvreurs de Gallé, alors que lui-même avait mentionné les productions du verrier nancéien dès 1891 (voir *supra*, « Impressions des salons », p. 58), deux ans avant de connaître le comte.

197. Marcel Proust avait déjà élaboré sur ce thème un parallèle entre Robert de Montesquiou et Ruskin dans le post-scriptum de sa préface du traducteur à *La Bible d'Amiens* (voir p. 166).

198. Allusion au *Portrait de Ginevra d'Este* par Pisanello, 43 x 30 cm, huile sur bois, Paris, musée du Louvre.

199. William Holman Hunt, *Le Berger mercenaire*, 76,4 x 109,5 cm, huile sur toile, 1851-1852, City of Manchester Art Galleries.

200. Allusion probable à un fragment du cycle décoratif de Benozzo Gozzoli pour le Campo Santo de Pise, aujourd'hui presque entièrement détruit. Pour une autre scène de la vie d'Abraham par Gozzoli, voir *RTP*, I, 36.

201. Allusion au *Portrait d'Alfred Bruyas*, dit aussi *Tableau-Solution* par Courbet, 91 x 72 cm, huile sur toile, 1853, Montpellier, musée Fabre, ou au *Portrait d'Alfred Bruyas* par Delacroix, 1853, 116 x 89 cm, huile sur toile, 1853, Montpellier, musée Fabre.

202. Allusion au *Portrait de madame de Senonnes* par Ingres, 106 x 84 cm, huile sur toile, Nantes, musée des Beaux-Arts.

203. Dans sa note, Proust fait successivement allusion au *Portrait de madame Rivière*, par Ingres, 116 x 83 cm, huile sur toile, 1805, Paris, musée du Louvre ; au *Portrait de madame Devaucay*, par Ingres, 76 x 59 cm, huile sur toile, 1807, Chantilly, musée Condé ; au *Portrait de l'impératrice Joséphine* par Pierre-Paul Prud'hon, 244 x 179 cm, huile sur toile, 1805, Paris, musée du Louvre ; à l'*Orphée* de Gustave Moreau, 154 x 99,5 cm, huile sur bois, 1865, Paris, musée d'Orsay.

204. L'éloge est ambigu. Proust a taxé d'« ennuyeuse » telle description d'un château, dans *Le Capitaine Fracasse*, que « le trop grand nombre de termes que je ne connaissais pas m'empêchait de me figurer le moins du monde ». Voir *supra*, « Sur la lecture », p. 203.

205. Nom de la fontaine créée par Pégase sur l'Hélicon.

206. Moïse fait jaillir l'eau du rocher à Raphidim.

207. Théodore Chassériau, *Mesdemoiselles C.*, dit aussi *Les Deux Sœurs*, 180 x 135 cm, huile sur toile, 1843, Paris, musée du Louvre.

208. Les phrases qui suivent sont extraites – avec quelques petites erreurs de transcription – de *Roseaux pensants*, de Montesquiou.

209. Il s'agit d'Eugène Delacroix.

210. Jean Auguste Dominique Ingres.

211. Allusion à *La Mort de Sardanapale* d'Eugène Delacroix, 1827, huile sur toile, 395 x 495 cm, Paris, musée du Louvre.

212. Allusion à la fresque de Raphaël, *L'Incendie du bourg*, située au Vatican.

213. Allusion probable au *Roger délivrant Angélique* par Ingres, 147 x 190 cm, huile sur toile, 1819, Paris, musée du Louvre.

214. Texte paru dans *Le Figaro*, 20 mars 1907.

215. *Les Récits d'une tante : Mémoires de la comtesse de Boigne, née d'Osmond (1781-1866)*, Paris, Émile-Paul, 1907.

216. À partir de « ne trouvant pas assez rapide » jusqu'à « des lèvres à jamais en poussière… », le présent texte est repris, avec seulement de légères modifications, dans la *Recherche* (*RTP*, II, 431-432).

217. Un texte de Marcel Proust, sur ce recueil de vers de la comtesse de Noailles, figure dans le supplément littéraire du *Figaro* du 15 juin 1907 (*CSB*, 533-545).

218. Robert d'Humières avait aidé Proust dans ses travaux sur Ruskin, et écrit un article sur la traduction de *La Bible d'Amiens* dans *La Chronique des arts et de la curiosité*.

219. Allusion au comte Odon de Montesquiou.

220. Allusion au comte Adhéaume de Chevigné, mari de la comtesse, née Laure de Sade.

221. Citation inexacte de *La Bonne Chanson* de Paul Verlaine.

222. Allusion à l'*Histoire de Barbe-Bleue* de Charles Perrault.

223. Texte paru dans *Le Figaro*, 19 novembre 1907, et repris avec quelques modifications dans *Pastiches et mélanges* sous le titre « En mémoire des églises assassinées / I. Les églises sauvées. Les clochers de Caen, La cathédrale de Lisieux / Journées en automobile ».

224. À l'époque de la publication de ces pages, Marcel Proust a déjà perdu son père et sa mère, morts en 1903 et 1905.

225. Début d'une importante intertextualité avec la *Recherche* : « Seuls, s'élevant du niveau de la plaine et comme perdus en rase campagne [...] et s'effacer dans la nuit. » (*RTP*, I, 179-180).

226. C'est ici la première fois que Marcel Proust livre à l'impression un texte où figure le nom de son chauffeur, futur secrétaire. Au moment de la reprise du présent texte dans *Pastiches et mélanges*, l'écrivain annotera son texte : « Je ne prévoyais guère quand j'écrivais ces lignes que sept ou huit ans plus tard ce jeune homme me demanderait à dactylographier un livre de moi, apprendrait l'aviation sous le nom de Marcel Swann dans lequel il avait amicalement associé mon nom de baptême et le nom d'un de mes personnages et trouverait la mort à vingt-six ans, dans un accident d'aéroplane, au large d'Antibes. »

227. « Ce caoutchouc, matière à la fois souple et qui semblait durcie partout où elle fait de belles cassures, lui [Albertine] faisait aux genoux de nobles jambières qui semblaient en métal, comme dans le *Saint Georges* de Mantegna, mettait sur sa tête un bonnet aux longues cornes de même qu'il faisait courir des espèces de surfaix autour de sa poitrine profondément cachée comme sous une armure, sous un couvert impénétrable » (*RTP*, III, 1089-1090 [esquisse]).

228. « Ces doigts jadis familiers du guidon se posaient maintenant sur les *touches* comme ceux d'une sainte Cécile » (*RTP*, III, 884) – il est ici question d'Albertine.

229. Texte paru dans *Le Figaro (Supplément littéraire)* du 22 février 1908. Le sommaire de ce journal annonce : « Marcel Proust, *Pastiches*. L'affaire Lemoine par Balzac, Faguet, Michelet, Goncourt. »

L'édition des pastiches dans *Pastiches et mélanges*, en 1919, diffère de celle que nous présentons. Outre les variantes, l'ordre des huit textes est modifié. Un neuvième pastiche, qui développe le pastiche proustien plus ancien inspiré des *Mémoires* de Saint-Simon et paru le 18 janvier 1904 dans *Le Figaro* – « Fête chez Montesquiou à Neuilly » (cf. *supra*, p. 161) –, clôt en outre la série.

230. L'affaire Lemoine éclata en 1908. L'ingénieur Lemoine, qui prétendait connaître un moyen de fabriquer des diamants, avait invité sir Julius Wernher, gouverneur à vie de la société des mines de diamants De Beers, à assister à une démonstration. Les pierres extraites par Lemoine de ses creusets furent analysées. Il s'agissait bien de diamants, mais non de la fabrication de Lemoine : celui-ci les

avait acquis peu de temps auparavant et fut confondu par ses fournisseurs. La presse contemporaine rapporta largement les différentes phases de l'affaire (voir par exemple *L'Illustration*, 25 janvier 1908).

231. Personnage de *La Comédie humaine.*

232. Voir note 117 p. 143.

233. « Celui-là agit de même qu'un travailleur qui s'interrompt d'un chef-d'œuvre pour recevoir par politesse quelqu'un, et ne répond pas comme Néhémie sur son échelle *non possum descendere magnum opus facio*, ce qui devrait être la devise de tout artiste... » (*RTP*, IV, 838 [esquisse]).

234. Molière, *L'Amour médecin.*

235. Citation parodique des vers de Boileau :

« Dans ce sac ridicule où Scapin s'enveloppe,

Je ne reconnais plus l'auteur du Misanthrope » (*L'Art poétique*, chant III).

236. Molière, *Les Femmes savantes.*

237. Animateur d'une campagne de presse visant en Allemagne l'entourage immédiat de l'empereur Guillaume II, et en particulier le prince d'Eulenbourg et le comte Moltke, qu'il accusait d'homosexualité et de pacifisme, Maximilien Harden fut poursuivi pour diffamation, acquitté en 1907, puis condamné l'année suivante. L'affaire, qui suscita de virulentes caricatures dans toute l'Europe et jusqu'en Russie, est citée dans la *Recherche* (*RTP*, III, 338).

238. Militaire accusé d'espionnage et condamné en 1907, puis envoyé au bagne en Guyane.

239. *Le Temps retrouvé* comporte un autre pastiche des Goncourt, lu par le narrateur au cours de son séjour chez Gilbert de Saint-Loup à Tansonville (*RTP*, IV, 287-295).

240. Actionnaire de la De Beers (voir note 230 p. 259), Marcel Proust put craindre en effet, au début de l'affaire Lemoine, de perdre de l'argent en bourse par suite de l'effondrement du prix du diamant qu'aurait entraîné la découverte d'un procédé permettant de le fabriquer.

241. Texte paru dans *Le Figaro (Supplément littéraire)* du 14 mars 1908. Le sommaire de ce journal annonce : « Marcel Proust, *Pastiches* (suite) V. *L'affaire Lemoine*, par Gustave Flaubert. – VI. Critique du roman de Gustave Flaubert sur l'affaire Lemoine par Sainte-Beuve. »

242. On sait que Marcel Proust fit lui-même tapisser sa chambre-bureau de liège.

243. Narr'Havas et Shahabarim sont deux personnages de *Salammbô.*

244. Adeline Hulot, Blanche de Mortsauf, Marguerite de Solis sont des personnages de *La Comédie humaine.*

245. Cité d'après Virgile : *Tua vita dignior aetas* (*Énéide*), littéralement : « Ton âge est plus digne de ta vie. »

246. Texte paru dans *Le Figaro (Supplément littéraire)* du 21 mars 1908. Le sommaire de ce journal annonce : « Marcel Proust, *Pastiches* (suite et fin), *L'Affaire Lemoine*, par Ernest Renan. » L'indica-

tion « fin » laisse penser que le pastiche de Régnier sur l'affaire Lemoine que nous publions ici à la suite fut conçu séparément des sept premiers, ou au moins initialement non prévu par *Le Figaro.*

247. « Je te construirai en saphir et bâtirai tes remparts en jaspe et toutes tes limites en pierres de haut prix. » Montage fantaisiste de termes décrivant la Jérusalem céleste dans l'Apocalypse de saint Jean.

248. Apocalypse de saint Jean ; 21, 19-20 : « La première assise est de calcédoine…, la douxième d'améthyste. » Citation inexacte : le texte précise de « jaspe » et non de « calcédoine ».

249. « Je me tiens à la porte et je frappe. »

250. « J'arrive, j'arrive, tu sera couronné » Apocalypse de saint Jean ; 22, 17. Citation approximative.

251. Texte paru dans *Le Figaro (Supplément littéraire)* du 6 mars 1909. Le sommaire de ce journal annonce : « Marcel Proust, *Pastiches*, "L'affaire Lemoine" ».

252. De « spagirie », dénomination ancienne de la chimie.

253. Texte paru dans *L'Intransigeant*, 21 septembre 1910. *Le Prince des cravates* est un recueil de quatre nouvelles de Lucien Daudet, « Le Prince des cravates » (dédiée à Marcel Proust), « Brisacier », « Mnanie » et « ? », paru en 1910 chez Flammarion.

254. Roman d'Alphonse Daudet.

255. Texte de Mme Alphonse Daudet.

256. Roman de Léon Daudet.

257. Roman de Léon Daudet.

258. Le ton parodique et la structure de la phrase rappellent le pastiche de Faguet : « Personne de plus versatile que ce juge » ; « Personne de plus versé dans répertoire moliériste que ce juge » (p. 264).

259. Préface pour le livre de Jacques-Émile Blanche, *Propos de peintre. De David à Degas*, Paris, Émile-Paul Frères, 1919. Sollicité par Blanche en 1917, Proust reprend dans ce texte certaines idées développées dans ses brouillons du *Contre Sainte-Beuve – Souvenirs d'une matinée*, sanctionnant ainsi l'abandon définitif – par dépeçage – de ce projet d'avant la *Recherche* (cf. *supra*, p. 34). Le résultat ressemble à une critique très virulente de Blanche, ce que ce dernier n'apprécia guère.

260. *Propos de peintre. De David à Degas*, de Jacques-Émile Blanche, s'ouvre sur la dédicace suivante : Ce livre est dédié à Marcel Proust / en souvenir / de l'Auteuil de son enfance et de ma jeunesse / et / comme un hommage d'admiration pour l'auteur de / *Du côté de chez Swan* [*sic*] / son ami J.-É. Blanche.

Moins évidentes que celles à Illiers, les références à Auteuil sont nombreuses dans le Combray de la *Recherche* (voir notamment J.-Y. Tadié, *Marcel Proust*, p. 15-21).

261. Fortement influencé à ses débuts par la peinture des Impressionnistes, Jacques-Émile Blanche (1861-1942) acquit une grande notoriété à partir des années 1890, comme portraitiste mondain.

Sur les activités littéraires de Jacques-Émile Blanche, voir ci-après la note 289.

262. Marcel Proust se rappelle le contraste entre l'extension urbaine et la persistance de la campagne à Auteuil dans les années 1870, les terrains encore mal stabilisés et les éboulements de terre, les « fontis », Émile Blanche, père de Jacques-Émile, possédait une maison à Auteuil, rue des Fontis.

263. Charles Baudelaire, *Les Fleurs du mal*, « Le Rebelle ».

264. Victor Hugo, *Les Contemplations*, « À Villequier ».

265. Jacques-Émile Blanche, *Portrait de Marcel Proust*, 1er octobre 1891, dessin, Paris, Bibliothèque nationale de France, département des Estampes et de la Photographie (BN Estampes, Ne 81 rés.).

266. Jacques-Émile Blanche, *Portrait de Marcel Proust*, 73,5 x 60,5 cm, huile sur toile, 1892, Paris, musée d'Orsay.

Ce tableau, l'une des images les plus fameuses de Marcel Proust et sans doute l'œuvre la plus célèbre de Blanche – pour cette raison même – n'est en fait que le vestige d'une plus vaste composition : peu satisfait d'un grand portrait de l'écrivain « en pied » qu'il avait d'abord exécuté, Blanche le retailla en ne gardant que la tête et le buste. Il appartint (à partir de 1903 au plus tard) à son modèle, qui le conserva jusqu'à sa mort.

267. Émile Blanche (1820-1893), père de Jacques-Émile Blanche et célèbre aliéniste, eut notamment à soigner Gérard de Nerval et Guy de Maupassant. Il fut aussi collectionneur de peintures et de dessins, amateur de musique, et l'ami de la comtesse de Castiglione et de la princesse Mathilde.

268. Allusion à *L'Étape*, roman de Paul Bourget.

269. Jacques-Émile Blanche a peint de nombreux portraits de ses parents, et surtout de sa mère.

270. Frans Hals, *Les Régents de l'hospice des vieillards*, 172,5 x 256 cm, huile sur toile, 1664, Haarlem, musée Frans Hals.

Frans Hals, *Les Régentes de l'hospice des vieillards*, 172,5 x 256 cm, huile sur toile, 1664, Haarlem, musée Frans Hals.

Marcel Proust avait vu ces deux peintures lors de son voyage en Hollande en octobre 1902, et cite deux fois *Les Régentes* dans la *Recherche* (*RTP*, I, 250 ; II, 813).

271. James McNeill Whistler a peint un grand portrait de sa mère, *Arrangement en gris et noir*, 144 x 162 cm, huile sur toile, 1871, Paris, musée d'Orsay, mentionné dans la *Recherche* (*RTP*, II, 1034 [esquisse]).

272. Robert de Montesquiou, dans son *Paul Helleu, peintre et graveur* (Floury, Paris, 1913), loue les intérieurs d'églises de l'artiste, « que des saintes ont fleuri de leurs vocables, dentelles de pierre, pareilles à des guipures de lin, et entre lesquelles, azurés, empourprés au travers des vitraux, le salut du levant ou les adieux du couchant font glisser des pétales de feu, sur les pieds marmoréens des impératrices chrétiennes » (p. 41-42).

273. Début du premier vers du *De natura rerum*, II, de Lucrèce. « Douceur, lorsque les vents soulèvent la mer immense. »

274. Dans la *Recherche*, le nom de Wagram est déjà utilisé pour désigner un lieu (*RTP*, II, 435) – celui du premier central téléphonique parisien, mis en service en 1892.

275. Jean Benjamin Constant, peintre français spécialisé dans les tableaux d'histoire et les sujets orientalistes, exécuta de nombreux portraits. Parmi les plus célèbres figurent celui d'Alfred Chauchard, le richissime fondateur des Magasins du Louvre, et celui de la Reine Victoria.

276. Outre ceux de Maurice Barrès, d'Henri de Régnier et d'André Gide signalés par Proust, Jacques-Émile Blanche exécuta notamment les portraits des écrivains Stéphane Mallarmé, Henry James, Colette, Virginia Woolf, Thomas Hardy, James Joyce, Henri Bergson, Raymond Radiguet ou René Crevel. Il fut, selon Maurice Sachs, « le seul portraitiste de l'époque qui ait choisi de bons modèles » (*Au temps du Bœuf sur le toit*, Paris, *La Nouvelle Revue critique*, 1939 ; rééd. Paris, Grasset, « Les Cahiers rouges », 1987, p. 180).

277. Jacques-Émile Blanche a exécuté quatre portraits de Maurice Barrès. *Maurice Barrès*, 99 x 82 cm, huile sur toile, 1891, Paris, Bibliothèque nationale de France – est le plus célèbre.

278. Jacques-Émile Blanche a exécuté plusieurs portraits d'Henri de Régnier. *Pierre Louÿs et Henri de Régnier*, 73,5 x 59,5 cm, huile sur toile, 1893, collection particulière – est le plus célèbre.

279. Jacques-Émile Blanche a exécuté trois portraits d'André Gide. *André Gide*, 81 x 98 cm, huile sur toile, 1912, Rouen, musée des Beaux-Arts – est le plus célèbre.

280. Il en va de même pour les tableaux d'Elstir : « Justement, je venais de remarquer en entrant dans le salon deux dessins d'Elstir qui autrefois étaient relégués dans un cabinet d'en haut où je ne les avais vus que par hasard. Elstir était maintenant à la mode. [Mme de Guermantes] voulait au moins avoir quelque chose d'Elstir dans son salon » (*RTP*, IV, 162-163).

281. Allusion au roman de Pierre Loti, *Mon frère Yves*.

282. Allusion au livre de Maurice Maeterlinck, *La Vie des abeilles*.

283. « Ayant connu Stendhal, l'ayant goûté, ayant relu encore assez récemment ou essayé de relire ses romans tant préconisés (romans toujours manqués, malgré de jolies parties, et, somme toute, détestables), il m'est impossible d'en passer par l'admiration », Sainte-Beuve, *Causeries du lundi*, Garnier, t. IX, p. 262.

284. « Ce qui est certain, c'est que M. Baudelaire gagne à être vu, que là où l'on s'attendait à voir entrer un homme étrange, excentrique, on se trouve en présence d'un candidat poli, respectueux, exemplaire, d'un gentil garçon, fin de langage et tout à fait classique dans les formes », Sainte-Beuve, *Nouveaux lundis*, Michel Lévy Frères, 1863, t. I, p. 398-399.

285. Alfred Roll (1847-1919), peintre français, portraitiste, auteur de scènes de genres de la vie ouvrière d'inspiration naturaliste, et bénéficiaire de grandes commandes de l'État pour des décors sous la Troisième République.

286. La première édition, fautive, indique Manet et non Monet.

287. Sur Mme de Boigne, voir *supra* « Journées de lecture ».

288. Cette gravure est citée dans des termes très proches au début de la *Recherche* (*RTP*, I, 40). Le narrateur expose alors les convictions de sa grand-mère sur la valeur documentaire de certaines reproductions d'œuvres d'art.

289. Jacques-Émile Blanche ne fut pas seulement peintre, critique d'art et mémorialiste, mais romancier. Publié partiellement en 1919 puis intégralement en 1921, *Aymeris* demeure sa principale œuvre de fiction. Présentée par Blanche lui-même dans l'avant-propos de l'édition de 1922, c'est « l'histoire douloureuse d'un artiste de plus en plus passionné par mille nouveautés, mais qui, fils de la bourgeoisie, n'a pas réussi à se dégager de certains modes de penser et de sentir propres au milieu où il fut élevé. Une sorte de raté. »

290. Il s'agit sans doute du dessin reproduit face à la page de titre dans l'édition originale (La Sirène, 1918) du *Coq et l'Arlequin*, aujourd'hui conservé dans une collection particulière française.

291. Allusion au tableau d'Édouard Manet, *Le Cabaret du Père Lathuile*, 93 x 112 cm, huile sur toile, 1879, Tournai, musée des Beaux-Arts.

292. Allusion au tableau d'Édouard Manet, *Nana*, 154 x 115 cm, huile sur toile, 1877, Hambourg, Kunsthalle.

293. Stéphane Mallarmé, *Le Tombeau d'Edgar Poe*, V, I.

294. Allusion au tableau de Théodore Fantin-Latour, *La Famille Dubourg*, 146,5 x 170,5 cm, huile sur toile, 1878, Paris, musée d'Orsay, représentant des membres de la famille de la femme de l'artiste.

295. « Les craintes d'Albertine sur la difficulté des sujets proposés avaient encore été dépassées par les deux entre lesquels Gisèle avait eu à opter. L'un était : "Sophocle écrit des Enfers à Racine pour le consoler de l'insuccès d'*Athalie*" ; l'autre : "Vous supposerez qu'après la première représentation d'*Esther*, Mme de Sévigné écrit à Mme de La Fayette pour lui dire combien elle a regretté son absence…" » (*RTP*, II, 264-265).

296. Jean-Baptiste Siméon Chardin, *Autoportrait* dit *à l'abat-jour vert*, 46,1 x 38 cm, pastel, 1775, Paris, musée du Louvre, département des arts graphiques.

297. Sert occupait en effet un atelier rue Barbet-de-Jouy, depuis la fin des années 1890.

298. Les plus grands décors de Sert lui furent en effet commandés en Espagne et aux États-Unis. À Paris, Proust a pu voir, de celui qu'on nommait « le Michel-Ange du Ritz », les décors pour le salon de musique de la princesse de Polignac (*Alegorias*, 1911) ou pour la salle à manger de la comtesse de Béarn (1912).

299. Il s'agit en fait du tableau de Titien, *La Vierge et l'Enfant avec sainte Catherine*, dit *La Vierge au lapin*, 71 x 87 cm, huile sur toile, Paris, musée du Louvre, dont Édouard Manet fit une copie en 1854, 70 x 84 cm, huile sur toile, New York, collection particulière.

300. Dans un passage de son livre *Degas Danse Dessin* (Paris, Ambroise Vollard, 1936, pour la première édition intégrale), Paul Valéry évoque la personnalité d'Henri Rouart : « Ni l'ambition, ni

l'envie, ni la soif de paraître ne l'ont tourmenté. Il n'aimait que les vraies valeurs qu'il pouvait apprécier dans plus d'un domaine. Le même homme qui fut des premiers amateurs de son temps, qui goûta, qui acquit prématurément les ouvrages des Millet, des Corot, des Daumier, des Manet – et du Greco, devait sa fortune à ses constructions de mécanique, à ses inventions qu'il menait de la théorie pure à la technique et de la technique à l'état industriel. »

Les ventes aux enchères des collections d'Henri Rouart (1833-1912), ami d'Edgar Degas depuis l'adolescence, industriel et peintre à ses heures – il participa à certaines des Expositions impressionnistes –, eurent lieu les 16, 17 et 18 décembre 1912 à Paris. De nombreuses œuvres de Manet ou des impressionnistes y furent adjugées à des prix considérables.

301. Henri Rouart habitait à Paris un hôtel particulier au 34, rue de Lisbonne, non loin du parc Monceau, dans lequel avait été aménagé un immense atelier abritant une partie de ses collections.

302. Il s'agit de la copie du tableau de Nicolas Poussin, *L'Enlèvement des Sabines* (157 x 203 cm, huile sur toile, Paris, musée du Louvre) par Edgar Degas, 152 x 210 cm, huile sur toile, vers 1861-1863, Pasadena, the Norton Simon Museum, qui appartint en effet à Henri Rouart.

303. Il s'agit du tableau d'Eugène Delacroix, *Le Poêle*, 51 x 44 cm, huile sur toile, vers 1825, Paris, musée du Louvre, qui appartint en effet à Henri Rouart. L'édition originale du présent texte comprend ici une erreur, reprise dans les éditions postérieures. À la place de *Poêle*, on lit en effet *Poète*.

304. « Brune », pour « prune ». On songe ici à la prononciation défectueuse du baron de Nucingen dans *La Comédie humaine*.

305. Le seul tableau de Monet ayant appartenu à Gallimard et susceptible d'être comparé à un tableau de Manet est *L'Embarcadère*, 54 x 74 cm, huile sur toile, 1869, aujourd'hui conservé dans une collection particulière.

306. Marcel Proust connaissait Édouard Vuillard, familier des Bibesco et ancien collaborateur de *La Revue blanche*. Dans une lettre à Reynaldo Hahn, il raconte la visite qu'il rendit au peintre à Cabourg, à la fin de l'été 1907 : « Il dit avec intensité "un type comme Giotto n'est-ce-pas, ou encore un type comme Titien n'est-ce-pas, savaient aussi bien que Monet, n'est-ce-pas, un type comme Raphaël, etc." Il dit bien "type" une fois par vingt secondes mais c'est un être rare » (*Corr.*, VII, 267). Le trait se retrouve chez Elstir (cf. par exemple *RTP*, II, 197).

307. « Définition du Néo-Traditionnisme », *Art et critique*, 1890.

308. Allusion au tableau de Camille Corot, *Soissons, maison d'habitation et fabrique de M. Henry*, 80 x 98 cm, huile sur toile, vers 1837, Philadelphie, Museum of Art, qui faisait partie de la collection Blanche vers 1905.

Sur l'indifférence de la beauté ou du caractère prosaïque du motif retenu par les peintres, voir *RTP*, II, 351 : « Elstir avait trouvé le motif de deux tableaux qui se valent, dans un bâtiment scolaire sans caractère et dans une cathédrale qui est, par elle-même, un chef-d'œuvre » (*RTP*, II, 351).

309. Texte paru en janvier 1920 dans *La Nouvelle Revue française*.

310. Dans la *Recherche*, Marcel Proust cite *L'Éducation sentimentale*, *Madame Bovary*, *La Légende de saint Julien l'Hospitalier* (des *Trois Contes*), *Salammbô*.

311. Allusion possible au titre d'une rubrique du journal *L'Écho de Paris*.

312. Montesquieu, *Lysimaque*, Paris, Mercure de France, 1754.

313. Roman d'Émile Augier. La phrase (depuis « Dans *Madame Bovary*... ») est reprise d'un brouillon du *Contre Sainte-Beuve – Récit d'une matinée* (*CSB*, 300), suivant le procédé de « dépeçage » que nous avons déjà signalé *supra* (note 259).

314. Coquille dans la première édition : « grise » au lieu de « prise ».

315. L'utilisation de l'imparfait – particulièrement remarquable en fin de phrase – présente dans ce contexte un caractère parodique : Proust vient d'établir que, chez Flaubert, « Un état qui se prolonge est indiqué par l'imparfait ».

316. Renoir mourut le 3 décembre 1919.

317. Gérard de Nerval est l'auteur d'une traduction du *Faust* de Goethe, parue en 1829.

318. Victor Hugo, *La Légende des siècles*, II, « Booz endormi ».

319. Ces mêmes vers, tirés de *Chanson*, d'Alfred de Musset, sont cités dans la *Recherche* (*RTP*, II, 127).

320. Jusque dans le courant de l'année 1913, Marcel Proust avait en effet prévu de donner à son roman – dans l'état de développement qui était alors le sien – un titre général, *Les Intermittences du cœur* ou *Les Intermittences du passé*, le premier volume portant comme titre *Le Temps perdu*, et le second, *Le Temps retrouvé*.

321. Publié une première fois dans *La Revue de Paris* du 15 novembre 1920, ce texte fut repris en 1921, avec de légères modifications, comme préface au recueil de nouvelles de Paul Morand, *Tendres Stocks*.

322. « Cette idée de la mort s'installa définitivement dans mon cerveau » (*RTP*, IV, 619).

323. Anatole France, *La Revue de Paris*, 1er septembre 1920. Dans cet article, France écrit notamment : « Tout auteur du commencement du XIXe siècle [...] écrivait mal », et « l'originalité, que l'on ne goûtait au XVIIe siècle que dans le choix et l'ordre des idées, fut affectée dans les mots et les tournures de phrases, dans le vocabulaire et la syntaxe. Ce fut un mal si l'on considère que, le langage étant fait pour la communauté des oreilles, toute singularité doit en être bannie. »

324. Marcel Proust songe peut-être ici à des volumes dédicacés à lui par France.

325. Anatole France, *Le Crime de Sylvestre Bonnard*, 1881.

326. Allusion aux guides touristiques Baedecker.

327. Ernest Renan, *La Vie de Jésus*.

328. Ernest Renan, *Les Apôtres* (citation inexacte).

329. Ernest Renan, *La Vie de Jésus*.

330. Ernest Renan, *La Vie de Jésus.*

331. Ernest Renan, *La Vie de Jésus.*

332. Ernest Renan, *La Vie de Jésus.*

333. *La Belle Hélène*, opérette de Jacques Offenbach.

334. Charles Baudelaire, *Les Fleurs du Mal*, « Le Rebelle ».

335. Charles Baudelaire, *Les Fleurs du Mal*, « Les Petites Vieilles », II.

336. Erreur dans la première édition : «… chose curieuse plus… ».

337. Charles Baudelaire, *Les Fleurs du Mal*, pièces condamnées, « Femmes damnées ».

338. Erreur dans la première édition : « images *de* cynégétiques ».

339. Charles Baudelaire, *Les Fleurs du Mal*, « Le Voyage ».

340. Quelques mois avant la publication du présent texte, Marcel Proust avait songé à se faire lui-même élire à l'Académie française. Il avait sollicité Barrès et Régnier, sans succès (*Corr.*, XIX, 220, 228, 232).

341. Jean Racine, *Lettres sur l'hérésie imaginaire.*

342. Allusion à une enquête à laquelle Marcel Proust avait eu à répondre, sur la possibilité de dédier à l'art français une « tribune » au Louvre – sur le modèle de la Tribune, véritable sanctuaire des chefs-d'œuvre du musée des Offices à Florence. La réponse de l'écrivain avait paru dans *L'Opinion* du 28 février 1920 (*CSB*, 601).

343. Jean Giraudoux, *Adorable Clio*, « Nuit à Châteauroux ».

344. « Or un nouvel écrivain avait commencé à publier des œuvres où les rapports entre les choses étaient si différents de ceux qui les liaient pour moi que je ne comprenais presque rien de ce qu'il écrivait » (*RTP*, II, 622).

345. « Les gens de goût nous disent aujourd'hui que Renoir est un grand peintre du XVIIIe siècle. Mais en disant cela… » (*RTP*, II, 623).

346. « Mais pour en revenir à moi-même, je pensais plus modestement à mon livre, et ce serait même inexact que de dire en pensant à ceux qui le liraient, à mes lecteurs. Car ils ne seraient pas, selon moi, mes lecteurs, mais les propres lecteurs d'eux-mêmes, mon livre n'étant qu'une sorte de ces verres grossissants comme ceux que tendait à un acheteur l'opticien de Combray » (*RTP*, IV, 610).

347. « Clarisse », « Aurore » et « Delphine » sont trois nouvelles composant *Tendres Stocks*, de Paul Morand.

348. *La Walkyrie*, opéra de Richard Wagner.

349. 15e quatuor, de Beethoven, en la mineur, opus 132. « Vous avez joué l'autre jour la transcription au piano du 15e quatuor, ce qui est déjà absurde parce que rien n'est moins pianistique » (*RTP*, III, 398).

350. Texte paru dans *La Renaissance politique, littéraire, artistique*, le 8 janvier 1921. Il s'agit d'une réponse écrite à une enquête du journaliste Émile Henriot sur le thème de « classicisme et romantisme ».

351. *Phèdre*, acte I, scène 1, vers 36. Sur la manie de priser des vers hors de leur contexte, voir *supra*, présentation, p. 27-28.

352. Parues dans *L'Action française.*

353. Texte paru pour la première fois en juin 1921 dans *La Nouvelle Revue française*. On notera que de nombreuses citations de vers comportent des inexactitudes. (Nous ne les signalerons pas systématiquement.) Sur ce point révélateur de la technique critique proustienne, voir *supra*, préface, p. 27-28.

354. Ce vers et les suivants sont extraits du poème de Victor Hugo « Booz endormi », *La Légende des siècles*. Victor Hugo écrit « La terre, où l'homme errait sous la tente, inquiet/Des empreintes de pieds de géant qu'il voyait,/Était encor mouillée et molle du déluge ».

355. Hugo écrit « Un roi chantait en bas, en haut mourait un dieu ».

356. Alfred de Vigny, *La Colère de Samson*.

357. Alfred de Vigny, *La Maison du Berger*.

358. Alfred de Vigny, *La Maison du Berger*.

359. Charles Baudelaire, *Les Fleurs du Mal*, « Le Balcon ».

360. Charles Baudelaire, *Les Fleurs du Mal*, « L'Imprévu ». L'ordre des vers n'est pas respecté : « Il faut que le gibier paye le vieux chasseur » est le dernier de ces vers.

361. Charles Baudelaire, *Les Fleurs du Mal*, « La Mort des pauvres ».

362. Charles Baudelaire, *Les Fleurs du Mal*, « L'Âme du vin ». La citation de Proust est inexacte. Baudelaire écrit « À ton fils je rendrai sa force et ses couleurs/Et serai pour ce frêle athlète de la vie/L'huile qui raffermit les muscles des lutteurs ».

363. Charles Baudelaire, *Les Fleurs du Mal*, « Les Petites Vieilles ».

364. Charles Baudelaire, *Les Fleurs du Mal*, « L'Imprévu ».

365. *Tristan et Isolde*, opéra de Richard Wagner.

366. *Les Maîtres chanteurs de Nuremberg*, opéra de Richard Wagner.

367. *Tannhäuser*, opéra de Richard Wagner.

368. *Faust*, opéra de Charles Gounod. Erreur de la première édition du présent texte qui donnait « Faust » au lieu de « *Faust* ».

369. *Roméo et Juliette*, de Charles Gounod. Erreur de la première édition du présent texte qui donnait « Roméo et Juliette » au lieu de « *Roméo et Juliette* ».

370. Charles Baudelaire, *Les Fleurs du Mal*, « La Pipe ».

371. Charles Baudelaire, *Les Fleurs du Mal*, « Le Voyage ». Le vers « Ah ! que le monde est grand à la clarté des lampes ! » est ici correctement cité, ce qui n'est pas le cas *infra*, p. 334, où Proust écrivait « Comme le monde… ».

372. Charles Baudelaire, *Les Fleurs du Mal*, « Le Cygne ».

373. Charles Baudelaire, *Les Fleurs du Mal*, « L'Imprévu ».

374. Charles Baudelaire, *Les Fleurs du Mal*, « Chant d'automne ».

375. Charles Baudelaire, *Les Fleurs du Mal*, « Causerie ».

376. Baudelaire, Les Fleurs du Mal, « Les Petites Vieilles », I.

377. Baudelaire, Les Fleurs du Mal, « Les Petites Vieilles », IV.

378. Ludwig van Beethoven, 9e *Symphonie*, avec chœurs, en ré mineur, opus 125.

379. Jean Racine, *Phèdre*, préface.

380. Charles Baudelaire, *Les Fleurs du Mal*, « Au lecteur ».

381. Charles Baudelaire, *Les Fleurs du Mal*, « Les Phares ».

382. Charles Baudelaire, *Les Fleurs du Mal*, « Un voyage à Cythère ».

383. Charles Baudelaire, *Les Fleurs du Mal*, pièces condamnées, « Femmes damnées ».

384. Horace, *Odes*, I, III, 8.

385. Charles Baudelaire, *Les Fleurs du Mal*, pièces condamnées, « Femmes damnées ».

386. Victor Hugo, *Les Contemplations*, « Lettre ».

387. Virgile, *Les Géorgiques*, I, 470.

388. Charles Baudelaire, *Les Fleurs du Mal*, édition de 1868, « Recueillement ».

389. Pierre Corneille, *Le Cid*, acte III, scène 3.

390. Pierre Corneille, *Le Cid*, acte V, scène 2.

391. Charles Baudelaire, *Les Fleurs du Mal*, pièces condamnées, « Femmes damnées ».

392. Victor Hugo, *Les Contemplations*, « Aurore », XXI.

393. Charles Baudelaire, *Les Fleurs du Mal*, pièces condamnées, « Femmes damnées ».

394. Charles Baudelaire, *Les Fleurs du Mal*, « Une martyre ».

395. Charles Baudelaire, *Les Fleurs du Mal*, « La Mort des amants ». « Nous aurons des lits pleins d'odeurs légères,/Des divans profonds comme des tombeaux,/Et d'étranges fleurs sur des étagères ».

396. « Des lampes languissantes », Charles Baudelaire, *Les Fleurs du Mal*, pièces condamnées, « Femmes damnées ».

397. Charles Baudelaire, *Les Fleurs du Mal*, « La Chevelure ».

398. Charles Baudelaire, *Les Fleurs du Mal*, « La Mort des pauvres ».

399. Charles Baudelaire, *Les Fleurs du Mal*, « La Vie antérieure ».

400. La citation est inexacte. Baudelaire écrit « Cheveux bleus, pavillon de ténèbres tendues ».

401. Charles Baudelaire, *Les Fleurs du Mal*, « Une nuit que j'étais près d'une affreuse Juive ».

402. La citation est inexacte. Baudelaire écrit « Ah ! laissez-moi, mon front posé sur vos genoux ».

403. Voir « Pour un ami (Remarques sur le style) », p. 333.

404. Delphine est l'une des « femmes damnées ».

405. Charles Baudelaire, *Les Fleurs du Mal*, pièces condamnées, « Lesbos ».

406. Charles Baudelaire, *Les Fleurs du Mal*, « Une charogne ».

407. Charles Baudelaire, *Les Fleurs du Mal*, « Une martyre ».

408. Charles Baudelaire, *Les Fleurs du Mal*, pièces condamnées, « Les Bijoux ».

409. Charles Baudelaire, *Les Fleurs du Mal*, pièces condamnées, « Lesbos ».

410. Alfred de Vigny, *La Colère de Samson*.

411. Alfred de Vigny, *La Colère de Samson*.

412. Alfred de Vigny, *La Colère de Samson*.

413. Alfred de Vigny, *La Colère de Samson*.

414. Alfred de Vigny, *La Colère de Samson.*

415. Charles Baudelaire, *Les Fleurs du Mal*, pièces condamnées, « Lesbos ».

416. Citation inexacte de « À mon frère, revenant d'Italie », d'Alfred de Musset (*Poésies nouvelles*). Ce poème est également cité dans la *Recherche* (*RTP*, II, 127).

417. Sully Prudhomme, *Les Solitudes*, « La Voie lactée ».

418. Sully Prudhomme, *Les Solitudes*, « Les Vieilles Maisons ».

419. Marceline Desbordes-Valmore (1786-1859), actrice et poétesse française.

420. Leconte de Lisle, *Poèmes barbares*, « La Fontaine aux lianes ».

421. Leconte de Lisle, *Poèmes tragiques*, « Le Lévrier de Magnus ».

422. Leconte de Lisle, *Poèmes tragiques*, « La Maya ».

423. Leconte de Lisle, *Poèmes tragiques*, « L'Illusion suprême ».

424. Charles Baudelaire, *Les Fleurs du Mal*, « Le Cygne ».

425. Leconte de Lisle, *Poèmes barbares*, « Le Bernica ».

426. Leconte de Lisle, *Poèmes barbares*, « La Fontaine aux lianes ».

427. Leconte de Lisle, *Poèmes barbares*, « Le Bernica ».

428. Leconte de Lisle, *Poèmes barbares*, « La Fontaine aux lianes ».

429. Leconte de Lisle, *Poèmes barbares*, « La Ravine Saint-Gilles ».

430. Allusion au tableau de Véronèse, *Les Noces de Cana*, 666 x 990 cm, huile sur toile, 1562-1563, Paris, musée du Louvre.

431. Texte paru dans *Le Gaulois* du 27 mai 1922. Il s'agit d'une réponse à une enquête sur l'œuvre et l'influence des Goncourt, instruite auprès d'anciens lauréats du « prix Goncourt ». *Le Gaulois* publia aussi la réponse de René Bizet et de Jean Giraudoux.

432. Le prix Goncourt 1919 fut attribué le 10 décembre de cette année à Marcel Proust, pour *À l'ombre des jeunes filles en fleurs.*

433. Légère erreur de Marcel Proust : en 1895, Edmond de Goncourt était déjà chevalier de la Légion d'Honneur, et devint officier.

CHRONOLOGIE

1871 : Naissance à Auteuil, le 10 juillet, de Marcel Valentin Louis Eugène Georges Proust, fils d'Adrien Proust, professeur agrégé de médecine, d'origine provinciale et modeste, et de Jeanne Weil, issue de la grande bourgeoisie juive parisienne, apparentée à Adolphe Crémieux. L'enfant, de faible constitution, est baptisé le 5 août à l'église Saint-Louis d'Antin, à Paris.

1873 : Naissance de Robert Proust, frère de Marcel. La famille Proust s'installe définitivement à Paris, dans un appartement situé au 9, boulevard Malesherbes, près de l'église de la Madeleine. Dans les années qui suivent, retourne régulièrement à Auteuil, dans la maison du grand-oncle maternel Louis Weil, et passe des vacances dans la maison de la tante paternelle Élisabeth Amiot, à Illiers, près de Chartres.

1879 : Le professeur Adrien Proust est élu à l'Académie de médecine.

1881 : Première crise d'asthme, à l'occasion d'une promenade au Bois de Boulogne. Se lie avec Jacques Bizet, fils du compositeur et de Geneviève Halévy, future Mme Straus.

1882 : Entre au lycée Fontanes, futur lycée Condorcet. Toute sa scolarité, plutôt brillante en dehors des nombreuses périodes de maladie et d'absence, se déroulera dans l'établissement.

1885 : En cure avec sa mère, à Salies-de-Béarn. Adrien Proust est nommé professeur d'hygiène à la faculté de médecine de Paris.

1886 : Mort d'Élisabeth Amiot. Dernier séjour à Illiers.

1888 : Ressent une passion amoureuse pour plusieurs de ses camarades de Condorcet. Fonde avec eux diverses feuilles de lycéens, *La Revue verte*, *La Revue lilas*. En classe de philosophie, devient l'élève d'Alphonse Darlu. Se déclare amoureux de Laure Hayman, une courtisane célèbre proche de Paul Bourget. Lit Renan, Loti, Leconte de Lisle. Se rend de nombreuses fois au théâtre.

1889 : Rencontre Anatole France. Devance l'appel et s'engage pour un an de service militaire.

1890 : Mort de Mme Nathé Weil, grand-mère maternelle. S'inscrit à la faculté de droit et à l'École libre des sciences politiques, où il recevra notamment l'enseignement d'Albert Sorel. Entame une carrière mondaine dans les salons parisiens. Publie ses premiers textes dans *Le Mensuel*.

1891 : En vacances à Cabourg et à Trouville au début de l'automne. Prend ses habitudes sur la côte normande, où il se rendra régulièrement jusqu'en 1914.

1892 : Fonde la revue *Le Banquet* avec plusieurs de ses anciens camarades et condisciples de Condorcet, dont Daniel Halévy, Jacques Bizet, Robert Dreyfus.

1893 : Rencontre Robert de Montesquiou dans le salon de Madeleine Lemaire. Rencontre la comtesse Greffulhe. Publie plusieurs « études » dans *La Revue blanche*.

1894 : Rencontre Reynaldo Hahn. Début d'une brève passion et d'une vie d'amitié avec le jeune pianiste et compositeur. Écrit des textes sur le monde. Robert Proust effectue son internat en médecine.

1895 : Condamnation d'Alfred Dreyfus et début de l'« affaire ». Lit Carlyle et Emerson, Balzac et Flaubert. Est reçu à la licence ès-lettres. Commence à travailler comme attaché non rétribué à la Bibliothèque Mazarine. Chroniquement absent, il renoncera par la suite à cet emploi. Fréquente de nombreux salons, dont ceux de la princesse Mathilde, de Mme Lemaire, et de la princesse de Polignac. Se rend à l'Opéra à de nombreuses reprises. Au cours d'un séjour en Bretagne, entreprend un roman autobiographique qui restera inachevé, *Jean Santeuil*.

1896 : Publie *Les Plaisirs et les Jours*, recueil de textes anciens, avec des illustrations de Madeleine Lemaire et une préface d'Anatole France. Publie « Contre l'obscurité » dans la *Revue blanche*. Mort de Louis Weil et de Nathé Weil, ses grand-oncle et grand-père maternels. Fréquente régulièrement Lucien Daudet.

1898 : Se rend à Amsterdam pour visiter la grande exposition *Rembrandt* organisée au Stedelijk Museum.

1899 : Commence à travailler sur l'œuvre de Ruskin. Lit *L'Art religieux du* XIIIe *siècle en France* d'Émile Mâle.

1900 : Mort de John Ruskin. Publie d'importants articles sur Ruskin dans la *Gazette des Beaux-Arts*. Entreprend deux voyages en Italie, dont un avec sa mère, au cours desquels il séjourne à Venise et visite Padoue. Traduit en français *La Bible d'Amiens* de Ruskin, avec l'aide de sa mère et de Marie Nordlinger, cousine de Reynaldo Hahn. Les Proust emménagent dans un très bel et grand appartement, 45 rue de Courcelles, à proximité du parc Monceau.

1902 : Se rend une seconde fois en Hollande, accompagné durant une partie du voyage par Bertrand de Fénelon. À La Haye, voit la *Vue de Delft* de Vermeer. Achève la traduction de *La Bible d'Amiens*, que le *Mercure de France* accepte d'éditer. Fréquente la comtesse de Noailles.

1903 : Mariage de Robert Proust avec Marthe Dubois-Amiot : à la fin de l'année naît la fille unique du couple, plus tard surnommée « Suzy ». Publie le premier d'une série de « salons » dans *Le Figaro*. Visite la Bourgogne. Victime d'une hémorragie cérébrale, le professeur Adrien Proust expire le 26 novembre.

1904 : Poursuit la publication d'articles mondains dans *Le Figaro*. *La Bible d'Amiens* paraît, dédicacée à la mémoire d'Adrien Proust. Agrégé et docteur en médecine, Robert Proust devient l'assistant du docteur Pozzi à l'hôpital Broca.

1905 : Achève la traduction de *Sésame et les lys*, et en rédige la préface, qui paraît avant l'ouvrage, en juin, dans *La Renaissance latine*. Malade depuis plusieurs années, sa mère succombe à une crise d'urémie le 26 septembre. Anéanti, il rentre en clinique.

1907 : Après une année de deuil, passée en partie à l'Hôtel des Réservoirs de Versailles et achevée par un déménagement au 102, boulevard Haussmann, reprend l'écriture. Prête attention à l'affaire du matricide Blarenberghe. Rencontre un jeune chauffeur de taxi, Alfred Agostinelli, avec qui il cherche à se lier. Visite des églises en Normandie. Publie le très important « Journées de route en automobile ». S'intéresse à l'affaire Eulenbourg, scandale de mœurs sur la « camarilla » homosexuelle entourant l'empereur d'Allemagne.

1908 : Rédige et publie ses plus importants pastiches. Révèle à quelques proches le « travail très important » auquel il va se consacrer avant longtemps. Ébauche ce qui deviendra le *Contre Sainte-Beuve*, essai critique et romanesque qui aboutira à la conception de la *Recherche*. S'installe à nouveau à l'Hôtel des Réservoirs.

1909 : Poursuit la rédaction du *Contre Sainte-Beuve*. Transforme l'essai en roman vers juin. Rédige quelques pages qui prendront finalement place dans *Le Temps retrouvé*.

1911 : Achève une première rédaction de son roman. Suit désormais de nombreux concerts, notamment de musique lyrique, grâce aux retransmissions du théâtrophone – le théâtre par téléphone.

1913 : Décide de publier à compte d'auteur *Du côté de chez Swann*, premier volume d'*À la recherche du temps perdu*, chez Bernard Grasset, après de longs mois passés à chercher un éditeur et à publier des extraits du roman dans la presse. Poursuit la mise au net de la suite, dont Grasset fait composer des morceaux par l'imprimeur cette année et la suivante, mais qu'il n'éditera finalement pas. Devenu son secrétaire et installé chez lui avec sa compagne Anna, Alfred Agostinelli quitte brusquement Paris le 1er décembre. Il disparaîtra accidentellement au large d'Antibes, le 30 mai suivant.

1914 : Début de la Première Guerre mondiale. Travaille à la *Recherche*. Installe auprès de lui Céleste Albaret, épouse de son chauffeur Odilon mobilisé, qui lui servira d'intendante, de gouvernante et de confidente jusqu'à la fin de sa vie. Bertrand de Fénelon disparaît sur le front

1915 : Travaille à la *Recherche*.

1916 : Renonce à faire éditer la suite de son roman par Bernard Grasset et décide de confier cette tâche à la maison Gallimard, bien que la Nouvelle Revue française ait naguère refusé de publier *Du côté de chez Swann*. Rencontre à de nombreuses reprises Jean Cocteau et Paul Morand.

1917 : Devient un habitué de l'hôtel Ritz, qu'il fréquente depuis l'avant-guerre. Gallimard entreprend une nouvelle édition de *Du côté de chez Swann*, et fait imprimer les premières épreuves de *À l'ombre des jeunes filles en fleurs*.

1918 : Fin de la première rédaction complète de *À la recherche du temps perdu*. Travaille à la préface de *Propos de peintres – De David à Degas* de Jacques-Émile Blanche.

1919 : Gallimard met en vente *Du côté de chez Swann*, *À l'ombre des jeunes filles en fleurs*, et *Pastiches et mélanges*, recueil de pastiches et de textes brefs, notamment autour de Ruskin. Contraint de quitter son appartement, s'installe provisoirement au 8 bis, rue Laurent Pichat, dans un immeuble appartenant à Réjane, et où habitent, entre autres, la comédienne et son fils Jacques Porel. Emménage 44, rue Hamelin à la fin de l'année, où il mourra. Reçoit le Prix Goncourt pour *À l'ombre des jeunes filles en fleurs*.

1920 : Publie « À propos du style de Flaubert ». Est nommé chevalier de la Légion d'honneur. *Le Côté de Guermantes I* paraît à l'automne. Publie « Pour un ami. Remarques sur le style ».

1921 : Visite l'exposition hollandaise du musée du Jeu de Paume, où figure la *Vue de Delft* de Vermeer. *Le Côté de Guermantes II – Sodome et Gomorrhe I* paraît au printemps.

1922 : Déclare à Céleste Albaret avoir écrit le mot « fin » sur le manuscrit de la *Recherche*. *Sodome et Gomorrhe II* paraît au printemps, et *Sodome et Gomorrhe III – La Prisonnière* à l'automne. Affaibli par une bronchite, Marcel Proust meurt chez lui, le 18 novembre, à quatre heures et demie de l'après-midi, en présence notamment de son frère Robert et de Céleste Albaret.

1925 : Parution des deux volumes d'*Albertine disparue*.

1927 : Parution des deux volumes du *Temps retrouvé*. Robert Proust réunit d'anciens articles de son frère, qu'il fait paraître dans *Chroniques* chez Gallimard.

1952 : Bernard de Fallois fait paraître *Jean Santeuil*, à partir des manuscrits de Marcel Proust.

1954 : Bernard de Fallois fait paraître *Contre Sainte-Beuve*, à partir des manuscrits de Marcel Proust.

BIBLIOGRAPHIE

I. Textes

À la recherche du temps perdu, éd. publiée sous la direction de J.-Y. Tadié, Paris, « Bibliothèque de la Pléiade », Gallimard, 1987-1989, 4 vol.

Contre Sainte-Beuve, éd. établie par B. De Fallois, Paris, Gallimard, 1954.

Contre Sainte-Beuve, précédé de *Pastiches et mélanges* et suivi de *Essais et articles*, éd. établie par P. Clarac avec la collaboration d'Y. Sandre, Paris, « Bibliothèque de la Pléiade », Gallimard, 1971.

Correspondance générale de Marcel Proust, établie par P. Kolb, Paris, Plon, 1970-1993, 21 vol.

Écrits de jeunesse : 1887-1895, éd. établie par A. Borel, Institut Marcel Proust International, 1991.

Jean Santeuil, précédé de *Les Plaisirs et les jours*, éd. établie par P. Clarac avec la collaboration d'Y. Sandre, Paris, « Bibliothèque de la Pléiade », Gallimard, 1971.

Index général de la Correspondance de Marcel Proust, sous la direction de K. Yoshikawa, Kyoto, Presses de l'université de Kyoto, 1998.

II. Revues spécialisées sur Marcel Proust

Bulletin d'informations proustiennes, Paris, Presses de l'École normale supérieure, depuis 1973.

Bulletin de la Société des amis de Marcel Proust et des amis de Combray, depuis 1950.

Les Cahiers Marcel Proust, Paris, Gallimard, de 1927 à 1935, 8 vol. parus.

Cahiers Marcel Proust, Paris, Gallimard, de 1970 à 1987, 14 vol. parus.

III. Témoignages et ouvrages généraux sur la vie et l'œuvre de Marcel Proust

Autret (Jean), *L'Influence de Ruskin sur la vie, les idées et l'œuvre de Marcel Proust*, Genève, Droz, 1955.

Bardèche (Maurice), *Marcel Proust romancier*, Paris, Les Sept Couleurs, 1971, 2 vol.

Bersani (Jacques), *Les Critiques de notre temps et Proust*, présenté par J. Bersani, Paris, Garnier, 1971.

Brunet (Étienne), *Le Vocabulaire de Proust*, préface de J.-Y. Tadié, Slatkine, Genève et Champion, Paris, 1983, 3 vol.

Compagnon (Antoine), *Proust entre deux siècles*, Paris, Seuil, 1989.

Daudet (Lucien), « Autour de soixante lettres de Marcel Proust », Paris, *Les Cahiers Marcel Proust*, n° 5, Gallimard, 1928.

Deleuze (Gilles), *Proust et les signes*, Paris, PUF, 1964.

Dreyfus (Robert), *Souvenirs sur Marcel Proust*, Paris, Grasset, 1926.

Milly (Jean), *Les Pastiches de Proust*, Paris, Armand Colin, 1970.

Montesquiou (Robert de), *Les Pas effacés*, Paris, Émile-Paul frères, 1923, 3 vol.

Picon (Jérôme), *Passion Proust, l'album d'une vie*, Paris, Textuel, 1999.

Poulet (Georges), *L'Espace proustien*, Paris, Gallimard, 1963.

Spitzer (Léo), *Études de style*, traduit de l'anglais et de l'allemand par E. Kaufholz, A. Coulon, M. Foucault, Paris, « Bibliothèque des Idées », Gallimard, 1970.

Tadié (Jean-Yves), *Proust et le roman. Essai sur les formes et techniques du roman dans* À la recherche du Temps Perdu, Paris, « Bibliothèque des Idées », Gallimard, 1971.

Tadié (Jean-Yves), *Marcel Proust*, Paris, Gallimard, 1996.

IV. Ouvrages généraux sur Marcel Proust et les arts

De Chantal (René), *Marcel Proust critique littéraire*, Montréal, Presses de l'université de Montréal, 1967.

Monnin-Hornung (Juliette), *Proust et la peinture*, Genève, Droz et Lille, Giard, 1951.

Marcel Proust, les arts et le roman, sous la direction de J.-Y. TADIÉ, catalogue d'exposition, Paris, Bibliothèque nationale de France et Gallimard, 1999.

Proust et les peintres, sous la direction de M. VALLÈS-BLED, catalogue d'exposition, Musée de Chartres, 1991.

INDEX DES NOMS ET DES TITRES D'ŒUVRES CITÉS

Abbéma, Louise (1858-1927), peintre français, 75.

À Courbevoie au soleil, par Barrau, n. 4.

À Courbevoie vers le soir, par Barrau, n. 4.

Actes des Apôtres, 223.

Adelsward, marquis d', 75.

Adelsward, marquise d', 75.

Aderer, Adolphe-Émile (1855-1923), rédacteur au *Temps*, 75.

Aderer, Mme Adolphe, son épouse, 75.

Adorable Clio, de Jean Giraudoux, n. 343.

« Nuit à Châteauroux », 339, n. 343.

Agostinelli, Alfred (1888-1914), chauffeur et secrétaire de Marcel Proust, né à Monaco, 252.

Aguesseau, Henri François, chancelier d' (1668-1751), homme politique français, 164.

À la recherche du temps perdu, de Marcel Proust, n. 70, n. 133, n. 145-147, n. 173, n. 177, 367.

Albert, duc d', 164.

Albert Dürer, d'Ephrussi, 135.

Albuféra, Zénaïde de Cambacérès, duchesse d' (1857-1932), 74, 134.

Albuféra, Louis Suchet, marquis d' (1877-1953), 159.

Alexandre le Grand (356-323 av. J.-C.), 316.

Allard, Léonide Navoit, Mme Jules (1822-1909), grand-mère de Lucien Daudet, 290.

Allard, Roger (1885-1961), poète et critique littéraire français à *La Nouvelle Revue française*, 365.

Allemagne, Augusta Viktoria de Prusse, impératrice d' (1858-1921), 147.

Alton Shée, comte Edmond d' (1810-1874), homme politique français, 276.

« Âme du vin (L') », voir *Fleurs du Mal (Les)*.

Amiel, Henri Frédéric (1821-1881), écrivain suisse, 53.

Amiens, le jour des Trépassés, par Ruskin, 120.

« À mon Frère, revenant d'Italie », voir *Poésies nouvelles*.

Amour médecin (L'), de Molière, n. 234.

Amours du poète (Les), de Schumann, n. 126.

« J'ai pardonné », n. 126.
Amour veille (L'), de Flers et Caillavet, 262.
Ampère, Jean-Jacques (1800-1864), historien français, 276.
Amphitryon, de Molière, n. 149.
Anaxagore (500-426 av. J.-C.), philosophe grec, 157.
Anciens (Les), de Montesquiou, 75.
Andromaque, de Racine, 221, 262.
Annonciation, par Besnard, n. 19.
Antigone, de Sophocle, n. 152.
Aphorismes sur la sagesse dans la vie, de Schopenhauer, 214.
Apocalypse de saint Jean, 283, n. 247-248, n. 250.
Apologie de Socrate, de Platon, 214.
Apôtres (Les), de Renan, n. 328.
Après le bain, par Dinet, 40.
Aramon, comte Bertrand d' (1876-1949), du Jockey-Club, 74, 159.
Aramon, comtesse Bertrand d', son épouse, 74.
Arc de Titus (L'), par Dumoulin, n. 51.
Arcos, Mme, 74.
Arenberg, Emma de Gramont des ducs de Lesparre, princesse d' (1883-1958), 147.
Aria, de Montesquiou, 77.
Aristote (384-322 av. J.-C.), philosophe grec, 163, 185, 352.
Aristote et Campaspe, bas-relief anonyme de la façade de la cathédrale de Lyon, n. 160.
Arlésienne (L'), d'Alphonse Daudet, 367.
Armagnac, comte d', 164.
Arrangement en gris et noir, par Whistler, n. 271.
Art poétique (L'), de Boileau, n. 235.
Ascanio, de Saint-Saëns, 88-89.
Astre noir (L'), de Léon Daudet, 291.
Atala, de Chateaubriand, 119, 277.
Athalie, de Racine, 262, n. 295.
« Au lecteur », voir *Fleurs du Mal (Les)*.
Aumale, Henri d'Orléans, duc d' (1822-1897), militaire et collectionneur français, 138.
« À une jeune fille », voir *Confiteor.*
« Aurore », voir *Contemplations (Les)*.
« Aurore », voir *Tendres Stocks.*
Austin Lee, Mme, 74.
Autels privilégiés, de Montesquiou, n. 150, 230, 235.
Auxerre, voir *Denys l'Auxerrois.*
« À Villequier », voir *Contemplations (Les)*.
Ayen, duc d', 164.

Babou, Hippolyte (1824-1878), journaliste français, 358.
Bach, Jean-Sébastien (1685-1750), compositeur allemand, 75, 89, 159.
Bacon, Roger (1214-1294), moine et philosophe britannique, 259.
Baedecker, Karl (1801-1859), éditeur allemand, notamment de guides touristiques, n. 176, 331, n. 326.
Bagès, chanteur français, 77.
Baignères, Arthur (1834-1913), 74.
Baignères, Charlotte Borel, Mme Arthur (1844-1910), 74, 297.
Baignères, Laure Boilay, Mme Henri (1844-1918), 74, 297.
Bainville, Jacques (1879-1936), historien et journaliste français, 338.
« Balcon (Le) », voir *Fleurs du Mal (Les)*.
Balleroy, marquise de, 75.

Balzac, Honoré de (1799-1850), écrivain français, 145, 173, n. 145, 174, 181-183, n. 167, 226, 234, 239, 259, n. 229, 276, 281, 292, 315, 323-324, 326, 332.

Banville, Théodore de (1823-1891), poète français, 292.

Bapst, Germain (1853-1921), historien et archéologue français, 135.

Barbe-Bleue, de Charles Perrault, n. 222.

Bardoux, Jacques (1874-1959), historien et homme politique français, 143, n. 116, 144.

Barrau, peintre français, 41, 56.

Barrès, Maurice (1862-1923), écrivain français, 75, 168, 178, 185, n. 194, 229, 302, n. 276-277, n. 340.

Barrès, Paule Couche, Mme Maurice, 75.

Bartet, Julia (1854-1941), actrice française, 76-77, 147.

Batbie, Anselme Polycarpe (1828-1887), homme politique français, 265.

Baudelaire, Charles (1821-1867), poète et critique d'art français, 53, n. 77, 173, n. 161, n. 263, 304, n. 284, 325, 332, n. 334, 333, n. 335, n. 337, 334, n. 339, 335, 342, 344, 347, n. 359-361, 348, n. 362-364, 349, n. 370, 350, n. 371-375, 351, n. 376-377, 352, n. 380-383, 353, n. 385, n. 388, 354, n. 391, n. 393-397, 355, n. 398-402, 356, n. 405-407, 357, n. 408-409, 358, n. 415, 359, 362, n. 424, 363-364.

Bauer, Harold, pianiste, 152.

BAYEUX, CATHÉDRALE DE, 114.

Béarn, Martine de Béhague, comtesse René de (1870-1939), 183, n. 298.

Beau Dieu d'Amiens (Le), 128-129.

« Beauté (La) », voir *Fleurs du Mal (Les)*, pièces condamnées.

Beauvilliers, Paul, duc de (1648-1714), gouverneur du duc de Bourgogne, 276.

Beethoven, Ludwig van (1770-1827), compositeur allemand, 79, n. 72, 89, 159, 189, 340, n. 349, 351, n. 378.

Belgique, reine de, 147.

Bellay, Joachim du, voir Du Bellay, Joachim.

Belle Hélène (La), d'Offenbach, 332, n. 333.

Bellini, Giovanni (1429-1516), peintre italien, 116.

Benedetti, Vincent, comte (1817-1900), diplomate français, 133.

Benedetti, comtesse, 132.

Benedetti, Marie Salles, vicomtesse Fernand, 141.

Benjamin Constant, Jean (1845-1902), peintre français, 302, n. 275.

Béranger, Pierre de (1780-1857), poète et créateur de chansons français, 285, 304, 335.

Béraud, Jean (1848-1935), peintre français, 75, 146, 149, 184.

Bérenger, René (1830-1915), homme politique français, 285.

Berger mercenaire (Le), de Hunt, 234, n. 199.

Bergeret, peintre français, 57, n. 53.

Berkheim, comtesse de, 75.

Bernard, Claude (1813-1878), physiologiste français, 259.

Bernard, saint (1090-1153), fondateur de l'abbaye de Clairvaux, 237.

Bernardin de Saint-Pierre, Jacques Henri (1737-1814), écrivain français, 108.
Bernhardt, Sarah (Rosine Bernard, dite), actrice française (1844-1923), 76-77, 101, 227.
« Bernica (Le) », voir *Poèmes barbares.*
Bernin (le) (Gian Lorenzo Bernini, dit), sculpteur, architecte, peintre et poète italien (1598-1680), 229.
Bernstein, Henry (1876-1953), auteur dramatique français, 262.
Berthelot, Marcelin (1827-1907), chimiste et homme politique français, 284.
Besnard, Albert (1849-1934), peintre et décorateur français, 55.
Beyle, Henri, voir Stendhal.
Bibesco, Antoine, prince (1878-1951), diplomate d'origine roumaine, 150.
Bibesco, Hélène Costaki Epureano, princesse Alexandre (vers 1850-1902), 75.
Bichat, Xavier (1771-1802), médecin et anatomiste français, 260.
Biencourt, marquise Charles de, 74.
Bible (La), 113, 169, 223, 345.
Bible d'Amiens (La), de Ruskin, 114-115, 118, 120-123, 129, n. 119, 166, n. 141, 171-172, n. 142, 173, 233, n. 197, n. 218.
« Bijoux (Les) », voir *Fleurs du Mal (Les)*, pièces condamnées.
Billotte, 41, 56.
Billy, Robert de (1869-1953), diplomate français, 66, n. 76.
Bion (IIe siècle av. J.-C.), poète grec, 275.
Blanche, Émile (1820-1893), aliéniste français, n. 262, 297, n. 267, 309.
Blanche, Louise-Émilie Baron Châtillon, Mme Émile (1819-1895), 297.
Blanche, Jacques-Émile (1861-1942), peintre français, 41, 57, n. 108, 295, n. 259-262, 296-297, n. 265-267, 298, n. 269, 299-300, 302, n. 276-279, 303, 305, n. 289, 307-312, 317.
Blavet, Émile (1838-1924), homme de lettres français, 75.
Boccace (1313-1375), écrivain italien, 112, 211.
Boigne, Charlotte d'Osmond, comtesse de (1781-1866), mémorialiste française, 241, 244, 246-247, 305, n. 287.
Boileau, Nicolas (1636-1711), écrivain français, 219, n. 235, 337-339, 343.
Boldini, Giovanni (1842-1931), peintre italien, 57, 75.
Boleyn, Anne de (1507-1536), femme d'Henri VIII d'Angleterre, 89.
Bonaparte, Napoléon, voir Napoléon Ier.
Bonaparte, princesse Jeanne, voir marquise de Villeneuve.
Bonington, Richard Parkes (1802-1828), peintre anglais, 122.
Bonnat, Léon (1833-1822), peintre français, 57, 135, 139, 146.
Bonne Chanson (La), de Verlaine, n. 221.
« Booz endormi », voir *Légende des siècles (La)*.
Bordas, expert français, 280.
Borghèse, prince Giovanni (1855-1918), militaire italien, 135, 151.
Bos, M. du, 135.
Bos, Mme du, 135.

Bossuet, Jacques-Bénigne (1627-1704), prélat, théologien et écrivain français, 218, 231, 322.
Bossut, comtes de, 163.
Botticelli, Sandro (1445-1510), peintre italien, 193, n. 166, 194.
Boucher, François (1703-1770), peintre et décorateur français, 322.
Bouhier, Jean (1673-1746), magistrat français, 274.
Boulay Paty, Évariste (1808-1864), poète français, 233.
Boulenger, Jacques (1879-1944), historien et critique français, 350.
Bourdeau, Jean (1848-1928), philosophe français, 135.
Bourgeois, Léon (1851-1925), homme politique français, 148.
Bourget, Paul (1852-1935), écrivain français, 68, 185, 297, n. 268.
Bouvard, Joseph-Antoine (1840-1920), architecte français, 284.
Bouvard et Pécuchet, de Flaubert, 66, n. 67, 71, 134.
Brahms, Johannes (1833-1897), compositeur allemand, 152, 158.
Brancovan, Rachel Rallouka Musurus, princesse Grégoire de (1847-1923), 74, 157.
Brantes, Louise Lacuée de Cessac, Mme Roger Sauvage de (1842-1914), 74, 163, 183.
Bras de la Seine près de Giverny, par Monet, n. 175.
Briey, Euphémie de Ludre, comtesse Théodore de, 148.
Brigode, Corisande de Gramont, comtesse de (1850-1935), 74.
« Brisacier », voir *Le Prince des cravates*.
Brissac, Thérèse Seillière, comtesse Pierre de Cossé (1867-1937), 74, 148.
Brissac, François de Cossé, duc de (1868-1944), 148.
Brissac, duchesse François de Cossé, 148.
Broglie, Albertine de Staël, duchesse de (1797-1838), 305.
Broglie, Marie Say, princesse Amédée de (1857-1943), 74, 157.
Brooke, lady, 156.
Brown, photographe anglais, 193.
Brugère, Henri-Joseph (1841-1918), général français, 149.
Bruges-la-Morte, de Rodenbach, 268.
Brûlé, André (1879-1953), artiste dramatique français, 263.
Brunhes, Henriette Jean (Henriette Hoskier, Mme Jean Brunhes, dite), essayiste (1872-1914), 143, n. 115.
Brunin, artiste français de music-hall, 62.
Bruyas, Alfred (1821-1877), collectionneur français, 234, n. 201.
Bucoliques (Les), de Virgile, 364.
Buffon, Georges-Louis Leclerc, comte de (1707-1788), naturaliste et écrivain français, 129, n. 104.
Bunsen, Marie von, historienne et critique allemande, 143, n. 112, 144.
Burns, Robert (1759-1796), poète écossais, 112.
Byron, Lord (Georges, dit), poète anglais (1788-1824), 168, 213-214.

Cabaret du Père Lathuile (Le), par Manet, n. 291.

Cabaret italien, par Edelfelt, n. 21.
Cahen [d'Anvers], Mme, 185.
Caillavet, Gaston Arman de (1869-1915), auteur dramatique français, 148, n. 122.
Caillavet, Jeanne Pouquet, Mme Gaston Arman de (1874-1961), 148.
Caïn, de Byron, 213.
Calmette, Gaston (1858-1914), directeur du *Figaro*, 148, 366.
Campaspe, courtisane de l'Antiquité, 185.
Campement (Le), par Dinet, 40.
Campo-Santo de Pise, (fresques du), n. 200.
Candide, de Voltaire, 213.
Canillac, marquis de, 164.
Capitaine Fracasse (Le), de Théophile Gautier, 202, n. 171, 203, 236, n. 204, 237.
Caraman-Chimay, princesse Alexandre de, 159, n. 163.
Caraman-Chimay, Geneviève de, 73.
Carbon, Étienne-Laurent (1765-1863), directeur du séminaire de Saint-Sulpice, 283.
Carlyle, Thomas (1795-1881), historien, critique et philosophe écossais, 110-112, n. 96, 200.
Carnot, Sadi (1837-1894), homme politique et président de la République française, 270.
Carolus-Duran (Charles Durand, dit), peintre français (1837-1917), 57.
Caro, Elme (1826-1887), philosophe français, 185.
Carpaccio, Vittore (1460-1525), peintre italien, 116, 306.
Carpenter, 207.
Carrière, Eugène (1849-1906), peintre français, 57.
Casa-Fuerte, Flavie Lefebvre de Balsorano, marquise de (1854-1905), 148.
Castellane, Anna Gould, comtesse Boniface de (1878-1961), 148.
Castellane, Boni de (Boniface de Castellane, comte puis marquis de Castellane, dit), (1867-1932), 75, 148-149, 338.
Castellane, Dorothée de Talleyrand-Périgord, comtesse Jean de (1862- ?), 148.
Castellane, marquise de, 183.
Cats, Jacob (1577-1660), poète et homme d'État hollandais, 213.
« Causerie », voir *Fleurs du Mal (Les)*.
Causeries du lundi (Les), de Sainte-Beuve, 304, n. 283, 334.
Cazin, Jean-Charles (1841-1901), peintre français, 41, 56.
Cécile, sainte (IIIe siècle), 252, n. 228.
Cène (La), d'après Léonard de Vinci, par Morghen, 306.
Céramique (La), par Puvis de Chavannes, n. 17.
César Birotteau, de Balzac, 234.
Cessac, 164.
Cézanne, Paul (1839-1906), peintre français, 310.
Chaix d'Est-Ange, Charles (1800-1876), juriste et homme politique français, 277.
Chamillard, confesseur des religieuses de Port-Royal, 337.
Chandieu, comte de, 75.
Chandieu, comtesse de, 75.
Chanson, d'Alfred de Musset, n. 319.
Chansons des rues et des bois (Les), d'Hugo, 282.

« Chant d'automne », voir *Fleurs du Mal (Les).*
Chaplet, Ernest (1835-1909), céramiste français, 58.
Chaplin, Charles (1825-1891), peintre français, 57, 305.
Chaponay, comtesse de, 75.
Chardin, Jean-Baptiste Siméon (1699-1779), peintre et pastelliste français, n. 296.
Charité (La), du portail d'Amiens, 117.
Charité (La), par Giotto, 116, n. 97.
Charles le Téméraire, duc de Bourgogne (1433-1477), 227.
Charles II, roi d'Espagne (1661-1700), 163.
Charles X, roi de France (1757-1836), 155.
Chartran, Théobald (1849-1907), peintre français, 57.
Chartreuse de Parme (La), de Stendhal, 181, 304, 325, 336.
Chasse (La), de José-Maria de Heredia, n. 157.
Chassériau, Théodore (1819-1856), peintre français, 238, n. 207.
Chateaubriand, François-René, vicomte de (1768-1848), écrivain et homme politique français, 93, 119, 168, 211, 277, 327-328.
Chauchard, Alfred (1821-1909), homme d'affaires, philanthrope et collectionneur français, n. 275, 366.
Chemin mort (Le), de Lucien Daudet, 290.
Chénier, André (1762-1794), poète français, 76, 356.
Chéret, Jules (1836-1932), peintre et affichiste français, 47.
Chesneau, Ernest (1833-1890), critique d'art français, 234.
« Chevelure (La) », voir *Fleurs du Mal (Les).*
Chevigné, Laure de Sade, comtesse Adhéaume de (1859-1936), 74-75, 148-149, n. 220.
Chevreuse, Charles, duc de (1646-1712), 276.
Chimay, princesse de, 74.
Chopin, Frédéric (1810-1849), pianiste et compositeur polonais, 75, 90.
Chouans (Les), de Balzac, n. 167.
Christ :
« Christ », 118, 123, 128, 171.
« Enfant », n. 299.
« Jésus-Christ », 109, 331-332, 344.
« Maître », 166.
« Messie », 103.
« Sauveur », 103, n. 103, 192, 222, 233.
Cid (Le), de Corneille, 353, n. 389-390.
Cimetière de campagne (Le), de Reynaldo Hahn, 152, n. 124.
Clairin, Georges (1843-1919), peintre français, 146.
Claretie, Jules (1840-1913), homme de lettres français, 75.
Claretie, Mme Jules, 75.
« Clarisse », voir *Tendres Stocks.*
Clartés du soleil, par Kuehl, 56.
Clovis, artiste français de music-hall, 60.
Cochin, baron Denys (1827-1907), homme politique français, 74.
Cochin, baronne Denys, 74.
Cocteau, Jean (1889-1963), écrivain français, 292, 306.
Cœur innombrable (Le), d'Anna de Noailles, 244.
Colère de Samson (La), d'Alfred de Vigny, 346, n. 356, n. 410-414.
Coleridge, Samuel Taylor (1772-1834), poète, critique et philosophe anglais, 207.

Collingwood, William Gershom (1854-1932), secrétaire de John Ruskin, 200.
Collins, Charles Allston (1828-1873), peintre anglais, 234.
Colomban, saint (vers 540-615), 283.
Comédie humaine (La), de Balzac, n. 231, n. 244, 281, n. 304.
« Communion », voir *Confiteor*.
Confiteor, de Trarieux, 51, 65.
« À une jeune fille », 51.
« Communion », 51.
« Humilité », 51.
« Jour (Un) », 51.
« Rêve de Judas », 52.
« Ritournelle des amoureux », 52.
« Rondel », 51.
« Séparation », 51.
« Souvenir », 51.
Construction de Carthage (La), voir *Essor de l'empire carthaginois (L')*.
Consulat et l'Empire (Le), de Thiers, 159.
Contemplations (Les), de Hugo, n. 130, n. 264, n. 386, n. 392.
« Aurore », n. 392.
« À Villequier », n. 264.
« Lettre », n. 386.
« Viens ! une flûte invisible », n. 130.
Contrat de mariage (Le), de Balzac, 292.
Contre Sainte-Beuve, de Marcel Proust, n. 73, n. 108, 295, n. 259, n. 313.
Coppée, François (1842-1908), poète français, 75.
Coquelin aîné (Constant Coquelin, dit), acteur français (1841-1909), 147 (?), 281.
Coquelin cadet (Ernest Coquelin, dit), acteur français (1848-1909), 263, 281.
Corneille, Pierre (1606-1684), auteur dramatique français, n. 389-390.
Corot, Jean-Baptiste Camille (1796-1876), peintre français, n. 300, 311-312, n. 308.
Coucher de la morte (Le), de Montesquiou, 77.
Course en province, par Forain, 41.
Courtois, 57.
Cousin, Victor (1792-1867), philosophe français, 331, 349.
Cousin Pons (Le), de Balzac, 291.
Crassus (115-53 av. J.-C.), homme politique romain, 281.
Crime de Sylvestre Bonnard (Le), d'Anatole France, 331, n. 325.
Criticon, de Gracián, 214.
Croisset, Francis de (Francis Wiéner, dit), auteur dramatique français (1877-1937), 152, n. 176.
Cromwell, Oliver (1599-1658), homme d'État britannique, 112.
Croy, famille de, 158-159.
Cruet, dentiste français, 268.
Crucifixion, par Tintoret, 107.
Cucheval, Victor (1830-1912), professeur de lycée, 156, n. 135.
Cuvillier Fleury, Alfred (1802-1887), écrivain français, 326.
Cuyp, Albert (1620-1691), peintre hollandais, 85, n. 78, 253.
Cydnus (Le), de Heredia, n. 137.
« Cygne (Le) », voir *Fleurs du Mal (Les)*.

Dagnan, voir Dagnan-Bouveret, 56.
Dagnan-Bouveret, Pascal (1852-1929), peintre français, 56.
Daguesseau, voir Aguesseau (d').

Dame jaune (La), par Stevens, n. 47.
Danses hongroises pour piano, de Brahms, 158.
Dante (Durante Alighieri, dit), poète italien (1265-1321), 118, 208, 365.
Dardanus, de Rameau, 158, n. 136.
Daudet, Alphonse (1840-1897), écrivain français, 218, 290, n. 254, 366.
Daudet, Mme Alphonse (1847-1940), 75, n. 255, 366.
Daudet, Léon (1868-1942), écrivain, journaliste et homme politique français, 75, n. 256-257, 291, 325, 338, 345.
Daudet, Jeanne Hugo, Mme Léon (1869-1941), 75.
Daudet, Lucien (1883-1946), écrivain et peintre français, 266-268, 290, n. 253, 291-292.
Dauphin, Émile (1857- ?), peintre français, 41.
Decazes, Élie, duc (1864-1912), 157.
Decius (201-251), empereur romain, 285.
Dédale, sculpteur grec de l'Antiquité, 118.
Deffand, Marie, marquise du (1697-1780), femme de lettres française, 237.
Degas, Edgar (1834-1917), peintre français, 305, 310, n. 300, n. 302.
Delacroix, Eugène (1798-1863), peintre français, n. 201, n. 209, n. 211, 310, n. 303, 311.
Delafosse, Léon (1874-1951), pianiste et compositeur français, 75, 77-78.
Delaherche, Auguste (1857-1940), céramiste français, 58.
Delarue-Mardrus, Lucie (1880-1945), écrivain français, 291.
Delaunay, Jules-Élie (1828-1891), peintre français, 57.
Delcassé, Théophile (1852-1923), homme politique français, 261.
« Delphine », voir *Tendres Stocks*.
Demidoff, prince Anatole (1812-1870), 139.
De natura rerum, de Lucrèce, n. 273.
Denis, Maurice (1870-1943), peintre français, 219, 302, 311.
Denys l'Auxerrois, de Pater, 122.
Départ des conscrits (Le), par Dagnan-Bouveret, 56.
Départ pour la pêche, par Dessar, 56.
Départ pour la promenade à cheval (Le), par Cuyp, n. 78.
Desbordes-Valmore, Marceline (1786-1859), actrice et poète français, 75, n. 71, 232, 290, 360, n. 419.
Desboutin, Marcellin (1823-1902), graveur et écrivain français, 41.
Descartes, René (1596-1650), philosophe et savant français, 200, 314.
Deschanel, Paul (1855-1922), homme politique français, 74, 148, 150.
Des jardins des reines, voir *Sésame et les lys*.
Dessar, Louis-Paul (1867-1952), peintre américain, 56.
Detaille, Édouard (1848-1912), peintre français, 146.
Detelbach, 75.
Detelbach, Mme, 75.
Détour (Le), d'Henry Bernstein, 262.
Deux chevaux de trait devant une chaumière, par Potter, n. 79.
Deux Sœurs (Les), ou *Mesdemoiselles C.*, par Chassériau, 238, n. 207.

Diderot, Denis (1713-1784), écrivain et philosophe français, 219.
Dieulafoy, Georges (1839-1911), médecin français, 75.
Dinet, Étienne (1861-1929), peintre français, 39-41.
Dion, Albert, comte puis marquis de (1856-1946), industriel français, 74.
Divine Comédie (La), de Dante, 223.
Dominique, saint (1170-1221), 237.
Don Juan, de Mozart, 92.
Dormeuse (La), de Marceline Desbordes-Valmore, 75.
Dorval, Marie (1798-1849), actrice française, 346.
Dostoïevski, Fédor Mikhaïlovitch (1821-1881), écrivain russe, 336.
Doucet, Lucien (1856-1896), peintre français, 135.
Doudeauville, duc de, 157-158.
Dreyfus, Alfred, 265.
Dreyfus, Robert, 62.
Drumont, Édouard (1844-1917), journaliste et homme politique français, 265.
Du Bellay, Joachim (1522-1560), poète français, 324.
Dubois, M., peintre français, 57.
Dubois, sculpteur français, 57.
Dubois de l'Estang, 183.
Dubourg, famille, voir *Famille Dubourg (La)*, 308.
Dubule, 75.
Dubule, Mme, 75.
Du côté de chez Swann, de Marcel Proust, 328.
Duez, 75.
Duez, Mme, 75.
Dufeuille, Eugène (1841-1911), homme politique français, 184.
Duflos, Raphaël (1858-1941), comédien français, 101.
Dumas fils (Alexandre Dumas, dit), écrivain français (1824-1895), 50, 139, n. 120.
Dumas père (Alexandre Dumas, dit), écrivain français (1802-1870), 339.
Dumoulin, Louis-Jules (1860-1924), peintre français, 57.
Duparc, Mme, artiste française de music-hall, 61.
Duperré, Victor-Auguste, baron (1825-1900), amiral français, 141.
Duquesnel, Félix (1832-1915), critique et directeur de théâtre français, 101.
Dürer, Albrecht (1471-1528), peintre et graveur allemand, 135.
Dutilleul (Les), 300-301.
Dyck, Antoon van (1599-1641), peintre flamand, 86, n. 81, 239.

Eagles Nest, de Ruskin, 120-121.
Eaux dormantes, par Gallé, n. 58.
Éblouissements (Les), d'Anna de Noailles, 244.
Économique (L'), de Xénophon, 290.
Économiques (Les), voir *L'Économique*.
Edelfelt, Albert (1854-1905), peintre finlandais, 39, 40, 56.
Éducation sentimentale (L'), de Flaubert, n. 167, 305, n. 310, 316-317, 319, 324, 329.
Effet de neige, par Jeanniot, 56.
Effiat, marquis d', 164.
Elchingen, duc d', 135.
Elchingen, duchesse d', 135.
Éléonore de Guyenne (1122-1204), reine de France puis d'Angleterre, 252.
Élisabeth, sainte, 237.
Embarcadère (L'), par Monet, n. 305.

Embarquement pour Cythère, voir *Pèlerinage à l'Isle de Cythère.*
Emerson, Ralph Waldo (1803-1882), philosophe américain, 112, 176, 208, 285.
Énéide (L'), de Virgile, n. 245.
« Enfant », voir Christ.
Enlèvement des Sabines (L'), par Degas, d'après Poussin, 310, n. 302.
Enlèvement des Sabines (L'), par Poussin, 310, n. 302.
Épîtres de saint Paul, 223.
Ephrussi, Charles (1849-1905), historien de l'art et journaliste français, 75, 135.
Érasme (vers 1469-1536), philosophe hollandais, 165.
Espinasse, Mme, 132.
Essling, Victor Masséna (1836-1910), prince d', 135.
Essling, Paule Furtado-Heine (1847-1903), princesse d', 135.
Essor de l'empire carthaginois (L'), par Turner, n. 95.
Este, princesse d', voir *Portrait de Ginevra d'Este*, 234, n. 198.
Esther, de Racine, n. 295.
Esthétique anglaise (L'), de Milsand, 106.
Étang bleu (L'), de Mlle de Heredia, 77.
Étape (L'), de Paul Bourget, n. 268.
Été (L'), *panneau décoratif*, par Puvis de Chavannes, n. 17.
Étude de jeune fille, par Dagnan, n. 29.
Eugène, prince (1663-1736), militaire français, 193.
Eugénio, artiste français de music-hall, 62.
Euripide (480-406 av. J.-C.), poète tragique grec, 204, 214, 263.
Évangéliste (L'), d'Alphonse Daudet, 290.
Évangile selon saint Luc, 222.
« Eviradnus », voir *Légende des siècles (La)*.

Faguet, Émile (1847-1916), critique français, n. 117, n. 229, 262, n. 258.
Falconnet, Étienne Maurice (1716-1791), sculpteur français, 339.
Falguière, Alexandre (1831-1900), peintre et sculpteur français, 57.
Famille Beauvisage (La), de Balzac, 261.
Famille Dubourg (La), par Fantin-Latour, n. 294.
Fantaisie, de Chopin, 75.
Fantin-Latour, Henri Théodore (1836-1904), peintre français, 300, 303, 306-308, n. 294, 311.
Faure, Félix (1841-1899), homme politique et président de la République française, 142.
Fauré, Gabriel (1845-1924), compositeur français, 158, 185, 227, 350.
Faust, de Goethe, n. 317.
Faust, traduction de Gérard de Nerval d'après Goethe, n. 317.
Faust, de Gounod, 349, n. 368.
Femme inconnue (La), sculpture conservée au musée de Lille, 193.
« Femmes damnées », voir *Fleurs du Mal (Les)*, pièces condamnées.
Femmes savantes (Les), de Molière, n. 236.
Fénelon, François de Salignac de la Motte (1651-1715), prélat français, 182.
Feuilles d'automne (Les), de Victor Hugo, 244.
Feydeau, Ernest-Aimé (1821-1873), écrivain français, 305.
Fezensac, duchesse de, 164.

Figuier (Le), de Montesquiou, 77.
Filles du Feu (Les), de Gérard de Nerval, 328.
Fille Élisa (La), d'Edmond et Jules de Goncourt, 267.
Firmin, saint (IIIe siècle), 120.
Fitz-James, Rosalie de Gutmann, comtesse de (1863-1923), 73.
Flaubert, Gustave (1821-1880), écrivain français, 88, 134, 136-137, n. 167, 226, 230, 269, n. 241, 272-276, 305-306, 314-322, n. 315, 323-327, 336-337, 361.
Flers, Robert, comte de, futur marquis (1872-1927), auteur dramatique français, 66, 148, n. 122.
Flers, Geneviève Sardou, Mme Robert de (1875-1958), 148.
Fleurs du Mal (Les), de Baudelaire, 244, 333-335, 344, 347, 352, 355, 357-359.
« Âme du vin (L') », n. 362.
« Au lecteur », n. 380.
« Balcon (Le) », 347, n. 359, 355, 357.
« Causerie », n. 375.
« Chant d'automne », n. 374, 355.
« Chevelure (La) », 354, n. 397, 355, 364.
« Cygne (Le) », n. 372, n. 424.
« Mort des amants (La) », n. 395.
« Mort des pauvres (La) », n. 361, 355, n. 398.
« Petites Vieilles (Les) », n. 335, n. 363, 351, n. 376-377, 352.
« Phares (Les) », n. 77, n. 381.
« Pipe (La) », 349, n. 370.
« Rebelle (Le) », n. 263, n. 334.
« Recueillement », n. 388.
« Une charogne », n. 406.
« Une martyre », 354, n. 394, n. 407.
« Une nuit que j'étais près d'une affreuse Juive », n. 401.
« Un voyage à Cythère », n. 382.
« Vie antérieure (La) », 355, n. 399.
« Voyage (Le) », n. 339, 349-350, n. 371, 352, 355-356.
Fleurs du Mal (Les), pièces condamnées, de Baudelaire, n. 337.
« Beauté (La) », n. 161.
« Bijoux (Les) », 357, n. 408.
« Femmes damnées », n. 337, n. 383, n. 385, n. 391, n. 393, n. 396, 355-356.
« Imprévu (L') », n. 360, n. 364, n. 373.
« Lesbos », n. 405, n. 409, n. 415.
Flûte enchantée (La), de Mozart, 92.
« Fontaine aux lianes (La) », voir *Poèmes barbares.*
Fontanes, Louis de (1757-1821), administrateur, poète et critique français, 207.
Forain, Jean-Louis (1852-1931), peintre français, 41, 148, 185.
Fornarina (La), par Raphaël, 261.
Fort, Paul (1872-1960), poète français, 229.
Forum (Le), par Dumoulin, n. 51.
Fourberies de Scapin (Les), de Molière, 327.
Fourmilière (La), de Lucien Daudet, 290-292.
Fra Angelico (Guido di Pietro, dit), peintre italien (1417-1455), 312.

Fragonard, Jean-Honoré (1732-1806), peintre et décorateur français, 322.
France, Anatole (1844-1924), écrivain français, 68, 88, n. 86, 96, 148, 218-219, 330, n. 323-324, 331, n. 325, 332, 337, 339, 356.
Franck, César (1822-1890), organiste et compositeur français, 332.
Fromage et lierre, par Zakarian, n. 52.
Fromentin, Eugène (1820-1876), peintre et écrivain français, 118, n. 111, 217, 237, 306, 364.
Fromont jeune et Risler aîné, d'Alphonse Daudet, 290.

Gabriac, comte Alexandre de, 74, 151.
Galilée, Galileo (1564-1642), astronome et physicien italien, 267.
Gallé, Émile (1846-1904), industriel, verrier et ébéniste français, 58, n. 58, 232, n. 196.
Galles, Alexandra de Danemark, princesse de (1844-1925), future reine d'Angleterre, 147.
Galliffet, Florence-Georgina Laffitte, marquise de (1841-1901), 297.
Gallimard, Gaston (1881-1975), éditeur français, 311, n. 305.
Ganay, comte de, 74.
Ganay, comtesse de, 74.
Ganay, marquis de, 75.
Ganay, marquise de, 75, 183.
Ganderax, Louis (1855-1940), journaliste français, 45, 75, 132, 135.
Ganderax, Nina Vimercati, Mme Louis (1855-1920), 75, 132.
Gauthier-Villars, Henry (1859-1931), écrivain français, connu sous le pseudonyme de « Willy », 100, n. 89.
Gautier, Féli (Félix-François, dit), 356.
Gautier, Judith (1850-1917), fille de Théophile Gautier, 75.
Gautier, Théophile (1811-1872), écrivain français, n. 12, 168, 202-204, 216, 236-237, 343.
Gavotte, de Bach, 75.
Gendre de Monsieur Poirier (Le), d'Augier, 316.
Geoffrin, Mme (1699-1777), femme de lettres française, 237.
Géorgiques (Les), de Virgile, n. 387, 364.
Géricault, Théodore (1791-1824), peintre et lithographe français, 239.
Germinie Lacerteux, d'Edmond de Goncourt, d'après Edmond et Jules de Goncourt, 367.
Gervex, Henri (1852-1929), peintre français, 75.
Gervex, Mme Henri, 75.
Gide, André (1869-1951), écrivain français, 302, n. 276, n. 279.
Ginette Chatenay, de Georges de Lauris, 291.
Giotto (Giotto di Bondone, dit), peintre, décorateur et architecte italien (1266-1336), 116, n. 97, n. 306.
Giraudoux, Jean (1882-1944), écrivain français, 339, n. 343, 340, n. 431.
Gluck, Christoph Willibald (1714-1787), compositeur allemand, 90-91, 221.
Goethe, Johann Wolfgang von (1749-1832), écrivain allemand, 106, 168, 179, 262, 325, n. 317.

Goncourt, Edmond Huot de (1822-1896) et Jules Huot de (1830-1870), écrivains et critiques français, n. 106, 136, 235, 237, n. 229, 266, n. 239, 325, 366, n. 431, 367-368, n. 433.
Gontaut-Biron, famille, 158.
Gounod, Charles (1818-1893), compositeur français, 332, 349, n. 368-369.
Goya, Francisco de (1746-1828), peintre et graveur espagnol, 311, 322.
Gracián, Balthazar (1601-1658), écrivain espagnol, 214.
Gramont, Agénor, duc de, 161.
Gramont, duc de, 135.
Gramont, duchesse de, 74, 135.
Grazioli, Nicoletta di Mondragone, duchesse de (1863-1938), 148.
Greffulhe, Élisabeth de Caraman-Chimay, comtesse (1860-1952), 73, n. 70, 148, 151, 155, 158, 163.
Grétry, Mme, 290.
Grévy, Jules (1807-1891), homme politique et président de la République française, 270.
Grignan, François Adhémar de Monteil, comte de (1632-1714), 338.
Grosclaude, Étienne (1858-1932), journaliste français, 149, 152, n. 125.
Grünebaum, Paul (1871-1969), écrivain français, 63.
Guerne, comte de, 75.
Guerne, comtesse de, 75, 182-183.
Guerre et la Paix (La), de Tolstoï, 98.
Guiche, Armand, duc de (1879-1962), futur duc de Gramont, peintre et savant français, 163, 183.
Guide Joanne, 63, n. 63, 195, n. 176.
Guilbert, Yvette (1867-1944), actrice et chanteuse française, 45, 47, 60-61.
Guillaume II, Guillaume de Hohenzollern, roi de Prusse et empereur d'Allemagne (1859-1940), 261.
Guizot, François (1787-1874), historien et homme politique français, 327, 331.

Hahn, Reynaldo (1875-1947), pianiste, chanteur et compositeur français, n. 76, n. 80, 148-149, 152, n. 124, 153, 185, n. 178, n. 306.
Halévy, Daniel (1872-1962), historien français, 325-326, 333-334, 363-364, 366.
Hals, Frans (1582 ou 1583-1666), peintre hollandais, 298, n. 270.
Hamilcar (vers 290-229 av. J.-C.), homme politique et chef militaire carthaginois, 319, 331.
Hamilton, duchesse d', 138.
Hamlet, de William Shakespeare, 127, n. 102, n. 129.
Haraucourt, Edmond (1857-1941), écrivain français, 75.
Harden, Maximilien (1861-1927), journaliste allemand, 265, n. 237.
Harlay, Achille de (1639-1712), homme politique français, 276.
Haussonville, Othenin de Cléron, comte d' (1843-1924), 148.
Haussonville, Pauline d'Harcourt, comtesse d' (1846-1922), 147-148.
Hébert, Ernest (1817-1908), peintre français, 135.
Hegel, Friedrich (1770-1831), philosophe allemand, 95, 349.

Helleu, Paul César (1859-1927), peintre et graveur français, 75, 227, n. 192, 235, 238, 299.
Helleu, Alice Guérin, Mme César (1870-1933), 75.
Hennin-Liétard, 163.
Henri II (1133-1189), roi d'Angleterre, 49, 252.
Henri VIII (1491-1547), roi d'Angleterre, 89.
Henri VIII, de Saint-Saëns, 89.
Henriette Maréchal, d'Edmond et Jules de Goncourt, 268.
Héraclite (vers 540-vers 480 av. J.-C.), philosophe grec, 214.
Heredia, José-Maria de (1842-1905), poète français, 75, 77, 137, n. 137, n. 156 -157, 226.
Heredia, Louise (1877-1930) et Marie (1875-1963) de, filles de José-Maria de Heredia, 74, 77.
Heredo (L'), de Léon Daudet, 325.
Hernani, de Victor Hugo, n. 127.
« Herodias », voir *Trois contes*.
Hérodote (484-425 av. J.-C.), historien grec, 213.
Héros et le culte des héros (Les), de Carlyle, n. 96.
Hervey de Saint-Denis, Louise, baronne Ward, marquise d' (1849-1930), 74.
Hippolyte, d'Euripide, 214.
Hogarth, William (1697-1764), peintre et graveur anglais, 117.
Homère, poète grec de l'Antiquité, 113, 203, 214, 275, 356.
Hoogh, Pieter de (1629-1683), peintre hollandais, 56.
HÔPITAL DE BEAUNE, 211.
Horace (65-8 av. J.-C.), poète latin, 113, 218, 353, n. 384.
Horatio, personnage de *Hamlet* de Shakespeare, 154, 160.
Houdin, Robert, voir Robert-Houdin.
Hugo, Victor (1802-1885), écrivain français, 53, 61, 93-95, n. 91, n. 127, n. 130, 155, n. 131-132, 173, 212, 218-219, 226, 230, 237, 282, n. 264, 325, 327, n. 318, 344, n. 354-355, 345-347, 351, 353, n. 386, 354, n. 392, 355.
Humbert, Jacques-Fernand (1842- ?), artiste français, 57.
Humières, Robert d' (1868-1915), journaliste et traducteur français, 244, n. 218.
« Humilité », voir *Confiteor*.
Hunt, William Holman (1827-1910), peintre anglais, 116, 234, n. 199.
Huysmans, Joris-Karl (1848-1907), écrivain français, 129, n. 103.

« Illusion suprême (L') », voir *Poèmes tragiques*.
Imaginaires (Les), de Racine, voir *Lettres sur l'Hérésie imaginaire*, 337-339.
« Imprévu (L') », voir *Fleurs du Mal (Les)*, pièces condamnées.
Incendie du Bourg (L'), par Raphaël, 240, n. 212.
Indy, Vincent d' (1851-1931), compositeur français, 219.
Ingénu (L'), de Voltaire, 225.
Ingres, Jean Auguste Dominique (1780-1867), peintre français, 235, n. 202-203, 238-239, n. 210, 240, n. 213, 321.
Innocent XII, Antoine Pignatelli (1615-1700), pape, 184.
Intimités, 52.
Iphigénie, de Racine, 327.

Jack, d'Alphonse Daudet, 290.
Jacquemont, Victor (1801-1832), voyageur et naturaliste français, 304.

« J'ai pardonné », voir *Amours du poète (Les)*.
Jambon (Le), par Zakarian, n. 52.
Janzé, comte de, 74.
Janzé, comtesse de, 74.
Jardins des Reines (Des), voir *Sésame et les lys*.
Jarraud, peintre français, 57.
Jean-Baptiste, saint (?-vers 29 ap. J.-C.), 322.
Jeanne d'Arc, par Lagarde, 56.
Jeannin, Pierre (1540-1623), magistrat et homme politique français, 274.
Jeanniot, Georges (1848-1934), peintre et graveur français, 56.
Jeanniot, Mme, 75.
Jérôme, saint (vers 347-420), docteur de l'Église, 118, 129.
« Jésus-Christ », voir Christ.
Jeune Danseuse de Laghouat, par Dinet, 40.
Jeune Homme et la Mort (Le), par Moreau, 173, n. 144.
Joconde (La), par Léonard de Vinci, 266.
John Ruskin, sa vie et son œuvre, de Marie von Bunsen, 143, n. 112.
Jonas (VIIIe siècle av. J.-C.), prophète hébreu, 239.
Joubert, Joseph (1754-1824), écrivain français, 75, 277.
Joubert, 75, 277.
« Jour (Un) », voir *Confiteor*.
Journal, d'Edmond et Jules de Goncourt, n. 106, 137.
Journées de femmes, de Mme Alphonse Daudet, 290.
Judic, Mme, artiste de music-hall, 47.
Junie, sœur de Britannicus, 353.
Justin (IIe siècle), historien latin, 212.

Kahn, Mme, 185.
Kam-Hill, 62.
Kant, Emmanuel (1724-1804), philosophe allemand, 95, 314, 349.
Karsten, historien hollandais, 210.
Kergariou, vicomtesse de, 74.
Kersaint, Blanche de Mailly-Nesle, comtesse de (?-1929), 75, 158, 183.
Kinen, Anita Eustis, Mme Georges, 147.
Kowalsky, Léopold-Franz (1856- ?), peintre français, 56.
Krauss, Gabrielle (1842-1906), cantatrice autrichienne, 152.
Kuehl, Gotthardt-Johann (1850-1915), peintre allemand, 56.

La Borde (ou Laborde), marquis de, 135.
La Bruyère, Jean de (1645-1696), écrivain français, 326.
La Chevrelière, Cécile Séguier, baronne de, 148.
La Fontaine, Jean de (1621-1695), poète français, 253.
Laforgue, Jules (1860-1887), poète français, 53.
La Gandara, Antonio de (1862-1917), peintre espagnol, 75.
La Gandara, Mme Antonio de, 75.
Lagarde, Pierre (1853-1910), peintre français, 56.
Lagarde, par Dauphin, 41.
Lalique, René (1860-1945), verrier et décorateur français, 232.
Lamartine, Alphonse de (1790-1869), écrivain et homme d'État français, 53, 198.
Lambertye, comte de, 74.
Lambertye, comtesse de, 74.
Lamoureux, Charles (1834-1899), chef d'orchestre français, 349.

La Rochefoucauld, comte Aimery de (1843-1928), 184.
La Rochefoucauld, Henriette de Mailly-Nesle, comtesse Aimery de (1852-1913), 74, 158.
La Rochefoucauld, comte Édouard de (1874- ?), 159.
La Rochefoucauld, comte Gabriel de (1875-1942), 184.
La Rochefoucauld, duc de (1613-1680), 164.
La Rochefoucauld, duchesse de, 161.
La Rochefoucauld, famille de, 158-159.
La Roche-Guyon, duchesse de, 164.
La Sablière, Mme de (1636-1693), 237.
La Sizeranne, Robert de (1866-1932), écrivain français, 106, 109, 112, n. 114, n. 118, 120, 143-144, 234.
Lasteyrie, comte Louis de (1881-1955), 148.
Lasteyrie, comtesse de, 148.
Lathuile, père, voir *Cabaret du Père Lathuile (Le)*.
Lau, marquis du, 74, 183.
Laurie, André, écrivain français, 67.
Lauris, Georges, comte de (1876-1963), écrivain français, 291.
La Vallière, duchesse de (1644-1710), 73.
Lavater, Johann Gaspar (1741-1801), savant et philosophe suisse, 259.
Lavedan, Henri (1859-1940), écrivain français, 148.
Lavoisier, Antoine-Laurent de (1743-1794), chimiste et fermier général français, 260.
Law, John (1671-1729), financier écossais, 164.
Lebourg, Albert (1849-1928), peintre français, 56.
Leconte de Lisle (1818-1894), poète français, 53, 59, 67, 77, 320, 322, 360-361, n. 420-421, 362, n. 422-423, n. 425-429.
Le Coulteux, Fanny (Fanny Le Coulteux du Moley, dite), 76.
Lectures on Art, de Ruskin, 166.
« Légende de saint Julien l'Hospitalier (La) », voir *Trois contes*.
Légende des siècles (La), de Hugo, n. 131-132, n. 318, n. 354.
« Booz endormi », n. 318, 344, n. 354, 346.
« Eviradnus », n. 131-132.
Le Hir, Arthur (1811-1868), prêtre français, 283.
Leibniz, Gottfried Wilhelm (1646-1716), savant et philosophe allemand, 349.
Lemaire, Madeleine (Jeanne Magdeleine Coll, dite), peintre français (1845-1928), 74, 135, 145-150, 152-153, 183-184, 305.
Lemaire, Suzette (Suzanne, dite), fille de la précédente (1866-1946), 74, 152, 226.
Lemaître, Jules (1853-1914), critique et écrivain français, 45, 47, 67, 148.
Lemoine, ingénieur et escroc français, 259, n. 229-230, 262-265, 267, n. 240, 268-269, n. 241, 270, 272-273, 278, n. 246, 279-282, 284-286, n. 251, 287-288.
Léonard de Vinci (1452-1519), peintre italien, 175, n. 148, 266, 306.
Léonidas de Tarente, poète grec de l'Antiquité, 276.
Lepère, Auguste (1849-1918), graveur et peintre français, 56.
Le Poittevin, magistrat français, 280.
Lerolle, Henry (1848-1929), peintre français, 56.

Le Roux, Hugues (Henri, dit), explorateur et écrivain français (1860-1925), 45, 47.
Lesage, Alain-René (1688-1747), écrivain français, 226.
« Lesbos », voir *Fleurs du Mal (Les)*, pièces condamnées.
« Lettre », voir *Contemplations (Les)*.
Lettres à la princesse, de Mérimée, 137.
Lettres sur l'hérésie imaginaire, inexactement dénommées par Marcel Proust *Lettres aux Imaginaires* ou *Les Imaginaires*, de Racine, 337, n. 341, 338-339.
Lever de lune à la Garenne-Bezon, par Billotte, n. 27.
« Lévrier de Magnus (Le) », voir *Poèmes tragiques*.
Life and Work of John Ruskin, de Collingwood, 200.
Ligne, famille de, 159.
Lingelbach, Jean (1625-1687), peintre et graveur hollandais, 254.
Liszt, Franz (1811-1886), pianiste et compositeur hongrois, 78.
Lorge, Guy de Durfort-Civrac, duc de (1861-1912), 161.
Lorges, duc de, voir Lorge, duc de.
Loth, fils d'Abraham, 234.
Loti, Pierre (Julien Viaud, dit), officier de marine et écrivain français (1850-1923), 47, 60, 67, n. 281.
Louis XIV (1638-1715), roi de France, 42, 78, 229, 235, 266, 338.
Louis XVI (1754-1793), roi de France, 244, 246.
Louis-Napoléon, prince (1864-1932), 131.
Lubersac, marquise Guy de, 74.
Luc, saint, évangéliste, 222-223.
Lucien Leuwen, de Stendhal, 174.
Lucinge, prince de, 74.
Lucrèce, n. 273.
Lucrèce Borgia, d'Hugo, n. 91.
Lundis (Les), de Sainte-Beuve, 137, 198, 218, 325, 364.
Lur-Saluces, marquise de, 75.
Luynes, duc de, 74, 148-150, 161, 183.
Luynes, duchesse de, 148, 158, 182-183.
Luynes, duchesse douairière de, 158.
Luynes, famille de, 158-159.
Lysandre (IVᵉ siècle av. J.-C.), général spartiate, 81.
Lysimaque, de Montesquieu, n. 312.

Macbeth, de Shakespeare, 95.
Madame (duchesse de Berry, dite) (1798-1870), 260.
Madame Bovary, de Flaubert, 305, n. 310, 316, n. 313, 317, 329.
Madame Gautreau, par Courtois, 57.
Madrazo, Frédéric de (1878-1938), peintre espagnol, 148.
Maeterlinck, Maurice (1862-1949), écrivain belge, 67, n. 67, 167, 205, 213, n. 178, n. 194, 230, n. 282.
Magnard, Francis (1837-1894), journaliste français, directeur du *Figaro*, 75.
Magnard, Mme Francis, 75.
Mahomet (vers 570-632), prophète, 112.
Maillé, duchesse de, 246.
Mailly-Nesle, famille, 158-159.
Maine, duc du (1670-1736), 164.
Maine, duchesse du (1676-1753), 164.

Maintenon, Françoise d'Aubigné, marquise de (1635-1719), 164.
Maison du Berger (La), de Vigny, n. 151, n. 357-358, 347.
« Maître », voir Christ.
Maîtres chanteurs de Nuremberg (Les), de Wagner, 349, n. 366.
Maîtres d'autrefois (Les), de Fromentin, n. 111, 306.
Maladies de la volonté (Les), de Ribot, 207.
Malherbe, François de (1555-1628), poète français, 352.
Mallarmé, Stéphane (1842-1898), poète français, 67, n. 276, 307, 336.
Mandoline, de Verlaine, 75.
Manet, Édouard (1832-1883), peintre français, 295, 299, 303, 305, n. 286, 306, n. 291-292, 307, 310, n. 300, 311, n. 305, 322, 342.
Manet, Eugénie Désirée Fournier, Mme Auguste (1812-1885), 309.
Mantegna, Andrea (1431-1506), peintre italien, 221, n. 227.
Maple & C°, fabricant de mobilier anglais, 191, n. 165, 193.
Marais, Mathieu (1665-1737), écrivain français, 274.
Marc, saint, évangéliste, 118, 223.
Marc-Aurèle (121-180), empereur et philosophe romain, 223.
Marché (Le), de Bernstein, 262.
Margaret Ogilvy de Barrie, 244.
Marie-Antoinette (1755-1793), archiduchesse d'Autriche et reine de France, 235, 246.
Marie-Madeleine, par Edelfelt, n. 22.
Marine, harmonie en vert et opale, par Whistler, n. 49.
Martial (vers 40-104), poète latin, 272.
Massa, marquise Philippe de, 74.
Massenet, Jules (1842-1912), compositeur français, 147.
Mathilde, princesse (Laetitia Bonaparte, princesse Demidoff de San Donato, dite) (1820-1904), 131, n. 106-107, 138-139, 141, 147, 297, n. 267, 366.
Maubant (1821-1902), tragédien français, 101.
Mauclair, Camille (1872-1945), critique français, 219.
Maupassant, Guy de (1850-1893), écrivain français, n. 267.
Mauri, Rosita (1856-1923), actrice et danseuse espagnole, 147.
Maurras, Charles (1868-1952), écrivain et homme politique français, 338, 343.
Max, Édouard de (1869-1924), comédien français, 62.
« Maya (La) », voir *Poèmes tragiques*.
Médaille à sir John Pope Hennesi, par Roty, 58.
Médaille du Club Alpin, par Roty, 58.
Meissonier, Ernest (1815-1891), peintre français, 231.
Mélodies, de Delafosse, 77.
Mélodies, de Fauré, 158.
Mémoires, de Mme de Boigne, 241, n. 215, 244, 247.
Mémoires, de Saint-Simon, 161, n. 229, 365.
Mémoires d'Outre-Tombe (Les), de Chateaubriand, 328.
Menuet, de Coppée, 75.
Mérimée, Prosper (1803-1870), écrivain français, 136-137, 276, 304.
Mesmes, Jean-Antoine de (1661-1723), homme politique français, 164.
« Messie », voir Christ.

Mézières, Alfred (1826-1915), écrivain et homme politique français, 150.
Michel-Ange (Michelangelo Buonarotti, dit), architecte, peintre, sculpteur et poète italien (1475-1564), 119, 309, n. 298.
Michelet, Jules (1798-1864), écrivain et historien français, 173, n. 229, 264.
Millais, John Everett (1829-1896), peintre anglais, 116.
Millet, Jean-François (1814-1875), peintre français, 205, n. 174, n. 300, 311-313.
Milsand, Joseph-Antoine (1817-1886), philosophe anglais, 106-107.
Misanthrope (Le), de Molière, n. 235, 327.
« Mnanie », voir *Le Prince des cravates.*
Modern painters, voir *Peintres modernes (Les).*
Moïse, prophète, 171, n. 206, 239.
Molé, Mathieu, comte (1781-1855), homme politique français, 304.
Molière (Jean-Baptiste Poquelin, dit), auteur dramatique et comédien français (1622-1673), 45, n. 149, 218, 233, n. 234, n. 236, 325, 327, 364.
Monde comme volonté et représentation (Le), de Schopenhauer, 213-214.
Monde des images (Le), de Léon Daudet, 325.
Monet, Claude (1840-1926), peintre français, 159, n. 138, 205, n. 175, 305, n. 286, 310-311, n. 305.
Mon frère Yves, de Loti, 304, n. 281.
Monsigny, Pierre-Alexandre (1729-1817), compositeur français, 219.
Montaigne, Michel Eyquem de (1533-1592), écrivain français, 112, 219, 226.
Montal, militaire français, 276.
Montebello, comtesse Jean de, 74.
Montenard, Frédéric (1849-1926), peintre français, 41.
Montespan, Françoise-Athénaïs de Rochechouart de Mortemart, marquise de (1640-1707), 73.
Montesquieu, Charles de Secondat, baron de la Brède et de (1689-1755), écrivain et philosophe français, 316, n. 312.
Montesquiou, comte Bertrand de, 74.
Montesquiou, comtesse Bertrand de, 74.
Montesquiou, Claude de Sauvan d'Aramon, comtesse Louis de (1864-1936), 74.
Montesquiou, Robert, comte de (1855-1921), poète et critique français, n. 69-70, 75, n. 71, 76-77, 161, n. 139-140, 163, n. 143, 185, 225-227, n. 192, 228, n. 193, 230-232, n. 196, 233, n. 197, 234-235, 237, n. 208, n. 272.
Morand, Paul (1888-1976), écrivain et diplomate français, 330, n. 321, 339-340, n. 347.
Moréas, Jean (1856-1910), poète français, 365.
Moreau, Gustave (1826-1898), peintre français, 105, n. 93, 118, n. 98, 173, n. 144, 235, n. 203.
Morghen, Raphaël (1758-1833), graveur italien, 306.
Morice, Charles (1861-1919), écrivain français, 311.
Morris, William (1834-1896), peintre, décorateur et théoricien anglais, 191, n. 165, 193.

Mort de Babylone (La), par Rochegrosse, n. 16.
Mort de Sardanapale (La), par Delacroix, n. 211.
« Mort des cathédrales (La) », de Marcel Proust, 299.
« Mort des pauvres (La) », voir *Fleurs du Mal (Les)*.
Moschus, Moschos (IIe siècle av. J.-C.), poète grec, 275.
Moskowa, prince de la, 135.
Moskowa, princesse de la, 135.
Moulin sur la Floss (Le), de Eliot, 98.
Mounet-Sully (Jean Sully Mounet, dit), tragédien français (1841-1916), 101, 152.
Mouvement idéaliste et social dans la littérature anglaise au XIXe siècle (Le), de Bardoux, n. 116.
Mozart, Wolfgang Amadeus (1756-1791), compositeur autrichien, 92.
Murat, prince Eugène (1875-1906), 135, 193.
Murat, Violette Ney d'Elchingen, princesse Eugène (1878-1936), 135.
Murat, prince Joachim, 135.
Murena, Licinius (vers 105-vers 57 av. J.-C.), homme politique romain, 281.
Murillo, Bartolomé Esteban (1618-1682), peintre espagnol, 239.
Muses quittent Apollon pour aller éclairer le monde (Les), par Moreau, n. 93.
Musset, Alfred de (1810-1857), écrivain français, 53, 132, n. 107, 217, 311, 327, n. 319, 356, 359, n. 416, 360-361.
Musurus, 165.

Nana, par Manet, n. 292.
Nadar (Félix Tournachon, dit), photographe et écrivain français (1820-1910), 308.
Napoléon, prince Jérôme (1822-1891), 137-138.
Napoléon Bonaparte, de Taine, 137.
Napoléon Ier, Napoléon Bonaparte (1769-1821), empereur des Français, 131, 137, 141, 261, 281.
Napoléon III, Charles Louis Napoléon Bonaparte (1808-1873), empereur des Français, 139.
Natoire, Charles-Joseph (1700-1777), peintre français, 339.
Nature of Gothic, de Ruskin, 117.
Néhémie (IVe siècle av. J.-C.), prophète, 263, n. 233.
Nerval, Gérard de (Gérard Labrunie, dit), écrivain français (1808-1855), n. 267, 325, n. 317, 328-329, 339.
Nevers, duc de, 163.
Newton Scott, Charles, écrivain anglais, 123.
Nibor, Yann (Albert-Auguste Robin, dit), poète français (1857- ?), 75, 78.
Nicolas Ier (1796-1855), tsar de Russie, 139-141.
Nicolas II (1868-1918), tsar de Russie, 141-142.
Nicomède, de Corneille, 262.
Noailles, duc de, 161, 164.
Noailles, famille de, 159.
Noailles, Mathieu de, 164, 183.
Noailles, Anna de Brancovan, comtesse Mathieu de (1876-1933), poète français, 159, 164, 178, 205, 244, n. 218, n. 242, 276, 285.
Noces de Cana (Les), par Véronèse, 365, n. 430.
NOTRE-DAME D'AMIENS (CATHÉDRALE), n. 103.
NOTRE-DAME DE CHARTRES (CATHÉDRALE), 122.
NOTRE-DAME DE REIMS (CATHÉDRALE), 299.

« Nuit à Chateauroux », voir *Adorable Clio.*
Nuits, d'Alfred de Musset, 327, 359.
Nymphaeum de la maison de Flavie (Le), par Dumoulin, n. 51.

Ode à Versailles, de Chénier, 76.
Odes, d'Horace, n. 384.
Odyssée (L'), d'Homère, 203.
Œdipe à Colone, de Sophocle, 214.
Olliamson, 159.
Olympia, par Manet, 342.
Ombre des jours (L'), d'Anna de Noailles, 244.
Orcagna (Andrea di Cione, dit), peintre italien (connu de 1343 à 1368), 117.
Orléans, Charles d' (1391-1465), poète français, 365.
Orléans, duc d' (1674-1723), homme politique français, 161, 163-164.
Orléans, duc d' (1869-1926), homme politique français, 338.
Orléans, les, 138.
Orphée, par Moreau, 235, n. 203.
Osmond, Rainulphe, comte d', 246.
Ouragan (L'), de Montesquiou, 75.
Our Father Told Us, voir *Bible d'Amiens (La).*
Ovide (43 av. J.-C.-18), poète latin, 218.

Parfum impérissable, de Leconte de Lisle, 77.
Partage de l'enfant (Le), de Léon Daudet, 290.
Pascal, Blaise (1623-1662), savant, philosophe et écrivain français, 219.
Passé (Le), de Georges de Porto-Riche, 153.
Pater, Walter (1839-1904), critique d'art anglais, 122.
Patru, Olivier (1604-1681), avocat et écrivain français, 274.
Paul, saint (début du Iᵉʳ siècle-67), apôtre, 223.
Paulus (Jean-Paul Habans, dit), artiste français de music-hall (1845-1908), 16, 46, n. 8, 62.
Péguy, Charles (1873-1914), écrivain français, 341.
Peintres modernes (Les), de Ruskin, 109, 172.
Peinture anglaise contemporaine (La), de La Sizeranne, 106, 234.
Pélagie, gouvernante d'Edmond et Jules de Goncourt, 268.
Pèlerinage à l'Isle de Cythère, par Watteau, 47.
Pellico, Silvio (1789-1854), écrivain et homme politique italien, 204.
Périgord, comtesse de, 74.
Petites Cueilleuses de fraises (Les), par Edelfelt, 40.
Petite fille boudeuse, par Blanche, n. 2.
Petite fille regardant des images, par Blanche, n. 2.
« Petites Vieilles (Les) », voir *Fleurs du Mal (Les).*
Pétrone (?-69), écrivain latin, 237.
Pharamond, chef franc, 164.
« Phares (Les) », voir *Fleurs du Mal (Les).*
Phèdre, de Racine, n. 123, 327, 339, 342, n. 351, 352, n. 379.
Philippe VI de Valois (1294-1350), roi de France, 226.
Philippi, Émile, 62.
Philopœmen (253-183 av. J.-C.), général grec, 84.
Picasso, Pablo Ruiz (1881-1973), peintre français, 306.
Pichot, Pierre-Amédée, journaliste français, 133, 135.

Pierre (1788-1843), oncle d'Ernest Renan, 283.
Pierre Grassou, de Balzac, 233.
Pierres de Venise, de Ruskin, 169-171.
Pignatelli, voir Innocent XII.
« Pipe (La) », voir *Fleurs du Mal (Les)*.
Pisanello (Antonio Pisano, dit), peintre et sculpteur italien (av. 1395-1455), 234, n. 198.
Place de la Trinité-des-Monts (La), par Dumoulin, n. 51.
Place du Peuple avant l'ouverture du carnaval (La), par Dumoulin, n. 51.
Plaque commémorative d'une fête de famille, par Roty, 58.
Platon (428-348 av. J.-C.), philosophe grec, 84, 120, n. 110, 163, 208, 214, 356-357.
Plaute (vers 250-184 av. J.-C.), poète comique latin, 308.
Pleasures of England, de Ruskin, 116.
Pline l'ancien (22-79), naturaliste et écrivain latin, 214.
Plutarque (vers 50-vers 125), historien et moraliste grec, 150, 213.
Poèmes barbares, de Leconte de Lisle, n. 420, n. 425-429.
« Bernica (Le) », n. 425, n. 427.
« Fontaine aux lianes (La) », 360, n. 420, n. 426, n. 428.
« Ravine Saint-Gilles (La) », n. 429.
Poèmes tragiques, de Leconte de Lisle, n. 421-423.
« Illusion suprême (L') », n. 423.
« Lévrier de Magnus (Le) », 361, n. 421.
« Maya (La) », n. 422.
Poésies nouvelles, d'Alfred de Musset, n. 416.
« À mon Frère, revenant d'Italie », n. 416.
Poilly, Annette du Hallay-Coëtquen (1831-1905), baronne de, 74.
Poincaré, Raymond (1860-1934), homme politique et président de la République française, 368.
Pointelin, Auguste (1839-1933), peintre français, 57.
Poix, Madeleine du Bois de Courval (1870-1944), princesse de, 74.
Polignac, famille de, 159.
Polignac, prince Armand-Marie de (1780-1847), homme politique français, 155.
Polignac, prince Edmond de (1834-1901), 154-155, n. 133, 158, 160.
Polignac, Winaretta Singer (1865-1943), comtesse Louis de Scey-Montbéliard puis princesse Edmond de, 154, 157-159, n. 138, n. 298.
Polin (Pierre-Paul Marsalès, dit), chanteur français (1863-1927), 285.
Polyptyque de Beaune, par Rogier Van der Weyden, 211.
Porbus, voir Pourbus.
Porgès, Virginie, peintre français, 57.
Porto-Riche, Georges de (1849-1930), auteur dramatique français, 135, 153.
Porto-Riche, Élisa Lunel, Mme Georges de, 135.
Portrait. Arrangement en noir n° 7, par Whistler, n. 48.
Portrait d'Alfred Bruyas, dit aussi *Tableau-Solution*, par Courbet, 235 (?), n. 201.
Portrait d'Alfred Bruyas, par Delacroix, 235 (?), n. 201.
Portrait d'Alphonse Daudet, par Carrière, n. 31.
Portrait d'André Gide, par Blanche, n. 279.

Portrait d'Armand Berton, par Carrière, n. 31.
Portrait de l'archevêque de Sens, par Delaunay, n. 35.
Portrait de Ginevra d'Este, par Pisanello, n. 198.
Portrait de Gustave Geffroy, par Carrière, n. 31.
Portrait de James Stuart, duc de Lennox, dit aussi *Portrait du duc de Richmond*, par Van Dyck, n. 81.
Portrait de Jean Cocteau, par Picasso, 306.
Portrait de jeune garçon, par Sargent, n. 34.
Portrait de J. Pringle Michell, par Blanche, n. 45.
Portrait de l'impératrice Joséphine, par Prud'hon, n. 203.
Portrait de M. Achille Rivard, par Blanche, n. 45.
Portrait de Marcel Proust (dessin), par Blanche, n. 265.
Portrait de Marcel Proust (peinture), par Blanche, n. 266.
Portrait de M. Maurice Barrès, par Blanche, n. 45, n. 277.
Portrait de M. Georges Moore, par Blanche, n. 45.
Portrait de M. Henri de Régnier, par Blanche, n. 45.
Portrait de Miss A., par Carolus-Duran, n. 37.
Portrait de Miss L., par Carolus-Duran, n. 37.
Portrait de Mlle Brandès, par Chartran, n. 39.
Portrait de Mlle M. d'A., par Roth, n. 43.
Portrait de Mlle Reichenberg, par Blanche, n. 45.
Portrait de Mlles D., par Besnard, n. 18.
Portrait de Mme Abel Hermant, par Blanche, n. 45.
Portrait de Mme Ac., par Bonnat, n. 36.
Portrait de Mme Blanche, par Blanche, n. 45.
Portrait de Mme C., par Carolus-Duran, n. 37.
Portrait de Mme C. O. et ses enfants, par Roth, n. 43.
Portrait de Mme D., par Boldini, n. 44.
Portrait de Mme de Senonnes, par Ingres, n. 202.
Portrait de Mme Devaucay, par Ingres, n. 203.
Portrait de Mme K., par Chartran, n. 39.
Portrait de Mme de Kinen, par Madelaire Lemaire, 147.
Portrait de Mme la comtesse P. de M., par Chaplin, n. 38.
Portrait de M. Melan, par Jarraud, n. 46.
Portrait de Mme L. W., par Jarraud, n. 46.
Portrait de Mme Melan, par Jarraud, n. 46.
Portrait de Mme P., par Carolus-Duran, n. 37.
Portrait de Mme R., par Humbert, n. 41.
Portrait de Mme Rivière, par Ingres, n. 203.
Portrait de Mme S., par Boldini, n. 44.
Portrait de Paul Verlaine, par Carrière, n. 31.
Portrait de Mme T., par Zorn, 40.
Portrait de MM. J.-É. Blanche et R. de Ochoa, par Blanche, n. 45.
Portrait de M. Paul Baignères, par Blanche, n. 45.
Portrait de M. S., par Boldini, n. 44.
Portrait de Paul Verlaine, par Carrière, n. 31.
Portrait de prêtre, par Porgès, 57.
Portrait de René Billotte, par Carolus-Duran, n. 37.
Portrait des enfants du prince A. de B., par Carolus-Duran, n. 37.

Portrait de Stetten, par Courtois, 57.
Portrait de Violette C., par Carolus-Duran, n. 37.
Portrait d'Henri de Régnier, par Blanche, n. 278.
Portrait du Baron C. G, par Carolus-Duran, n. 37.
Portrait du comte Mathieu de Noailles, par Armand de Guiche, 183.
Portrait du docteur Lannelongue, par Dubois, n. 40.
Portrait du duc de Richmond, voir *Portrait du duc de Lennox*, n. 81.
Portrait du fils de Mme de La Chevrière, par Madelaire Lemaire, 148.
Portrait du prince de B., par Dubois, n. 40.
Port-Royal, de Sainte-Beuve, 210.
Poterie (La), par Puvis de Chavannes, n. 17.
Potocka, Emmanuella Pignatelli, comtesse (1852-1930), 74, 181, n. 158, 184-185.
Potocki, comte, 186.
Potter, Paulus (1625-1654), peintre hollandais, 85, n. 79.
Pourbus, le Jeune (Frans II, dit), peintre flamand (1569-1622), 235.
Pourtalès, Mélanie Renouard de Bussière (1836-1914), comtesse Edmond de, 74, 148.
Pourtalès, comte Paul de, 135.
Pourtalès, comtesse Paul de, 135.
Pozzi, Samuel (1846-1918), médecin français, 75.
Pozzi, Thérèse Loth-Cazalis (?-1932), Mme, 75.
Præterita, de Ruskin, 120-121.
Praxô, courtisane grecque, 81.
« Prince des cravates (Le) », voir *Prince des cravates (Le).*
Prince des cravates (Le), de Lucien Daudet, 290, n. 253.
« Brisacier », n. 253, 291-292.
« Mnanie », n. 253, 291.
« Prince des cravates (Le) », n. 253, 291.
« ? », n. 253, 291.
Prince noir (le), (Édouard prince de Galles, dit, 1330-1376), 118.
Printemps (Le), par Jean-François Millet, 205, n. 174.
Printemps (Le), par Botticelli, 193, n. 166, 194.
Professionnelles beautés, de Montesquiou, 230, 233-237.
Prométhée, par Moreau, 118, n. 98.
Protagoras (Ve siècle av. J.-C.), philosophe grec, 120.
Proust, Marcel (1871-1922), écrivain français, 267-268, 279.
Proust, Robert (1873-1835), médecin français, frère de Marcel Proust, 66.
Prud'hon, Pierre Paul (1758-1823), peintre français, 235, n. 203.
Puvis de Chavannes, Pierre (1824-1898), peintre et décorateur français, 54-55, 146.

Quatre Frères et l'Ella (Les), de Montesquiou, 75.
Quatuor (15e), de Beethoven, 341, n. 349.
Quatuors, de Beethoven, 159.
Quinte-Curce (Ier siècle), historien latin, 212.

Racine, Jean (1639-1699), poète dramatique français, 53, 94-95, n. 123, 150, 167, 218, 220-222, 231, n. 295, 326, 333, 337, n. 341, 338-339, 342-343, 352, n. 379, 353.
Rafale (La), de Bernstein, 262.
Raffaelli, Jean-François (1850-1924), peintre français, 47.

Ramond de Carbonnières, Louis de (1755-1827), naturaliste et écrivain français, 276.
Rancé, Armand-Jean Le Bouthillier de (1626-1700), prêtre français, 276.
Raphaël (Raffaello Sanzio, dit), peintre italien (1483-1520), 116, 240, n. 212, 261.
Rasponi, comtesse Louise, 132, 141.
Ravignan, comte de, 74.
« Ravine Saint-Gilles (La) », voir *Poèmes barbares.*
« Rebelle (Le) », voir *Fleurs du Mal (Les).*
Récif de corail, de Heredia, 77.
« Recueillement », voir *Fleurs du Mal (Les)*, (édition de 1868).
Rédemption, de César Franck, 332.
Régents de l'hospice des vieillards (Les), par Frans Hals, n. 270.
Régentes de l'hospice des vieillards (Les), par Frans Hals, n. 270.
Regnard, Jean-François (1655-1709), auteur comique français, 218.
Régnier, Henri de (1864-1936), écrivain et poète français, 67, 75, n. 194, 229, n. 246, 286, 302, n. 276, 278, n. 340, 368.
Reichenberg, Suzanne (1853-1924), comédienne française, 75-76.
Reinach, Théodore (1860-1928), homme de lettres français, 314.
Réjane (Gabrielle Réju, dite), actrice française (1856-1920), 147, 367.
Religion de la Beauté (La), voir *Ruskin et la religion de la Beauté.*
Rembrandt (Harmensz van Rijn, dit), peintre et graveur hollandais (1606-1669), 239.
Renan, Ary (1857-1900), peintre, poète et critique français, 57, 118.
Renan, Ernest (1823-1892), écrivain français, 137, 177, 223, 278, n. 246, 296, 315, 331-332, n. 327-332.
Renan, Henriette (1811-1861), sœur d'Ernest Renan, 282.
Renée Mauperin, d'Edmond et Jules de Goncourt, 366.
Renoir, Pierre-Auguste (1841-1919), peintre et sculpteur français, 305, 322, n. 316, 340, n. 345.
Reszké, Jean de (1850-1925), chanteur français, 153.
« Rêve de Judas », voir *Confiteor.*
Revue blanche (La), n. 66, n. 86.
Revue d'art dramatique (La), n. 89.
Rhapsodie, de Liszt, 78.
Ribot, Théodule (1839-1916), philosophe français, 207.
Ricard, Louis Gustave (1823-1872), peintre français, 306.
Ricord (1800-1889), médecin français, 156.
Risler, Édouard (1873-1929), pianiste français, 90.
« Ritournelle des amoureux », voir *Confiteor.*
Rivière, Jacques (1886-1925), écrivain français, 344, 361, 363.
Rivoire, André (1872-1930), écrivain français, 326.
Rivoli, famille, 135.
Robert, Léopold, 168.
Robert-Houdin, Jean Eugène (1805-1871), illusionniste français, 268.
Robinson Crusoé, de Daniel de Foe, 267.
Rochegrosse, Georges (1859-1938), peintre français, 54.
Rochefort, Henri (Victor-Henri, marquis de Rochefort-Luçay, dit), écrivain et homme poli-

tique français (1830-1913), 148.
Rodenbach, Georges (1855-1898), poète belge, 75, 268-269.
Rodin, Auguste (1840-1917), sculpteur français, 57, 219.
Roger délivrant Angélique, par Ingres, n. 213.
Roger-Jourdain, 75.
Roger-Jourdain, Mme, 75.
Rohan, duchesse de, 161, 163.
Roll, Alfred (1847-1919), peintre français, 305, n. 285.
Romance, de Montesquiou, 77.
Romances sans paroles, de Verlaine, 52, n. 80.
Roméo et Juliette, de Gounod, 349, n. 369.
« Rondel », voir *Confiteor*.
Rosa-Joséphа, sœurs siamoises artistes de music-hall, 59, 62.
Roseaux pensants, de Montesquiou, 230, 234, n. 208, 240.
Rossetti, Dante-Gabriel (1828-1882), peintre anglais, 116.
Roth, Clémence, peintre, 57.
Rothschild, Cécile Anspach (1840-1912), baronne Gustave de, 148.
Roty, Oscar (1846-1911), médailleur français, 58.
Rouart, Henri (1833-1912), industriel, collectionneur et peintre français, 310, n. 300-303.
Rouart, Henri (1833-1912) et Alexis (1839-1911), frères, 312.
ROUEN, CATHÉDRALE DE, 114, n. 97, 124, n. 101.
Rouge et le Noir (Le), de Stendhal, 304.
Route des carrières (La), par Billotte, n. 27.
Royer-Collard, Pierre-Paul (1763-1845), homme politique français, 101, 304.
Rubens, Pierre-Paul (1577-1640), peintre flamand, 55, 111, 239, 322.
Rubinstein, Anton (1829-1894), pianiste et compositeur russe, 75.
Ruskin, John (1819-1900), critique d'art et philosophe anglais, 105, n. 92, 106, n. 94, 107, 109-116, n. 97, 118-125, 127-129, 143-144, n. 119, 166, n. 141, 167-172, n. 142, 173, 175-180, n. 163, 199-200, n. 170, 201-202, 225-226, 231, n. 195, 233, n. 197, 234, n. 218, 252-253, 279.
Ruskin et la Bible, de Henriette Jean Brunhes, 143, n. 115.
Ruskin et la religion de la beauté, de Robert de La Sizeranne, 106, 143, n. 114, 144.
Ruysdaël, Jacob van (1629-1682), peintre hollandais, 254.

Sablière, voir La Sablière, Mme de.
Sagan, Charles Boson de Talleyrand-Périgord, prince de (1832-1910), 74.
Sagan, Jeanne Seillière (1839-1905), princesse de, 297.
Saint-Amand, baron de, 75.
Saint-Cère, Jacques, 75.
Saint-Cère, Mme Jacques, 75.
Sainte-Beuve, Charles Augustin (1804-1869), écrivain français, 136-137, n. 109, 138, 198, 207, 210, 218, 231, 233, 235, n. 241, 272, 303-304, n. 283, 305, n. 284, 307, 325-326, 333-335, 355, 357, 364.
Sainte-Beuve, de Léon Séché, 210.
SAINTE-CHAPELLE DE PARIS, ÉGLISE, 253.
Sainte Famille, par Tintoret, 107.
SAINTE-MARIE-DES-FLEURS, ÉGLISE, 124.

SAINT-ÉTIENNE DE CAEN, CATHÉDRALE, 250-251.
Saint Honoré, sculpture, 123.
Saintine, Joseph-Xavier Boniface (1798-1865), romancier et auteur dramatique français, 204.
Saint-Joseph, baronne de, 148.
SAINT-LEU, CATHÉDRALE, 120.
SAINT-LEU, ÉGLISE, 120.
SAINT-MACLOU DE ROUEN, ÉGLISE, 117.
SAINT-MARC DE VENISE, BASILIQUE, 118, 169-171, 222-223, 283.
Saint-Paul, Diane de Feydeau de Brou, marquise de, 152.
Saint-Phalle, comte de, 74.
SAINT-PIERRE DE CAEN, ÉGLISE, 250-251.
Saint-Pierre et le Vatican, par Dumoulin, n. 51.
Saint-Saëns, Camille (1835-1921), compositeur français, 88, n. 83, 147.
SAINT-SAUVEUR DE CAEN, ÉGLISE, 250.
Saint-Simon, Louis de Rouvroy, duc de (1675-1755), écrivain et homme politique français, 161, 182, 184-185, 220, n. 229, 276, 316, 337, 365.
Saint Théodore foulant aux pieds le crocodile, sculpture conservée à Venise, 223.
SAINT-URBAIN DE TROYES, ÉGLISE, 114.
SAINT-WULFRAM D'ABBEVILLE, ÉGLISE, 120.
Salammbô, de Flaubert, 272, n. 243, n. 310.
Salomé, de Montesquiou, 77.
Salomon, roi d'Israël, 282.
Salve, saint (VIe-VIIe siècle), 120.
Samson et Dalila, de Saint-Saëns, 88.
Sand, George (Aurore Dupin, baronne Dudevant, dite), écrivain français (1804-1876), 304, 306, 364.
Sandeau, Jules (1811-1883), écrivain français, 306.
Sanderus, abbé (1586-1664), 213.
Sarcey, Francisque (1827-1899), critique français, 49, 59-60, 268.
Sargent, John Singer (1856-1925), peintre américain, 57, n. 193.
Sarto, Andrea del (1486-1530), peintre italien, 261.
Saumaise, Claude de (1588-1653), juriste français, 274.
Saussine, Henri (1859-1940), comte du Pont de Gault, compositeur et écrivain français, 75.
« Sauveur », voir Christ.
Sayous, Pierre (1808-1870) et Édouard (1842-1898), historiens français, 265.
Scheffer, Ary (1795-1858), peintre français, 332.
Schlumberger, Gustave (1844-1929), historien français, 135.
Scholl, Aurélien (1833-1902), homme de lettres français, 75.
Schopenhauer, Arthur (1788-1860), philosophe allemand, 213-214.
Scott, Sir Walter (1771-1832), poète et romancier écossais, 214.
Scène de la vie d'Abraham, par Gozzoli, n. 200.
Schumann, Robert (1810-1856), compositeur allemand, 91, 152, n. 126.
Scott, Walter (1771-1832), écrivain écossais, 213.
Séché, Léon (1848-1914), critique français, 210.
Secrets de la princesse de Cadignan (Les), de Balzac, n. 145, 181, 260.

Selvo, Domenico, doge de Venise de 1070 à 1084, 118.
Sénac de Meilhan, Gabriel (1736-1803), écrivain français, 276.
Senard, Antoine (1800-1885), homme politique français, 327.
Sentiers de la vertu (Les), de, 262.
« Séparation », voir *Confiteor*.
Sept Lampes de l'architecture (Les), de Ruskin, 108, 114-115, 117.
Sert, José-Maria (1876-1945), peintre et décorateur espagnol, 309, n. 297-298.
Sésame et les Lys, essai de Ruskin traduit par Marcel Proust, n. 163, 200-201, n. 178, 226.
« Des jardins des reines », 200.
« Les Trésors des Rois », n. 163, 199-201.
Sévigné, Marie de Rabutin-Chantal (1626-1696), marquise de, écrivain français, 164, n. 295, 338, 343.
Sforza, duchesse, 163.
Sforze, voir Sforza, 163.
Shakespeare, William (1564-1616), poète dramatique anglais, 112, 127, n. 102, 154, n. 129, 204, 214, 223, 311.
Simond, Henry (1863-1937), journaliste français, 75.
Sire de Vergy (Le), de Claude Terrasse, Robert de Flers et Gaston de Caillavet, n. 122.
Socrate (470-399 av. J.-C.), philosophe grec, 347-348, 352.
Soir de bataille, de José-Maria de Heredia, n. 156.
Soissons, maison d'habitation et fabrique de M. Henry, par Corot, n. 308.
Solitudes (Les), de Sully Prudhomme, n. 417-418.
« Vieilles Maisons (Les) », n. 418.
« Voie lactée (La) », n. 417.
Sonate, de Fauré, 158.
Sonate (8), pour piano, dite « Pathétique », de Beethoven, 190.
Sophocle (496-406 av. J.-C.), poète tragique grec, 83, 204, 214, n. 295.
Sorel, Albert (1842-1906), historien et écrivain français, 199.
Soria, M. de, 152.
Sources de l'Eure (Les), de Ruskin, 122.
Sous les bouleaux, par Edelfelt, 56 n. 20.
« Souvenir », voir *Confiteor*.
« Souvenirs sur Victor Hugo », de Stapfer, 212.
Spinoza, Baruch (1632-1677), philosophe hollandais, 84, 95.
Splendeurs et misères des courtisanes, de Balzac, 261.
Staël, Mme de, 285.
Stapfer, Paul (1840-1917), critique français, 212.
Stendhal (Henri Beyle dit), écrivain français (1783-1842), 181, 218, 276, 304, n. 283, 306, 325-326, 335-336.
Stetten, Carl-Ernst von (1857-?), peintre allemand, 56-57.
Stevens, Alfred (1823-1906), peintre belge, 57.
Stevenson, Robert-Louis (1850-1894), écrivain écossais, 122.
Straus, Geneviève (1849-1926), née Halévy et veuve Bizet, Mme Émile, 135, 297.
Straus, Émile (1844-1929), avocat français, 135.
Stones of Venice, voir *Pierres de Venise*.
Suède, Oscar II (1829-1907), roi de, 147.
Suite algérienne, de Saint-Saëns, 89.
Sulbac, M., peintre, 60-61.
Sully Prudhomme (Armand Sully Prudhomme, dit), poète français (1839-1907), 53, 359,

n. 417-418, n. 420-423, n. 425-429.
Supplice d'une femme (Le), de Dumas fils, 50.
Sylvie, de Gérard de Nerval, 328.
Symphonie (5e), de Beethoven, 79, n. 72, 82.
Symphonie (9e), avec chœurs, de Beethoven, n. 378.
Swedenborg, Emmanuel (1688-1772), philosophe suédois, 112.
Swift, Jonathan (1667-1745), écrivain irlandais, 213.
Swinburne, Algernon-Charles (1837-1909), poète anglais, 156.

Tableau-Solution, voir *Portrait d'Alfred Bruyas*.
Tacite (vers 55-vers 120), historien latin, 212, 219.
Taine, Hippolyte (1828-1893), historien et critique français, 137-138, 331, 359.
Taine, Mme, femme du précédent, 137.
Talleyrand (Charles Maurice de Talleyrand-Périgord, dit), prélat et homme politique français (1754-1838), 259.
Tamagno, Francisco (1850-1905), chanteur italien, 153.
Tannhäuser, de Richard Wagner, 349, n. 367.
Tendres Stocks, de Paul Morand, n. 347.
« Aurore », 340, n. 347.
« Clarisse », 340, n. 347.
« Delphine », 340, n. 347.
Thaulow, Fritz (1847-1906), peintre norvégien, 310, 312.
Théognis (VIe siècle av. J.-C.), poète grec, 214.
Thermes de Caracalla (Les), par Dumoulin, n. 51.
Thésée, roi grec légendaire, 118, 150.
Thibaudet, Albert (1874-1936), critique littéraire français, 321, 327.
Thiers, Auguste (1797-1887), homme politique et président de la République française, 159, 331.
Tinan, amiral de, 217.
Tinan, Mme Pochet de, 217.
Tintoret (le), (Jacopo Robusti, dit), peintre italien (1512-1594), 107-108, 119, 175, 309, n. 299.
Tissot, James (1836-1902), peintre français, 75.
Titien (Tiziano Vecellio, dit), peintre italien (1488 ou 1489-1576), 101, 111, 167, n. 306.
Tocqueville, Charles-Alexis de (1805-1859), philosophe français, 304.
Toiras, Mlle de, 164.
Tolstoï, Lev Nikolaïevitch (1828-1910), écrivain russe, 167.
Tombeau d'Edgar Poe (Le), de Mallarmé, n. 293.
Toulet, Paul-Jean (1867-1920), poète français, 365.
Trarieux, Gabriel (1870-1940), écrivain français, 51-53, 65.
Trédern, vicomtesse de, 75.
« Trésor des rois (Les) », voir *Sésame et les lys*.
Trévise, duchesse de, 134.
Tristan et Isolde, de Wagner, 255, 349, n. 364.
Tristes Nouvelles, par Kuehl, 56.
Trois contes, de Flaubert, n. 310.
« Herodias », 322.
« Légende de saint Julien l'Hospitalier (La) », n. 310, 361.
Trou de la fièvre (Le), par Renan, n. 50.
Truffier, Jules (1856-), comédien français, 101.
Tudual, saint (IVe-Ve siècle), 283.
Turenne, Louis (1844-1907), comte de, 135.

Turner, Joseph Mallord William (1775-1851), peintre anglais, 106, n. 95, 108, 114, 116, 120-122, 130, 167, 250.

Ullmo, militaire et espion français, 265.
Ulysse, roi grec légendaire, 247.
Un champ de tulipes près de Harlem, par Monet, 159, n. 138, n. 175.
« Une charogne », voir *Fleurs du Mal (Les).*
Un coin de Paris, par Billotte, n. 27.
Un panier de prunes, par Zakarian, n. 52.
« Une martyre », voir *Fleurs du Mal (Les).*
« Une nuit que j'étais près d'une affreuse Juive », voir *Fleurs du Mal (Les).*
« Un voyage à Cythère », voir *Fleurs du Mal (Les).*
Uzès, duc d', 148, 151.
Uzès, duchesse d', 148.
Uzès, duchesse douairière d', 148.

Vaines tendresses, 52.
Val d'Arno, de Ruskin, 114, 123.
Valenciennes, de Pater, 122.
Valéry, Paul (1871-1945), écrivain français, n. 300, 347-348.
Vallès, Jules (1832-1885), écrivain français, 268.
Valti, Mlle (Valentine Mestre, dite), artiste de music-hall, 46, 61.
Vandal, Albert (1853-1910), historien français, 148.
Vandérem, Fernand (1864-1939), écrivain français, 357.
Van der Weyden, Rogier (Rogier de la Pature, dit), peintre flamand (vers 1400-1464), 210-211.
Van de Velde, Adrien (1636-1672), peintre hollandais, 254.
Van de Velde, Guillaume, voir Willem Van de Velde.
Van de Velde, Willem (1633-1707), peintre hollandais, 254.
Vases de céramique de Chaplet, n. 61.
Vases de grès de Delaherche, n. 60.
Vélasquez, Diego (1599-1660), peintre espagnol, 322.
Verdé-Delisle, Didier (1873- ?), ancien élève du lycée Condorcet, 159.
Verlaine, Paul (1844-1896), poète français, 53, 67, 75, n. 80, 245, n. 221, 356.
Vermeer de Delft, Jan (1632-1675), peintre hollandais, 306, 365.
Verre d'eau et fruits, par Zakarian, n. 52.
« Vie antérieure (La) », voir *Fleurs du Mal (Les).*
Vie de Jésus (La), de Renan, 332, n. 327, n. 329-332.
Vie des abeilles (La), de Maurice Maeterlinck, n. 178, 304, n. 282.
Vie littéraire (La), d'Anatole France, n. 86, 218.
Vieille Fille (La), de Balzac, 234.
« Vieilles Maisons (Les) », voir *Solitudes (Les).*
« Viens ! une flûte invisible », voir *Contemplations (Les).*
Vierge au Lapin (La), par Manet, d'après Tintoret, 309, n. 299.
Vierge au Lapin (La), par Tintoret, 309, n. 299.
Vierge dorée, sculpture de la cathédrale d'Amiens, 115.
Vierge et l'Enfant avec sainte Catherine (La), voir *La Vierge au Lapin.*
Vigny, Alfred, comte de (1797-1863), écrivain français, n. 151, 211, 344, 346, n. 356-358, 347, 358, n. 410-414.

Viguier, Mlle, artiste française de music-hall, 61.
Villehardouin, Geoffroy de (vers 1160-1213), chroniqueur français, 211.
Villemain, Abel-François (1790-1870), homme politique français, 232, 331.
Villeneuve, Henri marquis de (1852- ?), 134.
Villeneuve, princesse Jeanne Bonaparte, marquise Henri de (1861-1910), 134.
Viollet-le-Duc, Eugène-Emmanuel (1814-1879), architecte et théoricien français de l'architecture, 120.
Virgile (vers 70-vers 19 av. J.-C.), poète latin, 118, 208, 211, n. 245, 326, n. 387, 364.
Vittelleschi, marquis Gaspare de (1875-1918), peintre italien, 151, 184.
Vladimir, Maria Pavlovna, grande-duchesse, 148, 151.
« Voie lactée (La) », voir *Solitudes (Les)*.
Vollon, Antoine (1833-1900), peintre français, 57, n. 54.
Voltaire (François Marie Arouet, dit), écrivain français (1694-1778), 213, 225, 281, 322, 364-365.
Volupté, de Sainte-Beuve, 210.
« Voyage (Le) », voir *Fleurs du Mal (Les)*.
Voyage de Shakespeare (Le), de Léon Daudet, 290.
Voyage en Espagne, de Théophile Gautier, 216.
Vuillard, Édouard (1868-1940), peintre français, 219, 311, n. 306.

Wagner, Richard (1813-1883), compositeur allemand, 255, 340, n. 348, 348, 349, n. 365-367.
Wagram, Berthe, baronne de Rothschild (1862-1903), princesse de, 74, 300-301.
Walkyrie (La), de Richard Wagner, 341, n. 348.
Walter-Pater, voir Pater.
Watteau, Antoine (1684-1721), peintre français, 86, 90.
Werner, voir Wernher.
Wernher, sir Julius (1850-1912), homme d'affaires, n. 230, 261-264, 270, 276.
Werther, de Goethe, 262.
Whistler, James Abott McNeill (1834-1903), peintre et graveur américain, 57, n. 49, 231, 290-291, 298, n. 271, 306-307.
Widor, Charles-Marie (1844-1937), organiste et compositeur français, 184-185.
Willette, Adolphe Léon (1857-1926), peintre et affichiste français, 47.
Willy, voir Gauthier-Villars.
Worms, Gustave-Hippolyte (1836-1910), tragédien français, 100-101.
Wouwermans, Philips (1619-1668), peintre hollandais, 254.

Yeatman, Madeleine Adam (1873-1955), Mme Léon, 125, n. 100.
Yturri, Gabriel de (Gabriel, dit), secrétaire de Robert de Montesquiou (1868-1905), 162, n. 140, 163.

Z., Mlle, actrice française, 101.
Zakarian, Zacharie (1849-1923), peintre français, 57.
Zola, Émile (1840-1902), écrivain et journaliste français, 307.
Zorn, Anders (1960-1920), peintre et graveur suédois, 39-40.

« ? », voir *Le Prince des cravates*.

TABLE

Présentation 7

PREMIÈRE PARTIE

Galerie Georges Petit, exposition internationale de peinture 39
La mode 42
Pendant le Carême 45
La mode 48
Variétés, Confiteor, par M. Gabriel Trarieux 51
Impressions des salons 54
Endroits publics 59
Choses normandes 63
Mondanité de Bouvard et Pécuchet 66
Une fête littéraire à Versailles 73
Un dimanche au Conservatoire 79
Portraits de peintres 85
Figures parisiennes, Camille Saint-Saëns 88
Portraits de musiciens 90
Contre l'obscurité 93
Silhouette d'artiste 100

DEUXIÈME PARTIE

John Ruskin (premier article) 105
John Ruskin (deuxième et dernier article) 116
Un salon historique, le salon de S.A.I. la princesse Mathilde 131
John Ruskin, sein Leben und sein Werken 143
La cour aux lilas et l'atelier des roses, le salon de Mme Madeleine Lemaire 145

Le salon de la princesse Edmond de Polignac, musiques d'aujourd'hui, échos d'autrefois 154
Fête chez Montesquiou à Neuilly (extraits des Mémoires du duc de Saint-Simon) 161
La Bible d'Amiens, post-scriptum à la préface du traducteur 166
Le salon de la comtesse Potocka 181
Sur la lecture 187
Un professeur de beauté 225
Journées de lecture 241
Impressions de route en automobile 249

TROISIÈME PARTIE

Pastiches : L'Affaire Lemoine (Balzac) 259
Pastiches : L'Affaire Lemoine (M. Émile Faguet) 262
Pastiches : L'Affaire Lemoine (Michelet) 264
Pastiches : L'Affaire Lemoine (les Goncourt) 266
Pastiches (suite) : L'Affaire Lemoine (Gustave Flaubert) . 269
Pastiches (suite) : L'Affaire Lemoine (Sainte-Beuve) 272
Pastiches (suite et fin) : L'Affaire Lemoine (Ernest Renan) 278
Pastiches (suite) : L'Affaire Lemoine (Henri de Régnier) .. 286
Autour d'un livre : Le Prince des cravates 290

QUATRIÈME PARTIE

Préface 295
À propos du « style » de Flaubert 314
Pour un ami (Remarques sur le style) 330
Lettre 342
À propos de Baudelaire 344
Les Goncourt devant leurs cadets : M. Marcel Proust 366

Notes 369
Chronologie 395
Bibliographie 401
Index 405

DERNIÈRES PARUTIONS

ARISTOTE
Petits Traités d'histoire naturelle (979)
Physique (887)

AVERROÈS
L'Intelligence et la pensée (974)
L'Islam et la raison (1132)

BERKELEY
Trois Dialogues entre Hylas et Philonous (990)

BOÈCE
Traités théologiques (876)

CHÉNIER (Marie-Joseph)
Théâtre (1128)

COMMYNES
Mémoires sur Charles VIII et l'Italie, livres VII et VIII (bilingue) (1093)

DÉMOSTHÈNE
Les Philippiques, suivi de ESCHINE, Contre Ctésiphon (1061)

DESCARTES
Discours de la méthode (1091)

ESCHYLE
L'Orestie (1125)

EURIPIDE
Théâtre complet I. Andromaque, Hécube, Les Troyennes, Le Cyclope (856)

GALIEN
Traités philosophiques et logiques (876)

GOLDONI
Le Café. Les Amoureux (bilingue) (1109)

HEGEL
Principes de la philosophie du droit (664)

HÉRACLITE
Fragments (1097)

HERDER
Histoire et cultures (1056)

HIPPOCRATE
L'Art de la médecine (838)

HUME
Essais esthétiques (1096)

IDRÎSÎ
La Première Géographie de l'Occident (1069)

JAMES
Daisy Miller (bilingue) (1146)
L'Espèce particulière et autres nouvelles (996)
Le Tollé (1150)

KANT
Critique de la faculté de juger (1088)
Critique de la raison pure (1142)

LEIBNIZ
Discours de métaphysique (1028)

LEOPOLD
Almanach d'un comté des sables (1060)

LONG & SEDLEY
Les Philosophes hellénistiques (641-643, 3 vol. sous coffret 1147)

LORRIS
Le Roman de la Rose (bilingue) (1003)

MONTAIGNE
Apologie de Raymond Sebond (1054)

MUSSET
Poésies nouvelles (1067)

NIETZSCHE
Par-delà bien et mal (1057)

PLATON
Alcibiade (988)
Apologie de Socrate. Criton (848)
Le Banquet (987)
La République (653)

PLINE LE JEUNE
Lettres, livres I à X (1129)

PLOTIN
Traités (1155)

POUCHKINE
Boris Godounov. Théâtre complet (1055)

PROUST
Écrits sur l'art (1053)

RIVAS
Don Alvaro ou la Force du destin (bilingue) (1130)

RODENBACH
Bruges-la-Morte (1011)

ROUSSEAU
Dialogues. Le Lévite d'Éphraïm (1021)
Du contrat social (1058)

SAND
Histoire de ma vie (1139-1140)

MME DE STAËL
Delphine (1099-1100)

TITE-LIVE
Histoire romaine. Les Progrès de l'hégémonie romaine (1005-1035)

TRAKL
Poèmes I et II (bilingue) (1104-1105)

THOMAS D'AQUIN
Somme contre les Gentils (1045-1048, 4 vol. sous coffret 1049)

MIGUEL TORGA
La Création du monde (1042)

WILDE
Le Portrait de Mr. W.H. (1007)

WITTGENSTEIN
Remarques mêlées (815)

GF-DOSSIER

ALLAIS
À se tordre (1149)

BALZAC
Eugénie Grandet (1110)

BEAUMARCHAIS
Le Barbier de Séville (1138)
Le Mariage de Figaro (977)

CHATEAUBRIAND
Mémoires d'outre-tombe, livres I à V (906)

COLLODI
Les Aventures de Pinocchio (bilingue) (1087)

CORNEILLE
Le Cid (1079)
Horace (1117)
L'Illusion comique (951)
La Place Royale (1116)
Trois Discours sur le poème dramatique (1025)

DIDEROT
Jacques le Fataliste (904)
Lettre sur les aveugles. Lettre sur les sourds et muets (1081)
Paradoxe sur le comédien (1131)

ESCHYLE
Les Perses (1127)

FLAUBERT
Bouvard et Pécuchet (1063)
L'Éducation sentimentale (1103)
Salammbô (1112)

FONTENELLE
Entretiens sur la pluralité des mondes (1024)

FURETIÈRE
Le Roman bourgeois (1073)

GOGOL
Nouvelles de Pétersbourg (1018)

HOMÈRE
L'Iliade (1124)

HUGO
Les Châtiments (1017)
Hernani (968)
Ruy Blas (908)

JAMES
Le Tour d'écrou (bilingue) (1034)

LAFORGUE
Moralités légendaires (1108)

LESAGE
Turcaret (982)

LORRAIN
Monsieur de Phocas (1111)

MARIVAUX
La Double Inconstance (952)
Les Fausses Confidences (978)
L'Île des esclaves (1064)
Le Jeu de l'amour et du hasard (976)

MAUPASSANT
Bel-Ami (1071)

MOLIÈRE
Dom Juan (903)
Le Misanthrope (981)
Tartuffe (995)

MONTAIGNE
Sans commencement et sans fin. Extraits des *Essais* (980)

MUSSET
Les Caprices de Marianne (971)
Lorenzaccio (1026)
On ne badine pas avec l'amour (907)

LE MYTHE DE TRISTAN ET ISEUT (1133)

PLAUTE
Amphitryon (bilingue) (1015)

RACINE
Bérénice (902)
Iphigénie (1022)
Phèdre (1027)
Les Plaideurs (999)

ROTROU
Le Véritable Saint Genest (1052)

ROUSSEAU
Les Rêveries du promeneur solitaire (905)

SAINT-SIMON
Mémoires (extraits) (1075)

SÉNÈQUE
Médée (992)

SHAKESPEARE
Henry V (bilingue) (1120)

SOPHOCLE
Antigone (1023)

STENDHAL
La Chartreuse de Parme (1119)

VALINCOUR
Lettres à Madame la marquise *** sur *La Princesse de Clèves* (1114)

WILDE
L'Importance d'être constant (bilingue) (1074)

ZOLA
L'Assommoir (1085)
Au Bonheur des Dames (1086)
Germinal (1072)
Nana (1106)

GF Flammarion

06/09/124725-X-2006 – Impr. MAURY Eurolivres, 45300 Manchecourt.
N° d'édition LO1EHPNFG1053A004. – Août 1999. – Printed in France.